STAY LWYRD!

Katharina E. Gangnus

STAY LWYRD!

Karriere und Persönlichkeitsentwicklung im deutschen Rechtsmarkt

Katharina E. Gangnus
LWYRD Legal Recruitment GmbH
Friedrichsdorf, Deutschland

ISBN 978-3-658-45467-8   ISBN 978-3-658-45468-5 (eBook)
https://doi.org/10.1007/978-3-658-45468-5

Die Deutsche Nationalbibliothek verzeichnet diese Publikation in der Deutschen Nationalbibliografie; detaillierte bibliografische Daten sind im Internet über https://portal.dnb.de abrufbar.

© Der/die Herausgeber bzw. der/die Autor(en), exklusiv lizenziert an Springer Fachmedien Wiesbaden GmbH, ein Teil von Springer Nature 2024

Das Werk einschließlich aller seiner Teile ist urheberrechtlich geschützt. Jede Verwertung, die nicht ausdrücklich vom Urheberrechtsgesetz zugelassen ist, bedarf der vorherigen Zustimmung des Verlags. Das gilt insbesondere für Vervielfältigungen, Bearbeitungen, Übersetzungen, Mikroverfilmungen und die Einspeicherung und Verarbeitung in elektronischen Systemen.
Die Wiedergabe von allgemein beschreibenden Bezeichnungen, Marken, Unternehmensnamen etc. in diesem Werk bedeutet nicht, dass diese frei durch jede Person benutzt werden dürfen. Die Berechtigung zur Benutzung unterliegt, auch ohne gesonderten Hinweis hierzu, den Regeln des Markenrechts. Die Rechte des/der jeweiligen Zeicheninhaber*in sind zu beachten.
Der Verlag, die Autor*innen und die Herausgeber*innen gehen davon aus, dass die Angaben und Informationen in diesem Werk zum Zeitpunkt der Veröffentlichung vollständig und korrekt sind. Weder der Verlag noch die Autor*innen oder die Herausgeber*innen übernehmen, ausdrücklich oder implizit, Gewähr für den Inhalt des Werkes, etwaige Fehler oder Äußerungen. Der Verlag bleibt im Hinblick auf geografische Zuordnungen und Gebietsbezeichnungen in veröffentlichten Karten und Institutionsadressen neutral.

Einbandabbildung: Copyright Vero Bielinski

Planung/Lektorat: Catarina Gomes de almeida
Springer ist ein Imprint der eingetragenen Gesellschaft Springer Fachmedien Wiesbaden GmbH und ist ein Teil von Springer Nature.
Die Anschrift der Gesellschaft ist: Abraham-Lincoln-Str. 46, 65189 Wiesbaden, Germany

Wenn Sie dieses Produkt entsorgen, geben Sie das Papier bitte zum Recycling.

*Für Oliver -
weil Du jede Abbiegung meines nicht immer geraden
Weges mit mir genommen hast.*

Vorwort: Warum es dieses Buch jetzt braucht

Seit 2015 habe ich der klassischen Juristerei den Rücken gekehrt und arbeite seitdem ausschließlich als juristische Personalberaterin und seit 2023 auch als Business Coach für Juristen.[1] Acht Jahre, mit Unterbrechung durch eine Elternzeit, die mich jeden Tag mit Fragen konfrontieren, die den deutschen Rechtsmarkt betreffen und auf die ich nicht immer sofort eine Antwort habe.

Ich bin in dieser Zeit hunderten von Menschen begegnet und habe sie ein Stück weit bei einer sehr persönlichen Entscheidung begleitet, nämlich der, den nächsten für sie sinnvollen Schritt in ihrer Karriere zu gehen. Gleichermaßen begleite ich meine Kunden bei der Suche nach dem für sie besten Mitarbeiter. Das erfordert Vertrauen, Loyalität, Integrität, persönlichen Einsatz, Akzeptanz, Respekt. Und zwar auf beiden Seiten. Dieses enge, sich daraus für einen gewissen, manchmal nur kurzen Zeitraum ergebende, oft aber langfristig beständige Verhältnis gibt mir tagtäglich nicht nur Einblicke, sondern jene Antworten.

Bei all diesen Gesprächen ist mir in den letzten drei Jahren so richtig bewusst geworden, wie sehr dieser traditionelle Markt sich im Wandel befindet. Diese Erkenntnis an sich ist keine Überraschung, denn Wandel resultiert aus der Marktdynamik selbst. Veränderungen der Marktteilnehmer und ihres Verhaltens ergeben, vereinfacht gesprochen, in der Konsequenz eine andere Marktsituation. Wandel war immer da. Jedoch spiegeln mir viele Marktteilnehmer jetzt, dass die aktuelle Dynamik für sie in einen Handlungsdruck mündet, mit dem sie nicht wie bisher und dem erprobten Werkzeugkasten umgehen können. Auch bemerke ich in meiner Arbeit in der Personalbe-

---

[1] In diesem Buch wird zur besseren Lesbarkeit das generische Maskulinum verwendet. Alle verwendeten Personenbezeichnungen beziehen sich – so weit nicht anders kenntlich gemacht – auf alle Geschlechter.

ratung Veränderungen dahingehend, dass es viel schwieriger geworden ist, den Erwartungshaltungen auf beiden Seiten gerecht zu werden. Die richtige Besetzung für meine Kunden oder umgekehrt die richtige Vakanz für meine Kandidaten zu finden, scheint manchmal komplizierter als die Suche nach dem Partner fürs Leben.

Die häufigste Frage, die mir von beiden Seiten gestellt wird, lautet: „Wie nehmen Sie denn aktuell den Markt wahr?". Ich stelle hierauf meist die Gegenfrage: „In Bezug worauf?". Bei den sich hieraus ergebenden Gesprächen wurde mir bewusst, wie viele konkrete Fragen die Marktteilnehmer tatsächlich rund um den Rechtsmarkt haben, was sie umtreibt und welche Sorgen sie sich vielleicht sogar machen. Von A wie Ausbildung bis Z wie Gen Z. In meinem Podcast *LWYRD! Der Podcast zum deutschen Rechtsmarkt*[2] interviewe ich zudem seit nun über drei Jahren Juristen, die aus meiner Sicht einen spannenden Weg gegangen sind. Entstanden in der Corona-Zeit aus dem Gedanken heraus, mit meinem Netzwerk in einem spannenden Austausch abseits des Vertriebsgedankens zu bleiben, gewinne ich so immer wieder Einblicke aus erster Hand von großartigen, offenen Kollegen in Bezug auf ihren persönlichen Karriereweg, was sie antreibt und welche Hürden, aber auch welche Chancen oder gar Katalysatoren für ihren persönlichen Weg prägend waren. So entstand im Oktober 2020 ein Format, das Inspiration, Motivation und direkte und kurzweilige Einblicke in den Rechtsmarkt gibt und seitdem in über 60 Episoden anhand der persönlichen Insights auch all die Themen behandelt, die jetzt am Markt wichtig sind und die Marktteilnehmer umtreiben.

Für dieses Buch habe ich einige der erfolgreichsten Episoden für Sie in gekürzter Form veröffentlicht, exklusive Interviews geführt und eine großartige Kollegin für einen Gastbeitrag zum Thema Business Development und Personal Branding gewinnen können. Hieran schließen sich jeweils thematisch passende sowie auch eigenständige Kapitel an, in denen ich mich ausführlicher und aus meiner (beruflichen) Perspektive als juristische Personalberaterin und zertifizierte Business Coach mit all den mir gegenüber tagtäglich aufgeworfenen Fragen beschäftige und Antworten aus verschiedenen Blickwinkeln gebe. Hierbei kommen auch persönliche Einblicke in meinen Werdegang, meinen Gründungsprozess und meine eigenen Erfahrungen nicht zu kurz.

Dieses Buch ist das Ergebnis meiner tatsächlich persönlichen Leidenschaft für die Entwicklung von individuellem Potenzial und beruflichem Erfolg im juristischen Bereich. Denn dieser Markt ist voller Chancen für diejenigen, die bereit sind, ihre Fähigkeiten zu entwickeln und ihre Persönlichkeit zu stärken und somit dem Wandel des Rechtsmarkts zu begegnen. Ich lade Sie daher hiermit herzlich ein, dieses Buch mit Offenheit zu durchstreifen und die darin enthaltenen Erkenntnisse auf Ihrer eigenen Reise zu nutzen – ganz gleich, wo Sie auf diesem Weg stehen und wohin er Sie führen soll.

Alles Liebe,
STAY LWYRD!
Ihre

Friedrichsdorf, Deutschland   Katharina E. Gangnus

Danksagung

Oh, what a ride! Ich möchte Danke sagen an diejenigen, die dieses Buch ermöglicht haben.

Insbesondere:

- Dem Springer Gabler Verlag und meiner Lektorin Catarina Gomes de Almeida für die Möglichkeit, dieses Buch überhaupt zu schreiben und zu veröffentlichen. Das ist als Neu-Autorin absolut nicht selbstverständlich und weiß ich sehr zu schätzen!
- Annette Schunder-Hartung, weil Du mich mit meinem Verlag zusammengebracht und die Idee in mir beflügelt hast, endlich ein Buch zu schreiben.
- Dr. Carl-Wendelin Neubert, Dr. Daniel Meyer, Dr. Lars Maritzen, Dr. Lena Lindemann, Dr. Oxana Balayan, Dr. Sophie Pollok, Matthew Devey und Moritz Coché für Eure Bereitschaft, nicht nur für eine gemeinsame Podcast-Episode, sondern auch für die Veröffentlichung in diesem Buch zur Verfügung zur Verfügung zu stehen.
- Dr. Nikolai Vokuhl und Dr. Philipp Hardung für Euren über die Podcast-Episode hinausgehenden Aufwand, noch einmal und ausführlich über das „Was danach geschah" zu berichten. Ich freue mich sehr, dass wir immer noch in so gutem Kontakt sind und bleiben!
- Sylwia Jenner für Deinen tollen Gastbeitrag, Deine Einblicke in das Thema Business Development und unseren immer herrlich leichten, konstruktiven Austausch.
- Meinem Geschäftspartner und Freund Sven Laacks für Dein Verständnis, Deine Flexibilität und Unterstützung. Nur so konnte ich Raum und Zeit zum Schreiben finden und Du hast mir stets den Rücken freigehalten. Du

bist mein „partner in crime" und ich bin so stolz auf alles, was wir schon gemeinsam erreicht haben. Ich freue mich auf alles, was noch kommt!
- Meiner Assistentin Olesja Althaus für Deine Mitarbeit an diesem Buch, Deine Geduld mit mir und Deine Freude darüber, Teil von LWYRD zu sein und immer neue Herausforderungen miteinander anzunehmen. Es ist so schön zu sehen, wie wir als Team miteinander wachsen und voneinander lernen.
- Dem gesamten Team des Alpenresort Schwarz in Mieming, wo ich einen Teil dieses Buchs geschrieben habe. Ihr seid für mich Freunde geworden und habt einen festen Platz in meinem Herzen – Schwarz stays!
- Meiner Familie – Ihr habt immer an mich geglaubt und mir die Werte mitgegeben, die es braucht, als Unternehmerin in der Rechtsbranche glücklich und erfolgreich zu sein und unterstützt mich auf diesem Weg weiterhin tatkräftig. So werden aus Wurzeln Flügel.

Last but not least gilt der größte Dank meinen Mann Oliver Gangnus. Du bist mein Fels, mein Anker, die Liebe meines Lebens, mein wertvollster Kritiker und konstruktivster Berater. Ich bin stolz auf unsere Familie und unseren gemeinsamen Weg.

„Ist meine Erde eine Scheibe, machst Du sie wieder rund. Zeigst mir auf leise Art und Weise, was Weitsicht heißt. Will ich mal wieder mit dem Kopf durch die Wand, legst Du mir Helm und Hammer in die Hand."[1]

Alles Liebe, Katharina
Friedrichsdorf, im Juni 2024

---

[1] Sportfreunde Stiller, „Applaus, Applaus."

Inhaltsverzeichnis

1	Stay LWYRD! – Warum mein eigener Weg nicht immer gerade, aber der Richtige war	1
2	Erfolgsbedingungen juristischer Bildung in Zeiten der Digitalisierung	11
3	Docendo discimus – Wie wir jetzt die Basis für motivierte Juristen von morgen schaffen	27
4	How to become General Counsel	33
5	Building your personal (legal) brand – Wie LWYRD zur Marke wurde und wie Sie zur Marke werden	59
	5.1 LWYRD! Der Podcast zum deutschen Rechtsmarkt	59
	5.2 Die LWYRD Legal Recruitment GmbH	63
	5.3 LWYRD Business Coaching	66
6	Welche Zutaten sind für ein erfolgreiches Business Development unerlässlich? Gastbeitrag von Sylwia Jenner, Legal Marketing Strategin & Entrepreneurin	69

7	Aber bitte mit Personalverantwortung – Warum Menschen zu führen nicht der einzig erstrebenswerte Weg zu Ihrem Erfolg ist	85
8	Vom Junganwalt in Großkanzlei und Boutique zum Partner	93
9	„Der spannendste Markteintritt des Jahres" – Die erfolgreiche Gründung von LMPS	117
10	How to build a business case – War früher wirklich alles besser?	143
11	Der (fast) 360 Grad Blick auf die Beratungsseite des deutschen Rechtsmarkts	159
12	Jeder ist ersetzbar?!? – Warum Sie Ihre Karriere selbst in die Hand nehmen sollten und wie das gelingt	175
13	New Work und Leaderhip	183
14	Mentoren, Coaches und Role Models – Wie Sie Ihnen helfen und wo Sie die Richtigen finden	197
	14.1 Mentoren	198
	14.2 Coaches	201
	14.3 Role Models	204
15	„Yes, we can have it all!"	207
16	Vereinbarkeit – Wie sie (sogar) für Juristen funktionieren kann und was sich hierfür jetzt ändern muss	221
17	Abseits der ausgetrampelten Pfade: Gründerszene und politisches Engagement	237

18	Der deutsche Rechtsanwalt vor und nach Corona	259
19	Zeit ist Geld – Was Dienstleistung heute bedeutet und warum das Modell der billable hours jetzt auf dem Prüfstand steht	275
20	Empowering the new reality – Was Karriere 2024 im deutschen Rechtsmarkt bedeutet	281
Literatur		285

1

Stay LWYRD! – Warum mein eigener Weg nicht immer gerade, aber der Richtige war

Seit ich ungefähr neun Jahre alt war, wollte ich Rechtsanwältin werden. Warum? Das weiß ich bis heute nicht so genau und vielleicht stelle ich genau deshalb diese Frage am Anfang meiner Podcast-Episoden meinen Gästen. Sie offenbart nämlich tatsächlich bereits viel über eine Person: Wie sie denkt, Entscheidungen fällt, diese ggf. wieder verwirft, handelt, von wem oder was sie sich inspirieren oder gar beeinflussen lässt, welche Erwartungen sie als junger Erwachsener unter Umständen erfüllen wollte oder musste, wem sie sich unbedingt widersetzen wollte … Die Liste ließe sich beliebig fortführen. Und tatsächlich habe ich daher auch pro Gast jeweils eine individuelle Antwort erhalten.

Ich jedenfalls hatte keine juristischen Vorbilder in der Familie oder im näheren Umfeld, denn ich war das, was man heute Erstakademikerkind nennt. Mein Vater arbeitete seit seiner Ausbildung zum Bankkaufmann erfolgreich im In- und Ausland im internationalen Geld- und Wertpapierhandel und meine Mutter hatte nach der mittleren Reife und einer Fachprüfung für Sekretärinnen eine Stelle in Frankfurt als Assistentin der Geschäftsführung angetreten, die sie ausfüllte, bis ich geboren wurde. Danach war sie, wie viele Frauen in den 1990ern, klassisch Hausfrau und Mutter und hielt meinem Vater, wie sie selbst immer wieder sagte, „den Rücken frei". Gute Leistungen in der Schule, die Bedeutung von Bildung überhaupt, der Wille und der Ehrgeiz, etwas aus meinen – im Vergleich zu meinen Eltern – besseren Möglichkeiten zu machen, spielten in unserer Familie eine wichtige Rolle. Hinzu kam, dass ich tatsächlich auch eine große Wissbegierde und einen angeborenen Ehrgeiz hatte. Mir fiel so vieles dankbarerweise leicht, ich war vielseitig interessiert, hatte allerlei Hobbies und war vor allem eins: Ein verdammt glückliches Kind. So war mir aber auch immer klar, dass man für alles, was man haben oder erreichen möchte, selbst verantwortlich ist. Dass es immer erstmal mehr ein Geben als ein Nehmen ist. Oder, um es wesentlich positiver zu formulieren, denn so empfand und empfinde ich es heute tatsächlich auch noch: Ich hatte von meinem Elternhaus eine gesunde Basis mit einer guten Schulbildung, sowie einige zusätzliche Fähigkeiten, die man wohl den „Blick über den Tellerrand" nennt und, fast am Wichtigsten, grundlegende Werte mitbekommen. Mit meinem Auszug nach dem Abitur von zu Hause lag es an mir, etwas daraus zu machen. Es war keine Pflicht. Es war eine Chance, ein Geschenk und eben keine Selbstverständlichkeit.

Gabriel Macht konnte mich als Neunjährige noch nicht als Harvey Spector in seinen Bann ziehen, obwohl ihm das sicher geglückt wäre und für Manfred Krug als „Liebling, Kreuzberg" hatte ich nun wirklich nichts übrig. Vielmehr erinnere ich, dass bereits in der Grundschule meine stets fundierte Argumentation und meine Beharrlichkeit auffiel. Und genau so beharrlich fokussierte ich mich seit Beginn der Gymnasialzeit darauf, Jura zu studieren. Und wenn ich ehrlich bin, hatte ich wirklich keine Ahnung, was da auf mich zukommt. Trotzdem bin ich für diese Entscheidung, bzw. vielmehr für diese Beharrlichkeit rückblickend dankbar, denn sie sollte mich bei allem, was folgen sollte, immer tragen und hat mich zu dem geführt, was ich heute aufgebaut habe: Ein eigenes Unternehmen mit drei Säulen und drei eigenen eingetragenen Marken: Der LWYRD Legal Recruitment GmbH,[1] dem LWYRD Business Coaching und LWYRD! Der Podcast zum deutschen Rechtsmarkt. Ich habe bereits recht früh auf meinem Weg realisiert, dass nicht die juristische Arbeit an sich es ist, die mich nachhaltig begeistert. Was daraus werden könnte, war mir damals aber noch nicht bewusst und solange ich das nicht wusste, entschied ich mich in den folgenden Jahren – mehr als einmal – den klassischen Weg weiterzugehen. Und ich persönlich glaube, dass dies etwas ist, was meine Generation insgesamt auszeichnet: Der Wille und die Ausdauer, das Potenzial unseres höheren Bildungsstandards zu unseren Gunsten auch voll auszuschöpfen. Glaubt man Studien zu den Charakteristika der verschiedenen Generationen am Arbeitsmarkt, klingt das so: Die Generation Y hinterfragt Althergebrachtes, ist neugierig und strebt nach Selbstbestimmung, ist aber auch flexibel und anpassungsfähig. Nun, die Flexibilität mitzubringen, meine Entscheidung für Jura neu zu denken sollte ich erst viele Jahre später aufbringen.

---

[1] Die LWYRD Legal Recruitment GmbH wurde im Jahr 2023 zum zweiten Mal in Folge als eine der besten Personalberatungen im Bereich Rechtsdienstleistung ausgezeichnet: Tödtmann, Claudia: „Konzerne? Nix wie weg!", WirtschaftsWoche vom 08.12.2023.

Im Jahr 2000 gründete die ZEIT-Stiftung Bucerius die Bucerius Law School – Deutschlands erste private Hochschule für Rechtswissenschaft, an der ich mich bereits mit dem Zeugnis aus dem ersten Halbjahr der Jahrgangsstufe 13 bewerben und daher auch in der Woche nach den schriftlichen Abiturprüfungen schon zum schriftlichen Auswahlverfahren antreten musste. Darüber hinaus hatte ich mich dann im Juni 2004 noch an den Universitäten in Freiburg, Konstanz und Bayreuth beworben. Nach dem mündlichen Auswahlverfahren im Juli stand dann fest, dass ich einen der 100 pro neuem Studienjahrgang zu vergebende Plätze an der Bucerius Law School erhalten hatte. Im September desselben Jahres zog ich nach Hamburg und hatte plötzlich das Gefühl der großen weiten Welt. Ich war sehr behütet und ländlich aufgewachsen und fand mich von einem Tag auf den anderen nicht nur in einer Großstadt, mit schier unendlichen Möglichkeiten, sondern vor allem in einem Umfeld von High Potentials wieder, dessen Leistungsdruck ich mich völlig naiv hingab. Ich wusste ja, wie man lernt, wie man Ziele erreicht und was man dafür tun musste – was sollte schon schief gehen. Wichtig ist in diesem Zusammenhang sicherlich zu erwähnen, dass dieser Leistungsdruck keinesfalls von der Universität oder meinen Kommilitonen unmittelbar ausgeübt wurde. Ich glaube, er war vielmehr systemimmanent durch die Anforderungen des deutschen Studiums der Rechtswissenschaften an sich, das die Bucerius Law School durch ein breiteres, besseres, persönlicheres und internationaleres Angebot auf das nächste Level gehoben hatte. Und hierauf hätte ich sicherlich besser vorbereitet sein müssen, um mir die ebenfalls dem Jurastudium systemimmanenten Rückschläge nicht so zu Herzen zu nehmen. Denn diese sollten kommen: Ich musste lernen, Jura zu lernen. Ich musste lernen, Erfolg und Misserfolg im Jurastudium von mir als Person, als Mensch zu entkoppeln. Ich musste lernen, neben dem Studium Platz zu lassen für mich und meine Weiterentwicklung als Persönlichkeit und Dinge, die das Leben süß machen.

Hierin liegt eine so wichtige Botschaft für die zukünftigen Generationen Studierenden: Nehmt Euch unbedingt diese Zeit! Tretet regelmäßig einen Schritt zurück aus dem so einnehmenden Lernplan, dem gefühlt immer präsenten Examens- und Leistungsdruck in Bezug auf das erstrebenswerte Prädikatsexamen. Setzt Euch damit auseinander, welche Möglichkeiten Ihr mit Jura langfristig im Berufsleben und in der Gesellschaft habt. Das wird leichter, wenn Ihr nicht nur hinterfragt, was Ihr in diesem Studium lernt, sondern warum. Den Lernstoff in den gesamtgesellschaftlichen Kontext zu setzen, ermöglicht Euch, Eure Stärken und Potenziale zu entdecken und diese über den Verlauf der sehr langen Ausbildung weiterzuentwickeln. Juristen haben eine große Bandbreite an Möglichkeiten. Das liegt vor allem daran, dass wir eine entscheidende Fähigkeit erlernen: Abstrakte Probleme zu einer praktikablen Lösung zu führen. Klingt simpel, ist aber fast so etwas wie eine Superkraft in der Wirtschaft, weil es bedeutet, dass man in der Lage ist, sich fast alles zu erschließen und so weitere Fähigkeiten für dann diejenige Profession zu erwerben, in der die wahre persönliche Leidenschaft steckt. Und diese kann auf den ersten Blick weit fernab des Rechtsmarkts liegen.

Ich bin meiner Alma Mater bis heute freundschaftlich, in Dankbarkeit und daher auch als Förderer verbunden. Hier habe ich die bisher prägendste Zeit meines Lebens verbracht, diejenigen Freundschaften fürs Leben aufgebaut, den Grundstein für mein heutiges Netzwerk gelegt und wurde in so vielen Bereichen gefördert. Das Konzept der Bucerius Law School ist bis heute besonders und fortschrittlich, aber im Jahr 2004 waren allein die wirtschaftswissenschaftlichen und sprachlichen Möglichkeiten in Kombination mit einem modernen, technisch aktuellen Campus und dem Fokus auf kleinen und persönlichen Lerngruppen sowie der familiären Atmosphäre, die es erlaubte, einfach mal so beim Professor zu klopfen, in Deutschland einzigartig.

Ich schloss das Erste Staatsexamen im Sommer 2009 ab und merkte sehr deutlich, dass die vergangenen fünf Jahre bei all den positiven Erfahrungen doch etwas mit mir gemacht hatten. Irgendetwas stimmte nicht, ich war unglaublich erschöpft. Wenige Tage danach verunglückte eine Kommilitonin und Freundin tödlich und meine erste langjährige Beziehung ging in die Brüche. Zum ersten Mal hinterfragte ich wirklich, ob das der Weg war, den ich gehen wollte und ob all die Kraft, die Beharrlichkeit und der Ehrgeiz für mich in einem gesunden Verhältnis zu dem Erreichten standen. Bis zu diesem Zeitpunkt hatte ich das tatsächlich nie angezweifelt, Rückschläge und Entbehrungen gehörten für mich dazu, sie hatten mich doch bisher rückblickend immer vorangebracht. Und ich tat instinktiv das, was Menschen tun, wenn ihnen die nötige Resilienz fehlt: Ich trat den Rückzug an und entschied, mich erst einmal um mich und meine körperliche und mentale Gesundheit zu kümmern und suchte mir hierzu auch die entsprechende professionelle Unterstützung. Ich arbeitete zwar an zwei Tagen pro Woche als wissenschaftliche Mitarbeiterin in einer mittelständischen Kanzlei und gab zusätzlich Führungen für Touristen und Staatsgäste in mehreren Sprachen im Hamburger Rathaus, merkte aber sehr deutlich, dass ich allein diese zwei oder drei Tage pro Woche als unglaublich anstrengend empfand. Meine Entscheidung, Rechtsanwältin zu werden, wackelte – und zwar gewaltig. Als es mir nach einigen Monaten mental deutlich besser ging, suchte ich zum ersten Mal nach alternativen Möglichkeiten abseits der Juristerei. Ich bewarb mich auf verschiedene Traineeships bei Unternehmen, nur um festzustellen, dass mir hier die Wirtschaftswissenschaftler um Längen voraus waren, wenn es darum ging, die Anforderungen in der Wirtschaft zu erfüllen. Zudem fand ich heraus, dass die Bundesregierung befristete Stellen in der Verwaltung des Bundestages anbietet, die es Studenten mit dem ersten Staatsexamen ermöglicht, die Wartezeit in einem entgeltlichen Anstellungsverhältnis zu überbrücken. Da ich mich schon immer für Politik interessiert und auch aktiv engagiert war, trug ich mich in diesen Pool ein. Das Schicksal wollte es, dass die damalige Büroleiterin des damaligen Vorsitzenden des Innenausschusses des deutschen Bundestages und selbst Rechtsanwalt, Wolfgang Bosbach, meine Bewerbung aus diesem Pool herausfischte und man mir eine Stelle im Abgeordnetenbüro anbot. Im Juni 2010 und mithin fast ein Jahr nach meinem Examen zog ich nach Berlin um und durfte dort für ein Jahr Politik von innen heraus erleben. Ich verdanke es dieser unglaublich vielseitigen Erfahrung und dem Tapetenwechsel von Hamburg nach Berlin, dass in mir die Begeisterung für Jura wieder entfacht wurde, denn mir wurde bewusst, dass dies eine der vielen Möglichkeiten für mich sein könnte, nicht klassisch als Rechtsanwältin, aber dennoch vielseitig und mit einem – wie man heute sagt – klaren Purpose juristisch tätig zu sein. Hierfür würde mir aber der Abschluss des Referendariats und des Zweiten Staatsexamens noch mehr Türen öffnen. Und so entschied ich mich nach einem Jahr schweren Herzens gegen die mir angebotene und zu diesem Zeitpunkt vakante Stelle als Büroleiterin von Herrn Bosbach und für das Referendariat und kehrte zurück nach Hamburg.

Aus zwölf Monaten Berlin nahm ich vor allem eins mit: Es geht bei dieser Ausbildung nicht darum, sie möglichst schnell und nur mit den besten Noten zu beenden. Es geht vielmehr darum, die Bandbreite der Dinge, die man (kennen)lernen darf (nicht muss!) als den Pool all der Möglichkeiten zu begreifen, die sich einem dadurch eröffnen. Das kann bedeuten, dass man sich für einige dieser Lernerfahrungen mehr Zeit nimmt als andere. Oder sogar, dass man sich bewusster für oder gegen diesen Weg als Ganzes entscheidet.

Ich jedenfalls hatte viel Kraft und Motivation für die folgenden zwei Jahre gesammelt und trat im August 2011 in den Referendardienst am Hanseatischen Oberlandesgericht ein und schloss dieses zwei Jahre später mit dem Zweiten Staatsexamen ab. Das Referendariat selbst empfinde ich auch heute noch als einen sehr wertvollen und gewinnbringenden Teil der juristischen Ausbildung, weil man zu keinem späteren Zeitpunkt mehr die Möglichkeit bekommt, so viele verschiedene Facetten des Rechtsmarkts in relativ kurzer Zeit kennenzulernen. Wenn einem etwas keinen Spaß macht, hat man es auch ziemlich schnell hinter sich und darf eine neue Herausforderung annehmen, etwas Neues in neuem Umfeld lernen und das bei gleichbleibender (wenn auch nicht gerade üppiger) Bezahlung und allen sonstigen Sicherheiten des festen Anstellungsverhältnisses. Es lässt sich sicherlich dennoch trefflich darüber streiten, ob diese zweijährige Etappe mit dem Ziel, einen Volljuristen hervorzubringen, im europäischen und internationalen Vergleich zielführend ist, weil sie die konkrete Spezialisierung auf den Zeitpunkt nach dem Zweiten Staatsexamen verschiebt. Was beispielsweise einem bereits zu Beginn des Referendariats wild entschlossenen Staatsanwaltsanwärter sicherlich missfällt, „darf" er doch nur ein Drittel der Zeit, die er in einer Anwaltskanzlei verbringen muss, in jenem gewünschten Zielumfeld ableisten, wodurch er ersteres zu Recht als Zeitverschwendung empfinden mag.[2]

Die Entscheidung für den Berufseinstieg wurde mir durch zweierlei quasi abgenommen: Zum einen reichten meine Noten nicht für eine gewünschte Tätigkeit im Staatsdienst,[3] zum anderen hatte ich das Prinzip Großkanzlei für mich nach meinen dortigen Erfahrungen ausgeschlossen. Ich möchte diese Erfahrungen nicht missen, ich war in so vielen Punkten begeistert von dieser doch sehr eigenen Welt, den großartigen, klugen Kollegen, der Dynamik und den Ambitionen. Jedoch sah ich für mich hier keine langfristige Perspektive, da sich für mich der Eindruck verfestigte, dass ich über einige Talente verfüge, die in der Arbeit dort nicht ausreichend gefördert würden. Zu diesem Zeitpunkt war dies aber vielmehr ein Bauchgefühl als eine fundierte Erkenntnis, aber ich kann rückblickend sagen, dass dies das zweite Mal in meinem Leben war, dass ich mit den mir – meiner Meinung nach – zu diesem Zeitpunkt zur Verfügung stehenden klassischen Möglichkeiten haderte. Warum ich nicht zurück in die Politik ging? Wenn man einmal die Dynamik der Bundespolitik erleben durfte, fällt es schwer, sich quasi eine Stufe „darunter" einzuordnen, da bin ich ehrlich. Und Berlin kam aus den, wie es ein Kollege von mir immer formuliert, so genannten „amourösen Sachzwängen" nicht mehr in Betracht: Mein Mann und ich heirateten drei Wochen nach meiner mündlichen Prüfung und ich hatte mich in Frankfurt niedergelassen. Mein Mann und ich sind beide Einzelkinder und Familienmenschen und diese Nähe zu meinen Liebsten wollte ich nicht mehr missen.

Auch heute in meiner Tätigkeit als Personalberaterin habe ich viel Respekt vor diesen persönlichen Umständen, die zuweilen gegen die vermeintlich „große Chance auf den nächsten Schritt" sprechen. Treffen Sie Ihre Entscheidung für oder gegen eine Tätigkeit abseits ihres sozialen Umfelds immer mit Bedacht und in Absprache mit den Betroffenen. Das ist natürlich eine Frage

---

[2] Zu berücksichtigen ist, dass das Konzept des Volljuristen bzw. Einheitsjuristen jenseits unserer Landesgrenzen unbekannt ist und das Referendariat im Kontrast zu einer ansonsten vorherrschenden Spartenausbildung steht, bei der die Studierenden im Rahmen der post-universitären Ausbildung zwar bereits einen beruflichen Status erlangen, der aber nicht gleichbedeutend mit dem Erwerb der vollumfänglichen berufliche Befugnisse ist (Kilian, AnwBl 11/2015, 847–848).

[3] Zu diesem Zeitpunkt waren in Hamburg zwei Doppel-Prädikatsexamina erforderlich.

der eigenen und der Persönlichkeit(en) Ihres Umfelds. Aber auch wenn Sie sicherlich unter dem Strich mehr Zeit mit Ihren Kollegen als mit Ihrem Partner verbringen, so sind diese nicht diejenigen, die Sie auffangen, tragen, begleiten. Fragen Sie sich immer, wo Sie in diesen Momenten sein möchten und mit wem und was Ihnen das bedeutet, welchen Stellenwert diese sozialen Beziehungen und Bindungen für Sie in Relation zu Ihrer beruflichen bzw. fachlichen und damit natürlich auch verbundenen persönlichen Weiterentwicklung haben. Es gibt mir persönlich bekannte viele positive Beispiele, die mit einer Wochenendbeziehung wunderbar klarkommen, die teils sogar diese Freiheit oder gar eine klare Trennung zwischen Beruf und Privat brauchen. Ich für meinen Teil gehöre nur einfach nicht dazu.

Aufgrund meiner bisherigen fachlichen Konzentration auf das Bank- und Finanzrecht lag es daher nahe, sich – gerade am Finanzstandort Frankfurt – bei den dortigen Banken zu bewerben und so fand ich hier meine erste Anstellung als Syndikus Anwältin in der Rechtsabteilung einer Frankfurter Privatbank. Im Vorstellungsgespräch durfte ich erfreulicherweise bereits feststellen, dass mir meine gute juristische Ausbildung hier nicht allein zugutekam, sondern vielmehr diejenigen Fähigkeiten, auf die meine Universität darüber hinaus Wert gelegt hatte.

Da mein Einstieg auf Unternehmensseite auch im Jahr 2024 kein klassischer Berufseinstieg für einen Juristen ist und mir die Frage, ob dies einerseits möglich, aber andererseits überhaupt sinnvoll sei, immer wieder gestellt wird, hier meine kurze und knappe Antwort darauf: Es kommt darauf an. Zum einen werden Unternehmen, Banken und Versicherungen selten nach Berufseinsteigern ohne jegliche Vorkenntnisse suchen. Sollten Sie also schon früh in Ihrer juristischen Ausbildung wissen, dass eine Tätigkeit auf Kanzleiseite für Sie ausgeschlossen ist, empfehle ich, Wert auf eine fachliche entsprechende Spezialisierung und den Erwerb von nachweisbaren Praxiserfahrungen zu legen. Zum anderen ist der Aufbau eines entsprechenden Netzwerkes so oder so ein elementarer Baustein einer langfristig erfolgreichen Karriere, dies gilt aber bei allen Entscheidungen, die Sie für eine Option abseits der klassischen ausgetrampelten Pfade wählen, umso mehr. Letztlich sollten Sie sich bewusst sein, dass sie monetär mit deutlich weniger auskommen müssen als Ihre Kollegen auf Kanzleiseite oder teils gar im Staatsdienst (das ist branchenabhängig). Und vielleicht macht es nicht nur für Sie persönlich Sinn, erstmal einige praktische Erfahrungen auf Kanzleiseite zu sammeln, bevor Sie in ein mehr Umfeld näher an der Operative wechseln sondern auch nach der langen Ausbildungszeit erst einmal einen kleinen Kapitalstock aufzubauen. Einen gehaltlichen Rückschritt haben Sie bei einem Wechsel von der Kanzlei- auf die Unternehmensseite in den meisten Fällen so oder so.

Für mich blieb in diesem ersten Berufsjahr das Bauchgefühl, dass ich noch nicht das gefunden hatte, für das ich sozusagen „gemacht war". Nur konnte ich es nicht genau festmachen, woran das lag. Waren es die sehr festgefahrenen Strukturen in meinem derzeitigen beruflichen Umfeld? Das mochte ja bei einem anderen Arbeitgeber anders sein. War es die Tatsache, dass ich überhaupt jetzt zum ersten Mal als (Syndikus)Anwältin arbeitete und dieser lange Weg ein Ende und gleichzeitig einen Anfang gefunden hatte, der nun mal neue Herausforderungen mit sich brachte, wie das alle neuen Situationen tun? Mir fehlten zu diesem Zeitpunkt rückblickend sicherlich motivierende Vorbilder, die sich schon einmal mit einem ähnlichen Gefühl getragen hatten. Denn, wenn wir zurückdenken, daran, wie ich mich, meine Werte und meine Persönlichkeit beschrieben habe, stand ich mir eigentlich nur selbst im Weg: Ich traute mich nicht, mir einzugestehen, dass ich mich nicht so angekommen fühlte, wie ich mir das als Neunjährige erträumt hatte. Ich war es gewohnt, einen längeren Atem in gewissen Situationen haben zu müssen, dann würde sich der Erfolg und – so naiv war ich (leider) immer noch-, das Glück schon einstellen. Ein Grund im Übrigen, warum ich heute so viel Freude nicht nur an der Personalberatung, sondern auch am Business Coaching habe: Wir Juristen haben es oft schlichtweg verlernt, unsere Karriere, unsere Wünsche und Vorstellungen kritisch zu hinterfragen und uns hierfür auch die nötige Zeit zu nehmen. Damit meine ich nicht, wegzulaufen, wenn es schwierig wird. Und auch nicht, dass jeder Job sich an allen Tagen im Jahr wie ein Traumjob anfühlen muss und die Alternative in der Weltreise und der Absage an Konsum und Leistungsprinzip besteht. Sondern ich erlebe mittlerweile häufig, dass es manchmal nur ganz kleine Hebel sind, die bei meinen Kandidaten und Klienten umgelegt werden müssen, wenn sie sich einmal wirklich mit sich selbst fernab von den an sie – von wem auch immer – gestellten Erwartungen auseinandersetzen. Und die dann eine so große Veränderung, verbunden mit nachhaltiger Zufriedenheit, bewirken können.

Mir kam dann ein knappes Jahr später tatsächlich der Zufall in Form einer Anzeige in der NJW zu Hilfe: Eine international tätige und langjährig etablierte juristische Personalberatung suchte am Standort Frankfurt Verstärkung und obwohl ich bis zu diesem Zeitpunkt keinerlei Berührungspunkte mit dieser Branche gehabt hatte, klang diese Anzeige förmlich wie eine Beschreibung meiner Persönlichkeit und meinen Fähigkeiten: Man suchte jemanden mit juristischer Ausbildung und praktischen Erfahrungen im In- und Ausland, sehr guten Sprachkenntnissen, Interesse am juristischen Markt, der Motivation, sich dieses neue Feld zu erschließen, Flexibilität, einer kontaktfreudigen und offenen Persönlichkeit mit starken Networking-Skills. Letztlich war noch ein gewisses Vertriebstalent gefragt, von dem ich bis zu diesem Zeitpunkt nicht wusste, dass ich es besaß, das aber gleich im ersten Vorstellungsgespräch geprüft wurde. Welches im Übrigen ein für mich völlig ungewöhnliches Vorstellungsgespräch war, da es zum ersten Mal wirklich um mich als Persönlichkeit ging und nicht nur um die Papierform meiner Person. Ich bin meinem damaligen Chef bis heute sehr dankbar für alles, was er mir in den folgenden Jahren beigebracht hat. Für seine motivierende, aber auch herausfordernde Art, zu führen. Für seine Fähigkeit, das Beste aus mir herauszuholen, mich zu unterstützen, wo ich es brauchte, mich aber auch meine eigenen Erfahrungen machen und mich weiterentwickeln zu lassen, wo es nur möglich war. Ich fühlte mich sehr schnell angekommen in diesem Job und war verdammt glücklich, zudem recht schnell tatsächlich auch sehr erfolgreich. Hinzu kam ein großartiges Team von gleichermaßen motivierten Persönlichkeiten, mit denen ich klickte. All dieses Faktoren machten für mich deutlich, dass ich hier angekommen und meinen Weg in der juristischen Personalberatung weitergehen wollte.

Ich möchte aber nicht unerwähnt lassen, dass es für einige Menschen in meinem Umfeld eine nicht nachvollziehbare Entscheidung war, diese „tolle Ausbildung liegenzulassen für einen Vertriebsjob". Ich habe über diese Aussagen damals lange nachgedacht und ich kann nicht sagen, dass sie mich völlig kalt gelassen hätten. Hier trafen wieder die klassischen Erwartungen bzw. das Bild von uns Juristen, von dem ich mich ja auch lange nicht frei machen konnte, auf eine Entscheidung abseits dieses klassischen Weges. Und gewissermaßen kontrastierten hier auch meine an mich selbst gestellten Erwartungen und mein Verständnis von einer juristischen Karriere mit meiner eigenen Entscheidung. Jedoch habe ich spätestens damals etwas begriffen, was mir meiner Meinung nach heute hilft, meinen Job als Personalberaterin immer mit Respekt und Verständnis für jeden einzelnen Kandidaten auszuüben: Kaum eine Branche unterliegt so vielen klassischen Stereotypen wie die Rechtsbranche. Erfolgreich ist, wer die klassische Karriereleiter kontinuierlich nach oben klettert, sich weiterentwickelt und fortbildet und die an ihn gestellten Erwartungen stets (über)erfüllt. Jedoch ist Erfolg so individuell wie jeder Jurist selbst und wir können uns dieser Erkenntnis nicht mehr verschließen, da die nachkommenden Generationen, die Digitalisierung und wirtschaftliche und konjunkturelle Unsicherheiten, gegenüber denen der Rechtsmarkt lange relativ immun war, Auswirkungen auf den Erfolg jedes einzelnen haben. Umso wichtiger wird die Bedeutung des persönlichen Erfolgs, auch im Rechtsmarkt. Welche Faktoren hierfür eine Rolle spielen, untersuchen wir gemeinsam im Laufe der folgenden Kapitel. Für mich steht aber mittlerweile außer Frage, dass jeder ambitionierte, kluge und engagierte Jurist in diesem Markt (und abseits davon) auch in der Zukunft seinen ganz eigenen Platz finden und behalten wird, weil gerade diese sich entwickelnde Vielfalt und der Mut, die austrampelten Pfade auch zuweilen zu verlassen, eine Bereicherung sind. Für unsere Gesellschaft und erst recht für jeden Einzelnen.

Es sollte sich für mich weiterhin bewähren, zuweilen mutige Entscheidungen zu treffen. So ist mein eigenes Unternehmen aus dem Mut heraus entstanden, mir und meinem Netzwerk die Stärke und Belastbarkeit zuzutrauen, in diesem Markt zu bestehen. Nie hätte ich in einem klassischen juristischen Beruf die Freiheit gehabt, all die unternehmerischen Ideen, noch dazu in so kurzer Zeit, umzusetzen, die heute Teil meines Erfolgs sind.

Nun werden Sie fragen, was für mich persönlich Erfolg bedeutet. Es ist genau jene Freiheit, meine eigenen Entscheidungen treffen zu können. Den Mut, diese mit allen Konsequenzen auszuhalten. Meinem Ehrgeiz, meinem Fleiß und meiner Beharrlichkeit (die ich natürlich nicht verloren habe) heute den Raum geben zu können, den sie brauchen und den ich selbst bestimme und mich nicht mehr davon bestimmen zu lassen. Und letztlich: Veränderungen offen zu begegnen, Rückschläge akzeptieren und neu zu beginnen, wenn es erforderlich ist.

Was bedeutet Erfolg für Sie?

2

Erfolgsbedingungen juristischer Bildung in Zeiten der Digitalisierung

Podcast-Episode mit Dr. Carl-Wendelin Neubert vom 06.07.2023[1]
KG: Herzlich willkommen bei LWYRD!, Dr. Carl-Wendelin Neubert.

WN: Hallo, ich grüße dich, liebe Katharina. Danke für die Einladung. Ich freue mich, bei dir zu sein.

KG: Wendelin, wir machen keine große Vorrede. Wir starten direkt rein. Warum hast du Jura studiert?

WN: Also ich wollte ursprünglich mal Diplomat werden. Ich habe mich immer so für Außenpolitik und internationale Fragen interessiert und hatte dann immer den Eindruck gewonnen, dass wenn ich mich mit internationalen Fragen beschäftigen möchte, dann ist Jura genau das Richtige, weil man da ja auch sehr viel Verständnis haben muss, dafür, wie die rechtlichen Rahmenbedingungen in internationalen

Beziehungen funktionieren. Dann fand ich mich überzeugend und bin auch politisch immer sehr interessiert gewesen. Und Politik ist ja ganz maßgeblich davon abhängig, dass man die Themen, die man angehen möchte, die Überzeugung, die man hat, in ein rechtliches Konstrukt, in einen rechtlichen Rahmen gießen kann, um sie dann auch umzusetzen. Und das waren so meine relativ hehren Perspektiven: Das Interesse am Internationalen und das Interesse an Politik.

---

[1] Ungekürzt abrufbar unter https://open.spotify.com/episode/3cNdPJkJh6Er5XFaOuLQXH?si=4ylqOzBBT5-BRdFtT-USiw.

© Der/die Autor(en), exklusiv lizenziert an Springer Fachmedien Wiesbaden GmbH, ein Teil von Springer Nature 2024
K. E. Gangnus, *STAY LWYRD!*, https://doi.org/10.1007/978-3-658-45468-5_2

Im Studium wurde ich dann schnell überrascht, dass zumindest der Anfang des Jurastudiums in meiner Wahrnehmung nicht unbedingt viel damit zu tun hatte.

KG: Staatsorganisationsrecht, Grundrechte und dann war es das auch, oder?

WN: Naja, genau. Also Staatsorgan ist sozusagen der Inbegriff dessen. Aber ich denke immer so an das Zustandekommen von Verträgen. Willenserklärungen, Zugang und Annahme und solche Sachen. Da hat es mir nicht so richtig eingeleuchtet. Mittlerweile habe ich dafür ein großes Faible. Mittlerweile finde ich sowas sehr spannend. Aber damals hat es mich noch nicht so begeistert.

KG: Ja, aber was dich begeistert hat, war das Interesse ja gerade für politische Themen, für internationale Themen. Und das ist auch schon ein kleiner Spoiler auf deinen Werdegang, den wir uns jetzt mal ein bisschen näher angucken. Beziehungsweise die juristische Arbeit. Denn viele Juristen kennen sicherlich deinen Namen. Vielleicht aber nicht unbedingt wegen deiner juristischen Arbeit, sondern der Gründung der Plattform Jurafuchs.

Und wir schauen uns den Weg dahin zusammen gemeinsam an. Du warst fünf Jahre WissMit am MPI für Ausländisches und Internationales Strafrecht. Heute heißt das MPI zur Erforschung von Kriminalität, Sicherheit und Recht. Du hast eine Promotion zum Thema Einsatz tödlicher Waffengewalt durch die deutsche auswärtige Gewalt verfasst. Die wurde sogar mit der Otto-Hahn-Medaille der Max-Planck-Gesellschaft ausgezeichnet.

Du warst vier Jahre dann Anwalt bei Noerr in Berlin im Wirtschafts- und Außenwirtschafts-recht und du veröffentlichst nach wie vor Artikel zu gesellschaftspolitischen Themen wie Auslandseinsätze der Bundeswehr, Sanktionen, Überwachung, Digitalisierung. Die letzten beiden Aufsätze von Dir behandelten Russlands Angriffskrieg gegen die Ukraine und die Erfolgsbedingungen juristischer Bildung im Zeitalter der Digitalisierung. Jetzt finde ich diese Bandbreite nicht nur beeindruckend, ich finde die Themen an sich auch spannend, denn sie sind selbstverständlich brandaktuell.

Was treibt dich an, und zwar ja scheinbar seit Beginn an, seit dem Wunsch, Jura zu studieren, auch genau da juristisch näher hinzusehen, wo in unserem Land vielleicht auch gerade die Weichen neu gestellt werden oder neu gestellt werden müssen, und wo insbesondere die jüngeren Generationen auch nach Orientierung und klarer Haltung in Politik und Gesellschaft suchen?

WN: Wow, das ist eine Riesenfrage, Katharina, danke dafür. Vielleicht gehe ich nochmal einen Schritt zurück. Ich hatte ja kurz beschrieben, warum ich Jura studiert habe. Diese Motivation habe ich im Studium vielleicht auch mal verloren. Aber irgendwann kommt das ja wieder. Und ich glaube, irgendwann, wenn man sich mal für etwas interessiert hat und wirklich dafür brennt,

2 Erfolgsbedingungen juristischer Bildung in Zeiten der Digitalisierung

dann zieht sich das so ein bisschen schon auch wie so ein roter Faden durch. Auch wenn man den mal verliert. Also wenn man mal rechts und links geht und dann nicht genau weiß, wo war das eigentlich. Ich hatte eine tolle Erfahrung. Ich habe in Genf studieren dürfen für ein Jahr und habe dort eigentlich nochmal wiedergefunden, warum mich Jura so begeistert. Denn da hatte ich ganz fantastische Professoren und Professoren, die Vorlesungen gehalten haben und Seminare veranstaltet haben zu Themen, die mich faszinierten. Also Völkerrecht, internationale Organisationen und die rechtlichen Rahmenbedingungen. Und da merkte ich erstmal, wie das wirklich zusammengreift. Und ich glaube, das ist eine wichtige Erfahrung. Also ich hatte so ein bisschen ein Verständnis damals schon, wie funktioniert Jura eigentlich. Und dann kamen da inspirierende Persönlichkeiten, die es vermocht haben, haben, mir dieses Handwerkszeug gewissermaßen abzunehmen und zu sage, okay, nimm das jetzt mal und wende es auf diese, diese Fragen an.

Und das war eben nicht nur Blabla und irgendwie theoretisch und politisch, sondern es war ganz knallhart juristisch. Und das ist, glaube ich, wo mir wirklich präsent wurde, wie ich das juristische Handwerkszeug begreife, eben als ein Handwerkszeug, als ein Mittel, um die Themen, die einen interessieren neu zu fassen, zu greifen, richtig strukturiert zu durchdringen und damit zu arbeiten.

Also ich glaube, es ist ganz wichtig, dass man einen Maßstab hat, dass man mit diesem Maßstab arbeitet, dass man ihn anwenden kann auf bestimmte Sachverhalte. Und deshalb ist meine Forschung, die du beschrieben hast, die ich früher gemacht habe, aber auch immer noch ab und zu was schreibe, eigentlich immer anwendungsbezogen.

Es geht eigentlich für mich immer um aktuelle politische Themen, die wir durch eine juristische Brille betrachten können und sich die Frage stellt, wie beeinflusst eigentlich das Recht diese politische Fragestellung oder kann das Recht einen Rahmen geben, um ein Problem zu lösen? Und wenn es das nicht kann, was müsste sich juristisch ändern?

Ich denke, offensichtlich, Jura ist ja eigentlich nur ein Mittel, um eine politische Ordnung zu strukturieren. Bei uns ist es relativ jung, es ist eine junge Ordnung, nach dem Ende des Zweiten Weltkrieges.

Die Ordnung, die wir heute leben, ist schwerpunktmäßig die verfassungsrechtliche Ordnung und auch viele Elemente, die dann darauf aufbauen, gerade im Verwaltungsrecht. Unser Leben, wie wir hier zusammenleben, unsere Gesellschaft, das funktioniert jetzt eigentlich gut, auch wenn wir meinen, wir haben viele Probleme. Aber es funktioniert eben auch deshalb gut, weil wir eine gut funktionierende Ordnung haben mit Institutionen, die diese Ordnung tragen und verstärken.

Ganz oft hört man Gerichtsschelte oder Diskussionen über die unzureichend besetzte Justiz. Und das ist ein großes Thema, wenn man sich anguckt, wie funktioniert eigentlich unser Gemeinwesen. Wir haben diese juristisch verfasste Ordnung, die getragen wird von Institutionen. Und ich glaube, das ist etwas, wenn man sich für Politik und für Gesellschaft und funktionierende Gesellschaft interessiert, dass man da immer drauf gucken muss.

Also in der juristischen Ausbildung schon früh drauf schauen sollte und dann sich vor Augen führen muss, die eigenen gesellschaftlichen Rahmenbedingungen, von denen wir ja alle leben, von denen du profitierst, von denen ich profitiere, die hängen davon ab, dass es Menschen gibt, die sich für diese politische Ordnung und ihre rechtliche Verfassung und Durchsetzung einsetzen. Und das ist etwas, was mir irgendwie relativ spät eigentlich in dieser plastischen Anwendung bewusst geworden ist. Und das kann ich nur allen Hörerinnen und Hörern mitgeben, wenn man nach Orientierung sucht: Wir leben in einer freiheitlichen Demokratie. Das ist ein total hohes Gut. Das ist nicht selbstverständlich. Die meisten Staaten der Welt sind keine Demokratien. Und es gilt, diese Ordnung zu erhalten. Die erhält sich nicht selbst. Die funktioniert nur, wenn wir dafür eintreten. Und das ist auch etwas, was einen motivieren kann, finde ich.

Denn es ist eine tolle Ordnung. Es gibt da Minderheitenrechte. Also wenn du etwas anders siehst als die Mehrheitsmeinung, dann bist du davon geschützt. Du hast Möglichkeiten, dich zu entfalten, auch wenn andere das doof finden. Das sind für uns Selbstverständlichkeiten. Und wir tun vielleicht ganz gut daran, die Selbstverständlichkeiten uns nochmal vor Augen zu führen, dass sie für die meisten Menschen auf der Welt nicht selbstverständlich sind und dass wir dafür kämpfen müssen, dass sie bei uns und in Europa zumindest jedenfalls dort erhalten bleiben.

KG: Finde ich ganz stark, weil es einerseits den Blick darauf hat, etwas zu bewahren, aber auch andererseits sehr nach vorne gerichtet ist, anhand aktueller gesellschaftlicher, politischer Entwicklungen, wie du richtig sagst, das juristische Handwerkszeug mit ins Gepäck zu nehmen.

Ja, schauen wir jetzt mal konkret auf den Artikel aus der ZDRW. Er trägt den Titel „Horizonte und Erfolgsbedingungen juristischer Bildung im Zeitalter der Digitalisierung."[2]

Denn der leitet uns auch eigentlich ganz wunderbar zu deiner Gründung, zu deiner unternehmerischen Tätigkeit. Und dazu, warum Jura Fuchs eigentlich so erfolgreich ist. In dem Artikel schaust du dir nicht nur den grundlegenden Reformbedarf der juristischen Ausbildung im Kontext der Digitali-

---

[2] Neubert, ZDRW 4/2022, S. 292–315.

sierung an, sondern du untersuchst auch, welche Potenziale digitales Lernen konkret hierfür haben kann. Magst du diese Kernaussagen des Artikels für uns nochmal kurz und knackig zusammenfassen?

WN: Kurz zum Ausgangspunkt. Also wir haben gerade davon gesprochen – und das ging mir auch so – dass es in der juristischen Ausbildung oft vorkommt, dass das, warum man mal Jura studiert hat, irgendwie so ein bisschen unter die Räder gerät oder man es vielleicht auch aus dem Blick verliert. Und das hat auch mit der juristischen Ausbildung selbst zu tun, weil sie sehr anstrengend ist, weil sie kompliziert ist, weil sie kleinteilig ist.

Und es gibt aber ein konkretes Problem in der juristischen Ausbildung, nämlich, dass es eine nicht unerhebliche Anzahl von Studierenden gibt, von Referendaren, die einfach am Ende dieser Ausbildung aus unterschiedlichen Gründen keinen Bock mehr haben auf Jura, wenn sie durch sind. Und das ist ein gigantisches Problem. Nicht nur, weil Jura eigentlich toll ist, weil es ein tolles Fach ist, weil es motivieren kann, sondern weil aus dem Blick verloren wird, wofür eigentlich gute juristische Ausbildung und juristische Bildung da ist. Ich glaube, das wird selten so ausbuchstabiert.

Das ist der Ausgangspunkt dieses Beitrags. Und die Frage, die ich mir gestellt habe, ist: Welchen Beitrag kann eigentlich die Digitalisierung der juristischen Bildung leisten zu einem Bildungserfolg?

Die Kernaussagen selbst sind nichts, was ich mir habe einfallen lassen, sondern was längst weithin bekannt ist. Die Kernaussage ist erstens, dass das digitalisierte Lernmittel ein in der Lehr- und Lernforschung anerkanntes Lehrmittel ist. Jurafuchs zum Beispiel, aber auch andere Sachen. Wenn man also digitalisierte Lernmittel einsetzt, können sie in der Kombination mit der Präsenzlehre an der Hochschule viel effizienter sein als der durch reine Präsenzlehre erzielte Lernerfolg.

Man nennt dies Blended Learning. Und es ist weiterhin erforscht und gleichsam erstaunlich, dass das überhaupt nicht gelebt wird. Zumindest nicht in der juristischen Bildung in Deutschland. Das ist ja eine ziemliche Digitalisierungswüste.

KG: Warum ist Blended Learning so erfolgreich?

WN: Digitalisierte Lernmittel können schlichtweg Dinge, die die Präsenzlehre oder zum Beispiel reine Lehrbücher nicht können. Das sind Dinge, die nennt man zum Beispiel automatisierte Feedback-Systeme. Wenn du ein Lehrbuch liest, dann liest du das und dann kannst du sagen, okay, ich habe das jetzt verstanden oder ich habe es eben nicht verstanden.

Ein digitalisiertes Lernmittel kann dir automatisch Feedback dazu geben, was du tust, in diesem Lernmittel, um dir zu zeigen, ob du etwas tatsächlich verstanden hast. Und das wirkt sich direkt auf dein Verständnis aus.

Ein anderer wichtiger Punkt ist die kognitive Aktivierung durch aktives Lernen. Also das Aktivieren von kognitiven Fähigkeiten funktioniert auch durch aktive, durch interaktive Dimensionen. Also in der Lerngruppe zum Beispiel kriegst du eine Frage, du musst sie beantworten.

Das gleiche gilt auch für digitalisierte Lernmittel, die können das gewissermaßen replizieren.

Also wenn du in einem digitalisierten Lernmittel unterwegs bist, wie bei Jurafuchs zum Beispiel, dann hast du eine Frage, die du beantworten musst. Du musst immer etwas machen und das fördert auch den Lernerfolg.

Dann hast du andere Elemente, die Motivation aufrechterhalten können. Man nennt das allgemein Gamification, denn es ist eine verkürzte Form. Es geht also um verschiedene psychologische Trigger, über Prompts, über Anker, die dazu führen, dass du über längere Zeit-räume motiviert bleibst.

Da geht es nicht nur darum, dass du irgendwie fröhlich bist beim Lernen, was selbstverständlich hilfreich und auch erheblich von Bedeutung ist. Hier geht es vor allem darum, dass du zu dem Zeitpunkt, zu dem du sagen würdest, okay, jetzt lege ich das Buch beiseite, das Buch Dir gerade nicht sagen kann: „Schlag mich wieder auf!". Das digitalisierte Lernmittel dagegen kann dir einen Prompt setzen, der dir sagt: „Mach doch ein bisschen weiter und ich belohne Dich dafür!".

Ein wichtiges Beispiel sind sogenannte Streaks. Streaks bekommst Du, wenn Du ein Produkt mehrere Tage nutzt. Du kennst das vielleicht von Sport-Apps. Pro Tag an dem Du Sport machst, bekommst Du einen Streak. Tag eins, zwei, drei. Hörst Du am vierten Tag auf, fällt Dein Streak zurück auf null. Und weil du den Streak behalten möchtest, machst du das jeden Tag. Ein simples Beispiel, was erstaunlich gut funktioniert und was dazu führt, dass du langfristige Gewohnheiten etablierst.

Das ist ja ganz, ganz wichtig, gerade fürs Lernen, dass du nicht nur so Binge Learning machst, sondern dass du konsequent, gerade im Jurastudium, konsequent vom ersten Tag an kontinuierlich lernst. Und das sind sozusagen wesentliche Elemente, warum eigentlich digitalisierte Lernmittel kombiniert mit guter Präsenzlehre zu ganz anderen Lernerfolgen führen.

Der zweite Punkt ist: Wozu führt das denn eigentlich? Das führt dazu, dass man erstens motivierter lernt. Dass man zweitens aber auch Zeit freigesetzt bekommt für andere Dinge. Dass Du plötzlich Ressourcen entwickelst für andere Dinge, weil du effizienter lernst, weil du schneller lernst.

Ein wichtiges Beispiel ist, dass du dann Dinge vertiefen kannst, die du sonst nicht lernen oder wiederholen kannst. Ein anderes Beispiel ist aber auch, dass du Ressourcen freisetzt für Dinge, die bei uns in der juristischen

Ausbildung ganz oft untergehen. Dinge, die die Studierenden vielleicht bezeichnen würden als ist nicht examensrelevant. Das sind aber oft Themen, die ganz entscheidend sind für das Verständnis unserer Demokratie und wie die Institutionen zusammengreifen.

KG: Wie Verfassungsgeschichte, überhaupt rechtsgeschichtliche Themen, richtig?

WN: Ja, genau. Das sind Themen, die ganz oft untergehen, aber auf die ich mich plötzlich nochmal neu einlassen kann.

Der dritte Punkt, der vielleicht sogar wichtigste Punkt: Wir müssen ein neues Verhältnis dazu bekommen, wie wir eigentlich das Lernen denken. Lernen hat nämlich immer etwas mit Potenzialen zu tun.

Und wenn wir, wie ich im Ausgangspunkt beschrieben habe, wissen, dass Blended Learning kombiniert mit guter Präsenzlehr zu besseren Ergebnissen führt. Und wenn wir wissen, dass das Potenziale freisetzt, dass es auch eine positive Auswirkung haben kann auf den Lernerfolg, dann ist es geradezu sträflich, dass es nicht genug genutzt wird.

Damit meine ich zum Beispiel auch, dass wir zu wenig Zeit investieren in Deutschland in das digitalisierte Lernen und – das betrifft gerade den juristischen Bereich – dass wir dadurch eine konkrete Auswirkung auf den allgemeinen Bildungserfolg haben können.

Und warum sage ich das?

Weil Bildung nun mal nicht gleich Ausbildung ist. Und Bildung ist ein Prozess, bei dem wir uns reflexives Lernen uns aneignen und eine entsprechende Urteilsfähigkeit entwickeln. Da geht es nicht um auswendig lernen oder das Kennen einer bestimmten BGH-Rechtsprechung. Sondern da geht es um ein wirkliches Heranwachsen als eine juristische Person, also nicht im juristischen Sinne, sondern als eine juristische Persönlichkeit, die in der Lage ist, die Verantwortung, in die sie gestellt ist, auch zu leben.

Und darauf zielt eigentlich letzten Endes der Beitrag nochmal ab: Wenn wir nicht nur eine gute Ausbildung haben wollen, sondern auch einen guten Bildungserfolg haben wollen, dann ist es wichtig, dass wir gute Präsenzlehre an den Hochschulen kombinieren mit digitalisierten Lernmitteln.

KG: Okay, wow. Ergänzend zu Deinen Ausführungen hatten wir im Vorgespräch zwei weitere Kernprobleme erkannt: Und zwar zum einen, dass Professoren sich teilweise gegen Digitalisierung wehren. Und zum anderen, dass der evidente Fachkräftemangel eigentlich Antreiber genug sein müsste, in unserem immer so schön beschriebenen Land der Dichter und Denker, jetzt eine motivierte, begeisterte, digital affine und geschulte Generation an Juristen auszubilden. Inwiefern greift das eine auch in das andere?

WN: Also nach meinem Eindruck sind erstmal die meisten jungen Menschen, die sagen, ich studiere Jura, total motiviert. Und diese Motivation geht den meisten irgendwie verloren. Und das hat verschiedene Gründe.

Ich denke auch, dass viele Professoren und Professoren in Deutschland der Überzeugung sind, dass es ihre Aufgabe ist, die Studierenden gut auszubilden und die meisten auch denken, sie machen das. Und ich glaube, manche machen das auch sehr, sehr gut. Vielleicht sogar viele. Es ist aber ein System, in dem man jetzt nicht dazu angeleitet wird, von guter Lehre zu profitieren.

Natürlich gibt es Lehrpreise und es gibt auch Lehrprofessuren an einigen Universitäten. Das ist durchaus etwas sehr Positives. Aber der Erfolg eines Professors, einer Professorin, einer Wissenschaft, hängt davon ab, wie viel du publizierst. Und das ist auch nachvollziehbar. Das galt ebenso für mich: Die Begeisterung dafür, die Freiheit zu haben, mich mit diesen Themen auseinanderzusetzen.

Deshalb ist es erstmal auch per se nachvollziehbar.

Aber die Aufgabe, die eigentlich uns vor Augen stehen müsste, ist zu sagen, wir müssen sehr viel mehr investieren in sehr gute juristische Ausbildung und damit auch in die Perspektive in gute juristische Bildung. Und das kostet Geld. Und setzt voraus, dass wir in der Lage sind, mehr Personal einzusetzen und natürlich auch die Studierenden mit digitalisierten Lernmitteln ausstatten.

Und es gibt manche Professoren, die machen das ganz toll und die versuchen da auch eigene Sachen zu entwickeln. Das ist natürlich schwierig, an einer Hochschule ein digitalisiertes Lernmittel zu entwickeln, wenn die die Tech-Rahmenbedingungen gar nicht zur Verfügung stehen.

Wir müssen hoffen, dass es einen Wettbewerb zwischen denjenigen Universitäten gibt, die das leben: Die gute und digitalisierte Ausbildung. Und dass die motivierten Studierenden sagen, ich gehe an diese Universität und nicht an die andere, in der sehr klassisch gelehrt wird. Aber wir müssen auch ein stärkeres Verständnis der Studierenden haben. Und das ist ganz schwer.

Also als ich angefangen habe zu studieren, da hatte ich einen Professor im BGB AT. Der hat einfach gesagt, ja, also ich habe hier dieses Lehrbuch. Kaufen Sie das. Das ist super. Und natürlich haben wir das alle gekauft. Dieses Lehrbuch war grottenschlecht. Das war nicht mal ein Lehrbuch. Das war eigentlich so ein Art Skript. Und das war wirklich eine Katastrophe. Aber wir konnten das damals überhaupt nicht beurteilen. Wir waren überhaupt nicht in der Lage zu beurteilen: „Was ist eigentlich gut und was ist schlecht?" Das wusste ich erst später.

Das ist eine große Herausforderung, dass die Studierenden, die motiviert sind, die auch eine gute Ausbildung haben wollen, anfangs gar nicht wissen, worauf verlasse ich mich eigentlich. Natürlich ist der Professor die eine Instanz, die zu Recht erstmal in Anspruch nehmen kann, dass sie das Monopol an der Universität auf die Ausbildung hat. Aber es bewegt sich da glaube ich auch einiges. Es gibt immer mehr, gerade junge Professoren, die sowohl ihre Rolle als Lehrende stärker sehen und zum anderen auch sehen, wir müssen einfach die Erkenntnisse der Lehr- und Lernforschung ernst nehmen.

Und zu einem besseren Ausbildungserfolg trägt dann auch die Einführung von digitalisierten Lernmitteln auf jeden Fall dazu bei. Und die Studierenden müssen ran. Die müssen sagen: „Ich will das! Ich will doch nicht hier lernen wie meine Großeltern."

KG: Und es kommt leider noch ein anderes Problem dazu. Und das kennen wir zwar einerseits alle, aber das macht es nicht besser, sondern mich hat es tatsächlich sehr nachdenklich gestimmt.

Es ist nämlich das zweite Mal, dass der Bundesverband Rechtswissenschaftlicher Fachschaften, BRF, Jurastudierende dazu befragt hat, wie viel psychischen Druck sie im Jurastudium spüren.

Von September 2020 bis März 2021 schilderten 1178 Umfrage Teilnehmer, was sie während des Jurastudiums belastet und was ihnen sogar Angst macht. Auf die konkrete Frage, ob sie das Jurastudium mit Blick auf den psychischen Druck und die mentale Belastung im Studium weiterempfehlen würden, verneinten satte zwei Drittel der Umfrageteilnehmer.

Und über 20 % von ihnen gaben sogar an, dass sie das Studium auf keinen Fall weiterempfehlen würden.

Hast du diesen Druck selbst auch schon so empfunden und woher, glaubst du, kommt dieser Druck?

WN: Ja, das ist eine superwichtige Frage, Katharina. Also ich habe auch in hohem Maße Druck empfunden. Nicht am Anfang des Studiums, überhaupt nicht. Da habe ich es mir einfach gut gehen lassen und habe auch wenig Zeit in der Bibliothek verbracht. Ich bin immer in die Vorlesungen gegangen – zumindest in die, die mir was gebracht haben. Bei denen ich das Gefühl hatte, ich lerne da wirklich was.

Aber ich habe es sehr langsam angehen lassen und auch Politikvorlesungen besucht, Kunstgeschichte studiert und so. Der Druck ist aber spätestens in der Examensvorbereitung enorm.

Und das hängt ganz stark damit zusammen, dass Jura einfach ein sehr, sehr schwieriges Fach ist. Das muss man sich schon vor Augen führen. Und das ist auch vielerseits beschrieben worden: Ich denke, viele Studierende kommen ins Jurastudium – und das ging mir glaube ich auch so – und denken: „Ich habe doch eigentlich ein ganz gutes Abi gemacht, ich bin da immer gut mitgekommen und plötzlich habe ich das Gefühl, ich raffe hier überhaupt nichts mehr. Also mir ging das jedenfalls in Teilen so."

KG: Mir auch, ja.

WN: Ja, und das hat mir damals keiner gesagt, ich habe das immer wieder auch in Gesprächen mit befreundeten Professoren und Professoren gehört, die sagten: „Das ist eigentlich vollkommen offensichtlich! Wir müssen das den Studierenden sagen, wir dürfen keine Angst davor haben und dadurch nicht wirklich aus der Fassung gebracht werden."

Und das sage ich jetzt auch nochmal an die Studierenden, die zuhören, wenn sie am Anfang des Studiums stehen, lasst Euch dadurch nicht so verunsichern. Denn es wäre auch verrückt, wenn man im ersten Semester ankäme und sofort alles verstehen würde. Dann wäre Jura eigentlich auch ein unterkomplexes Fach. Es ist aber wahnsinnig schwierig. Und man muss sich darauf einlassen und man muss es sehr lange einstudieren.

Irgendwann kommen dann die Erfolgserlebnisse. Und darauf muss man lange hinarbeiten. Ich glaube, das ist etwas, was mich überrascht hat. Und was eigentlich in der Rückschau offensichtlich scheint, aber was mir damals eben niemand gesagt hat. Wenn man das sich vor Augen führt, dann kann es helfen, weil man den Druck reduziert. Ganz viele sagen, das Studium ist furchtbar lang, es ist mir sogar viel zu lang. Das braucht Zeit!

Wenn man nicht meint, gezwungen zu sein, von Anfang an zu fokussiert zu sein auf diesen Abschluss. Wenn man im ersten Semester an das Examen denkt, dann kann es nur Druck erzeugen. Wenn man das macht, dann kommt man sehr schnell in einen Teufelskreis. Denn eine Erkenntnis der Lehr-Lern-Forschung und der Neurowissenschaft ist auch, dass es sich unter Druck und Angst richtig schlecht lernt.

Wir sprechen oft mit unseren Nutzerinnen und Nutzern und wenn die uns sowas zurückgeben, dann versuche ich auch immer mitzugeben, sich etwas zu suchen, was euch wirklich Kraft spendet und ein bisschen die Geschwindigkeit rausnimmt. Nehmt euch im Zweifel nochmal ein Semester länger und versucht, die Motivation und die Spannung aufrechtzuerhalten, indem ihr auch mal wieder Pausen einsetzt. Zum Beispiel gut essen geht oder Sport macht oder was auch immer das dann für den oder die ist, aber dass man das bewusst macht, um überhaupt psychisch gesund zu bleiben. Aber es gibt den Druck im Examen natürlich ohne Zweifel und den hatte ich auch.

Es ist ein sehr schweres Studium, das Examen ist sehr schwer. Es ist dann auch noch in der Art, wie es bewertet wird nämlich hochgradig intransparent, ich will nicht sagen willkürlich. Wenn man sich zum Beispiel vor Augen führt, dass eine Klausur von zwei Personen bewertet wird, aber die zweite Person die Note der ersten Person kennt – dann ist da ist doch offensichtlich schon mal ein Bias drin. Und wenn der Zweitkorrektor von der Note der Erstkorrektoren über einen bestimmten Notensprung abweichen möchte, dann muss er das begründen. Das macht niemand, weil es Aufwand ist. Also die meisten jedenfalls nicht. Und das ist einfach total absurd.

KG: Korrekturen werden ja auch sehr unterdurchschnittlich bezahlt und dann haben die Korrektoren auch wenig Zeit für eine Klausur. Im Rep hat man uns zum Beispiel immer gesagt bzw. gerade für das Zweite Examen sehr eingetrichtert: „Passt auf, Leute, da sitzt jemand, der hat pro Klausur 20 min Zeit. Und der hat noch einen Riesenstapel da und eigentlich hätte er noch den Rasen mähen müssen und gerade hat er auch noch die Kinder ins Bett gebracht. Und morgen hat er auch wieder tausend Akten im Gericht vor sich liegen. Wie kriegt ihr den dazu, dass der in euren 40 Seiten, die ihr dazu Papier gebracht habt, das findet, was er hören will und wofür es die Punkte gibt?"

Was auch wiederum ad absurdum führt, dass man sich da im Ersten Examen sechsmal und im Zweiten Examen achtmal eine Sehnenscheidenentzündung schreibt, weil es letztlich nur auf so bestimmte Punkte einfach irgendwie ankommt. Und das spielt natürlich auch alles eine eklatante Rolle.

Zwei spannende Punkte hast Du angesprochen und auf die möchte ich noch einmal eingehen. Zum einen – und das ging mir auch so -die Erkenntnis, dass das auf einmal ganz anders läuft als in der Schule. Also ich war auch so jemand, mir fiel das alles immer leicht, aber ich musste auch ab einem gewissen Punkt im Gymnasium was dafür tun. Aber wenn ich was dafür getan habe, dann hat das funktioniert.

Und da bin ich mit Jura erst mal voll aufgelaufen. Also nicht, dass es gar nicht funktioniert hätte, Aber ich habe halt gedacht, das geht genau so weiter. In mir drin war der Glaubenssatz: Ich habe das verstanden, ich war fleißig, das kriege ich hin. Und dann genau zu diesem Punkt zu kommen, zu sagen, ich habe es überhaupt nicht verstanden. Wie soll ich es denn hinkriegen?

Das ist das eine. Dann das andere natürlich, ich habe ja an der Bucerius Law School studiert und ich war Erstakademikerkind. Das war damals aber, also 2004, gar nicht so ein Begriff. Das wurde mir dann erst klar, als ich da ankam und mich so umguckte. Und dann auf einmal dachte ich, okay, hier sind auch Leute, die sind 17, die haben gerade in England irgendwie Abitur gemacht und so.

Und dadurch ergab sich, gar nicht mal, weil wir das untereinander erzeugt hätten und auch schon gar nicht, weil die Hochschule das erzeugt hat, aber untereinander, das ist ja was Menschliches, dadurch ergibt sich einfach so ein kompetitiver Druck auch nochmal. Und dann natürlich dieser Blick aufs Examen, den du beschreibst.

Ich finde, am Anfang kann man das ganz gut noch so vor sich herschieben und ich glaube, das funktioniert an der staatlichen Uni noch besser als an der

Law School, wo wir in Trimestern funktionieren. Also zehn Wochen Studium, elfte Woche Klausurenvorbereitung, zwölfte Woche Klausuren. Und das dreimal so im Jahr so kontinuierlich durchgeht, weil dann hast du immer mehr Etappenziele.

Und das sind ja auch mehr Etappenziele als an der staatlichen Uni, weil wir noch mehr Fächer einfach verpflichtend haben, ja. Aber dadurch natürlich trotzdem hast du das Gefühl, du sammelst da irgendwie deine Credit Points noch für deinen Bachelor zusätzlich und dann kommt irgendwann dieses Examen und dann hast du einen bestimmten Zeitraum und in dem muss es funktionieren. Und klar, und dann kommen die Probeklausuren und dann weiß man nicht, funktioniert das so richtig? Dann ist es mal gut, dann ist es mal schlecht.

Ich finde, bei den Examenskandidaten stellt sich ein eher ohnmächtiges Gefühl gegenüber dem allmächtigen Examen ein. Verstehst du, was ich meine?

WN: Ja, total.

KG: Es ist auf einmal sehr groß. Und das Ding ist halt, dass man gerade die Erfahrungen aus dem ersten Examen ja auch teilweise mitnimmt, ins zweite. Also ich habe das zweite genau in dem Raum geschrieben, wo ich das erste geschrieben habe.

WN: Trauma-Vertiefung. Ich glaube, das ist einfach eine Herausforderung, an der man nicht vorbeikommt. Ganz wichtig ist, dass man, wenn man diese Überforderung hat, diese auch annimmt. Das ist ein natürliches Gefühl, wenn dir jemand sagt, er hat diese Überforderung nicht, dann ist er entweder ein krasser Überflieger oder er lügt dir ins Gesicht.

Aber das Wichtigste, glaube ich, ist, dass man sich selbst als Mensch davon jetzt nicht zu sehr deprimieren lässt. Ich glaube, es gibt ganz oft die Wahrnehmung von Studierenden, dass sie, wenn sie jetzt keine gute Note schreiben, kein gutes Examen schreiben, dass sie auch als Menschen versagt haben. Und das ist fatal, denn das muss man zwingend trennen.

Es ist nicht notwendig, dass jeder Mensch guter Jurist, gute Juristin wird, aber es ist wichtig, dass jeder Mensch als Mensch bestehen kann, dass er da als im Wert seiner Person, auch im professionellen Wert, aber auch im menschlichen Wert seiner Person nicht herabgesetzt wird.

Und ich glaube, dass dieser extreme Druck, den viele Studierende auch im Kompetitiven empfinden, auch in der Art und Weise, wie über das Examen gesprochen wird, diesen Druck auch auf sich als Mensch dann übertragen.

Es kann sein, dass es hoffentlich ein bisschen reduziert wird, also allgemeiner Druck, aber auch dieses Gefühl, ich kann da nichts, weil ich aufs Abi zurückgeworfen bin, wenn ich durchs Examen falle, dass es ein bisschen reduziert wird, wenn jetzt ein Studiumsbachelor eingeführt wird, also Studierende, die dann durchs Studium durchgehen, nach einem bestimmten Abschluss auch einen Bachelor bekommen, dass man das Gefühl hat, ich habe zumindest irgendwas geleistet, das ich auch vorzeigen kann.

Das ist eine ganz menschliche Reaktion, aber das ist, glaube ich, wichtig, dass man sich selbst auch morgens so nach dem Spiel guckt und sag: „Egal was heute passiert in dieser Examensklausur: Du bist du und du bist okay."

Und du kannst damit deinen Weg weitergehen, unabhängig davon, was rauskommt, du als Mensch. Und das möchte ich allen sagen, die gerade verzweifelt vor dieser Prüfung stehen, dass sie diesen Blick auf sich, diesen positiven Blick auf sich bewahren.

KG: Wenn wir jetzt nochmal einen Schritt weiter gehen und schauen uns noch mal mehr Zahlen an, dann haben wir zum einen die Erkenntnis, dass kaum Studierende sich die Examensvorbereitung selbst zutrauen. Das heißt, 70 bis 90 % pro Examensjahrgang gehen ins Rep. Da kann man sich auch fragen, warum. Das heißt für mich, dass das Geschäft mit der Angst der Repetitorien anscheinend gut funktioniert.

Was ich aber am erschreckendsten finde, ist, dass wenn man dieses lange Studium und die beiden Examina dann überstanden hat und man ja eigentlich, wie wir das ja immer propagieren und auch in meinen Gesprächen hier bei LWYRD! immer wieder sehen, man theoretisch mit Jura alles machen kann, trotzdem so viele auch dann noch aus dem Markt abwandern und erst gar nicht juristisch arbeiten wollen.

Und da stellt sich mir nicht nur eine Frage, sondern mehrere und ich greife mal zwei raus. Zum einen: Motiviert der hart erarbeitete Erfolg nicht? Das hast Du eben sehr konkret gemacht. Natürlich im Studium und Examen den Gedanken des juristischen Erfolgs von der menschlichen Wertigkeit zu entkoppeln, aber wenn man dann Erfolg erfahren hat, müsste das ja doch eigentlich motivieren, oder?

Eine andere Frage ist: Steht diese lange Ausbildungszeit etwa in einem krassen Missverhältnis zu wenig positiven praktischen Erfahrungen? Es könnte meiner Meinung nach ja auch sein, dass uns das einfach fehlt auf diesem langen Weg, um zu sagen, dafür habe ich das gemacht und ich will genau da hin, weil ich gesehen habe, diese Möglichkeit habe ich und die würde mir Freude machen.

Also, lange Rede, kurzer Sinn. Was glaubst du, wer ist hier eigentlich in der Verantwortung, genug positive, motivierende und inspirierende Vorbilder zu schaffen, die unserem Land, unserer Gesellschaft und unserer Politik diese intellektuell starken Talente und diese tollen Menschen im juristischen Markt erhalten?

WN: Wow, eine Riesenfrage. Ich versuche mal, sie zu beantworten. Also ich glaube erstens, es gibt genug großartige Vorbilder. In unserem Land. Wunderbare Juristinnen und Juristen, Land auf, Land ab, die man sich eben suchen muss.

Also es gibt auch eine Eigenverantwortung der Studierenden und viele Studierende suchen sich die auch, auf die zuzugehen. Es gibt genug Anknüpfungspunkte, die man die finden kann. Das ist, glaube ich, das Erste. Sollte man machen. Man sollte sich solche Vorbilder suchen und denen nacheifern. Und dann gibt es natürlich viele praktische Möglichkeiten über Praktika, über Einblicke in Kanzleien, Gerichten usw., die positiven praktischen Erfahrungen zu machen.

Ich glaube, das gibt es schon. Und das würde ich jedem auch empfehlen. Das Referendariat hilft auch nochmal, denn im Referendariat, und das würde ich auch allen empfehlen unbedingt zu machen, das ist zwar sehr, sehr anstrengend, aber da hat man nochmal einen sehr viel präziseren Einblick in das, was das juristische Leben bereithält. Auch wenn man im Ausschlussprinzip dann manche Sachen ausschließen kann, man findet irgendwie seins.

Und wen trifft jetzt die Verantwortung? Das ist eine gesamtgesellschaftliche Verantwortung. Das habe ich eingangs gesagt.

Juristische Berufe, das muss man sich auch vor Augen führen, das sind Berufe mit Verantwortung. Und zwar alle. Also wenn du, nicht nur wenn du offensichtlich eine Richterin bist, dann sprichst du eben Recht im Namen des Volkes. Das ist schon eine ziemlich krasse Sache. Aber genauso, wenn du Anwalt bist, bist du Organ der Rechtspflege. Wenn du, Katharina, in deinem Job Talente vermittelst, dann hast du natürlich auch eine Verantwortung sowohl dem Arbeitgeber als auch dem Talent gegenüber. Und mir geht es genauso in meinem Bereich der juristischen Ausbildung. Also das sind wichtige Berufe.

KG: Systemrelevanz, die kam uns dann während Corona auch bekannt vor.

WN: Genau, und das kann ja auch motivieren. Und das ist die Verantwortung der gesamten Gesellschaft. Aber ganz klar, glaube ich, sind es die Justizverwaltungen, die die juristische Ausbildung und die Prüfungssysteme besser gestalten müssen. Und gerade auch das Referendariat, das landauf, landab sehr, sehr schlecht abschneidet in der Art, wie es ausgebildet wird.

Und dann eben auch an den Universitäten. Und das muss man auch als Staat anerkennen: Das kostet richtig Geld. Der Staat muss bereit sein, für gute Ausbildung Geld in die Hand zu nehmen.

(„…")[3]

KG: Wendelin, das war's. Vielen, vielen Dank, dass du dir so viel Zeit genommen hast. Ich glaube, es war wichtig, dass wir mal ein bisschen ausführlicher über diesen Kontext gesprochen haben, warum eigentlich die Digitalisierung so wichtig ist für das juristische Lernen, wo sie helfen kann, welche

---

[3] Im Folgenden haben wir dann ausführlich noch über die Gründung von JuraFuchs sowie Wendelins eigenen Podcast *Spruchreif* gesprochen. Dieser Teil ist aus Platzgründen nicht abgedruckt.

Herausforderungen es gibt. Und wir haben das ja auch wunderbar in den gesamtgesellschaftlichen und gesellschaftspolitischen Kontext eingekleidet.

Und das ist, glaube ich, auch ganz wichtig, dass man das in diesem Kontext sieht, um es zu verstehen, aber um auch die signifikanten Fortschritte zu erzielen, die wir langfristig für unsere Studierenden brauchen, damit wir am Ende des Tages viel mehr motivierte, junge, begeisterte Juristen haben, die nach dem zweiten Examen richtig Lust zu haben, dieses Land weiter mitzugestalten.

WN: Das sehe ich auch so. Ich glaube, es gibt viele Chancen. Ich würde jedem sagen, studiert Jura, das ist ein tolles Fach und nehmt euch die Zeit und versucht, wenn es irgendwie geht, die Angst ein bisschen zu Hause zu lassen und euch eher auf die Freude und die Motivation zu konzentrieren. Ja, bleibt bei euch. Das ist ganz wichtig.

3

Docendo discimus – Wie wir jetzt die Basis für motivierte Juristen von morgen schaffen

Die Episode mit Dr. Carl-Wendelin Neubert hat mich nachdenklich zurückgelassen und ich habe mich gefragt, was es neben dem Einsatz digitalisierter Lehr- und Lernmittel jetzt braucht, um die jetzigen Studierenden sowie die Studierenden von morgen nicht nur zu ermutigen, dieses Studium überhaupt zu ergreifen, sondern es vor allem für sie persönlich so gewinnbringend und motivierend zu gestalten, dass sie danach auch dem Rechtsmarkt weiterhin zur Verfügung stehen und aus diesem nicht abwandern. Wendelin hat es sinngemäß so formuliert: Wenn man sich einmal ernsthaft für etwas interessiert oder gar begeistert hat, dann mag die Motivation dafür auf dem Weg zum Ziel manchmal verloren gehen oder für eine gewisse Zeit ins Hintertreffen geraten – aber sie zieht sich doch meist, wenn sie echt ist, wie ein roter Faden durch. Und dann kommt sie auch wieder.

Wie schaffen wir also diese echte Motivation? Mir ist bewusst, dass nicht jede Entscheidung für oder gegen ein Studienfach immer nachhaltig ist. Das gilt, wenn wir ehrlich sind, für einige Entscheidungen im Leben. Jeder von uns kennt die Situation, in der man rückblickend dies, das oder jenes anders gemacht hätte, hätte man nur gewusst oder berücksichtigt, dass … Das ist menschlich. Und so meine ich hier denjenigen Kern der Studierenden, die eine begründete, begeisterte Entscheidung für dieses Fach getroffen haben und entweder dann in der Überforderung untergehen und ggf. sogar deshalb das Studium abbrechen, es erfolgreich beenden (und erfolgreich ist für mich persönlich übrigens jeder, der beide Staatsexamina wie auch immer bestanden hat!) und sich dann trotzdem in der Arbeitswelt und am Rechtsmarkt schwer tun oder gar diejenigen, die nach zwei Staatsexamina aus dem Markt abwandern. Letztere haben wir bedauerlicherweise bereits verloren. Wir können und müssen den Blick nach vorne richten auf die heutigen Studierenden und die Studierenden von morgen. Denn eines ist klar: Der Jurist von morgen braucht keine Ausbildung von gestern – trotzdem hat sie sich seit 152 Jahren nicht wesentlich verändert.

Die herkömmliche zweistufige juristische Ausbildung, bestehend aus Universität und Referendariat, existiert noch immer in der seit 1869 in Preußen eingeführten Form. Es gab zwar einige geringfügige Anpassungen, zuletzt 2003 mit der Einführung des Schwerpunktbereichs. Trotz gelegentlicher ernsthafter Diskussionen über Reformvorschläge bleiben diese oft wie eine Welle, die aufkommt und wieder abebbt. In den 70er- und 80er-Jahren gab es einen umfassenderen Reformversuch nach einem zweijährigen Diskussionsprozess namens Akademie Loccum. Dabei wurde die einstufige juristische Ausbildung eingeführt, bei der Studierende mit Fächern wie Soziologie begannen und zwischen Praxisphasen und Hörsaal wechselten. Am Ende stand ein kombiniertes Examen nach etwa 9 Semestern. Aufgrund höherer Kosten und einer nicht eindeutigen Auswertung wurde das Modell nach einer Testphase nicht weiterverfolgt.[1]

Es gibt weiterhin zahlreiche Probleme, die von Studierenden, Lehrenden und Praktikern gleichermaßen beklagt werden. Studierende leiden unter dem wachsenden Druck und der Überlastung durch den umfangreichen Stoff. Praktiker bemängeln, dass das Jurastudium nicht mit den Realitäten der juristischen Praxis Schritt hält, insbesondere in einer von Legal Tech geprägten Rechtswelt. Law Clinics und Moot Courts sind nicht weit verbreitet und stehen nicht allen Studierenden offen. Zusätzlich fehlt oft Platz für echten wissenschaftlichen Diskurs im rechtswissenschaftlichen Studium, und wissenschaftliches Arbeiten spielt nur selten eine Rolle.[2]

Schauen wir uns zunächst einmal die Studierenden selbst an – wer ist das eigentlich und warum bemängeln sie gerade jetzt die juristische Ausbildung in ihrer Form?

Die heutigen Jurastudenten sind zu einem großen Teil das, was wir als Generation Z kennen, d. h. jene in den späten 1990ern bis Mitte der 2010er-Jahre Geborenen. Es sind die Digital Natives, groß geworden mit Internet und Technologie und allen damit verbunden Möglichkeiten und Chancen – aber auch mit der Schnelligkeit, die dies bedeutet und die, wie ich finde, nicht immer positiv ist. Die Generation Z ist selbstständig und zeigt Eigeninitiative, was sich aus meiner Perspektive sehr positiv auf das Studium und das spätere

---

[1] https://de.wikipedia.org/wiki/Einstufige_Juristenausbildung_(Deutschland).
[2] https://iurreform.de/das-problem/.

juristische Arbeiten auswirken kann. Hinzu kommen die dieser Generation zugesprochenen Multitasking-Fähigkeiten: Gerade, weil unsere heutigen Studenten Medien und Informationen ständig ausgesetzt sind, sind sie daher auch besser als die vorherigen Generationen in der Lage, mehrere Aufgaben gleichzeitig zu bewältigen. Ebenfalls ein klares Plus für das Jurastudium in seiner jetzigen Form. Weiterhin spielen Werte und soziales Engagement für die Generation Z eine wichtige Rolle, dies meint auch Umweltfragen, soziale Gerechtigkeit und Menschenrechte.[3] Wenn wir daran zurückdenken, was Wendelin in meinem Podcast formuliert hat, ist dies eine wunderbare Voraussetzung, beim Jurastudium gerade deshalb „dranzubleiben", weil das langfristige Ziel Nachhaltigkeit beweist: Wir sind in der Verantwortung, unsere freie demokratische Grundordnung mit allem, was dazu gehört, zu erhalten – weil sie sich eben nicht von selbst erhält. Dieses Ziel kann einen, wenn man es für sich persönlich verinnerlicht hat, auch durch die tiefen Täler der juristischen Ausbildung tragen. Last but not least zeichnet sich die Generation Z auch durch die Begeisterung für vermehrt kollaboratives Arbeiten aus, sodass teamorientierte Arbeitsweisen und -möglichkeiten den Studierenden mehr Freude bereiten als den vorherigen Generationen. Dies findet im derzeitigen Studium noch recht wenig Platz, wenn man von Kleingruppen an der Universität z. B. zur Fallbearbeitung (sofern vorhanden) oder selbst gesuchten Lerngruppen absieht.

Schauen wir auf all diejenigen, die ab Mitte der 2010er-Jahre bis Mitte der 2020er-Jahre geboren wurden und als Generation Alpha bezeichnet werden – auch hiervon haben bereits einige gerade ihr Studium aufgenommen, dem Großteil steht dies noch bevor. Bei dieser Generation ist zu beachten, dass die Zeit seit ihrer Geburt noch vergleichsweise kurz, wenn nicht sogar zu kurz ist, um aus den bisher vorliegenden Daten definitive Merkmale und Eigenschaften abzuleiten. Im Folgenden werfen wir daher gemeinsam nur einen kurzen Blick auf vier Kernthemen, die diese Generation umtreiben:[4] Digitalisierung, Globalisierung, Vielfalt und Inklusion sowie Umweltbewusstsein. Bezogen auf die juristische Ausbildung können wir dem meiner Meinung nach beggnen, wenn wir uns ebenfalls auf vier Kernthemen fokussieren: Zunächst gilt es, die digitalen Kompetenzen noch besser in das Studium zu integrieren, da gerade die digitalen Fähigkeiten wie Legal Tech und automatisierte Prozesse es Juristen ermöglichen, effizienter und innovativer zu arbeiten.

---

[3] Horx, https://www.faz.net/aktuell/wirtschaft/menschen-wirtschaft/studie-ueber-die-jugend-der-generationen-y-und-z-13606504.html.
[4] McCrindle Research Pty Ltd, https://mccrindle.com.au/article/topic/generation-alpha/generation-alpha-defined/.

Weiterhin ist die Stärkung interdisziplinärer Kompetenzen wichtig, hier konkret in den Bereichen Wirtschaft, Technik und auch Ethik. Dies kann aber nicht zulasten einer noch weiteren Aufblähung des zu bewältigenden Lernstoffs gehen, sondern hier muss dieser entsprechend gestrafft werden. Das gilt ebenfalls für eine fortlaufende Weiterbildung auch nach Abschluss der Ausbildung. Letztlich haben Ethik und soziale Verantwortung weiterhin, aber für diese Generation umso mehr, ein deutliches Gewicht. Die Verantwortung jedes Juristen bedeutet gleichsam eine Chance, eine nachhaltige Rechtspraxis in unserem Land mit dem dankbarerweise bestehenden Rechtsrahmen zu fördern.

Wie genau kann das aber funktionieren?

Der gemeinnützige Verein „Bündnis zur Reform der juristischen Ausbildung", kurz iur.reform[5] hat im Rahmen einer Studie 11.842 Teilnehmende zu ihrer Meinung über die Bedingungen der juristischen Ausbildung befragt. Beteiligt haben sich hieran nicht nur Studierende und Referendare, sondern auch Richter, Staatsanwälte sowie Mitarbeiter der juristischen Prüfungsämter. Dabei wurden 43 Thesen zur Abstimmung gestellt, die der Verein auf Basis von über 250 Beiträgen aus Fachzeitschriften und Artikeln rund um das Thema des Reformbedarfs aus den Jahren 2000 bis 2020 erstellt hatte. Hierbei ergab sich, dass 52 % der Befragten unzufrieden mit der aktuellen juristischen Ausbildung sind. Zudem wurde erhoben, dass 75,3 % für eine emotionale Entlastung der juristischen Ausbildung plädieren, was beispielsweise durch die Einführung eines integrierten Bachelors erreicht werden könnte. Denn so stünden Studierende nicht mit leeren Händen da, wenn sie die Zwischenprüfung nicht bestehen, sondern hätten nach sechs erfolgreich absolvierten Semestern einen ersten Abschluss in der Hand. Die Kernforderungen des Reformbündnisses konzentrieren sich vornehmlich auf ein sog. Sechs-Punkte-Sofortprogramm:

1. *„Unabhängige Zweitkorrektur der schriftlichen Examensprüfungen*
2. *Einführung des E-Examens*
3. *Neue Lerninhalte nur bei Streichung von Bestehenden*
4. *Zulassung anderer Prüfungs- und Unterrichtsformen neben Klausur und Vorlesung*
5. *Verbesserung des Betreuungsschlüsses an den Hochschulen*
6. *Regelmäßiges Monitoring des Jurastudiums auf etwaigen Reformbedarf".*[6]

---

[5] www.iurreform.de.
[6] Deutscher Anwaltverein 2024, https://anwaltsblatt.anwaltverein.de/de/themen/kanzlei-praxis/iur-reform-studie-ergebnisse.

Einige dieser sechs Punkte habe ich bereits in meinem Gespräch mit Wendelin aufgegriffen.

Gerade im vierten Punkt sehe ich eine echte Chance, insgesamt bessere Leistungen bei allen Studierenden zu erzielen, weil so die unterschiedlichen Stärken der verschiedenen Lerntypen berücksichtigt werden, die auch die im späteren Berufsleben gestellten Anforderungen widerspiegeln. Dies schafft zudem einen greifbaren Ausblick auf das, womit die Studierenden am Markt konfrontiert werden. Und alles, was möglichst nah an der Realität ist und mithin einen konkreten Praxisbezug hat, schafft Anreiz, auch die tieferen Täler dieser langen Ausbildung zu durchschreiten.

Vom fünften Punkt habe ich in meiner Ausbildung immer sehr profitiert und kann ihn nur unterstreichen. Je persönlicher, je nahbarer die Lehrenden und je kleiner z. B. die einzelnen von einem Dozenten geleiteten Lerngruppen, umso größer der Erfolg der Studierenden. So hat nämlich jeder die Chance, sein eigenes Verständnis regelmäßig zu hinterfragen und herauszufordern.

Und letztlich ist der sechste Punkt sicher fast der Wichtigste. Getreu dem Motto „Das haben wir schon immer so gemacht!" lässt sich jede Form des Fortschritts mausetot machen, völlig branchenunabhängig. Zudem nimmt ein fehlendes regelmäßiges Monitoring den Fachkräftemangel schlichtweg nicht ernst genug und lässt willentlich und wissentlich ungenutzte Potenziale unserer Studierenden liegen.

Für mich am wichtigsten bleibt aber die Frage, wie wir diese Generation von jungen, ambitionierten, aber auch (zu Recht) kritischen Menschen langfristig motivieren und sie auch mental stärken. Meiner Meinung nach spielen Vorbilder hierfür eine wichtige Rolle. Auch ich möchte mit meinen Podcast-Episoden, die eine breite Zielgruppe von Studierenden, Referendaren, aber auch Berufsträgern in den ersten 10 Jahren ansprechen, solche Vorbilder vorstellen und zeigen, dass der Weg nicht immer gerade verlaufen muss und dass Rückschläge dazu gehören. Ein Vorbild muss nämlich nicht immer jemand sein, der die klassische Bilderbuchkarriere hingelegt hat. Ist diese doch vielleicht gar nicht immer erstrebenswert, weil Individualität auch am Rechtsmarkt eine immer größere Rolle spielt und nun einmal nicht jede Schablone für jeden geeignet ist.

Vorbilder sollen vielmehr dazu dienen, diejenigen Charaktereigenschaften ins sprichwörtliche Rampenlicht zu rücken, die unsere heutigen und zukünftigen Studierenden jetzt brauchen, um in diesem kompetitiven Markt zu bestehen. Diese sind für mich vor allem Resilienz, Ausdauer, Fleiß, Motivation, Verantwortungsbewusstsein, Engagement und Freude am juristischen Arbeiten. Wer über möglichst viele von diesen Eigenschaften verfügt oder in der Lage ist, diese im Laufe der Zeit herauszubilden, kann meiner Meinung nach auch nachhaltig erfolgreich sein.

Dies kann gelingen, in dem wir vor allem unsere eigenen und die Leistungsansprüche im Rechtsmarkt auf den Prüfstand stellen. Was passt zu mir und warum? Was möchte ich selbst und warum? Was muss ich dafür tun? Wer kann mir auf diesem Weg helfen und wo liegt aber auch meine ganz eigene Verantwortung? Die Möglichkeiten sind doch so vielfältig und ich habe den Eindruck gewonnen, dass oft schlichtweg das Bewusstsein dafür fehlt. Hierzu könnten auch mehr Netzwerke für die Studierenden beitragen, mehr und kürzere und dadurch vielfältigere Praktika (die auch einen Teil des Leistungserfolgs im Studium ausmachen sollten), mehr Vorträge von Praktikern an den Universitäten, mehr Mentoring-Programme. Natürlich ist vieles davon bereits vorhanden, nur scheinbar reicht es nicht aus, um unseren Studierenden ein möglichst realistisches Bild davon zu vermitteln, was sie in Studium, Referendariat und danach erwartet. Lassen Sie uns die Rechtswissenschaften und den Rechtsmarkt erlebbar machen.

Was brauchen die Juristen von morgen Ihrer Meinung nach?

4

How to become General Counsel

Podcast-Episode mit Dr. Nikolai Vokuhl vom 28.10.2020[1]

KG: Hallo, ich freue mich, dass Sie mich in eine weitere Woche LWYRD, der Podcast zum deutschen Rechtsmarkt, begleiten. Ich bin Katharina Gangnus, selbst Rechtsanwältin und juristische Personalberaterin und spreche hier mit Juristen aus allen Branchen und Berufsgruppen über ihren Werdegang, was sie antreibt und warum sie heute das machen, was sie machen. Mein heutiger Gast ist Dr. Nikolai Vokuhl, General Counsel bei der Hugo Boss AG in Metzingen. Ich möchte von ihm wissen, wie man eigentlich General Counsel wird, wie die ersten 100 Tage in dieser Position dann wirklich ablaufen, wenn man es einmal ist, was der Begriff Leadership für ihn bedeutet und ob er das Gefühl hat, auf seiner beruflichen Reise am Ziel angekommen zu sein. Lieber Nikolaj, schön, dass du heute Zeit für mich hast.

NV: Liebe Katharina, da nicht für, wie man im Norden sagt. Vielen Dank, dass ich dabei sein darf. Ich freue mich.

KG: Ja, sehr gerne. Wir starten auch gleich und in den Inside-Episoden von LWYRD beginnen wir immer mit der gleichen Frage und die lautet, warum hast du Jura studiert?

NV: Das ist in der Tat eine sehr, sehr gute Frage. Die ehrliche Antwort ist, weil ich keine Ahnung hatte, was ich sonst machen soll.

KG: Und siehst du, die kommt immer mal wieder, deswegen frage ich das und ich finde auch Ehrlichkeit da ganz erfrischend.

---

[1] Ungekürzt abrufbar unter https://open.spotify.com/episode/5CFoCGJyemNYehCdXZBNEa?si=Oo-FelduhTG2oSHXYCyHxrw.

NV: Ich wollte eigentlich Deutsch und Musik auf Lehramt studieren, habe mich informiert und dann festgestellt, dass man an den Musikhochschulen, damals zumindest, bei den Aufnahmeprüfungen neben seinem Hauptinstrument auch immer Klavier spielen können musste. Ich spiele zwar Klavier, habe das wahrscheinlich auch mal besser gespielt als jetzt, aber mit Sicherheit nicht ausreichend gut genug, um da eine Aufnahmeprüfung zu bestehen. Und ich hätte also nochmal irgendwie ein Jahr hart üben müssen mit ungewissem Ausgang. Und weil ich dazu nicht verstanden habe, warum ich das am Anfang schon können muss. Mir hat zwar eingeleuchtet, dass man das am Ende können muss. Aber zu Beginn habe ich gedacht, da muss doch ein Instrument reichen. Und dann war ich halt einigermaßen planlos. Ich habe aber eine Tante, die Jura studiert hat jedoch nie als Juristin gearbeitet hat, aber immer unheimlich spannende Jobs hatte. Beim Radio, beim Fernsehen, bei Wettbewerbszentralen.

Und deswegen habe ich gedacht, mit Jura kann man offensichtlich alles machen. Und wenn du heute noch nicht weißt, was du machen willst, dann studierst du erst mal Jura und dann kann man sich später offensichtlich immer noch überlegen, was man damit macht. So habe ich mal angefangen und dann hat mir das Juristische tatsächlich Spaß gemacht.

KG: Und aus dem Jungen ist ja was geworden, ne?

NV: Ja, ich will mich nicht beklagen.

KG: Dazu kommen wir gleich, wir fangen aber mal mit deinem momentanen.

Alltag an. Wie ist denn derzeit so das Arbeiten für dich, was das allgemeine Setup angeht? Also seid ihr mit allen, ich glaube, zu wissen, 28 Mitarbeitern der Rechtsabteilung plus Support etc. im Büro? Beziehungsweise, wie habt ihr euch konkret im Bereich Legal organisiert?[2]

NV: Also wir sind tatsächlich angesichts der Pandemie überwiegend noch im Homeoffice.

Wir waren bei Hugo Boss früh von dem Ganzen betroffen, weil wir just an dem Wochenende als in Italien Covid angekommen ist und die Zahlen explodiert sind, unsere Modenschau in Mailand hatten. Und Mailand war ja einer der Hotspots zu Beginn der Pandemie. Da waren 150 Leute von uns vor Ort. Die sind dann in der ersten Märzwoche zurückgekommen. Und dann stellt sich natürlich die Frage, wie gehen wir damit um? Die haben wir dann umgehend ins Homeoffice geschickt oder, wo Homeoffice nicht möglich war, in den unbezahlten Urlaub oder haben sie freigestellt. Und dann hat sich aber

---

[2] Die Episode wurde kurz vor dem zweiten, von der Bundesregierung als „Lockdown Light" betitelten Lockdown im Herbst 2020 aufgenommen.

relativ schnell herausgestellt, dass das nicht reicht und es kamen immer innerhalb von wenigen Stunden ganz viele Einzelfragen, sodass wir schon in der ersten Woche des März festgestellt haben, das können wir gar nicht handeln, das können wir gar nicht vernünftig lösen. Und dann haben wir zu Beginn der zweiten Woche einfach gesagt, wir machen es jetzt konsequent und schicken den ganzen Standort wo möglich ins Homeoffice. Wir haben dann von einem Tag auf den anderen 2000 Mitarbeiter ins Homeoffice gebeten und gebetet, dass die IT vorstrukturell hält.

KG: Wie war das bei euch? Es gab in dieser Zeit ja erfreulich viele positive Überraschungen, was die Stabilität der IT anging.

NV: Bei uns hat das super funktioniert, in der Tat. Wir hatten zum Glück insgesamt schon vorher auf New Work umgestellt, wo alle Leute mit Notebooks ausgestattet sind und generell eine größere Flexibilität besteht und alle auch VPN-Zugang haben, um von zu Hause arbeiten zu können, aber in dem Maß hatten wir es natürlich noch nicht. Uns war wichtig, dass wir unsere Mitarbeiter so sicher wie möglich behandeln und mit ihnen umgehen. Bei mir speziell im Team kam noch die Schulschließung hinzu. Das hat vor allem bei denjenigen Kollegen mit Kindern, bei mir selbst natürlich auch, dazu geführt, dass man nicht nur arbeiten, sondern auch den Nachwuchs noch schulisch betreuen musste. Ich beispielsweise habe zu Beginn auch direkt erstmal eine E-Mail an alle geschrieben, und gesagt: „Hey, macht euch keinen Kopf, wenn eure Leistung nicht 100 % ist und bzw. oder wenn ihr vielleicht nicht die Zeit habt, 100 % zu arbeiten. Das ist im Moment alles nicht wichtig. Bleibt gesund, kümmert euch um eure Familie. Und den Rest kriegen wir irgendwie schon hin." Und so war es auch. Es hat sehr gut funktioniert.

KG: Ich glaube, das ist toll und wichtig, auch aus Mitarbeiter-Sicht, wenn ein

Unternehmen dann auch auf die individuellen Bedürfnisse – die so individuell ja nicht waren, weil wohl fast jeder Zweite mit genau der Situation zu kämpfen hatte, – eingeht.

Schauen wir uns mal konkret die Krise an: Man könnte vielleicht auf den ersten Blick denken, Mode braucht der Mensch immer, auch wenn in den letzten Monaten vielleicht des Öfteren mal die Jogginghose unten zu Hemd und Krawatte oben für die Videokonferenz angesagt war. Aber so einfach ist es natürlich nicht. Auch Hugo Boss hat die Krise, was die Finanzen angeht, getroffen. Und das, was ich jetzt gerade so ein bisschen flapsig formuliert habe, ist für eure Branche seit Beginn der Pandemie wirklich ein Problem, denn Hersteller bequemer Kleidung, wie zum Beispiel Nike, verzeichnen ein Gewinnplus von 11 % im dritten Quartal, wohingegen zum Beispiel eine deutsche Modemarke wie Strenesse in Nördlingen zu 2020 schlussendlich den Betrieb einstellen wird. Insgesamt musste die Modebranche in den ersten sechs Monaten des Jahres 19,7 % Umsatzeinbußen im Vergleich zu 2019 hinnehmen. Das Statistische Bundesamt Destatis nennt Zahlen für den Rückgang der Beschäftigten in der Branche um 6,4 %, bei den Betriebsstätten sind es sogar 9,1 %.

Schauen wir konkret auf Hugo Boss: Eure Aktie ist kurstechnisch gesehen auf ein Rekordtief der letzten zehn Jahre gefallen. Ihr verzeichnet einen Umsatzrückgang von 60 %, was nicht zuletzt an den temporären Schließungen vieler Verkaufspunkte nicht nur in Europa, sondern auch gerade in Asien lag.

Wie hast du als General Counsel diese Situation in den letzten Monaten erlebt?

Und wie blickt ihr aufgrund der ungewissen Entwicklung der Pandemie jetzt gerade in diesen Herbst- und Wintermonaten nach vorne? Kurz gesagt: Glaubst du, aus deiner Sicht hängt die zukünftige Entwicklung der Mode auch von der Entwicklung der Pandemie und der künftigen Form des Arbeitens ab?

NV: Ich fange mal vorne an. Wie habe ich die letzten Monate erlebt? Das war eine Extremsituation, wie man sie selten hat – mit Beginn der Pandemie und vor allem dann mit Beginn der Lockdowns, nicht nur in Europa, sondern quasi weltweit. Zwischenzeitlich waren 95 % unserer Verkaufspunkte geschlossen und das für mindestens sechs Wochen. Da kann man sich ausrechnen, was das ökonomisch für ein Unternehmen bedeutet.

KG: Und auch dann ging es ja nur langsam wieder los.

NV: Genau und auch nicht überall gleichzeitig.

KG: Es gab zum Beispiel Flächenbegrenzungen.

NV: Da hat man natürlich wahnsinnig viele Themen, die da konzentriert zu diesem einen Zeitpunkt auf einen zukommen. Das fängt bei Fragen an, wie: „Wie gehen wir mit unseren eigenen Mitarbeitern um? Wie gehen wir mit unseren eigenen Retail-Standorten um?"

„Welche Vorgaben haben wir in den einzelnen Regionen?" Wir sind in über 100 Ländern aktiv.

KG: Da ist dann nicht nur der Föderalismus die Herausforderung.

NV: Genau, da hat man allein schon rauszufinden, welche Anforderungen herrschen, was konkret in den einzelnen Ländern zu tun ist. Natürlich auch Verhandlungen mit unseren Partnern, wie Vermietern aber auch Sponsoring-Partner, wo einfach die Gegenleistung nicht erbracht werden konnte und weil nicht Fußball oder Golf gespielt wurde etc. Da kann man einerseits sagen, wir zahlen nichts, denn ihr bringt auch keine Leistung. Aber man muss ja irgendwie Lösungen finden, mit denen beide auch langfristig irgendwie umgehen können.

Welche staatlichen Hilfsprogramme gibt es in den verschiedenen Ländern? Wiederum, wie gesagt, bei über 100 Ländern hat man da allein schon recherchemäßig einen ganz großen Haufen.

Dann kommen die Themen dazu wie Hauptversammlungen. Da hatten wir die Frage, kann die überhaupt stattfinden? Es stellte sich heraus, sie kann nicht stattfinden. Da hatten wir aber schon eingeladen und alles vorbereitet und mussten schnell umstellen auf virtuelle Hauptversammlung und die ganze Arbeit nochmal machen. Wir haben natürlich unsere Finanzierung auf neue Füße gestellt, weil wir zwar nicht akut eine gebraucht haben, weil wir zum Glück schuldenfrei und sorgenfrei, zumindest was die Finanzseite angeht, in diese Krise reingegangen sind, was natürlich geholfen hat, aber da will man natürlich auch nicht warten, bis es vielleicht doch mal nötig ist, sondern das schon im Vorhinein ordnen. Insofern haben wir die Finanzierung mit den bestehenden Banken neu verhandelt und das halt nicht, wie das vielleicht sonst üblich ist, über ein Jahr verteilt, sondern von März bis Juni. Wir haben uns selbst insofern den Arbeitsaufwand nochmal erhöht, indem wir dann auch einen Vorstandwechsel beschlossen haben. Was dann mit den Ad-Hoc-Themen, die da dranhängen, den Verhandlungen mit den Vorständen und deren Anwälten auch nochmal Arbeit macht.

Und insofern war das eine sehr intensive Zeit.

Auf die Frage nach der Entwicklung der Mode, ja, die hängt aus meiner Sicht natürlich von der Entwicklung der Pandemie ab. Es gibt immer noch große Unsicherheit im Markt, auch große Unsicherheit, wie sich die Pandemie entwickelt. Und das hat natürlich Auswirkungen. Die geringere Mobilität führt zum Beispiel zu Ausfällen bei unseren Travel-Retail-Stores an den Flughäfen, weil da ist einfach niemand mehr. Dann gibt es Regionen, wo ein großer Teil des Umsatzes von Touristen gemacht wurde. Beispielsweise die Outlet-City Metzingen hier ist so ein Fall. Da waren viele Touristen, die kommen natürlich jetzt nicht mehr. Hongkong, Macau sind auch so Standorte, die vor allem Touristenumsatz gemacht haben. Die sind jetzt nicht da, entsprechend machen die auch keinen Umsatz. Zum anderen ist, das merkt wahrscheinlich auch jeder bei sich selbst, die Lust, einen Shopping-Day zu machen, natürlich auch ein bisschen geringer, als das in unbeschwerten Zeiten ohne Pandemie der Fall ist.

Und auch so Varying-Occasions, wie wir das nennen, wie Hochzeiten, Geburtstagspartys etc. finden halt auch einfach weniger statt. (…).

Also es ist nicht einfach und ich glaube, es wird auch nach Corona nicht wieder normal werden, denn das sieht man ja auch an den Verlautbarungen vieler Unternehmen. Und auch bei uns selbst ist es so, dass Präsenzpflichten abgeschafft oder eingeschränkt werden. Das heißt, wir werden nach Corona auch nur noch drei Tage Präsenzpflicht haben, generell und es wird viel mehr mobil oder von zu Hause gearbeitet. Das bedeutet auch weniger Formalware, die ich bei der Arbeit anziehe.

KG: Das ist ein spürbarer Unterschied.

NV: Ja, darauf stellen wir uns aber ein. Wenn man unsere Modenschau jetzt in Mailand gesehen hat, ist das schon deutlich mehr casual, als es Boss in der Vergangenheit war.

KG: Gehen wir doch da mal rein: Ich habe gelesen, dass ihr euren Sportswear-Anteil der Kollektion ausgebaut habt. Ihr seid eine Kooperation mit der Influencerin Caro Dauer eingegangen und setzt damit vermehrt auch auf die Zielgruppe Frau – denn bei einigen, ist, glaube ich, Hugo Boss immer noch gedanklich sehr mit dem Mann im Anzug verbunden. Welche Ideen gibt es noch und welche spannenden rechtlichen Herausforderungen gibt es dann für dich und dein Team in diesem Zusammenhang zu bewältigen?

NV: Das ist richtig. Also wir versuchen, Women's Wear noch mal zu pushen und da wird auch noch mehr kommen. Das kann ich schon mal ankündigen.

KG: Looking forward to it!

NV: Generell ist es in der Modebranche im Moment noch so, dass das Jahr über vier große Kollektionen funktioniert. Ich glaube, der Trend wird davon weggehen und es wird eben häufigere, kleinere Kapselkollektionen und Drops mit neuen Produkten geben, um den Kunden kontinuierlich ein neues und spannendes Einkaufserlebnis bieten zu können. Insofern dreht sich das Rad nicht mehr so viel Mal im Jahr ein Stück weiter, sondern dann kontinuierlich. Dadurch wird das Geschäft schneller und dann müssen wir als Rechtsabteilung natürlich auch schneller unterwegs sein, was beispielsweise markenrechtliche Prüfungen von irgendwelchen Designs angeht aus den Abteilungen oder auch den Abschluss und die Prüfung von Marketingverträgen und auch den Marketingaktionen, die dahinterstehen. Das betrifft auch z. B. Agreements mit Influencern. Da sind die Verhandlungen anders als mit irgendeinem anderen Corporate, was man sponsort oder mit dem man eine Kooperation macht. Teilweise haben die keine Agenturen, keine Anwälte und da muss man natürlich anders in die Gespräche gehen als bei jemandem, der anwaltlich vertreten ist und das täglich macht.

KG: Macht ihr das alles selbst? Also seid ihr so aufgestellt, dass ihr da die komplette rechtliche Bandbreite abdecken könnt oder kauft ihr Know-how auch zu, wie es viele Rechtsabteilungen machen?

NV: Nein, grundsätzlich haben wir schon den Anspruch, so viel wie möglich selbst zu machen. Ich kann das so in drei Kategorien unterteilen, wann wir externe Anwälte dazu ziehen. Das ist einmal, wenn das Thema so groß und wichtig ist, dass man da gerne nochmal eine externe Meinung hat, der da nicht so tief drinsteckt und den Wald vor lauter Bäumen vielleicht nicht mehr sieht wie wir. Dann gibt es Themen, die bei uns nicht so häufig vorkommen, aber hoch spezialisiert sind, sodass es sich nicht lohnt, die Expertise In-house aufzubauen. Da denke ich zum Beispiel an einen Vertrag für ein Logistikcenter für ein Lager – das machen wir vielleicht alle zehn Jahre mal. Und dann nehmen wir natürlich auch ab und zu mal externe Anwälte dazu, wenn es so brennt, dass wir kapazitativ einfach nicht hinterherkommen.

KG: Ja, klar.

NV: Aber das haben wir eigentlich, muss man sagen, ganz gut im Griff, ehrlicherweise, was grundsätzlich aus meiner Sicht ein ganz gutes Zeichen ist.

KG: Ja, absolut. Kommen wir jetzt mal zu deinem Weg. Ich habe nämlich heute bewusst am Ende der Geschichte angefangen.

Du bist nach dem Zweiten Staatsexamen bei Freshfields im Bereich Banking Capital Markets eingestiegen und hast dann da nochmal für einen Master in L.A. im Bereich Business Law Securities and Corporate unterbrochen. Nach etwas mehr als vier Jahren, das ist so die Summe dieser Zeit, Freshfields und Master, bist Du auf die Unternehmensseite gewechselt und zwar zu Amazon. Dort warst du auch über vier Jahre als Corporate Legal Counsel, zunächst für Hardlines zuständig und dann die letzten anderthalb Jahre deiner Tätigkeit dort für Kindle sowie alle anderen Electronic Devices. Im Anschluss wurdest du zum ersten Mal General Counsel und zwar bei Windeln SE und seit März 2019 bist du jetzt General Counsel der Hugo Boss AG. Magst du zunächst mal kurz erzählen, wie sich die einzelnen Stationen für dich ergeben haben und ob du schon immer wusstest, dass du auf die Unternehmensseite wechseln möchtest und was du daran vielleicht spannend fandest.

NV: Ehrlich gesagt haben sich die Stationen, möchte ich sagen, durch eine wilde Aneinanderreihung von Zufällen ergeben. So von außen drauf geguckt, mag das nach einem Plan ausgesehen haben oder jetzt mittlerweile so aussehen.

KG: Das ist doch schön, wenn alle das denken.

NV: Das ist aber tatsächlich nicht so. Ehrlicherweise muss ich fast beim Ersten Staatsexamen anfangen, denn danach war ich irgendwie beseelt von der Idee, im Schiedsrecht zu promovieren. Ich wollte das an der Uni machen, habe mich auf diverse Stellen beworben, unter anderem auch in der Law School. Hatte dann da mein Gespräch mit Herrn Veil, der sagte, ja, kannst gerne bei mir anfangen. Wenn du im Schiedsrecht promovieren willst, kannst du es auch machen. Du musst dir nur einen anderen Doktorvater suchen, weil ich habe davon keine Ahnung. Aber vielleicht kann ich dich ja für Kapitalmarktrecht begeistern. Da habe ich gesagt, ja, lass mal sprechen. Dann haben wir uns mal so ein paar Themen vorgenommen. Eins fand ich dann auch sehr spannend, habe das dann gemacht und habe da dann so ein bisschen Feuer fürs Kapitalmarktrecht gefangen und habe dann in den Referendariats Stationen gedacht, das könnte man sich ja mal auch aus der Praxis anschauen. Und war dann bei der Bucerius Law School bei der Absolventenmesse und bin da mal überall hingegangen und habe gesagt, sagt, hier, ich brauche eine Referendars-Anwaltsstation, möchte ich ein Kapitalmarktrecht machen, wer kann mir das denn anbieten? Und die erste Kanzlei, die sich direkt irgendwie, glaube ich, am folgenden Vormittag bei mir gemeldet hat, war Freshfields. Die gesagt haben, komm doch am Donnerstag mal nach Frankfurt und dann stellst du dich da mal vor und dann gucken wir mal. Dann bin ich da nach Frankfurt gefahren und habe da mit dem damaligen für Referendare zuständigen Partner gesprochen. Ich habe mich mit dem von Anfang an super verstanden und als ich gesagt habe, ich mache diese Referendarstation gerne und ich arbeite auch gerne viel mit. Aber ich möchte auch das machen, was da ein Anwalt macht und nicht irgendwie Kaffee kochen und Recherche, hat er mir glaubhaft vermittelt, dass er mir das bieten wird. Und dann habe ich gesagt, gut, dann komme ich. Und das war dann auch so. Ich habe da als Referendar einen IPO betreut, der dann nicht gekommen ist wegen eines Dual Tracks. Das heißt, wir haben parallel ein M&A-Verfahren gemacht und da gab es am Ende mehr Geld für den Verkäufer, aber ich bin da zusammen mit einem Associate zu jedem Meeting, zu jeder Verhandlung und habe da meine eigenen Abschnitte verhandelt und im Prospekt geschrieben, sodass ich wirklich einen Einblick hatte, wie es da ist, und es hat Spaß gemacht und dann wollten die, dass ich dableibe. Da habe ich dann zunächst mal gesagt, ach nö, eigentlich nicht und aber nach einer gewissen Zeit, also mein Referendariat lief dann noch ein Jahr und da haben sie sich immer wieder gemeldet und am Ende des Referendariats, also nach dem Staatsexamen haben sie mich dann weich gekocht, auch weil ich nicht so richtig wusste, was ich eigentlich alternativ machen sollte. Ich fand das Team nett, die Arbeit spannend und dann habe ich gesagt, okay, dann mache ich das, sofern ich denn die Möglichkeit kriege, dann eben noch diesen LLM zu machen. Dann haben die gesagt, okay, das können wir uns vorstellen. Und dann habe ich da angefangen. Und es hat auch, wie gesagt, viel Spaß gemacht. Man lernt sehr viel in so einer großen Kanzlei, insbesondere in dem Team, weil man sehr selbstständig arbeiten durfte, viel Verantwortung übertragen bekommen hat.

KG: Ich glaube, das sind die entscheidenden Punkte. Also wenn man eben, wie du auch schon eben sagtest, im Referendariat einfach auch viel sehen, machen und ein bisschen ausprobieren kann, aber einen starken Mentor an seiner Seite hat.

NV: Genau, es war ein super Zusammenhalt, eine super Truppe, hat Spaß gemacht. Aber ich wusste von Tag eins nach dem Referendariat, dass ich da nicht bleiben will.

Das war so eine Durchgangsstation, was es einerseits dann auch wieder insofern ganz angenehm mach. Denn dann nimmt man sich vielleicht auch die eine oder andere Freiheit, einmal Nein zu sagen, wo andere, die da total auf Partner-Track gebürstet sind, nicht Nein sagen, weil man halt sagt: „Gut, was sollen sie machen? Rausschmeißen werden sie dich nicht." Und wenn die Karotte die sie dir wegnehmen, ist, dass du nicht Partner wirst – tja, wenn du die nicht haben willst, ist der Hebel relativ klein.

KG: Absolut.

NV: Und dann war ich in den USA, bin zurückgekommen und dachte, nach dem dritten Jahr könnte man sich mal orientieren, hatte aber nicht so richtig einen Plan für eine Alternative. Also Bank mit Kapitalmarktrecht wäre immer was gewesen, aber da habe ich mich nicht so gesehen. Auch über Inhouse habe ich nachgedacht, aber viele von den Unternehmen, die ich da beraten habe … hoffentlich hört das jetzt keiner ….

KG: Ganz bestimmt nicht!

NV: … da fand ich die Stimmung zum Teil auch echt eher sehr, sehr trocken und konnte mir das daher auch nicht so richtig gut vorstellen. Insofern war ich mal wieder ein wenig planlos und dann habe ich tatsächlich so ein Active Sourcing-Schreiben von Amazon bekommen, ob ich nicht Interesse hätte, dort zu arbeiten. Und meine erste Reaktion war, dass ich den zurückgeschrieben habe und gesagt habe, Amazon als Unternehmen klingt cool, aber ihr müsst euch vertan haben, denn ich kann rein gar nichts von dem, was ihr braucht. Also ich mache Gesellschaftskapitalmarktrecht, das läuft bei euch nur in den USA und viel mehr kann ich auch nicht. Insofern keine Ahnung, ob ihr das ernst meint. Dann haben die aber zurückgeschrieben, doch, doch, das meinen sie vollkommen ernst. Und es würde sie auch gar nicht interessieren, dass ich von den Sachen, die die da machen, nichts kann. Sie würden primär nach Leuten suchen, die, sag ich mal, gute Juristen sind, ohne jetzt das fachspezifische Knowledge zu haben und die pragmatisch sind, die irgendwie ein Businessverständnis haben und bei denen man sich vorstellen kann, dass es Spaß macht, mit ihnen zusammenzuarbeiten.

Da habe ich gesagt, ja, also wenn das die Anforderungen sind, dann lass mal sprechen. Und dann haben wir die Gespräche geführt und die waren auch alle sehr gut. Das waren echt alles extrem smarte Leute. Tja, dann hat das funktioniert und ich habe gesagt, dann mache ich das mal. Die ersten sechs Monate, die ich da war, habe ich mich manchmal gefragt, ob das so eine gute Idee war, denn ich war ziemlich blind und planlos. Das heißt, es gab diverse Situationen, in denen ich Fragen von Business-Mandanten gestellt bekommen habe, auf die ich nicht nur nicht die Lösung wusste, sondern nicht einmal wusste, wo ich nachgucken sollte, um mal eine Lösung zu finden.

KG: Der Anfänger-Tipp: Blick ins Gesetz erleichtert die Rechtsfindung.

NV: Schon, aber bei manchen Fragestellungen wusste ich noch nicht einmal, was denn überhaupt das richtige Gesetz ist und ob das irgendwo geregelt ist. Ich hatte aber das Glück, dass mein damaliger Vorgesetzter ein alter Retail-Haudegen war, der das lange gemacht hat und vor allem eine professorale Ader hatte und auch sehr gut erklären konnte. Der hat mich dann ja immer mal beiseite genommen und das auch so gut erklärt, dass man es danach verstanden hatte. So hat man nach einem halben Jahr dann gemerkt, okay, so langsam kommt man rein und nach einem Jahr war man dann wirklich ganz gut drin. Das war insofern eine spannende Zeit, als dass man sich ganz viele Rechtsgebiete erschlossen hat, von denen man vorher, wie gesagt, keinen Plan hatte.

KG: War für dich dann schon klar, dass du auch auf der Unternehmensseite bleiben willst?

NV: Ja, das schon. Ich war zwar einerseits etwas planlos, aber ich habe ja im Kapitalmarktrecht Prospekte für Unternehmen geschrieben. Und da muss man sich ja auch immer so die Equity-Story angucken, d. h. womit verdienen die ihr Geld?

Und das fand ich schon immer spannend zu verstehen: Was ist eigentlich das Businessmodell? Und was ist da das Besondere und wie funktioniert es? Daran fand ich immer irgendwie schade, dass man das dann mal so snapshotartig als Anwalt nur ein paar Monate mitkriegt. Dann machen die einen IPO oder nicht oder die jeweilige Transaktion, aber danach verliert es sich und man kriegt eigentlich nichts mehr mit. Deswegen finde ich die, sagen wir, Grundidee Unternehmen, spannend, weil ich da eben dann von Anfang bis Ende Dinge betreuen kann und nicht immer nur so ausschnittmäßig.

KG: Genau das nennen mir auch ganz, ganz viele Kandidaten als Wechselmotivation.

NV: Da ich mich aber ja in einigen Rechtsabteilungen, der Unternehmen, die ich kennengelernt habe, selbst nicht so wiedergefunden habe, wusste ich nicht, was für ein Unternehmen es für mich sein sollte. Aber bei Amazon war das dann anders. Was ich da auch gut fand, war, dass eben die Rechtsabteilung nicht nach Rechtsgebieten organisiert ist, sondern nach Geschäftsbereichen. Mein Geschäftsbereich war, wie gesagt, am Anfang Hardlines. Das ist kurz gesagt alles, was einen Stecker hat. Baumarkt, Garten, Sport, Musikinstrumente. Diese Geschäftsbereiche hat man dann in allen rechtlichen Fragen betreut, die da aufkommen. Von Vertragsverhandlungen über, wie müssen wir die Webseite gestalten, welche Angaben müssen wir machen, zu wettbewerbs-, markenrechtlichen Fragen, kartellrechtlichen Fragen. Also alles, was man sich so vorstellen kann. Und das fand ich sauspannend, ehrlicherweise. Finde ich immer noch. Bei Amazon ist es dann so, dass du so nach, sag ich mal, spätestens drei Jahren gefragt wirst, ob du dich nicht auch für einen anderen Bereich interessieren könntest. Und da kann man dann so die Vorschläge ein-, zweimal ablehnen. Und beim dritten Mal kriegt man dann einen Vorschlag gemacht, den man besser nicht mehr ablehnt.

KG: Das ist ein bisschen wie beim Richter werden, oder?

NV: Genau. So hat es mich dann zu Kindle verschlagen. Was aber auch nochmal spannend war, denn dort habe ich mich auch viel mit Buchpreisbindung und neuen Themen beschäftigt. Ich habe dort zu einer guten Zeit angefangen, weil damals gab es den E-Reader und es gab die Tablets. Aber es kamen dann in der Zeit, in der ich da war, die ganzen Echo-Devices dazu, wie Alexa. Und das war natürlich sauspannend, weil man da viele Rechtsfragen hatte, mit denen sich einfach noch nie einer beschäftigt hatte: Wie setzt man die Anforderungen der Verbraucherrechte-Richtlinie eigentlich bei Sprache um, wo das Gesetz doch offensichtlich quasi den Desktop-Computer vor Augen hatte und nur am Rande mal eine Mobilapplikation abgedeckt hat mit dürren Worten, aber von Sprache, da hat keiner dran gedacht.

Und dann muss man sich halt überlegen, okay, der Wortlaut passt schon mal gar nicht, das funktioniert nie im Leben. Was ist eigentlich der Sinn und Zweck und wie können wir das irgendwie erstens, so machen, dass wir den Sinn und Zweck erfüllen und zweitens, auf der anderen Seite dem Kunden nicht auf den Keks gehen, indem wir ihm Alexa, z. B. die AGB vorlesen lassen und der Kunde schläft nach fünf Minuten ein. Da haben wir viel überlegt, viel diskutiert, viel experimentiert. Aber dann kam irgendwie so ein bisschen bei mir der Zeitpunkt, wo ich dachte, naja, vielleicht mache ich nochmal was anderes. Also ich hätte da auch noch jahrelang weiterarbeiten können und es wäre nicht weniger spannend geworden. Aber persönlich wollte ich dann gerne noch mehr Verantwortung übernehmen und tragen und mehr freier entscheiden können, wie wir Dinge lösen, als das in so einem großen Unternehmen wie Amazon der Fall ist.

KG: Ja klar, dann muss das was Kleineres sein vom Set-Up her.

NV: Zum anderen ist der Laden auch in der Zeit, in der ich da war, unheimlich gewachsen, aber viele Prozesse sind nicht mitgewachsen. Und die haben dann dazu geführt, dass manche Dinge, das mag man bei Amazon kaum glauben, sehr bürokratisch geworden sind. Das haben sie mittlerweile korrigiert. Insofern sind sie da vielleicht lernfähiger als andere Unternehmen. Aber zwischenzeitlich war es wirklich sehr bürokratisch und man hat viel Zeit damit verbracht, Dinge zu tun, die jetzt einfach mir nicht so wahnsinnig viel Spaß machen und ehrlicherweise auch nicht zu meinen Stärken gehören wie z. B. Projektmanagement. Und deswegen habe ich dann wiederum mehr oder weniger zufällig, die Gelegenheit bei Windeln SE bekommen. Mein Vorgänger kennt einen ehemaligen Kollegen von mir bei Freshfields sehr gut und hat dann erzählt, dass er jetzt von Windeln woanders hin wechselt und dass sie jetzt gerade auf der Suche nach einem Nachfolger sind. Und dann hat mein Bekannter gesagt, hey, der Nikolai, der hat früher Gesellschaftskapitalmarktrecht gemacht, ist jetzt bei Amazon, der ist eigentlich für so ein börsennotiertes E-Commerce-Unternehmen der ideale Kandidat.

KG: Ihr wart seit 2015 börsennotiert. Das heißt, da kam das Thema Kapitalmarktrecht dann auch wieder.

NV: Genau, und dann habe ich mit denen gesprochen. Ich bin da ehrlich: Mir ist immer wichtig, dass das mit den Leuten passt, weil man sitzt da fünf Tage die Woche aufeinander, wenn nicht gerade eine Pandemie ist, verbringt viel Zeit im Büro, arbeitet intensiv zusammen. Das Unternehmen kann noch so spannend sein und die Aufgabe noch so spannend, wenn die Kollegen und Vorgesetzten Idioten sind, dann wird das nicht lange gut gehen.

KG: Ja, absolut.

NV: Deswegen habe ich da immer darauf geachtet. Das war bei Windeln auch so. Zudem konnte ich meine E-Com-Expertise, Retail-Expertise, die ich jetzt hier bei Amazon aufgebaut habe, kombinieren mit dem, was ich vorher gemacht habe. Ist doch eigentlich super. Dann bin ich dahingegangen. Und das war auch eine sehr intensive Zeit, weil man sich vorstellen kann, Start-up und Börsennotierung passen jetzt nicht immer total gut zusammen, sodass man Wege finden muss, wie man das bestmöglich in Einklang bringt, ohne dass der Laden an Bürokratie und Vorschriften irgendwie zugrunde geht. Das war sehr spannend, denn in den nur 20 Monaten, in denen ich dort war, haben wir aber eine Vielzahl an Projekten gemacht, die machst du in anderen Läden in fünf Jahren nicht. Tja, im November 2018 bekam ich einen Anruf von einem Headhunter, ob ich nicht mal zu Hugo Boss gehen wolle, um mich vorzustellen. Sie würden da jemanden als General Counsel suchen und vom Profil wäre das doch ganz passend. Meine erste Reaktion war: „Nein, was soll ich da? Ich habe seit acht Jahren keinen Anzug mehr angezogen oder vielleicht waren es auch schon neun zu dem Zeitpunkt. Da gehe ich doch nicht zu einem Anzughersteller." Andererseits dachte ich: Sprechen kann man immer mal. Und dann stimmte die Chemie mit den Leuten bereits in der ersten Gesprächsrunde. Das passte irgendwie. Zudem klang das, was geplant war, wahnsinnig spannend, sodass ich gesagt habe, ich komme auch gerne nochmal.

KG: Nett von dir.

NV: Da bin ich auch gleich eine Woche später nochmal hin unter der Voraussetzung, möglichst viele Leute treffen zu können. Wie gesagt, mir ist immer wichtig, wie die Leute da sind. Sie hatten dann auch zehn Kollegen organisiert, Vorstände und aus dem obersten Führungskreis, mit denen ich mich unterhalten habe und bin da wieder rausgegangen und habe gesagt, das passt, mit denen komme ich klar. Das waren super Gespräche. Wenn das klappt, dann mache ich das. Es hat sich quasi am nächsten Vormittag herausgestellt, dass das klappt. Gefühlt zehn Tage nach der ersten Kontaktaufnahme habe ich zugesagt.

KG: Wow, also das ist ein wirklich, wirklich schneller Prozess. Das kenne ich in den meisten Fällen ein bisschen anders, gerade weil man einfach mehrere Gespräche hat und mehrere Gesprächsteilnehme, die man koordinieren muss.

Du hast die unterschiedlichen Unternehmenskulturen und auch die unterschiedlichen rechtlichen Herausforderungen in deiner Darstellung deines Werdegangs auf Unternehmensseite schon angesprochen. (…)[3] Wenn wir mal auf die fachliche Ausrichtung gucken, also konkret deine fachliche Aufstellung mit Hintergrund aus dem Kapitalmarktrecht: Glaubst du, dass du von der fachlichen Ausrichtung es vielleicht mit einer breiteren Aufstellung im Corporate Commercial manchmal leichter gehabt hättest? Oder würdest du das auch, wenn ein junger Anwalt glaubt zu wissen, dass er langfristig an die Spitze einer Rechtsabteilung möchte, jemandem empfehlen, sich eher in dem Bereich aufzustellen? Oder glaubst du, dass wenn man das intellektuelle und allgemein juristische Rüstzeug mitbringt, es dann so ein bisschen egal ist, wo man anfängt in der Kanzlei?

NV: Also meine Tendenz würde tatsächlich zu Letzterem gehen. Ich glaube, es ist nicht so wichtig, womit man anfängt. Tatsächlich, ich bin ja dann wie die Jungfrau zum Kinde zu dieser breiteren Ausstellung gekommen. Mit nur Gesellschaftskapitalmarktrecht wäre man wahrscheinlich eher so in diese Corporate-Abteilung von größeren Gesellschaften geraten und hätte da dann seinen Weg finden müssen. Was aus meiner Sicht dazu beigetragen hat, ist, dass eben ich durch diese erratischen Stationen am Ende relativ viele unterschiedliche Sachen gemacht habe, diese die aber dann glücklicherweise auf relativ hohem Niveau, sodass sich dann am Ende irgendwie ein relativ breites Profil ergeben hat. Wenn mich einer fragt, was sollte ich machen, würde ich immer sagen, das Wichtigste ist, offen zu sein für Veränderungen, offen sein dafür, etwas anderes auszuprobieren. Und vor allem nicht (das erlebe ich häufig) als Anwalt zu sagen: Jetzt habe ich mich auf den Bereich spezialisiert und bin da auch sehr gut, das möchte ich nicht aufgeben. Für mich ist das kein Aufgeben. Auch bei den Sachen bei Amazon habe ich von den Dingen, die ich

---

[3] Im Folgenden hatten wir noch kurz über China als Absatzmarkt für Windeln SE und die Hugo Boss AG gesprochen.

bei Freshfields gemacht habe, profitiert. Von der Art und Weise wie ich an unbekannte Fragen rangehe. Die gab es auch bei uns bei Freshfields im Kapitalmarktrecht immer mal wieder, wo du in keinem Kommentar was dazu gefunden hast, wo du dann wirklich das Gesetz nimmst und anfängst, auszulegen und dir zu überlegen, was ist denn der richtige Weg. Wenn du dieses Rüstzeug hast, dann kann man sich, glaube ich, in allen Bereichen zurechtfinden und einarbeiten. Und die Spezialisierung, das, was man da gelernt hat, das geht einem ja nicht verloren. Das ist ja nicht weg. Ich glaube, diese Offenheit muss man sich bewahren, weil wenn man tatsächlich sagt, man will mal an die Spitze einer Rechtsabteilung kommen, dann ist das, glaube ich, eben wichtig, dass man nicht das One-Trick-Pony ist, der immer eine Sache gemacht hat. Sondern da muss man möglichst viele Themen vielleicht nicht im Detail kennen, aber zumindest das grundsätzliche Verständnis dafür haben.

Wobei eine Realität auch ist, das ist zumindest meine Beobachtung, dass statistisch wahrscheinlich dann am Ende doch viele die Erwartungshaltung haben, dass man gesellschaftsrechtlich die Sachen kann. Dazu habe ich zwar nie eine statistische Untersuchung gemacht, sondern es ist meine Wahrnehmung, dass am Ende des Tages dann doch ganz gerne Gesellschaftsrechtler für den Job genommen werden, weil es meistens der Vorstand ist, der entscheidet, wer das macht. Und die natürlich, dann auch immer wollen, dass ihre Themen und die Aufsichtsratsthemen und so die Gremienthemen gut betreut sind.

KG: Ja, klar. Du hast schon die Kernkompetenzen, die man persönlich als Anwalt mitbringen sollte, um General Counsel zu werden, angesprochen und die über das Fachliche wesentlich hinausgehen. Denn, wenn ich auf den Markt schaue, ist diese General Counsel Rolle ja keine traditionelle Legal Professional Role mehr, sondern es ist eben auch eine strategische Führungsrolle. Das heißt, die moderne Arbeitswelt verlangt auch nach einer agilen Führung. Du würdest dem, denke ich, nach dem, was du eben gesagt hast, auch zustimmen, oder? Und wie glaubst du, wächst man in so eine Rolle hinein? Gibt es etwas, wie du dich persönlich darauf vorbereitet hast oder bist du einfach gesprungen und geschwommen?

NV: Ja. Erstens, ich stimme dir zu, total. Ich glaube, aus meiner Sicht sind es vor allem zwei Aspekte. Natürlich muss man auch juristisch gut sein, aber es ist eine Führungsrolle. Vor Windeln, wo es ein kleines Team war, da habe ich noch mal so ein Buch zur Führung gelesen. Aber auch bei Amazon hat man schon immer mal in Teams zusammengearbeitet, wo man so in gewisser Weise jetzt nicht disziplinarisch, aber irgendwie fachlich die Führung hatte. Bei Freshfields auch, bei den IPO-Projekten. Insofern habe ich mich da jetzt nicht nochmal spezifisch vorbereitet. Allerdings dann beim Wechsel zu Hugo Boss mit einer deutlich größeren Rechtsabteilung schon. Da habe ich am Anfang nochmal über Hugo Boss mit einem eigenen Coach zwei Tage Intensivtraining gemacht, um mich da vorzubereiten. Insofern, ja, das ist eine Führungsrolle. Der zweite Aspekt aus meiner Sicht ist tatsächlich der folgende: Ganz viel von dem, was ich tue, ist am Ende Risikomanagement und Risikoevaluation. Denn häufig geht es dann darum zu sagen, hey, ja, da gibt es die und die rechtlichen Risiken oder auch praktischen Risiken, aber lass uns das Risiko nehmen. Und da die Einschätzung zu geben, was können wir machen und was sollten wir vielleicht eher lassen. Das ist viel von dem, was ich so tagtäglich tue.

KG: Vielleicht kannst du da mal weiterberichten, wie so die ersten 100 Tage aussahen als General Counsel eines MDAX-Unternehmens.

NV: Sehr spannend, sehr viel Neues. Tatsächlich sahen die bei Hugo Boss so aus, dass ich wahnsinnig viele Gespräche geführt haben. Ich habe so einen Onboarding-Plan gekriegt, wo ich mit allen wichtigen Leuten Gespräche hatte und da waren wahnsinnig viele Leute drauf. Das waren einmal die ganzen Vorstände, Aufsichtsratsvorsitzender, Stellvertreter, Betriebsrat, Stellvertreter, Betriebsratsvorsitzender, die ganze oberste Führungsriege weltweit. Gefühlt habe ich die ersten 100 Tage nur gesprochen. Ich habe unheimlich viel über das Unternehmen erfahren, über die Philosophie, die Stimmung und über die Themen, die die einzelnen Teams so haben. Wahnsinnig viel Input, den ich ziemlich sicher nicht verarbeiten konnte. Und durchaus war ich auch ab und zu mal in Anführungszeichen so ein bisschen frustriert, weil ich immer dachte, ich sitze jetzt einen Monat hier bei Hugo Boss und gefühlt habe ich noch nichts gemacht. Ich habe noch nichts geschafft, noch nichts weggeschafft. Ich sitze hier den ganzen Tag nur und unterhalte mich.

KG: Ich denke, es ist echt wichtig, und auch so ein Gefühl zu bekommen für diese Unternehmenskultur und vor allem, wie man dann auch mit denen umgeht. Denn man trifft ja in der Rechtsabteilung auch nicht immer nur angenehme Entscheidungen, zumindest nicht für alle im Unternehmen. Wenn man dann so ein Gefühl dafür hat, wie die Leute so ticken, hilft das doch, oder?

NV: Genau, und dann habe ich natürlich auch mit allen Leuten aus meinem Team gesprochen, um die irgendwie kennenzulernen und zu sehen: Wie ticken die, was bewegt die, was interessiert die? Was finden die doof oder fanden die doof? Was würden sie gerne anders machen? Aber vor allem habe ich wirklich viel gefragt und zugehört, um zu verstehen: Wie wollen wir uns aufstellen?

KG: Ich glaube, zuhören können ist auch ein sehr, sehr wichtiger Punkt für gute Führungskräfte.

Du hast ja schon ein bisschen auch erzählt, wie mittlerweile dein Alltag aussieht, was so für rechtliche Herausforderungen auf deinem Tisch landen.

Wie stellst du denn sicher, dass dein Team erfolgreich ist? Beziehungsweise, was macht eine erfolgreiche Rechtsabteilung eines Unternehmens deiner Meinung nach aus?

NV: Wichtig ist meiner Meinung nach, dass man nicht so isoliert auf seiner Insel hockt, sondern quasi Teil des Ganzen ist. Und am Ende ist Hugo Boss ein Unternehmen, das eben Kleidung produziert und verkauft. Und da tragen wir unseren Teil zu bei und sollten auch das im Fokus haben. Wir wollen eben nicht dem klassischen Klischee des Verhinderers entsprechen. Wir wollen tatsächlich konstruktiv mit unseren Business-Kollegen zusammenarbeiten und möglichst früh bei den einzelnen Themen dabei sein, damit man frühzeitig die Weichen stellen und verhindern kann, dass Dinge in die falsche Richtung laufen und wir dann irgendwann, wenn sehr viel Arbeit und Mühe und vielleicht auch Geld da reingeflossen ist, sagen müssen: So geht das aber nicht. Deswegen wollen wir frühzeitig dabei sein. Das bedingt auch, dass man entsprechende Kapazität hat. Deswegen haben wir, seit ich da bin, auch da durchaus aufgebaut, um dem Anspruch gerecht werden zu können.

Weiter glaube ich auf der individuellen Ebene, dass jedem Mitarbeiter das Vertrauen entgegengebracht werden muss, dass er das gut macht. Ich bin kein Fan davon, zu sagen, ich kontrolliere mal und erst wenn du es gut machst, darfst du alleine laufen. Wir haben alle zwei Staatsexamina und die werden das schon gut machen. Wenn man dann feststellt, es ist anders, dann muss man vielleicht mal reden. Aber grundsätzlich kriegt jeder erstmal den Vertrauensvorschuss, ist, dass er einen guten Job machen wird. Darüber hinaus glaube ich, dass jeder auch seinen eigenen Verantwortungsbereich haben sollte. Die Rechtsabteilung ist in verschiedenen Teams eingeteilt, aber jeder einzelne Mitarbeiter hat halt seinen Verantwortungsbereich, für den ist er zuständig und da macht er die Dinge so, wie er meint, sie machen zu müssen. Wenn es wichtig ist oder ein großes Thema, bei dem ein großes Risiko dranhängt oder er einfach unsicher ist, dann bespricht er das mit seinem Vorgesetzten und der Teamleiter oder Head of dann eventuell mit mir. Aber grundsätzlich soll da jeder quasi in eigener Verantwortung seine Sachen bearbeiten, weil ich glaube, nur, wenn die Leute quasi selbstverantwortlich an Dingen arbeiten, macht es auch langfristig Spaß. Und wie Steve Jobs mal so schön gesagt hat: Man stellt ja keine guten Leute an, um ihnen zu sagen, was sie tun sollen.

KG: Ist das auch ein Teil dessen, was Leadership für dich bedeutet?

NV: Definitiv. Ich kann das vollkommen unterschreiben. Wir suchen selbstständige, pragmatische und gute Juristen aus, die bei uns arbeiten. Und dann muss man sie auch machen lassen und sie natürlich unterstützen, dabei möglichst gut arbeiten zu können, indem man sagt, wann immer du ein Thema hast, können wir gerne darüber sprechen. Wir sind immer für dich da und ihnen natürlich, wenn auch mal was schief geht, den Rücken freizuhalten und zu sagen, wenn hier etwas schiefläuft, bin ich schuld. Ich als General Counsel. Und die dann nicht zum Abschluss freizugeben, wenn da mal was passiert. Denn ich glaube, dass Dinge falsch laufen oder man Fehler macht, das gehört einfach dazu. Das ist absolut menschlich, ja. Wer etwas anderes behauptet, der ist entweder nicht ehrlich oder hat eine verquere Selbstwahrnehmung.

KG: Oder eine Mischung aus beidem.

NV: Exakt, ja. Wir als Team haben uns am Anfang mal zusammengesetzt und uns gefragt, wie wollen wir eigentlich als Abteilung mit unseren Business-Kollegen zusammenarbeiten und wie wollen wir intern zusammenarbeiten? Diese Ideen haben wir gesammelt und dann jeweils so fünf Grundsätze erarbeitet, wie zum Beispiel, dass wir Business-Partner sein wollen. Danach haben wir uns gefragt: Was bedeutet das positiv? Für uns bedeutet es, dass wir versuchen wollen, Lösungen zu finden. Das sollte dem Team aber auch eine gewisse Guidance und vor allem auch ihnen die Traute und das Verständnis geben, dass wir auch nicht alles möglich machen müssen, sondern auch sagen können: Nein, das funktioniert einfach nicht. Es ist ja schön und gut, dass ihr das wollt und dass das wichtig ist. Aber manche Dinge gehen einfach nicht. Daher haben wir das auch negativ abgegrenzt und zum Beispiel beim Business Partner als Negativabgrenzung festgehalten: Es gibt nicht zu jedem Problem eine Lösung, die rechtlich funktioniert. Denn so wissen die Mitarbeiter bei mir: Ich kann auch Nein sagen und dafür werde ich nicht gehängt, wenn ich das tue. Für uns in einer Abteilung mit vielen neuen, aber auch vielen Kollegen, die wahnsinnig lange dabei waren und auch die Führung lange Zeit in derselben Hand lag, glaube ich, war das einfach wichtig, um so als neue Gruppe zu erarbeiten, wofür wir eigentlich stehen wollen. Wie gehen wir mit den Mandanten um und wie gehen wir untereinander miteinander um? Die letzte Hürde, die haben wir wegen Corona noch nicht machen können. Aber das war, glaube ich, trotzdem wichtig. Und wenn wir uns alle mal wieder gleichzeitig sehen können, machen wir auch den letzten Haken noch dahinter.

KG: Sehr schön. Das klingt, als seist du wirklich, wirklich happy. Und wenn man so von draußen drauf guckt, hast du ja eigentlich jetzt auch so die höchste Stufe erreicht, die man als Unternehmensjurist zumindest im reinen Legal-Bereich erreichen kann. Nicht im Konzern insgesamt, aber jedenfalls im reinen Legal-Bereich. Gibt es da noch was, das dich persönlich langfristig als Karriereziel reizen würde, wenn du sozusagen mal Wunschkonzert spielen dürftest? Oder fühlst du dich ziemlich angekommen?

NV: Also im Moment fühle ich mich ziemlich angekommen. Und wie du dem Gespräch entnommen haben dürftest, ist Planen jetzt nicht so mein

Ding. Insofern, also jetzt im Moment fühle ich mich total wohl, wo ich bin. Super Unternehmen, super Team und echt spannende Sachen. Macht sau viel Spaß. Ich hoffe, das merkt man auch. Aber du, vielleicht sehe ich das in fünf Jahren anders, vielleicht starte ich doch nochmal meine Musikerkarriere. Der einzige Plan, der jedenfalls steht, ist, an irgendeiner Stelle und spätestens, wenn ich in Rente gehe, wieder nach Hamburg zu gehen.

KG: Ach ja, da komme ich mit! (...)[4]

Exklusivinterview mit Dr. Nikolai Vokuhl für dieses Buch – Fünf Fragen, fünf Antworten[5]

Seit meiner Podcast Aufnahme mit Nikolai sind nun fast vier Jahre vergangen und ich habe ihm exklusiv für dieses Buch noch einmal fünf Fragen gestellt, wie es ihm seitdem ergangen ist.

KG: Lieber Nikolai, Du bist jetzt seit fünf Jahren der GC der Hugo Boss AG. Bei unserem letzten Gespräch habe ich Dich nach den ersten 100 Tagen gefragt und wie diese verlaufen sind, nun möchte ich gerne wissen, was für Dich persönlich in Deiner Führungsrolle aber auch rechtlich die größten Herausforderungen in diesen fünf Jahren waren?

NV: Eine der größten Herausforderungen in der Führungsrolle, aber auch rechtlich war natürlich die Corona Pandemie.

Auf der rechtlichen Seite mussten wir da tatsächliche Herausforderungen bearbeiten, die in vielen Fällen bis dahin völlig unbekannt oder allenfalls am Rande diskutiert oder behandelt wurden. So waren zur Hochzeit der Pandemie natürlich die Mehrheit unserer Stores weltweit geschlossen, was wirtschaftlich eine immense Herausforderung darstellte. Entsprechend haben wir alle gebotenen Instrumentarien in Anspruch genommen und diese rechtlich ebenso begleitet wie beispielsweise die Verhandlungen mit Vermietern über eine gerechte Verteilung der Lasten aus der Pandemie. Da haben wir uns intensiv mit der Frage auseinandergesetzt, ob die angeordneten Geschäftsschließungen als Force Majeur einzuordnen sind oder waren. Aufgrund der Schließungen der stationären Geschäfte hat unser Omnichannel Team auch den Ausbau der digitalen Verkaufskanäle vor allem international noch schneller und intensiver vorangetrieben als vor der Pandemie, auch dies hat rechtlicher Begleitung bedurft. Als börsennotiertes Unternehmen stellt sich zudem die Frage nach der Gültigkeit der (von der Realität überholten) Prognose,

---
[4] Es folgten noch die Abschlussfrage des vorherigen Gastes und die Frage von Nikolai an meinen nächsten, ihm noch unbekannten Gast.
[5] Das Interview ist exklusiv für dieses Buch entstanden und nicht als Podcast verfügbar.

sowie danach, ob man überhaupt in der Lage ist, eine angepasste Prognose abgeben zu können. Und ob und unter welchen Voraussetzungen man eine Hauptversammlung abhalten wird können sowie dann später, wie eine inzwischen eingeführte virtuelle Hauptversammlung denn aussehen müsste. Zusätzlich hat in einer solchen Situation auch der Aufsichtsrat seine Kontrolle intensiviert, sodass wir bis zu wöchentlich Updates mit dem Aufsichtsrat hatten, die vor- und nachbereitet werden mussten. Und on top haben wir in dieser Zeit auch einen Umbau des Vorstandes vorangetrieben und einen neuen CEO verpflichtet. Und das ist sicherlich nur ein ganz kleiner Ausschnitt aus den zahlreichen Themen, die uns beschäftigt haben.

Dies war eine Zeit, die mit sehr viel Unsicherheit für alle verbunden war. Entsprechend haben wir als Unternehmen und auch ich als Führungskraft versucht, dies so gut es geht zu adressieren. Wir haben sehr früh ein Corona-Krisenteam mit allen wichtigen Funktionen gebildet, welches die Marschroute für das Unternehmen im Umgang mit der Pandemie erarbeitet und kommuniziert hat (diese Arbeit wurde später mit einem goldenen Stevie-Award ausgezeichnet) mit einem großen Fokus darauf, die Sicherheit unserer Mitarbeiter bestmöglich zu gewährleisten. Dieses hat dann zusammen mit dem Vorstand als eines der ersten Unternehmen in Deutschland Home-Office überall da, wo es möglich war, angeordnet und umgesetzt, um Ansteckungsherde zu verhindern. Im Legal-Bereich waren wir in Sachen Mobile Work schon zuvor sehr flexibel, aber dieser Vollständige Wechsel ins Home-Office hat auch uns vor Herausforderungen gestellt, so z. B. mussten wir unsere Unterschriftenprozesse soweit und so schnell wie möglich vollständig digitalisieren.

Weitere große Herausforderungen daneben sind die Themen ESG und GenAI, bei denen wir in allen rechtlichen Fragen umfassend unterstützen und beraten.

Im Bereich ESG hat uns bspw. die Umsetzung des LkSG stark beschäftigt. Die Fashion Industrie stand hier schon vor dem LkSG stark im Fokus von NGOs, sodass wir viele der geforderten Due Diligence Prozesse schon lange etabliert hatten, dennoch mussten wir natürlich auch neue Prozesse installieren, andere überprüfen und anpassen und auch das geforderte Reporting umsetzen. Daneben gibt es eine große Zahl von weiteren Gesetzen in diesem Bereich, die wir umsetzen oder deren Umsetzung wir vorbereiten, bspw. das französische Loi AGEC oder die CSDDD. Diese und viele andere aktuelle und geplanten Initiativen fordern Transparenz über die Lieferkette oder Aspekte davon. Dies umzusetzen ist eine Mammutaufgabe, weshalb wir diese in einem konzernweiten Projekt namens „Traceability" bündeln. Dieses wiederum ist Teil unseres Digital Twin Projektes innerhalb des Bereichs Business

Operations, mit dem wir unsere Wertschöpfungskette digital nachbilden, um Transparenz zu erhalten und bspw. jederzeit zu wissen, wo sich welche Ware befindet, aber auch um bessere Planbarkeit und damit auch einen schonenderen Umgang mit Ressourcen zu erreichen.

Im Rahmen des Traceability Projektes wiederum war eine entscheidende Weichenstellung, ob nur die jeweils geforderten Anforderungen umsetzen oder einen Schritt weitergehen, mit dem Ziel größtmögliche Transparenz zu schaffen. Der erste Ansatz ist natürlich zunächst mal schlanker und einfacher umzusetzen, hat aber den großen Nachteil, dass man angesichts der zahlreichen Gesetzesinitiativen in diesem Bereich weltweit vermutlich auf Jahre mit Gap-Analysen und der Anpassung der eigenen Traceability Kapazitäten beschäftigt ist. Entsprechend haben wir uns für den zweiten Ansatz entschieden. Aufgrund der Tatsache, dass die Anforderungen hier neu sind, ist es zwingend, sich in die Gesetze und Themen einzuarbeiten und sich die Kenntnisse zu erarbeiten. Daneben muss man auch die Mitarbeitenden befähigen, sich diese neu notwendig gewordenen Kenntnisse und Skills aneignen zu können.

Schließlich beschäftigen wir uns auch en-detail mit Gen-AI und den rechtlichen Implikationen bspw. Im Bereich IP und Datenschutz. Hierfür ist es essenziell ein Verständnis für die Funktionsweise, Entwicklung und Systeme zu schaffen, um zum einen die rechtlichen Fragen prüfen und bewerten zu können. Darüber hinaus ist es aber natürlich für uns als Rechtsabteilung ebenso wichtig, diese neuen Möglichkeiten auch in unserer eigenen täglichen Arbeit bestmöglich zu nutzen. Dafür müssen wir auch unsere eigenen Mitarbeitenden in die Lage versetzen und auch dafür begeistern, sich mit den neuen technologischen Mitteln das eigene Arbeitsleben zu erleichtern und sich bei „Standardaufgaben" assistieren zu lassen, um mehr Zeit und Kapazität für die spannenden Themen zu haben. Auch hier ist ein tiefes Verständnis der Technik notwendigen, um Gen-AI effektiv einzusetzen und zu wissen, was sie kann und eben nicht kann und dass es einer Überprüfung bedarf, um die von uns erwartete und geforderte Qualität sicherzustellen.

Aus Führungsicht war es daneben auch eine große Herausforderung das Wachstum der Company und damit einhergehend auch des Legal & Compliance Bereiches umzusetzen. Wir haben in den letzten Jahren so aufgestellt, dass wir unser laufendes Geschäft mehr oder weniger vollständig in-House beraten, dazu haben wir unsere Compliance Strukturen weiter ausgebaut, auch bedingt durch zahlreiche zusätzlich Anforderungen wie im Bereich ESG. Entsprechend haben wir international neue Mitarbeiter eingestellt und mussten passende, neue Strukturen schaffen. Dabei alle Mitarbeitenden mitzunehmen war und ist unglaublich herausfordernd.

KG: Kommen wir noch einmal zum Thema Leadership bzw. Deinem Führungsstil. Hast Du das Gefühl, dass sich an Deinem Führungsstil seit Übernahme Deiner Rolle etwas geändert hat und wenn ja, was und warum? Glaubst Du, dass der Generationswandel und die sich verändernden Anforderungen von Bewerbern an Arbeitgeber auch in einer anderen Art der Führung resultieren müssen? Und wie bildet man diese Führungsqualitäten und -fähigkeiten aus, wie stellt man in seiner Karriere frühzeitig die Weichen so, wirksam und zeitgemäß eine Führungsrolle am Rechtsmarkt übernehmen zu können, die ja tatsächlich für viele erstrebenswert ist?

NV: Das ist eine sehr gute Frage, zu deren Beantwortung vermutlich andere – bspw. meine Mitarbeitenden – besser geeignet wären. Aber ich hoffe, dass sich an meiner Führung ständig etwas ändert. Als ich in die Rolle gekommen bin, war ich ja auch noch nicht Jahrzehnte Führungskraft, sodass ich damals aber auch heute noch jeden Tag dazulerne. Überhaupt glaube ich, dass man im Umgang mit Menschen immer ein Lernender bleiben wird. Alles, was ich mache, mache ich nach bestem Wissen und Gewissen und dennoch mache ich in der Führung ständig Dinge verkehrt. Aber ich versuche daraus zu lernen und die Dinge beim nächsten Mal besser zu machen.

Ein Punkt, der sich definitiv aber verändert hat, ist das ich aufgrund des Wachstums des Unternehmens und unseres Bereiches operativ weniger mache, da einfach mehr Zeit mit Führung und dem Management der inhaltlichen Themen in Beschlag genommen ist. Entsprechend delegiere ich mehr und musste an meinen Strategien feilen, dennoch im gebotenen Detail zu wissen, an welchen Themen mein Team arbeitet und wo die schwierigen Themen und Punkte liegen.

Was die wahrgenommenen Änderungen der Anforderungen bspw. in Bezug auf Büro vs. Home-Office angeht, habe ich – so denke ich – was den Zeitgeist angeht von meinen ehemaligen Führungskräften profitiert, die alle Output-orientiert waren und Präsenz nie als Wert an sich wahrgenommen haben. Ich war also eigentlich schon immer in der glücklichen Lage, relativ flexibel über Arbeitsort und -zeit bestimmen können und habe dies stets zu schätzen gewusst. Aus dieser Historie war mir immer klar, dass ich dies meinen Mitarbeitenden als Führungskraft auch ermöglichen möchte. Bei HUGO BOSS traf dies dann auch auf einen Arbeitgeber, der sich mit Threedom of Work auch einem flexiblen Arbeitskonzept verschrieben hat.

Aber ganz grundsätzlich gilt, dass man als Führungskraft immer am Puls der Zeit sein muss, was die Bedürfnisse der Mitarbeitenden und ihre Anforderungen an Führung angeht. Gerade in Zeiten in denen Fachkräfte knapp sind – wie z. B. im Rechts- und Compliancebereich – ist dies aus meiner Sicht essenziell, um als Arbeitgeber attraktiv zu bleiben.

KG: Euer CEO Daniel Grieder hat in den letzten drei Jahren eine weitreichende Umgestaltung des Unternehmens vorgenommen, und zwar mit dem Ergebnis eines Rebrandings mit neuen Logos. Dabei zielt die Marke Boss nun auf die Millenials im Alter von 25 bis 40 Jahren und die Marke Hugo auf die Generation Z unter 25 Jahren. Dadurch habt Ihr Euren Umsatz signifikant gesteigert, und u. a. die Themen Nachhaltigkeit und Ausbau der digitalen Präsenz in den Fokus genommen. Was kannst Du uns von diesem Prozess berichten und inwiefern hat er Deine persönliche und auch fachliche Entwicklung als GC vorangetrieben, da ich mir vorstellen kann, dass hierfür auch einige rechtliche Hürden überwunden werden mussten?

NV: Im Zentrum dieser Entwicklung steht unsere Claim 5 Strategie, das angesprochene Rebranding ist am Ende ein Ergebnis der Strategie, gleichzeitig aber auch ein Signal für den Beginn der rigorosen Umsetzung dieser.

Und in der Tat gab es zahlreiche rechtliche Themen und Hürden, die wir in diesem Kontext bearbeitet und begleitet haben. Ganz offensichtlich ist dabei natürlich die Recherche in Bezug auf und Registrierung der neuen Bildmarken für BOSS und HUGO sowie für die Brandlines. Ingesamt waren das unendlich viele Themen, daher würde ich mich mal auf die Bereiche fokussieren, die Du in der Frage angesprochen hast, Nachhaltigkeit und Digitalisierung.

Eine Basis unserer Claim 5 Strategie ist „Sustainable throughout". Zwar hatten ESG-Themen bei HUGO BOSS schon immer einen hohen Stellenwert, aber unter der neuen Strategie ist der Fokus hierauf noch einmal größer geworden, vor allem aber auch die Bereitschaft auch neue, andere Wege zu gehen. Die Gründung einer eigenen Stiftung, der HUGO BOSS Foundation, war beispielsweise so ein Schritt. Die wesentliche Einnahmequelle der Stiftung ist unsere Initiative „Every Purchase Counts – Jeder Kauf zählt": HUGO BOSS spendet fünf Cent (EUR) für jedes eigene Produkt (ausgenommen Lizenzprodukte), das weltweit offline und online verkauft wird, um damit u. a. Projekte zum Thema Umweltschutz zu fördern, aber auch Soforthilfe bei Katastrophen wie z. B. die verheerenden Erdbeben in der Türkei bereitzustellen. Die Foundation ist Teil unseres Corporate Communications Teams, welches wir bei derGründung der Foundation und der Governance unterstützt und zusammen mit dem Steuerteam die Anerkennung als gemeinnützig vorangetrieben haben.

Des Weiteren haben wir unsere Beteiligung als Anteilseigner der HeiQ Aeoniq rechtlich begleitet. HeiQ Aeoniq stellt ein Garn aus Zellulose – bspw. Bananenschalen, Kaffeeresten aber auch alten Stoffen – her, welches ähnliche Eigenschaften wie Polyester aufweist. Dies ist eine von mehreren strategischen Initiativen, um Polyester in unseren Produkten bis 2030 komplett auszuphasen.[6]

---

[6] Voraussetzung ist die Verfügbarkeit nachhaltigerer Alternativen.

Um den Fortschritt eng zu begleiten und zu fördern haben wir uns als Shareholder an HeiQ Aeoniq beteiligt und testen/entwickeln gemeinsam über verschiedene Produktinnovationen das Garn weiter. In diesem Zusammenhang haben wir den Erwerbsprozess begleitet, von der Due Diligence über den eigentlich Anteilserwerb bis hin zur Verhandlung eines Partnership Agreement, welches die Grundlagen der Kooperation festlegt, sowie eines Shareholder Agreement mit anderen Anteileignern.

Schließlich haben wir auch unser Investment in dem weltweit ersten Sustainable Fashion Fonds aufgelegt von Collateral Good Ventures rechtlich begleitet, auch hier lag der Schwerpunkt in der Due Diligence sowie der Verhandlung der entsprechenden Verträge.

Daneben haben wir im Bereich Nachhaltigkeit wie erwähnt die Umsetzung regulatorischer Themen wie das Lieferkettensorgfaltspflichtengesetz aber auch die Umsetzung bzw. Vorbereitung der Umsetzung anderer Gesetze begleitet. Beim bereits erwähnten Traceability Projekt habe ich zu Beginn nicht nur rechtlich beraten, sondern war auch der Business Owner, der das Projekt initial betreut hat. Das hat natürlich nochmal ganz andere Herausforderungen mit sich gebracht, nämlich ein so großes Projekt konzernweit zu managen und organisieren, die relevanten Stakeholder zu identifizieren, einzubinden und vor allem zu überzeugen, dass Projekt zu unterstützen. Teil des Ganzen war ein noch deutlich tieferes Eindringen in die dahinterliegenden operativen Themen und Prozesse. Entsprechend war das für mich extrem spannend, aber gleichzeitig auch eine Riesenherausforderung. Heute haben wir im Bereich Business Operations ein mehrköpfiges Team, dass sich ausschließlich mit dem Thema Tracability auseinandersetzt und die Umsetzung aller Anforderungen zentral vorantreibt.

Das Thema Digitalisierung ist natürlich in aller Munde, aber ganz banal begann das bei uns damit, den Online-Anteil am Umsatz zu erhöhen (insbesondere mit Blick auf die Corona Pandemie). Da kommen wir aus einer Welt, in der wir Online-Stores in 12 Ländern hatten, als ich bei HUGO BOSS begann, und sind mittlerweile bei 75 Online-Stores. Und für jedes Land mussten wir dazu rechtlich beraten, welche Anforderungen gelten und wie wir sie pragmatisch so umsetzen können, dass wir die dahinterliegenden Prozesse möglichst unverändert lassen können.

Daneben spielt aber auch die Digitalisierung interner Prozesse eine große Rolle, wie z. B. das erwähnte Digital Twin Projekt. Da ist jeweils umfangreiche Beratung der Kollegen im Bereich Business Operations in unterschiedlichem Ausmaß gefragt, sehr stark bspw. bei Traceability, weil es da vor allem um die Abbildung und Umsetzung aktueller und zusätzlicher gesetzlicher Anforderungen geht.

Ebenso bringt die Weiterentwicklung der technischen Möglichkeiten Beratungsbedarf mit sich, wie GenAI. Welche rechtlichen Vorgaben, insbesondere in Bezug auf Datenschutz und Marken- und Urheberrechte müssen beachtet werden. Gleichzeitig muss aber auch Spielraum vorhanden sein, mit den neuen Technologien zu experimentieren, Dinge auszuprobieren, um sinnvolle Use Cases valide identifizieren zu können. Da müssen wir auf der Höhe der Technik sein und diese verstehen, um beraten zu können. Und natürlich experimentieren wir – wie erwähnt – auch selbst.

KG: Ich frage Dich das auch deshalb, weil das Thema Personal Branding auch für Juristen, nicht nur in Führungspositionen aber häufig gerade dort, eine zentrale Rolle spielt. Nun ist der Vertrieb eines Produkts etwas anderes als der Vertrieb einer Dienstleistung und ich bin der Ansicht, dass es zwar schwerer, aber trotzdem nicht unmöglich ist, sich als Jurist seine „personal (legal) brand" aufzubauen. Jede Brand muss sich nämlich immer wieder die Frage stellen: Wie bleibe ich relevant? Was sind also aus Deiner Sicht, mit Blick auf die Learnings aus dem Rebranding in Eurem Hause, die besten Möglichkeiten, im Jahr 2024 als Jurist eine Einzelmarke aufzubauen, wie bleibt man relevant und generiert so Geschäft und damit Umsatz?

NV: Auch hier kann man in der Tat auf das Rebranding und die Claim 5 Strategie schauen. Ich glaube, einfache und klare Kommunikation ist essenziell, um eine Marke als Jurist aufzubauen. Daneben (siehe Product is Key) ist natürlich die fachliche Expertise entscheidend, in seinem Bereich sollte man zu den Besten gehören, Qualität setzt sich immer durch. Und diese Expertise muss man auch erhalten, gerade in unseren Zeiten mit rasanten technologischen Entwicklungen ist dies entscheidend.

Im Aufbau der Marke erfordert Sichtbarkeit. Heutzutage helfen da natürlich die sozialen Medien, wie z. B. LinkedIN enorm. Aber auch die „oldschool" Mittel wie z. B. Vorträge halten, auf Konferenzen gehen und sich aktiv beteiligen oder Artikel veröffentlichen, sind immer noch wichtig. Inhaltlich muss und sollte man sich dann fokussieren auf die eigene Expertise und für etwas stehen. Entsprechend sollte man nicht breit jedes Thema bespielen. Auch als Fashionbrand muss man seinen eigenen Stil haben und nicht versuchen, jedem zu gefallen. Damit würde man schnell beliebig und es geht die Authentizität verloren.

Wenn man es schafft, sich für ein Thema, für das man brennt als Experte, zu platzieren, dann gehe ich davon aus, dass das nicht unbemerkt bleibt.

KG: Last but not least: Dein Wunsch war es, wieder Musik zu machen – erzähl doch mal, dass und wie das funktioniert hat und sich wunderbar mit Deinem beruflichen Alltag verbinden lässt.

NV: In der Tat war das ein großer Wunsch wieder mehr Musik zu machen. Und es scheint so mein Ding zu sein, bei meinen Arbeitgebern wenn möglich eine Band ins Leben zu rufen. Und das hat dann nach Corona endlich auch bei HUGO BOSS funktioniert, seit etwas mehr als einem Jahr gibt es „Backstreet BOSS", unsere konzerneigene Band. Eine super Truppe bestehend aus Sängerin, Sänger, Gitarrist und Schlagzeuger. Ich selbst spiele Bass und singe Back-up Vocals. Grandiose Musiker, aber viel wichtiger, extrem nette Menschen mit denen das Musizieren sensationell Spaß macht. Wir covern quer durch die Bank, machen aber unsere eigenen Versionen aus allen Songs, die meist in die Rockrichtung neigen. In dem Jahr unseres Bestehens haben wir bereits bei den BOSS Open bei der Players Night gespielt, aber auch auf unseren Firmenfeiern vor bis zu 3000 Zuschauern. Wir versuchen wöchentlich zu proben, was für mich persönlich ein extrem guter und wichtiger Ausgleich zur Arbeit ist und mir hilft den Kopf komplett frei zu bekommen. Und da unser Proberaum auf dem Campus ist, lässt sich das ganze natürlich perfekt mit der Arbeit verbinden.

5

Building your personal (legal) brand – Wie LWYRD zur Marke wurde und wie Sie zur Marke werden

Die LWYRD Legal Recruitment GmbH, LWYRD! Der Podcast zum deutschen Rechtsmarkt und LWYRD Business Coaching sind drei eigene, beim deutschen Marken- und Patentamt eingetragene Marken und ich habe sie sukzessive seit Ende 2020 auf- und ausgebaut.

5.1 LWYRD! Der Podcast zum deutschen Rechtsmarkt

Ich kam zum 01. Januar 2020 aus der Elternzeit zurück, die bei mir aus familiären Gründen zwei Jahre betrugt und mithin ein Jahr länger war als ursprünglich geplant. Erfreulicherweise lief auch mein Geschäft wieder gut an, obwohl ich in einem vertriebsgetriebenen Umfeld ja stets mein eigener Motor bin und dieser war nun einmal zwei Jahre nun nicht gelaufen. Allerdings machte mir dann der Beschluss des ersten Corona Lockdowns nur 10 Wochen später Mitte März einen ordentlichen Strich durch die Rechnung. In meinem Unternehmen war ich primär für die Rekrutierung auf Unternehmensseite zuständig und wir erinnern uns alle, wir vorsichtig in diesen Zeiten mit Budgets vor allem für externe Dienstleister geplant wurde. So wurden die meisten derjenigen Positionen, die ich betreute, auf unbestimmte Zeit on hold gesetzt und ich fand mich gemeinsam mit allen Kollegen in der Kurzarbeit wieder, die sich für mich wie eine dritte Elternzeit anfühlte, die ich nun wirklich nicht bestellt hatte. Bis zum Sommer 2020 hatte mich die Erkenntnis, dass uns dieses Virus wohl noch eine Weile länger begleiten würde, als uns lieb war, persönlich frustriert. Ich stellte mir die Frage, wie ich am Markt relevant bleiben und meine Personal Brand stärken könnte, obwohl meine Dienstleistung gerade ungefähr so gefragt war wie Messebau oder der Betrieb einer Sportstätte. Denn eines war mir bereits seit meinem Wechsel von der anwaltlichen Tätigkeit in die Personalberatung sehr bewusst: Meine vertriebliche Tätigkeit hängt sehr entscheidend davon ab, wie stark mein Netzwerk ist und wie visibel ich persönlich am Markt bin. Dabei geht es gar nicht so sehr um die Plattform, auf der ich sitze und für die ich arbeite, sondern darum, dass Kunden und Kandidaten bewusst ist, wer ich bin und was ich tue und mithin für sie tun kann. Natürlich profitiert man, wie auch in der Kanzlei beim Aufbau des eigenen Business Case, immer zu einem gewissen Teil vom Netzwerk des Arbeitgebers, das auch in meinem Fall seit vielen Jahren am deutschen Markt gewachsen war und wofür ich auch sehr dankbar bin. Aber letztlich ging es von Tag 1 in der juristischen Personalberatung für mich darum, meine eigenen Kunden und Kontakte zu akquirieren, auch wenn das häufig das von mir so verhasste „cold calling" bedeutete. Bei dem man im Übrigen einiges lernt über die eigene Hemmschwelle und zwischenmenschlichen Dialog.

Zurück zur Idee des Podcast. Die zentrale Frage, um die meine Gedanken kreisten, lautete: Wie schaffe ich es in dieser Zeit, vom Vertriebsgedanken einen Schritt zurückzumachen, aber am Markt für meine Kunden und Kandidaten visibel, relevant und vor allem in einem spannenden Dialog zu bleiben, um mich selbst bzw. meine Dienstleistung zur Marke zu machen? Wie könnte das gelingen? Das Format Podcast war auch 2020 schon sehr beliebt, aber bei weitem noch nicht so stark verbreitet wie 2024. Ich war davon überzeugt, mit dem richtigen Format meine Zielgruppe erreichen zu können. In Zahlen: In Deutschland waren zum 01.01.2023 insgesamt 165.587 Rechtsanwälte zugelassen,[1] in den 100 umsatzstärksten Wirtschaftskanzleien arbeiten knapp unter 14.000 davon.[2] Mein, zugegebenermaßen ambitioniertes Ziel war es, durch den Podcast und die Anzahl der Abrufe meiner Episoden Bekanntheit bei mindestens der Zahl der Wirtschaftsanwälte zu erreichen, wenn ich mir auch als Zielgruppe einen Querschnitt durch die Rechtsanwaltschaft wünschte. Es sollte kein Format (nur) für Studenten und Referendare sein, sondern viel mehr Motivation und Inspiration zum Thema Karriere anhand persönlicher Geschichten schaffen. Hierzu erschuf ich meine Insights, ein Format, in dem Kollegen, die meiner Meinung nach einen spannenden (und damit auch nicht immer geraden) Weg gegangen waren, genau hiervon berichten sollten. Ich wünschte mir echte Er-

---

[1] Bundesrechtsanwaltskammer, https://www.brak.de/presse/zahlen-und-statistiken/statistiken/anteil-rainnen/.
[2] Bender & Votsmeier, https://www.handelsblatt.com/unternehmen/dienstleister/kanzleimarkt-durch-nichts-zu-bremsen-wirtschaftskanzleien-sind-im-dauerhoch/28436264.html.

lebnisse mit allen Ups and Downs, um zu zeigen, dass der Weg zum Ziel nicht immer gerade sein muss, um letztlich erfolgreich zu sein. Flankiert habe ich die Insights mit meinen Wake-Up Calls, einem Format, in dem ich in kurzen 15–20 minütigen Episoden aktuelle Themen aus der Personalberatung aufgreife. Was mir von Anfang an klar war: Meine Zielgruppe ist recht konservativ und legt Wert auf Professionalität. Dazu war es wichtig, LWYRD! Der Podcast als Marke dergestalt zu erschaffen, dass sich meine Zielgruppe hiervon angesprochen fühlt. Das gilt im Übrigen nicht nur für meine Hörer, sondern auch für meine Gäste. Dazu gehörte für mich vor allem ein inhaltlich sehr gutes vor- und aufbereitetes Format (in jeder meiner Episoden steckt ein ganzer, langer Arbeitstag), eine technisch professionelle Aufbereitung sowie eine gelungene Web-Präsenz mit entsprechender Homepage und zielgerichteten Posts auf LinkedIn. An all diesen Punkten habe ich drei Monate lang gearbeitet und konnte so am 01. Oktober 2020 die ersten drei Episoden, zwei Insights und einen Wake-Up Call, veröffentlichen und entsprechend bewerben.

Mittlerweile hören meine Episoden regelmäßig und durchschnittlich 400 Hörer, die erfolgreichsten Episoden wurden weit über 800-mal abgerufen. So kommen über den Verlauf der drei Staffeln und über 50 Episoden mittlerweile über 30.000 Abrufe zusammen, auf die ich stolz bin – genau aus diesem Grund teile ich diese Zahlen auch so offen. Natürlich haben die großen Podcasts aus den ebenso großen Produktionshäusern wie OMR oder Studio Bummens teils Abrufzahlen jenseits der 10.000 pro Episode. Jedoch ist mein Format werbefrei, eigenfinanziert und produziert und somit gänzlich unabhängig, was mir immer sehr wichtig war und bleiben wird. Das Vertrauen, das mir meine Gäste entgegenbringen, wenn sie von ihrer Karriere, ihren Hürden, Erfolgserlebnissen und Learnings berichten, hat oberste Priorität. Erfreulicherweise habe ich dieses Vertrauen im Laufe der drei Jahre dergestalt ausbauen können, dass viele meiner Gäste von sich aus auf mich zukommen. Ich werte das als schönes Kompliment und möchte dieser Wertschätzung, die mir und meinem Format entgegengebracht wird, in jeder meiner Episoden gerecht werden. Zudem darf man nicht vergessen, dass ich eine Nische bediene, was die Zielgruppe angeht und mein Grundgedanke Mehrwert, dem der Reichweite vorgeht. Für meine Zielgruppe und meinen Markt habe ich mit LWYRD! aber dennoch genau das geschafft, was mein Ziel war.

Viel wichtiger aber als die reinen Zahlen sind für mich die folgenden Erkenntnisse:

- **Preparation is key:** Eine gute Vorbereitung und ein inhaltlicher Takeaway (unabhängig vom Medium, das Sie für sich wählen, um Ihre Personal Brand aufzubauen) sind enorm wichtig. Das fällt umso leichter, wenn Sie sich mit Themen beschäftigen, die Sie selbst interessieren, für die Sie brennen oder aber in denen Sie selbst noch etwas lernen möchten. LWYRD! ist für mich dadurch auch eine (weitere) Möglichkeit geworden, das Ohr nah am Markt zu haben, in dem ich in direktem Austausch mit meinen Gästen und Hörern komme. Und genau das ist es ja, was meine Kunden und Kandidaten von mir erwarten.

- **Kontinuität:** LWYRD! erscheint in Staffeln und während einer laufenden Staffel alle zwei Wochen donnerstags. Spätestens am Freitag bewerbe ich die aktuelle Episode auf LinkedIn und, für die jüngere Generation, auch auf Instagram. Beides im Übrigen zwar inhaltlich mit fast gleichen Texten, vom Tenor her aber auf die Zielgruppe ausgerichtet unterschiedlich. Diese Kontinuität und die damit verbundene Verbindlichkeit und Verlässlichkeit sind ein wichtiger Faktor beim Aufbau einer Personal Brand, nicht nur im Legal Bereich, denn sie stärken die Glaubwürdigkeit. Daher kommuniziere ich Staffelpausen – wie jetzt gerade zum Beispiel, um dieses Buch zu schreiben – immer offen und gebe auch einmal zu, wenn und warum ich mich an meine eigenen Versprechen nicht halten konnte. Denn auch das ist schon vorgekommen. Menschen gewöhnen sich im Übrigen durch kontinuierliche Präsenz an die Brands und die Menschen, denen Sie folgen. Hierbei hilft Kontinuität, eine starke Assoziation zwischen Namen und Marke herzustellen, bedenken Sie das einmal für Ihre Aktivitäten z. B. auf LinkedIn. Ihre Zielgruppe gibt Ihnen dann ebenfalls wiederum durch Interaktion das Engagement zurück, das für die Stärkung der Bindung zur Zielgruppe wichtig ist. Daher muss dies in beide Richtungen auf- und ausgebaut werden. Last but not least sind regelmäßige und kontinuierliche Inhalte aber auch wesentlich für eine verbesserte Sichtbarkeit in Suchmaschinen (SEO).
- **Authentizität:** Ich bin davon überzeugt, dass der Erfolg meines Podcasts auch ganz entscheidend davon lebt, dass man mir anmerkt, wie viel Freude er mir bereitet. Aus dieser Begeisterung für den echten Dialog mit meinen Gästen sind mittlerweile auch einige Speaker- und Moderationstätigkeiten entstanden, die aufgrund der persönlichen und tatsächlichen Nähe im Übrigen fast noch mehr Freude bereiten. Natürlich ist er wie dargestellt auch ein Marketingtool, aber daran ist ja erst einmal nichts Schlechtes. Schlecht sind nämlich nur diejenigen Marketingmaßnahmen, die von Profitmaximierung getrieben sind und keinerlei Bezug zu Ihnen selbst und Ihrer Expertise, Ihren (fachlichen und persönlichen, aber marktrelevanten) Themen und Ihren Interessen haben. Weshalb sie im Übrigen auch genauso schlecht funktionieren.

Nehmen Sie in diesem Rahmen doch noch folgenden Gedanken mit: In den uns bis zum Renteneintritt verbleibenden Jahren im juristischen

Berufsalltag verändern nicht nur wir uns fortlaufend, sondern auch die Herausforderungen tun es. Wir befinden uns an einem sehr dynamischen Zeitpunkt im Rechtsmarkt. Daher gilt es, einen Weg zu finden, damit zu wachsen, zu lernen, sich weiterzuentwickeln und dabei Sie selbst zu bleiben. Für sich selbst zu stehen. Ohne dass es sich wie zusätzliche Arbeit und Druck anfühlt. Das geht auch beim Thema Personal Branding nur, wenn Sie einen authentischen Weg finden, der zu Ihnen passt!

5.2 Die LWYRD Legal Recruitment GmbH

LWYRD Legal Recruitment habe ich im Februar des Folgejahres zunächst als UG gegründet und ehrlich gesagt steckte in der Entscheidung selbst anfangs viel weniger Plan als ich es selbst von mir eigentlich kenne. Rückblickend wurde ich mehrfach gefragt, ob ich es denn nicht besonders mutig gefunden hätte, ausgerechnet in der Coronazeit zu gründen. Aber dazu gleich mehr.

Der Podcast war im Oktober des Vorjahres gestartet und hatte mir gezeigt, wie stabil mein Netzwerk bereits zu diesem Zeitpunkt war, wie viel positives Feedback ich bekommen hatte und mich motivierte das, einen Schritt weiter zu denken. Ich wusste ja nun bereits, was es heißt, eine Marke aufzubauen, eine Website aufzusetzen, das Format LWYRD! zu vertreiben – kurz, das Thema Personal Branding hatte ich für mich in Angriff genommen und einen Weg gefunden, der zu mir passte. Gleichzeitig spürte ich bei meinem alten Arbeitgeber deutliche coronabedingte Veränderungen und ich konnte mich, wenn ich ehrlich bin, auch nicht mehr vollständig mit den Auswirkungen dieser Veränderungen identifizieren. Was das genau bedeutete, möchte ich mit folgender Empfehlung verknüpfen: Überprüfen Sie in regelmäßigen Abständen, d. h. ca. alle 6–12 Monate, ob Sie noch mit dem gleichen Gefühl zur Arbeit gehen. Arbeiten Sie noch an den Aufgaben, an denen Sie auch arbeiten möchten, die Sie herausfordern, die Sie motivieren, in denen Sie auch Erfolge feiern können? Arbeiten Sie noch mit den Menschen, mit denen Sie gerne zusammenarbeiten und sind diese Menschen auch in ihrer Persönlichkeit am Arbeitsplatz noch diejenigen, die sie einmal waren? Haben Sie noch die Perspektiven, die Sie sich gewünscht haben oder die mit Ihnen im letzten Review-Gespräch erarbeitet wurden? Und wenn Sie eine dieser Fragen mit Nein beantworten, fragen Sie sich: Was kann ich persönlich dafür tun? Möchte oder gar muss ich einen oder mehrere Faktoren ändern, um weiter zufrieden in meinem Job zu sein? Oder habe ich mich auch vielleicht verändert? Brauche ich nun ein anderes Umfeld und möchte daher einen anderen Weg einschlagen, um meine fachliche und persönliche Weiterentwicklung kurz- bis mittelfristig sicherzustellen?

Ich habe mir also genau diese Fragen gestellt und für mich beantwortet, d. h. für mich persönlich zum Ende des Jahres 2020 entschieden, dass ich mir zutraue, mein eigenes Business aufzubauen. Ein Wechsel zu einer anderen juristischen Personalberatung kam für mich nicht in Frage, da einige – wenn auch nicht alle – der Themen, die mich beschäftigten, Auswirkungen der wirtschaftlich ohnehin angespannten Lage zur Corona-Zeit waren. Oder anders gesagt: Ich kenne den Markt mittlerweile gut genug, um zu wissen, dass das Gras woanders nicht unbedingt grüner ist, sondern dass es entscheidend auf die eigene Leistung ankommt. Eine weitere Bestätigung, erhielt ich, bevor ich überhaupt einen konkreten Plan über das Wie zusammengestellt hatte, von einigen meiner Stammkunden, die mir die Gewissheit gaben, mit mir weiterhin zusammenarbeiten zu wollen. Mir wurde einmal mehr bewusst, wie wichtig in meinem Job, aber grundsätzlich im Rechtsmarkt, das Thema Personal Branding ist und habe mir hierüber daher in der Vorbereitung meiner Gründung viele Gedanken gemacht. Immerhin ist das Thema „Personalberatung von Juristen für Juristen" sozusagen ein alter Hut und ich stellte mir die Frage, warum ausgerechnet ich mit einer weiteren Gründung mit genau diesem Konzept erfolgreich sein sollte. Dazu befragte ich mein Netzwerk und erhielt folgende Antwort: „Weil Du es machst." Daraus ergab sich für mich die Anschlussfrage: Wofür stehe ich denn? Was mache ich anders als andere Kollegen in der Branche? Weshalb kommen meine Kunden und Kandidaten zu mir? Es galt, diese Fragen klar zu beantworten, um mein Thema, wie man so schön sagt, auch „ownen" zu können. Mir wurde damals bewusst: Ich stehe für meine Kommunikationsfähigkeit, die Fähigkeit, gut zuzuhören, Empathie, Verbindlichkeit und Verlässlichkeit und letztlich, die Begeisterung für das, was ich tue, auch zu transportieren. Dies sind meine persönlichen Merkmale, hinzu kommt die Branchenkenntnis („Know your market, know your numbers"), mein juristischer Hintergrund und mein Netzwerk. Denn für Leistung und den beruflichen Erfolg ist langfristig auch entscheidend, wen Sie kennen und wer Sie kennt.

Personal Branding bedeutet für mich also, sich klarzumachen wofür man steht – und dafür auch einzustehen. Inhaltlich, d. h. auf der fachlichen Ebene und persönlich, d. h. auf der menschlichen Ebene. Gemeint ist das, womit die Marktteilnehmer Sie in Verbindung bringen und womit Sie in Verbindung gebracht werden wollen. Das können und sollten Sie beeinflussen und selbst in die Hand nehmen. Was sind Ihre juristischen/fachlichen Kernthemen? Was interessiert Sie persönlich? Was sind Ihre Werte und für welche davon möchten Sie Sensibilität schaffen? Die gute Nachricht ist: Wenn einem das bewusst ist, wird es leicht(er) fallen! Und so ging es mir auch.

Die folgenden Wochen ähnelten ein wenig der Entstehungszeit des Podcast: Es gab eine konkrete Idee, ich erarbeitete mein Konzept und daraus erwuchsen zunächst einmal alle möglichen To-Do's, die ich akribisch abarbeitete. Meine persönliche Empfehlung: Ich setze mir immer kurz- und mittelfristige Ziele, verbunden mit einer Deadline, bis zu der ich x, y, z umgesetzt haben möchte und plane dann noch Flexibilität für Anpassungen ein. Das gilt bei jeglicher Art meiner Arbeit, so auch der Gründungsarbeit der LWYRD Legal Recruitment. Dr. Daniel Meyer von LMPS hat in unserer gemeinsamen Podcast Episode sehr schön all diese einzelnen Schritte beschrieben und Sie finden sie weiter hinten in diesem Buch.

Im Vorfeld habe ich zudem einige Brainstorming Gespräche mit Kollegen geführt, die gegründet hatten. Dabei mir ging es nicht konkret um die Gründung einer juristischen Personalberatung, sondern um die Thematik des Gründens an sich. Warum? Um möglichst viel Input und Ideen für mich selbst zu diesem ganzen Prozess zu bekommen, in dem ich ja gänzlich unbeleckt war und natürlich auch ein paar mögliche Stolpersteine vermeiden zu können. Ein wichtiges Learning aus dieser Zeit war aber für mich: Der Prozess an sich bedeutet, sich zu öffnen für neue Themen, zu lernen und viele Fragen zu stellen, bei denen man sich zuweilen fragt, ob nur einem selbst die Antwort hierauf nicht klar ist. Die Perfektionistin in mir tat sich damit zuweilen schwer. Aber wenn wir alle eins wissen: Man kann nämlich nicht alles können oder wissen. Aber wenn man mit einer gesunden Portion Selbstvertrauen und natürlich auch dem nötigen Mut an die Sache ran geht, dann kann eigentlich nichts schief gehen außer, den ein oder anderen einen Fehler zu machen und schlimmstenfalls daraus zu lernen.

LWYRD! wurde als UG am 04. Februar 2021 eingetragen und es folgte ein zumindest gefühlt langes Tal der Tränen, denn gerade in den ersten 3–4 Monaten sind mir einige Projekte entweder bereits in der Anfangsphase oder auch mittendrin kaputt gegangen – und das immer aus Gründen, die ich nicht beeinflussen konnte. Das heißt, es lag gar nicht an meiner Visibilität am Markt, meiner Vorbereitung, meinem Netzwerk, meiner Arbeitsweise oder an mir selbst. Es lag an der Situation an sich. Mein Mut wurde auf eine harte Probe gestellt. Grundsätzlich gehört eine gewisse Frustrationstoleranz in meinem Job immer dazu, jedoch hat mich diese Anfangsphase die ein oder andere Träne vergießen lassen. Da war natürlich Angst und die Frage, ob ich das Richtige mache. Wie lange kann ich das auch finanziell durchhalten, mir selbst kein Gehalt und gleichzeitig meine Grundkosten zu zahlen – nicht nur als Unternehmerin, sondern auch privat? Daher habe ich mir dann genau diese Frage einmal kalkulatorisch gestellt und sie visualisiert. Ich habe mein finanzielles Polster, Einnahmen und Ausgaben, bisher erreichtes und was ich mit meinem Unternehmen erreichen möchte für das Jahr 2021 gegenübergestellt und in den Kontext meines best case Szenarios und meines worst case

Szenarios gesetzt. Das brachte für mich den Knoten zum Platzen und beruhigte mich innerlich. Ab den frühen Sommermonaten hatte ich dann auch an der ein oder anderen Stelle das nötige Quäntchen Glück, das man in unserer Branche auch zuweilen braucht und mein Geschäft lief im Jahr 2021 für mich persönlich nicht nur erfolgreich, sondern auch gewinnbringend.

Bereits im Sommer hatte mein jetziger Geschäftspartner Sven Laacks den Kontakt zu mir wieder aufgenommen, und wir entschieden uns, den Weg ab 2022 gemeinsam in Form der LWYRD Legal Recruitment GmbH zu gehen. Hierzu haben wir entsprechende Anzeigen und ein Image-Video erstellt, vor allem aber den persönlichen Dialog zu unserem Netzwerk gesucht. Sven kümmert sich bei LWYRD vor allem um die Rekrutierung auf Kanzlei- und ich auf Unternehmensseite, so ergänzen wir uns perfekt und können die hieraus entstehenden Synergieeffekte nutzen. Seit 2023 verstärkt unsere Assistentin Olesja unser Team. Im Jahr 2022 und 2023 wurden wir von der Wirtschaftswoche als eine der vier besten Unternehmen unserer Branche ausgezeichnet.

Sicherlich bin ich, gerade was das Thema Unternehmertum angeht, noch am Anfang einer langen Reise, auf die ich mich im Übrigen sehr freue. Für mich bedeutete die Gründung von LWYRD den Mut zur Sichtbarkeit und die Auseinandersetzung mit dem Thema Personal Branding am Rechtsmarkt für mich persönlich. Ich habe gelernt, dass Sichtbarkeit immer positiv und auch negativ sein kann, aber dass ich bereit bin, das auszuhalten, weil ich für mich und meine Themen (ein)stehe. Meine Sichtbarkeit hat zur Erweiterung meiner beruflichen Möglichkeiten und letztlich auch zu diesem Buch geführt. Daher ist meine persönliche Empfehlung an Sie: Sichtbarkeit ist für uns Juristen entscheidend, um Vertrauen aufzubauen, Mandanten zu gewinnen und zu binden, Netzwerke zu pflegen und so ihre Karrierechancen zu maximieren und als Experte für Ihre Themen anerkannt zu werden. Gestalten Sie Ihr Personal Branding daher auf Basis dieser Eckpfeiler und bringen Sie die Flexibilität mit, sich veränderten Gegebenheiten anzupassen, sollten Sie selbst und Ihre Themen sich im Laufe Ihrer Karriere verändern.

5.3 LWYRD Business Coaching

Nun hat sich für mich nicht mein grundlegendes berufliches Thema verändert, aber durch den Podcast und meine Gründung wurde mir ein weiterer Punkt bewusst: Ich führe im Laufe meiner Suchen für Kunden unzählige Gespräche mit Kandidaten, letztlich kann aber ja immer nur eine Person die Vakanz füllen. Viele dieser Gespräche haben häufig gar nicht einmal meine konkrete Suche zum Gegenstand, sondern reichen weit mehr in die Themen Karriere- und Persönlichkeitsentwicklung hinein, im Übrigen die Themen, die mich an meinem Beruf am meisten faszinieren und mir unglaublich Freude machen. So kam ich nicht umhin, mich zu fragen, ob man all diese Gespräche nicht für beide Seiten auf das nächste Level heben könnte. Zudem funktioniert die juristische Personalberatung ja stets auf Kosten der Auftraggeber und auch, wenn ich diejenigen Gespräche, die die jeweilige Suche nicht zum Erfolg führen, wie gesagt viel Freude machen, so führe ich sie doch in gewisser Weise auch zulasten meiner eigenen Kostenstruktur. Mit diesen Gedanken ging ich auf mein Netzwerk zu und fand Zugang zum Thema Business Coaching – oder besser gesagt, das Business Coaching fand mich. Es ergänzt nämlich genau an diesem Punkt wunderbar mein Dienstleistungsangebot und bietet meinen Kandidaten die Möglichkeit, an ihren persönlichen beruflichen Herausforderungen mit einem Sparringspartner auf Augenhöhe zu arbeiten. In einem meiner späteren Kapitel gehe ich mit Ihnen ausführlich noch einmal darauf ein, was dies genau bedeutet und welchen Mehrwert Business Coaching für Sie haben kann. Für mich hatte ich bereits nach einem Jahr Unternehmertum den Bedarf identifiziert, mein Geschäftsmodell zu erweitern und absolvierte aus diesem Grund eine einjährige Ausbildung zum zertifizierten Business Coach an der Dr. Bock Coaching Akademie in Berlin. Auch in diesem Rahmen habe ich mich im Übrigen erneut, wenn nicht sogar zum ersten Mal angeleitet und daher umso intensiver, mit dem Thema Persönlichkeitsentwicklung beschäftigt. Dabei wurde mir bewusst, wie eng diese Themen für mich persönlich, für mein Business aber auch für meine Kunden und Kandidaten miteinander verknüpft sind. Business Coaching kann gerade für Juristen auch erheblich beim Thema Personal Branding helfen, da es gezielte Strategien und Unterstützung bietet, um eine starke und authentische Personal Brand aufzubauen und zu pflegen. Durch die Kombination von Selbstreflektion, strategischer Planung und kontinuierlicher Entwicklung können Juristen nämlich ihre Sichtbarkeit und ihren beruflichen Erfolg erheblich steigern.

Meine persönliche Geschichte und meine Erfahrungen rund um das Thema Personal Branding mögen Ihnen vielleicht schon den ein oder anderen Denkanstoß gegeben haben. Wenn ich es auf eine Formel runterbrechen müssten, wäre es sicher folgende, über die ich erst kürzlich gestolpert bin: Personal Branding ist Können plus Charakter mal Kontinuität.[3] Meine Fähigkeiten und Stärken liegen so viel mehr in der Beratung des Marktes als in der Arbeit im Markt selbst. Wo liegen Ihre?

---

[3] Dopheide, https://www.youtube.com/watch?v=PKRApXbaQbI.

Wenn Sie nun immer noch nicht wissen, wie Sie das Thema strategisch angehen und auch für den Aufbau Ihres Business Case nutzen können, bekommen Sie im folgenden Kapitel von Sylwia Jenner konkrete Handlungsempfehlungen mit Beispielen. Und danach kann doch eigentlich gar nichts mehr schief gehen, oder?

Wofür stehen Sie als Jurist und Mensch? Was unterscheidet Sie von anderen?

6

Welche Zutaten sind für ein erfolgreiches Business Development unerlässlich? Gastbeitrag von Sylwia Jenner, Legal Marketing Strategin & Entrepreneurin

Schon bei der Vorbereitung von Mandantenveranstaltungen konnte ich das Business Development Potenzial eines Partners erkennen. Denn der Erfolg eines Events war nicht nur von den Themen, der Location, dem Zeitpunkt oder gar Häppchen und Wein abhängig, sondern auch vom persönlichen Einsatz des Anwalts. Dieser Einsatz ging weit über die Bereitschaft der meisten Anwälte hinaus. Ich merkte schnell: Manche Partner agierten in Bezug auf Marketing und Business Development anders als die meisten ihrer Kollegen und waren dadurch erfolgreicher. Sie verfügten über ein großes und aktives Netzwerk, eine starke Personal-Brand im Markt und waren proaktiv in der Mandantenakquise. Zudem waren sie stolz darauf, andere Partner und Praxisbereiche in ihre Mandatsbeziehungen einzubeziehen. Diese Partner generierten außerdem den Großteil des Umsatzes. Sie waren „Rainmaker". Wie haben die Top-Performing Partner es geschafft, so erfolgreich zu sein? Was haben sie anders gemacht als ihre Kollegen? In Gesprächen mit ihnen hörte ich oft: „Ich hatte Glück" oder „Ich war zur richtigen Zeit am richtigen Ort". Während Glück sicherlich eine Rolle spielt, ist es jedoch nur ein Randfaktor. Wie der römische Philosoph Lucius Annaeus Seneca schon sagte: „Glück ist, was passiert, wenn Vorbereitung auf Gelegenheit trifft."[1]

Die Frage, welche Soft Skills diese Partner auszeichneten, welche Business Development Tools sie nutzten und ob Rainmaking erlernbar war, hat mich lange beschäftigt. In meiner langjährigen Zusammenarbeit mit Anwälten habe ich eigene Antworten auf diese Fragen gefunden. Ohne Beweise, Daten und Fakten waren es jedoch subjektive Beobachtungen und Erlebnisse. Die

---

[1] Seneca, https://www.aphorismen.de/zitat/3297.

Business Development Aktivitäten erfolgreicher Anwälte, Berater und Co. waren lange Zeit unerforscht. Dies änderte sich mit der ersten globalen und datenbasierten Studie im Professional-Services-Markt von DCM Insights (The Customer Understanding Lab) und Intapp (einem Cloud-Softwareanbieter für Dienstleistungsunternehmen und Sponsor der Studie). Die Studie „The Rainmaker Genome Project" deckte die wichtigsten Zutaten für erfolgreiches Business Development im aktuellen Umfeld auf.[2] Die gute Nachricht lautet: Rainmaking ist erlernbar. Im weiteren Verlauf werden wir die Ergebnisse genauer betrachten. Sie erhalten einen Einblick in die drei grundlegenden Verhaltensmuster, die für erfolgreiches Business Development erforderlich sind.

Die vielfältige Rolle von Anwälten und die Herausforderungen in einer sich wandelnden Rechtsbranche
Bevor ich verrate, was die Top-Performing Partner von ihren durchschnittlichen Kollegen unterscheidet, schauen wir uns zunächst das aktuelle Umfeld und die Herausforderungen an, vor denen ambitionierte Anwälte stehen. Die Anforderungen an Rechtsanwälte sind im Vergleich zu früher deutlich gestiegen. Neben einer exzellenten fachlichen Expertise müssen Anwälte heutzutage ein Marketing- und Business Development-Profi, ein Legal-Tech-Enthusiast, leidenschaftlicher Netzwerker, Projekt-Manager, Controller und ein emphatischer Leader sein. Gar nicht so einfach, das alles in einen stressigen Kanzleialltag zu integrieren. Unabhängig davon, ob Anwälte gerade am Anfang ihrer Karriere stehen oder bereits Partner sind. „Aufgrund vieler Mandate und anderer Verpflichtungen habe ich kaum Zeit für Business Development." Dies ist die am häufigsten zu hörende Aussage, die leider der Grund ist, warum Business Development vernachlässigt wird.

Während im Nicht-Professional-Services-Bereich Aufgaben wie Marketing und Business Development von Fachexperten auf diesen Gebieten übernommen werden, trifft das nicht auf die Kanzleien zu. Marketing und Akquise sind aufgrund der Vertrauensbeziehung zwischen Mandanten und Anwälten, Partner- bzw. Anwaltssache. Selbst wenn die Kanzlei über ein kleines oder großes Business-Development-Team verfügt, trägt der Partner die

---

[2] Die Ergebnisse der Studie von DCM Insights und Intapp wurden erstmalig in der November/Dezember 2023-Ausgabe des englischsprachigen Magazins *Harvard Business Review* in einem Beitrag „What Today's Rainmakers Do Differently" von den Autoren Matthew Dixon, Ted McKenna, Rory Channer und Karen Freeman veröffentlicht, https://hbr.org/2023/11/what-todays-rainmakers-do-differently.

Verantwortung für den gesamten Lebenszyklus der Geschäftsentwicklung: von der Mandatsakquise über die Dienstleistungserbringung bis hin zur Beziehungspflege.[3]

Zusammengefasst heißt das: Partner sind sogenannte „doer-sellers".[4] Eine besondere Aufgabe, der nicht jede Anwältin und jeder Anwalt gewachsen ist. Denn Marketing und Business Development Skills werden im Jura-Studium nicht vermittelt.

Erschwerend hinzu kommt, dass die Rechtsbranche komplexer, digitaler und kostenbewusster geworden ist. Insbesondere haben sich die Art und Weise, wie Mandanten Rechtsdienstleistungen einkaufen, verändert. Laut Dixon et al.[5] befinden wir uns in einer Ära der Mandanten-Untreue. Mandanten sind weniger loyal als früher. Selbst langjährige Mandanten entscheiden sich bei neuen Mandaten immer seltener für Ihre Stamm-Kanzlei oder ihren Trusted Advisor. Das ergab eine ebenfalls von DCM Insights durchgeführte Umfrage unter rund 100 Führungskräften. Und diese Zahl soll in Zukunft noch weiter abnehmen. Nicht zu vergessen ist der zunehmende Konkurrenz- und Preisdruck durch Alternative-Legal-Service-Providers oder Boutique-Kanzleien. Die veralteten und teilweise immer noch präsenten Annahmen, dass exzellente juristische Expertise, gute Arbeit und enge Mandantenbeziehungen ausreichend sind, um neue Mandate zu generieren, treffen auf das aktuelle Umfeld nicht mehr zu. Traditionelle Rainmaking-Methoden funktionieren nicht mehr. Es ist an der Zeit, diese veralteten Annahmen loszulassen. Zu wissen, welche Business Development Skills einem zum Erfolg verhelfen, sind hierbei der Schlüssel.

Die große Frage lautet nun: Wie sollten Anwälte in diesem veränderten Umfeld agieren? Wie sollten sie ihre Business-Development-Aktivitäten anpassen? Welche Tools sollten sie nutzen? Und welche Skills sollten Associates frühzeitig lernen, um einen erfolgreichen Business-Case und eine erfolgreiche Karriere aufzubauen, für mehr Unabhängigkeit, mehr Freiheit und mehr Einfluss?

Fünf statistisch definierte Partner-Profile
Während meiner beruflichen Laufbahn habe ich mit vielen verschiedenen Anwälten zusammengearbeitet, die in ihrer Persönlichkeit sehr unterschiedlich waren. Es gab die vermeintlich geborenen Rainmaker, die sich mit Leichtigkeit und Freude auf Events bewegten, hervorragende Netzwerker sowie Akquise-Genies waren. Dann wiederum gab es Anwälte, die sich offen-

---

[3] Dixon, https://hbr.org/2023/11/what-todays-rainmakers-do-differently.
[4] Dixon et al., 2023.
[5] Vgl. Dixon et al., 2023.

sichtlich unwohl bei sämtlichen Business-Development-Aktivitäten fühlten. Sie haben sich mit dem Netzwerken auf Veranstaltungen oder der proaktiven Mandantensprache schwergetan. Einige von ihnen fokussierten sich darauf, Blogs, Artikel oder Newsletter zu verfassen und hofften, dass Mandanten auf sie aufmerksam werden. Die Fokussierung auf Marketingaktivitäten war für viele Partner deutlich einfacher als die proaktive Geschäftsentwicklung. Dabei hörte ich häufig: „Man wollte die Mandanten nicht belästigen" und vor allem nicht als „salesy" wahrgenommen werden.

Somit gibt es unterschiedliche Partner-Profile und verschiedene Business-Development-Ansätze.

Dies belegt auch die Studie von DCM Insights und Intapp. Darin untersuchten sie von rund 1800 Partnern aus 23 Professional-Services-Firmen (darunter Wirtschaftskanzleien, Unternehmensberatungen, Accounting, Investmentbanking, Headhunting und weitere partnergeführte Unternehmen) die Herangehensweise an die Geschäftsentwicklung. Die Studie zeigt, welche Verhaltensweisen und Ansätze in der Geschäftsentwicklung in Kanzleien und partnergeführten Unternehmen funktionieren (und welche nicht). Insbesondere wurden fünf unterschiedliche Profile identifiziert, die beschreiben, wie Partner Business Development angehen. Das Interessante: alle fünf Profile waren in jeder Kanzlei/jeder Firma gleichmäßig vertreten. Allerdings korrelieren 4 der 5 Profile (die 78 % der Partner in der Studie repräsentieren) negativ mit der Geschäftsentwicklungsleistung. In anderen Worten: nur ein Profil – der Activator – zeigt einen positiven Einfluss auf Leistung und Umsatz.[6]

Schauen wir uns nun die fünf Profile genauer an.

Die Profile nach Dixon et al.[7] und ihre Merkmale im Kanzleialltag
Der „Expert" ist ein zurückhaltender Business-Developer, der vorrangig seinen Ruf als Experte aufbaut und erwartet, dass Mandanten ihn finden. Er reagiert in erster Linie auf eingehende Anfragen, anstatt proaktiv neuen Bedarf bei Mandanten zu schaffen.

Der Expert im Alltag:

- fokussiert auf Thought-Leadership-Aktivitäten wie Publikationen und Vorträge, um seinen Ruf als Experte zu stärken;

---
[6] Vgl. Dixon et al., 2023.
[7] Vgl. Dixon et al., 2023.

- reagiert auf bestehende Nachfrage (z. B. RFPs oder Anfragen von Kollegen), anstatt eine aktive Nachfrage zu schaffen;
- bevorzugt Mandanten mit festen Budgets, die seinen Fähigkeiten entsprechen.

Der „**Confidant**" ist ein mandantenzentrierter Geschäftsentwickler (vergleichbar mit dem Trusted Advisor) und darauf bedacht, sich einen Ruf für herausragende Arbeit aufzubauen. Er pflegt intensive und langjährige Beziehungen zu seinen Mandanten. Durch seine nachgewiesene Erfolgsbilanz geht er davon aus, dass Mandanten automatisch mit Folgemandaten zu ihm kommen.

Der Confidant im Alltag:

- reagiert schnell auf die Bedürfnisse der Mandanten;
- ist darauf bedacht, einen Ruf für hervorragende Arbeit und außergewöhnlichen Service aufzubauen;
- baut enge Beziehungen zu Mandanten auf, insbesondere zu Entscheidungsträgern wie General Counsel und Geschäftsführern, welche er vehement verteidigt.

Der „**Debater**" ist ein Experte und Querdenker, der eine klare Meinung darüber hat, was für das Unternehmen eines Mandanten am besten ist. Er scheut sich nicht, diese Meinung kundzutun. In klassischen Produktunternehmen funktioniert dieser Ansatz gut, jedoch weniger in Professional-Services-Firmen. Mandanten empfinden es als „mental anstrengend" in jedem Meeting zu hören, dass sie etwas „falsch machen".

Der Debater im Alltag:

- sehr meinungsstark und bringt seine Mandanten häufig aus der Komfortzone;
- diskutiert gerne mit Mandanten über die beste Lösung für ihr Unternehmen;
- bringt innovative Lösungen mit und erwartet, dass Mandanten seinem Aktionsplan folgen.

Der „**Realist**" ist ein Partner, der sehr auf Ehrlichkeit und Transparenz bedacht ist, in einer Welt, in der Anwälte nicht immer eingehalten, was sie versprochen haben (z. B. Budgetüberschreitungen). Er ist seinen Mandanten gegenüber sehr transparent, was er leisten kann oder nicht, welche Kosten verursacht werden und welche Ergebnisse realistischerweise zu erwarten sind.

Der Realist im Alltag:

- ist darauf bedacht, realistische Erwartungen beim Mandanten zu setzen;
- diskutiert offen mit dem Mandanten über Budget, Honorare und Terminprobleme;
- vermeidet bewusst „No-Win"-Situationen, die möglicherweise nicht zu gewünschten Ergebnissen führen oder nicht budget/termingerecht geliefert werden können („Glas-halb-leer-Mentalität").

Der „Activator" ist ein engagierter Netzwerker, der einen Großteil seiner Business-Development-Zeit mit dem Aufbau eines Netzwerk-Ökosystems verbringt. Er identifiziert und kontaktiert potenzielle Mandanten und baut Beziehungen zu verschiedenen Fachabteilungen und Hierarchieebenen in Mandantenorganisationen auf. Ferner sucht er nach Cross-Selling-Möglichkeiten, um Partner aus anderen Praxisbereichen (die einen Mehrwert für seine Mandanten schaffen), seinen Mandanten vorzustellen. Sein proaktiver Ansatz ermöglicht es ihm, neues Business aus seinem Netzwerk „zu ernten". In der Studie haben Activator den größten positiven Einfluss auf den Umsatz.

Der Activator im Alltag:

- nutzt Events und soziale Netzwerke (wie LinkedIn), um ein starkes Mandantennetzwerk zu etablieren;
- informiert Mandanten proaktiv über wichtige Entwicklungen und Trends;
- geht auf Mandanten zu, um neue Möglichkeiten der Zusammenarbeit zu finden;
- baut Beziehungen zu verschiedenen Fachabteilungen und Hierarchieebenen innerhalb der Mandantenorganisation auf;
- führt Mandanten mit anderen Partnern und Praxisbereichen zusammen.

Die Vorteile und Nachteile jedes Profils liegen auf der Hand. Tatsächlich besitzen alle an der Studie teilnehmenden Partner die Verhaltensweisen und Attribute aller fünf Profile. Allerdings ist ein Profil in der Regel dominierend und beeinflusst den eigenen Business-Development-Ansatz enorm. Dies ist auf unterschiedliche Ursachen zurückzuführen. Das kann beispielsweise von der Persönlichkeit, dem Mentor oder der Kanzlei-(BD)-Kultur abhängen. Wenn Sie jetzt die Wahl hätten, für welches Profil würden Sie sich entscheiden?

Wir haben bereits zuvor gehört, dass nur eines der Profile – der Activator – einen positiven Einfluss auf Leistung und Umsatz hat. Hier noch ein paar weitere Fakten: Das Activator-Profil

- hat den größten Anteil an High-Performing-Partnern,
- hat den kleinsten Anteil an Low-Performing-Partnern,
- und führt zu einer Umsatzsteigerung von bis zu 32 %.

Anders ausgedrückt: Wenn Sie die Activator-Prinzipien verstehen und konsequent anwenden, können Sie Ihren Business-Development-Erfolg von einer durchschnittlichen zu einer starken Performance weiterentwickeln.

Die wichtigsten Verhaltensweisen von Spitzen-Performern (Activator)
Laut Dixon et al.[8] zeichnet sich das Activator-Profil durch drei Schlüsselverhalten aus. Das Verständnis für die Bedeutung von Business Development („It's part of the job") und dessen konsequente Umsetzung (commit), die Fähigkeit zielgerichtet Netzwerke aufzubauen und zu pflegen (connect), und die Fähigkeit proaktiv neue Geschäftsmöglichkeiten zu schaffen (create). Im Einzelnen:
Commit: Activators sind sich bewusst, dass exzellente Arbeit und exzellenter Client-Service nicht mehr ausreichen, um Folgemandate zu generieren. Daher betrachten sie die Geschäftsentwicklung als ein integrales Element ihrer Tätigkeit, für das sie selbst verantwortlich sind.

Activator im Kanzleialltag

- planen und schützen Zeit für die Geschäftsentwicklung;
- betrachten Business Development als Kernelement ihrer Arbeit;
- halten die Balance zwischen der Pflege bestehender Mandantenbeziehungen und der Gewinnung neuer Mandanten.

BD-Quick-Tipp: Implementieren Sie frühzeitig eine „BD Power Hour" in Ihrem Alltag. Je nach Karrierestufe kann es eine Stunde im Monat, in der Woche oder am Tag sein. Business Development zählt neben Mandatsarbeit zu den „high value activities". Je früher Sie damit beginnen (bereits als Associate), desto leichter entwickeln Sie ein Business-Development-Mindset und die passenden Gewohnheiten dazu. Es ist zudem wichtig, im Voraus zu planen, welche Aktivitäten in dieser Stunde durchgeführt werden sollen.
Connect: Ein nachhaltiges Netzwerk ist für den Erfolg in der heutigen Geschäftswelt unerlässlich. Aktivator sind diejenigen, die die Bedeutung von Netzwerken verstehen und viel Zeit und Mühe investieren, um starke Beziehungen zu Mandanten, Kollegen und anderen Stakeholdern aufzubauen.

---
[8] Vgl. Dixon et al., 2023.

Activator im Kanzleialltag

- sind proaktiver und zielgerichteter in ihrem Netzwerkaufbau (offline und online) als die anderen Profile;
- knüpfen Beziehungen nicht nur zu Entscheidungsträgern, sondern auch zu Teammitgliedern der Mandantenorganisation;
- sind eher bereit, ihre Beziehungen mit anderen Partnern zu teilen und ihre Kollegen in neue Geschäftsmöglichkeiten einzubeziehen.

BD-Quick-Tipp: Streben Sie stets danach, Ihr Netzwerk kontinuierlich auszubauen. LinkedIn ist von den Social Networks aktuell am besten geeignet, um das berufliche Netzwerk zu pflegen und zu erweitern. Auch hier zahlt sich Proaktivität langfristig aus. Für Activator ist LinkedIn nicht nur ein Instrument, um Beiträge zu teilen, sondern insbesondere, um Beziehungen aufzubauen und zu pflegen. Nach jeder Mandantenveranstaltung, jedem Pitch- und Business-Meeting oder Webinar sollten Sie proaktiv eine Vernetzungsanfrage versenden. Jemand hat Ihren Post gelikt oder kommentiert? Auch hier heißt es „Vernetzen". Prüfen Sie außerdem, ob Sie bereits mit allen bestehenden Mandanten und Kollegen auf LinkedIn „connected" sind. Auch relevante Medienvertreter finden Sie auf LinkedIn, mit denen Sie sich vernetzen und auf sich aufmerksam machen können. Warten Sie nicht darauf oder gehen davon aus, dass Mandanten es von allein tun. Eine wichtige Regel gilt es beim „Vernetzen" zu beachten: Halten Sie Ihre Nachrichten kurz und personalisiert. Ihr Ziel ist es zunächst, dass Ihre Vernetzungsanfrage angenommen wird. Der nächste Schritt besteht darin, die Konversation auf LinkedIn so zu lenken, dass Sie diese auf Kanäle außerhalb von LinkedIn verlagern.

Create: Activator zeichnen sich durch ihre proaktive Haltung und ihr Streben nach Mehrwert für ihre Mandanten aus. Dabei scheuen sie sich nicht, über den Tellerrand ihres Fachgebiets zu blicken und Mandanten bei Bedarf an andere Experten weiterzuvermitteln. Sie sehen ihre Interaktionen mit Mandanten als Grundstein für zukünftige Arbeit und damit auch als Investition in die Zukunft.

Activator im Kanzleialltag

- sammeln Informationen, die für ihre Mandanten relevant sind und gehen proaktiv auf sie zu, um über potenzielle Probleme und Chancen zu sprechen;
- vermitteln bei Bedarf Mandanten an andere Partner in ihrer Kanzlei oder an Fachexperten innerhalb ihres Netzwerks, wenn sie selbst nicht am besten positioniert sind, um die Dienstleistung zu erbringen;
- wissen, dass sich ihre Bemühungen langfristig auszahlen werden, auch wenn sie sich kurzfristig nicht in abrechenbaren Stunden zeigen.

BD-Quick-Tipp: Generieren von neuen Ideen und Anknüpfungspunkten muss nicht schwierig sein. Auch hierbei unterstützen Tools wie LinkedIn, LinkedIn Sales Navigator oder Google Alerts. Folgen Sie Ihren wichtigsten Mandanten und Kontakten sowie potenziellen Mandanten (persönliche Profile und Company Pages) und benutzen Sie das Glockensymbol, um auf dem Laufenden zu bleiben. Eine tägliche Morgen-LinkedIn-Routine könnte sein, in Ihrem Mitteilungsbereich Ausschau nach relevanten Informationen und Beiträgen zu halten. Diese Informationen können Sie unter anderem zum Liken, Kommentieren oder für eine individuelle Ansprache nutzen. Ferner bietet Ihnen die Plattform die einzigartige Möglichkeit, selbst Thought-Leadership-Inhalte zu erstellen und sich als go-to Expert zu positionieren.

Es existieren verschiedene Ansätze und Möglichkeiten, um Business Development zu betreiben. Doch die Studie hat gezeigt, dass im aktuellen B2B-Umfeld bestimmte grundlegende Verhaltensweisen für den Erfolg verantwortlich sind. Sie sind im wahrsten Sinne des Wortes nicht verhandelbar. Die gute Nachricht ist, dass das Activator-Playbook „Commit, Connect, Create" einen guten Fahrplan vorgibt, der unabhängig von Ihrem Karrierelevel implementiert werden kann.

Personal Branding – Wie wichtig ist es für den Erfolg von Business Development und Ihre Karriere?
Im Jahr 2011 organisierte ich gemeinsam mit einem Seniorpartner eine Mandantenveranstaltung. Es handelte sich um eine Branchenkonferenz, die von der Kanzlei initiiert wurde. Nach meiner langjährigen Erfahrung im Bereich der Konzeption von hochwertigen B2B-Veranstaltungen für Entscheidungsträger versuchte ich dem Partner zu erklären, dass wir vorsichtig planen sollten. Es war das erste Event für einen konkreten Mandantenkreis und wir sollten nicht sofort mit 300 Zusagen rechnen. „Das wird schon!", sagte der Partner daraufhin schmunzelnd. Sein Selbstvertrauen war bewundernswert. Circa vier Monate später hatte das Event alle Erwartungen übertroffen. Wir hatten insgesamt 300 Teilnehmer vor Ort. Die Veranstaltung war ein voller Erfolg. Dies war der Moment, in dem ich die Macht des Personal-Brandings erkannte.

Im Laufe der Jahre bemerkte ich, wie wichtig eine starke Personal-Brand für den beruflichen Erfolg von Anwälten ist. Unabhängig davon, ob Anwälte ein Event planen, sich als Redner auf externen Veranstaltungen platzieren möchten, in den Medien zitiert werden oder ihre Karriere in der Kanzlei (oder extern) vorantreiben möchten. Es ist uns allen bewusst, dass Mandanten mit Personen zusammenarbeiten wollen, die sie kennen, schätzen und denen sie vertrauen. Die Kanzleimarke spielt auch eine entscheidende Rolle im Branding-Kontext. Doch sie ist nur ein Türöffner, d. h. Anwälte müssen selbst durch diese Tür gehen, manchmal sogar mehrmals, um neues Geschäft zu akquirieren. Vertrauen ist hier von entscheidender Bedeutung. Denn eine starke Personal-Brand schafft aus Mandantensicht einen Vertrauensvorschuss in die Arbeit, die Fähigkeiten und Kompetenzen eines Anwalts. Richtig genutzt, führt sie zum nachhaltigen Business-Development-Erfolg.

Was bedeutet Personal Branding im anwaltlichen Umfeld?
Wir gehen davon aus, dass unsere Fähigkeiten, exzellente Expertise, unser Einsatz und unsere Erfolgsbilanz für uns selbst sprechen und dafür sorgen, dass wir beruflich vorankommen oder neue Mandate generieren. Das ist im aktuellen Umfeld und, wie die Studie „The Rainmaker Genome Project" zeigt, nicht der Fall. Wie Sie bereits wissen, ist proaktives Handeln gefragt. Es gibt jedoch noch ein weiteres Phänomen im Kontext von Personal Branding. Ich nenne es „The Gap". Sie sind sich Ihrer Stärken und Fähigkeiten bewusst. Ihre Kollegen, Mandanten oder relevanten Personen kennen und sehen jedoch nur einen Teil davon. „The Gap" ist das, was Sie vermeiden und proaktiv durch Personal Branding ändern können. Folglich dient Personal Branding als Kommunikationsmittel, mit dem Sie steuern können, was andere über Sie wissen sollen.

Eine starke Personal-Brand zeichnet sich durch Ihre Qualifikationen, Expertise, Erfahrungen, Werte und strategische Positionierung aus. Personal Branding ermöglicht es Ihnen, diese Gesamtheit im relevanten und erweiterten Netzwerk sichtbar zu machen. Der Aufbau einer starken Marke erfolgt nicht über Nacht und ist in zwei Richtungen bedeutsam. Ihre interne Brand (innerhalb der Kanzlei) und Ihre externe Brand (wie Ihre Mandanten Sie wahrnehmen sollen).

Ihre interne Brand: Je mehr Kollegen wissen, wer Sie sind, was Sie machen, desto besser für Ihren Business Development Erfolg. Gerade zu Beginn Ihrer Karriere ist ein Fokus auf den Aufbau eines internen Netzwerks empfehlenswert. Dazu zählen direkte Kollegen aus dem eigenen Praxisbereich, anderen Bereichen, Standorten oder Abteilungen (wie Business Development und Marketing) etc.

Folgende Fragen können beim Aufbau Ihrer internen Brand helfen
- Wie möchte ich intern wahrgenommen werden?
- Wofür möchte ich „bekannt" sein (Bsp. cross-selling: Mit welchen Mandaten können Kollegen zu mir kommen)?

- Wer ist für mein Netzwerk besonders wichtig?
- Bei welchen Projekten und Initiativen kann ich mitmachen?

BD-Quick-Tipp: Nehmen Sie sich regelmäßig Zeit, um Ihr internes Netzwerk aufzubauen und zu pflegen. Suchen Sie das Gespräch im Flur, in der Kaffeeküche oder virtuell. Seien Sie interessiert, woran Ihre Kollegen arbeiten und tauschen Sie BD-Ideen aus, um neue Kollaborationen oder Business-Chancen zu entwickeln. Anwälte bestätigen mir immer wieder, wie wertvoll ein derartiger Austausch ist. Falls Sie noch am Anfang Ihrer Karriere stehen und Ihre Fachexpertise zunächst aufbauen müssen, bieten Sie Ihre Unterstützung bei internen Projekten und Initiativen an. Dies können (je nach Interesse) Projekte zu Legal Tech, Künstlicher Intelligenz, Female Empowerment, ESG oder Diversity & Inclusion sein.

Ihre externe Brand: Die große Frage hierbei lautet, wofür möchten Sie als go-to Expert „bekannt" sein? Denn das Ziel von Personal Branding besteht darin, die eigene Person in Verbindung mit einem oder zwei Fachthemen in den Vordergrund zu stellen. Ihre Mandanten, potenziellen Mandanten, Business- und Empfehlungspartner sollen wissen und verstehen, was Sie am besten können und welchen Klienten Sie warum am besten helfen. Wenn Sie sich stattdessen in zu vielen Themen engagieren, keinen wirklichen thematischen Fokus haben, wird es schwer eine Vordenkerrolle (aka Thought Leader) einzunehmen. Das bedeutet, dass Sie im Verlauf Ihrer Karriere über Ihre fachliche Spezialisierung und Ihre Nische nachdenken müssen. Das ist die Grundlage für den Aufbau Ihrer Personal Brand. Und je klarer Ihre Personal Brand ist, desto mehr Business Opportunities werden Sie anziehen (und zwar diejenigen, die zu Ihnen passen).

Folgende Fragen können beim Aufbau Ihrer externen Brand helfen
- Worin liegt meine Expertise?
- Für welche Themenbereiche möchte ich mich als Experte positionieren?
- Was ist mein Zielmarkt? Gibt es Marktchancen für diesen Zielmarkt?
- Mit welchen Mandanten möchte ich zusammenarbeiten?
- Welche Mandanten möchte ich mit meiner Kommunikation anziehen?
- Welche relevanten Stakeholder (z. B. Medienvertreter, Kooperationspartner) möchte ich ansprechen?
- Wer ist für mein Netzwerk besonders wichtig? Wer fehlt in meinem Netzwerk?

Im Laufe der Jahre und in Zusammenarbeit mit hunderten Anwälten habe ich jedoch gesehen, wie schwierig es ist, eine starke Marke und nachhaltige

Business-Development-Routinen aufzubauen. Die Gründe dafür sind meist: keine Zeit, keine Strategie, keine klare Positionierung und Umsetzung. Deshalb teile ich mit Ihnen jetzt eine Formel, mit der Sie gezielt an Ihrer Personal-Brand arbeiten können. Dies war unter anderem das Geheimnis des Senior-Partners im zuvor erwähnten Event-Beispiel. Ich nenne sie „The Big Four".

Hier sind die vier Erfolgsfaktoren
Strategy: „Wenn Sie planen, ist das ein Weg, der garantiert, dass Sie verlieren. Wenn Sie eine Strategie verfolgen, haben Sie die bestmögliche Chance zu gewinnen."[9] Haben Sie eine Personal-Branding-Strategie? In der Vergangenheit habe ich oft erlebt, dass sich zunächst auf Aktivitäten gestürzt wurde: Ich werde etwas aktiver auf LinkedIn sein, ich möchte wieder mehr Blogartikel schreiben, ich möchte mehr Netzwerken und ich blocke eine Stunde im Kalender für Marketing usw. Dabei ist es wesentlich sinnvoller, vor dem Start Ihrer Marketing- und BD-Aktivitäten eine Strategie zu entwickeln.

Und hier geht es nicht darum, seitenlange Businesspläne zu schreiben. Die Strategie sollte vielmehr short, simple und realisierbar sein und idealerweise auf eine Seite passen. Doch häufig wird dieser Schritt übergangen, denn eine Strategie ist zunächst nur eine Theorie, bei der Sie sich nicht sicher sein können, ob sie funktioniert. Sie haben keine Kontrolle über die Ergebnisse. Dies kann angsteinflößend sein und deshalb stürzen wir uns lieber in die Planung unserer Aktivitäten. Es ist jedoch effektiver, zu beginnen, zu beobachten und auf dem Weg die Strategie zu modifizieren.[10]

Für die Entwicklung Ihrer Strategie nehmen Sie die Rolle eines CEOs ein und machen Sie sich Gedanken darüber

- was Sie erreichen wollen (what);
- warum Sie es erreichen wollen (why);
- welche Voraussetzungen Sie ggf. dafür erfüllen müssen (z. B. in Form von benötigten Skills);
- wen Sie erreichen möchten (who);
- und wie Sie es erreichen können (how).

BD-Quick-Tipp: Bitte nehmen Sie sich ausreichend Zeit, um sich über die vier Ws in Ihrem beruflichen Leben Gedanken zu machen. Wiederholen Sie diese Übung einmal jährlich.

---

[9] Martin, https://hbr.org/podcast/2023/05/the-difference-between-a-plan-and-a-strategy.
[10] Vgl. Martin, 2023.

Network: Vielleicht haben Sie das Sprichwort gehört: „Your network is your net worth." In der Welt der Rechtsanwälte und Professional Services allgemein könnte das nicht zutreffender sein. Ein nachhaltiges Netzwerk aufzubauen und zu pflegen, ist bereits ein Activator-Prinzip, wie Sie zuvor erfahren haben. Im Kontext von Personal Branding können Sie nicht immer voraussetzen, dass Ihr Netzwerk genau weiß, was Sie machen, für welche Themen Sie stehen oder wobei Sie helfen können. Manchmal erzählen mir Anwälte, dass sie von Mandanten Sätze hören wie „Oh, hätte ich gewusst, dass Sie das auch machen, dann wäre ich zu Ihnen gekommen." Eine regelmäßige und persönliche Interaktion (high value touchpoints) mit Ihren wichtigsten Kontakten sowie eine Strategie, um mit dem erweiterten Netzwerk in Kontakt zu bleiben, sind von entscheidender Bedeutung. Auch wenn nicht jede Begegnung unmittelbar mit einem neuen Mandat verknüpft ist, hat es einen Zinseszinseffekt. Diese Investition zahlt sich in der Zukunft in Form von Empfehlungen, Kooperationen, mehr Vertrauen oder neuen beruflichen Perspektiven aus. Und wie bleiben Sie am besten in Kontakt? Das führt uns zum dritten Erfolgsfaktor und den zuvor erwähnten „high value touchpoints".

BD-Quick-Tipp: Erstellen Sie eine Liste Ihrer wichtigsten Kontakte. In der Regel sind das ungefähr 20 bis 30 Kontakte (Mandanten, potenzielle Mandanten, Empfehlungsgeber, Kooperationspartner). Erstellen Sie ein persönliches System (Excel-Liste, Reminder im Kalender, Nutzung eines CRMs), um diese Beziehungen aufrechtzuerhalten, zu verbessern oder weiterzuentwickeln.

Insights: Ein besonderer Aspekt von Personal Branding ist immer die Frage: Wie können Sie sich von Ihren zahlreichen qualifizierten Kollegen differenzieren? Wie schaffen Sie es, beispielsweise nicht nur ein M&A-Anwalt unter Tausenden zu sein, sondern ein go-to Expert für Ihre Mandanten? Die meisten denken bei der gedanklichen Beantwortung dieser Frage zunächst an ihre Qualifikation, Fähigkeiten, Fachwissen oder bestimmte Referenzen. Doch in der heutigen Zeit, in der Mandanten besser informiert sind als je zuvor, bieten diese Elemente keine Differenzierungsmöglichkeit mehr. Sie werden von Mandanten bereits vorausgesetzt (sind sogenannte „table stakes"), um Sie überhaupt als Experten in Erwägung zu ziehen. Die Antwort nach der Differenzierung liegt in Ihren „Insights". Als Anwalt erhalten Sie regelmäßig Einblicke in viele Unternehmen, Sektoren und Branchen. Sie sehen, vor welchen Herausforderungen Ihre Mandanten stehen und welche Probleme sie haben. Abhängig von Ihrer Spezialisierung wissen Sie, welche Entwicklungen oder Gesetzesänderungen negative oder positive Auswirkungen auf das Business Ihrer Mandanten haben können. Die meisten Mandanten sind nicht in der Lage, alle gesetzlichen Änderungen, Risiken oder auch Chancen im Blick zu behalten. Sie sind dankbar, wenn ihre Rechtsberater das für sie übernehmen und proaktiv kommunizieren.

Wie Sie sehen, machen sich hier die Vorteile einer Spezialisierung auf eine oder wenige Branchen bemerkbar:

1. Mandanten schätzen Anwälte, die ihr Unternehmen und ihre Branche verstehen;
2. Ihre Marketing- und Geschäftsentwicklungsbemühungen sind zielgerichteter und erfolgreicher.

All diese Erkenntnisse (Insights) können Sie nun verwenden, um

1. Relevanten Thought Leadership Content zu erstellen (Blogartikel, LinkedIn-Beiträge, Webinare);
2. Ihre Mandanten proaktiv anzusprechen, um sich über mögliche Risiken oder Chancen für ihr Unternehmen auszutauschen.

Wie Sie sicherlich bemerkt haben, kommt das dritte Activator-Prinzip „create" zum Einsatz. Sie können außerdem das „Gesetz der Reziprozität" (auch als Gesetz der Gegenseitigkeit bekannt) für sich wirken lassen. Mit Ihren Insights, Ihrer proaktiven Ansprache und Thought Leadership Content gehen Sie in Vorleistung. Sie geben, ohne direkt eine Gegenleistung zu erwarten. Im sozialen Miteinander reagieren Menschen positiv, und zwar mit einer Gegenleistung. Das beste Beispiel: Sie teilen regelmäßig Wissen und Tipps auf LinkedIn. Ihr Netzwerk zahlt es Ihnen in Form von neuen Kontakten, Business-Chancen, Empfehlungen etc. zurück.

BD-Quick-Tipp: Bitte nehmen Sie sich Zeit und überlegen Sie, welche „Insights" Sie in Ihrem Alltag für die direkte Ansprache Ihrer Mandanten sowie die Erstellung von Thought Leadership Content verwenden können. Lassen Sie das Prinzip der Reziprozität für sich arbeiten.

Execution: Personal Branding (genauso wie Business Development) sind nicht dringend, aber wichtig. Wie finden Sie nun die Zeit und die Motivation, um Personal Branding, Netzwerkpflege und Erstellung von Thought Leadership Content im stressigen Kanzleialltag unterzukriegen? Im Strategie-Teil haben wir bereits erörtert, dass eine zu frühe Planung und blinder Aktionismus nicht zum gewünschten Erfolg führen. Hinzu kommt ein weiteres Problem: Ihre Persönlichkeit, Ihre Routinen und Gewohnheiten sind ggf. nicht darauf ausgelegt, Personal Branding zu betreiben. Cal Newport (ein US-amerikanischer Sachbuchautor und außerordentlicher Professor für Informatik an der Universität Georgetown) beschrieb es wie folgt: „Sie versuchen eine tolle Software zu installieren, aber Ihre Hardware ist alt."[11] In anderen Worten: Sie sind sich der Bedeutung von Personal Branding bewusst, aber sind nicht auf die Umsetzung vorbereitet. Möglicherweise fehlt Ihnen das Selbstvertrauen in Ihre Fähigkeiten. Möglicherweise fühlen Sie sich unwohl, wenn Sie auf LinkedIn etwas posten. Ein Hardware-Update ist erforderlich. Und wie geht das? Experten sind sich einig, dass Ihre Persönlichkeit sich nur schwer verändern lässt. Was sich verändern lässt, ist Ihr Verhalten, Ihre Aktivitäten, Ihre Gewohnheiten und Routinen sowie Ihre Einstellung & Disziplin. Das Geheimnis liegt in der Veränderung Ihrer kleinen Gewohnheiten, um die Ziele zu erreichen, die Sie in Ihrer Strategie festgelegt haben.

BD-Quick-Tipp: Identifizieren Sie zunächst Ihre „high value activities" für sich. Das können unter anderem sein: Networking, LinkedIn-Aktivitäten, eigener Blog oder ein Event/Webinar. Wichtig, es dürfen nicht zu viele sein. Beginnen Sie mit ein oder zwei Aktivitäten. Befolgen Sie nun eine kleine tägliche Routine, um Ihre Hardware „upzugraden" Bleiben wir beim Beispiel Networking und LinkedIn. Eine kleine Routine könnte sein: Sie vernetzen sich täglich mit einem neuen Kontakt auf LinkedIn und liken oder kommentieren unter Beiträgen. Dies wird vielleicht nur 10 min am Tag in Anspruch nehmen. Und vielleicht hört es sich einfach an, aber für Sie ist es ggf. eine Überwindung. Mit der erforderlichen Disziplin erhält Ihre Hardware ein Upgrade und Sie können weitere Software installieren (in Form von weiteren Aktivitäten).

Sylwia Jenner ist Legal Marketing Strategin & Entrepreneurin. Seit 2010 arbeitet sie mit renommierten internationalen Wirtschaftskanzleien (11 Jahre davon inhouse) zusammen. Sie berät, coacht und schult Anwälte und Kanzleien bei der individuellen Entwicklung ihrer Marketing- und Business Development Kompetenzen.

---

[11] Newport, https://www.thedeeplife.com/podcasts/episodes/ep-297-the-deep-life-hardware/.

7

Aber bitte mit Personalverantwortung – Warum Menschen zu führen nicht der einzig erstrebenswerte Weg zu Ihrem Erfolg ist

Wenn es um Wechsel im Rahmen der juristischen Karriere geht, sprechen wir Personalberater gerne von den so genannten Wechselfenstern: Das erste öffnet sich mit 2–3 Jahren Berufserfahrung, das zweite mit ungefähr fünf Jahren Berufserfahrung und wenn sie nach sieben Jahren immer noch in Ihrem ersten Anstellungsverhältnis sind, sollte es dafür gewichtige Gründe geben, allen voran, dass Sie dort vielleicht sogar langfristig bleiben wollen. Wenn wir auf die Generation unserer Eltern blicken, war das gar nicht ungewöhnlich, sondern eher die Regel. Aber auch heute noch macht zumindest auf Unternehmensseite für Juristen der Einstieg zu einem frühen Zeitpunkt in eine Position ohne Personalverantwortung Sinn, da Unternehmen spätere Führungskräfte häufig von innen heraus und damit aus den eigenen Reihen entwickeln. Und auch auf Kanzleiseite sind die sog. lateral hires nicht der Regelfall.

In meinen Gesprächen mit Kandidaten ist mir im Laufe der Jahre aufgefallen, dass spätestens ab ca. 4–5 Jahren Berufserfahrung und meist bei einem geplanten Wechsel von der Kanzlei- auf die Unternehmensseite die Kandidaten es als unabdingbar betrachten, in ihrer nächsten Position auch Personalverantwortung zu übernehmen. Vehement wird dieser Wunsch vorgetragen und andere Optionen häufig gar nicht erst in Betracht gezogen. Auf meine Frage, warum dies denn der einzig für meine Kandidaten sinnvolle nächste Schritt sei, ist die Antwort oft ähnlich, aber in den meisten Fällen nicht ausreichend durchdacht. Denn es geht vielen Kollegen zum einen um mehr Gehalt, zum anderen um das damit ihrer Meinung nach verbundene Ansehen, das sie Führungspositionen zuschreiben. Ein wichtiger Punkt wird dabei häufig nicht bedacht: Was befähigt mich denn konkret dazu, wirksam Führungsverantwortung zu übernehmen? Hierzu müssen wir uns anschauen, welche Fähigkeiten Führungskräfte idealiter mitbringen sollten, denn feststeht, dass keiner von uns als Führungskraft geboren wird.

Die Übernahme von Führungsverantwortung erfordert Führungskompetenz, die sich wiederum durch Selbstmanagement und Delegationsfähigkeit, Konfliktmanagement, Kommunikationsstärke und Empathie auszeichnet. Hinzu kommt, dass gute Führungskräfte idealiter von einer Vision und guten strategischen Denkfähigkeiten geleitet werden. Wenn man all dies noch mit der entsprechenden Motivation und der nötigen Empathie paart, ergibt dies in einer idealen Welt eine ideale Führungskraft. Problematisch daran ist allerdings, dass diese Fähigkeiten – die Ausnahme bestätigt die Regel – weder in der juristischen Ausbildung noch in den ersten Berufsjahren weder auf Kanzlei- noch auf Unternehmensseite explizit trainiert, gefördert und auf die Probe gestellt werden. Daher frage ich meine Kandidaten immer, wie sie ihre (vermeintliche) Führungskompetenz erworben haben. Denn zur Übernahme von Personalverantwortung für ein sei es noch so kleines Team reicht es eben leider nicht aus, dem Referendar hier und da mal zur Seite gestanden zu haben. Dieser Punkt wir häufig übersehen, ist aber elementar wichtig, um langfristig und nachhaltig als Führungskraft erfolgreich zu sein und letztlich Partner oder General Counsel zu werden. Entsprechende Programme starten in den Unternehmen und Kanzleien in den meisten Fällen aber erst ab der Stufe unmittelbar darunter und folgen einem vorgegebenen Konzept, das sich nicht immer nur an den Stärken des Einzelnen orientiert.

Meiner Meinung nach sollte die entscheidende Frage dem Grund für Ihren Wunsch nach der Übernahme von Führungsverantwortung auf die Spur gehen: Warum sehen Sie sich langfristig (und ggf. sogar ausschließlich) in einer Führungsrolle? Welche Vorstellungen stehen dahinter und inwiefern decken diese sich auch mit der Realität in den Kanzleien und Unternehmen? Welche Motivation bringen Sie mit und was sind Sie bereit zu tun, um sich auf diesen Schritt vorzubereiten? Vorab und sehr deutlich gesagt: Wenn die finanzielle Komponente der einzige Treiber dieses Wunschs ist, werden Sie in der Führungsrolle nicht glücklich werden. Hier gibt es andere Möglichkeiten, die Sie finanziell einen Schritt voranbringen, aber womöglich wesentlich besser zu Ihnen als Jurist und Mensch passen wie z. B. durch weitere Spezialisierung, die Übernahme einer mehr operativen Rolle im Unternehmen, eine internationale Tätigkeit oder aber ggf. sogar eine Selbstständigkeit.

Zurück zur Motivation und damit auch zu den Gründen, die meiner Ansicht nach sogar gegen die Übernahme einer Führungsposition sprechen können:

1. Seien Sie sich im Klaren darüber, dass Verantwortungsübernahme nicht immer nur Vorteile hat, denn sie bedeutet, dass Sie sich tatsächlich für andere Menschen und ganz besonders für diejenigen, für die Sie Verantwortung übernehmen, interessieren müssen. Dieses Interesse muss ein aufrichtiges Interesse sein. Klingt banal, ist letztlich aber entscheidend. Denn Menschen können unglaublich anstrengend sein. Ich weiß das, weil ich jeden Tag mit ihnen arbeite – weil ich es tatsächlich liebe. Ich finde Menschen mit ihren unterschiedlichen Persönlichkeiten spannend, bin bereit, mich auf sie einzulassen, ihnen zuzuhören, auf sie einzugehen. Nun bin ich als Dienstleister in einer externen Rolle und meiner Klientel bis zu einem gewissen Punkt auch verpflichtet. Der Unterschied zu einer Führungskraft besteht darin, dass sie all diese unterschiedlichen Persönlichkeiten derart bestärken, motivieren und fördern und damit miteinander in Einklang bringen müssen, dass Ihr Team, Ihre Abteilung nachhaltig erfolgreich ist und mindestens ihre Ziele erreicht. Das liegt in Ihrer übergeordneten Verantwortung und damit in Ihrer Verpflichtung. Dieses Commitment aufzubringen wird Ihnen nur gelingen, wenn Sie tatsächlich dieses genuine Interesse für Menschen mitbringen und auch bereit sind, zu akzeptieren, dass die geschäftlichen und juristischen Herausforderungen zuweilen von den menschlichen differieren, aber gleichermaßen bedeutsam sind.
2. Der zweite Punkt steht in engem Kontext zum ersten, denn er besagt, dass „People Pleaser" in einer Führungsposition wenig erfolgreich sein werden, wenn sie dieses Verhalten nicht durch intensive Arbeit an und mit sich selbst ablegen können. Das liegt daran, dass Sie als Führungskraft in der Lage sein müssen, Druck von quasi allen Seiten auszuhalten. Im Coaching kennen wird das Prinzip der fünf „Inneren Antreiber", das auf die Transaktionsanalyse, begründet von Eric Berne und Thomas A. Harris zurückgeht.[1] Diese „Inneren Antreiber" spiegeln sich in konkreten Verhaltensweisen, „als Referenz dient hier das erlebte, elterliche Verhalten, welches Kindern schon früh verdeutlicht, welches Aktions- und Reaktionsmuster Eltern nutzen. Hieraus entwickeln Kinder eine Vorstellung davon, wie Zusammenleben von Menschen funktioniert und welche Rolle sie selbst einnehmen. Sie entwickeln daraus Werte und Verhaltensmuster

---

[1] https://wirtschaftslexikon.gabler.de/definition/transaktionsanalyse-ta-47809.

und bauen diese oft auch als Stärken aus."² Die fünf Antreiber sind: a) Sei schnell/Beeil Dich, b) Sei perfekt/Sei genau, c) Kümmere Dich um andere/ Mach es allen recht, d) Streng Dich an und e) Sei stark. Es können auch mehrere Antreiber bei einer Person ausgeprägt sein, die uns tatsächlich auch als Erwachsene noch unbewusst leiten. Die Transaktionsanalyse geht weiterhin davon aus, dass wir in bestimmten Situationen ein Verhalten entwickeln, das sich entweder als kindliche, elterliche oder erwachsene Reaktion auf eine Situation zeigt. Dabei geht der Antreiber „Mach es allen recht" in der Transaktionsanalyse zurück auf ein eher umsorgendes Eltern-Ich. In meiner Coaching Ausbildung habe ich mich ausführlich mit diesem System beschäftigt und gelernt, dass das Ziel im Alltag, in Konflikten und umso mehr im Beruf immer sein sollte, weder eine kindliche noch elterliche Reaktion zu zeigen, sondern stets nach einem Verhalten aus dem „Erwachsenen-Ich" zu streben, weil wir nur so unser maximales Potenzial ausschöpfen können. Die gute Nachricht ist: Man kann alles lernen, man kann (und sollte) an sich arbeiten und üben, auf z. B. konkret den Treiber „Mach es allen recht!" nicht mit dem bisher gewohnten, erlernten Verhalten zu reagieren. Ich möchte Sie genau hierfür sensibilisieren, wenn nicht sogar motivieren, sollten Sie sich nun vielleicht beim Durchlesen dieser „Inneren Antreiber" an der ein oder anderen Stelle ertappt gefühlt haben: Seine eigene Persönlichkeit und seine eigenen Verhaltensmuster zu kennen, zu analysieren und bei Bedarf zu verändern ist ein elementarer Schlüssel zum Erfolg als Führungskraft.

3. Letztlich sollte Ihnen bewusst sein, dass eine Führungsrolle in einigen Fällen bedeutet, einen Schritt weg von der Spezialisierung, die Sie sich ggf. mühsam über Jahre erarbeitet haben, machen zu müssen. Ausnahmen gelten für spezialisierte Führungsaufgaben in größeren Rechtsabteilungen wie die eines „Leiter M&A" oder „Leiter IP"³ oder aber natürlich, wenn Sie in der Kanzlei Partner für Ihr Rechtsgebiet werden. Sollte Ihnen aber genau diese Spezialisierung so viel Freude machen, mag das gegen die Übernahme einer Führungsrolle sprechen. Überdenken Sie Ihren Wunsch mit Blick darauf noch einmal genau und setzen Sie die Freude an Ihrer inhaltlichen Arbeit in den Kontrast zu den sonstigen erforderlichen Aufgaben, die Sie als Führungskraft übernehmen (müssen). Was davon können Sie bereits, was müssen Sie lernen, was davon spricht Sie warum an, was schreckt Sie ggf. eher ab?

---

[2] https://www.shsconsult.de/wp-content/uploads/2017/02/131023_InnereAntreiber_TrainerKit-funal.pdf.
[3] So auch beschrieben in: https://www.beck-stellenmarkt.de/ratgeber/karriere/ratgeber-karriere/karriere-im-unternehmen-stellen-sie-die-weichen-richtig.

Schauen wir uns abschließend die einzelnen Faktoren der so wichtigen Führungskompetenz noch einmal näher mit Blick vor allem darauf an, wie Sie diese frühzeitig schulen und sich damit in die ideale Bewerbungssituation für eine ebensolche Position bringen können.

1. **Selbstmanagement und Delegationsfähigkeit:** Dieser Punkt ist vielleicht sogar der leichteste, weil er viel von dem erfordert, was wir Juristen von Beginn an lernen, nämlich Prioritäten zu setzen, effizient zu arbeiten, ggf. sogar mit To-Do-Listen und unsere uns zur Verfügung stehende Zeit so effektiv zu managen. Hier können Sie also tatsächlich auf „bekannt und bewährt" zurückgreifen. Das Thema Delegationsfähigkeit erfordert Ihre Bereitschaft, Verantwortung abzugeben und die Konsequenzen für das Ergebnis unter Umständen trotzdem zu tragen. Delegationsfähigkeit kann man meiner Erfahrung nach sehr gut durch eine wirksame Feedback-Kultur für sich erlernen. Das bedeutet, dass sie entscheiden müssen, welche Verantwortung sie warum an welche Mitarbeiter abgeben und hierzu ihr regelmäßiges Feedback abgeben, aber auch das Feedback Ihrer Mitarbeiter einfordern. Diese Art des Monitorings ermöglicht es Ihnen nach einer gewissen Zeit, die Stärken und Schwächen Ihrer Teammitglieder einzuschätzen und so jeden zur maximalen Wirksamkeit und damit dem Erfolg des Teams einzusetzen und selbst entlastet zu werden. Zudem stärkt dieses Vertrauen in Ihre Mitarbeiter auch deren Vertrauen in sich selbst und ihre Arbeit, das hat genau deshalb auch Dr. Nikolai Vokuhl in seinem Interview mit mir angesprochen. Letztlich macht dies in der Konsequenz auch einen Teil Ihres Erfolgs als Führungskraft aus. Die Themen Feedback, Verantwortungsübernahme und daraus entstehende Konflikte sind daher übrigens klassische Themen in meinen Business-Coachings.
2. **Konfliktmanagement:** Konflikte sind ein Beziehungsangebot. Leider werden sie mittlerweile selten als solches verstanden, so zumindest mein subjektives Empfinden. Schon kleinere Konflikte im Privatleben führen gerne einmal zu größeren Dramen, weil uns meiner Meinung nach die Konfliktfähigkeit abhandengekommen ist. Umso wichtiger ist diese Fähigkeit für Führungskräfte und sie erfordert wohl die meiste Arbeit an sich selbst, um diese Klippe immer wieder aufs Neue erfolgreich zu umschiffen. Die Basis hierfür ist der folgende Punkt Kommunikationsstärke. Darüber hinaus aber ist es hilfreich, zu diesem Thema ausgesuchte Trainings und Coachings zu besuchen, ggf. auch speziell mit Blick auf das Thema Mediation, um in der Lage zu sein, an dieser Stelle Erwartungen zielgerichtet (nämlich mit dem Ziel des Erfolgs Ihres Teams) zu managen. Dazu sollte man die verschiedenen Arten von Konflikten und ihren Ursprung kennen, aber auch Lösungsstrategien entwickeln können. Auch sind hierfür gute Feedback-

Fähigkeiten essenziell. Letztlich ist an dieser Stelle Geduld aber auch ein wichtiger und guter Ratgeber, da Sie und Ihr Team miteinander wachsen wollen und müssen und das nur funktioniert, indem Sie sich aufeinander einlassen, Konflikte wertschätzend und professionell austragen und so voneinander und miteinander lernen.

3. **Kommunikationsstärke:** Kein Satz hat den Philosophen Paul Watzlawik wohl so bekannt gemacht wie eines seiner fünf Axiome: „Man kann nicht nicht kommunizieren." Für Watzlawik liegt der Grund darin, dass Kommunikation Verhalten ist und Verhalten nicht abbedungen werden kann. Wenn wir also davon ausgehen, dass wir ohnehin jeder und immer auf irgendeine Art und Weise (miteinander) kommunizieren, was bedeutet dann Kommunikationsstärke und warum ist sie in Führungspositionen so wichtig? Die Grundlage der Kommunikation, die Sprache, ist für uns Juristen unsere „(fast) stärkste Waffe". In der Führung geht es aber um viel mehr, da meiner Ansicht nach hier gute Kommunikation die Balance zwischen Klarheit, Überzeugungskraft, Präsenz, dem wohl dosierten Ausdruck von Emotionen und einem Schuss Empathie bedeutet. Die Kunst besteht darin, die gleiche Botschaft je nach Empfänger und seinem Empfängerhorizont jeweils so auszudrücken, dass Sie damit Ihr Ziel erreichen und Ihr Gegenüber darauf entsprechend reagiert. Nun sind wir als Menschen nur bedingt steuerbar, weil wir dankbarerweise Wesen mit manchmal unberechenbaren Emotionen sind, das hat für mich so viel Schönes. Im Business Kontext kann dies hinderlich sein – für Sie selbst, was Ihre eigenen Emotionen betrifft, aber auch, weil sie die Ihres Gegenübers nur bedingt steuern können. Die erfolgreiche Führungskraft kennt dieses Risiko und weiß, es zu kalkulieren – vor allem aber arbeitet sie fortwährend daran.

4. **Empathie:** Auf den ersten Blick mag man vielleicht denken, dass dies eine Eigenschaft ist, die man wohl entweder hat oder eben nicht. Jeder kennt diesen einen besonders empathischen Menschen in seinem Umfeld, dem man gerne seine Sorgen und Nöte anvertraut, weil er so gut zuhören kann. Die gute Nachricht ist, dass auch Empathie erlernbar ist, und zwar vor allem durch aktives Zuhören (Hören und Zuhören sind zwei verschiedene Dinge!) kombiniert mit der Bereitschaft, die Dinge aus verschiedenen Perspektiven zu betrachten. Nicht umsonst heißt es oft in der Fachliteratur, eine gute Führungskraft höre mehr zu, als dass sie selbst spricht. Aktives Zuhören meint, dem Gegenüber konzentriert und aufmerksam zuzuhören, um so zunächst inhaltlich das Gesagte in allen Facetten zu begreifen. Im nächsten Schritt gilt es, auch das nicht direkt gesprochene Wort durch Gestik, Mimik, den Kontext etc. zu erfassen, um sich bestmöglich in sei-

nen Gesprächspartner hineinzuversetzen und die Motivation der verbal überbrachten Botschaft zu verstehen und darauf zu reagieren. Dies kann man üben: Jederzeit im Alltag, und zwar beruflich und privat. Gerade zwischenmenschliche Fähigkeiten funktionieren wie ein Muskel, der trainiert werden möchte. Letztlich bedeutet aktives Zuhören und der damit verknüpfte Wechsel des Blickwinkels auf eine Situation Wertschätzung und trägt damit positiv zu Ihrer Führungskompetenz bei.

5. **Strategische Denkfähigkeiten:** Diese lassen sich durch Weiterbildung, den Austausch mit Vorbildern und ihrem Netzwerk, durch gründliche Selbstreflexion Ihrer eigenen Entscheidungen und Handlungen und klare Zielsetzung trainieren. Spielen Sie gerne Schach? Sie sehen, worauf ich hinaus möchte und haben als Jurist für diese Komponente der Führungskompetenz bereits ein gutes Rüstzeug, das Sie nun nur noch ausbauen müssen.

6. **Vision:** Eine Vision ist tatsächlich nichts statisches, sondern kann, darf und soll sich Laufe der Zeit weiterentwickeln. Auch hier hilft Inspiration aus Ihrem Netzwerk und darüber hinaus durch Menschen, die etwas erreicht haben, was Sie sich für Ihre Definition von Führung und Erfolg wünschen. Für mich sind diese Inspirationsquellen Wegbegleiter und finden sich in einer Notiz auf meinem Handy. Am wichtigsten ist aber, dass Sie sich darüber im Klaren werden, was Sie warum und wie in Ihrer Führungsrolle erreichen wollen. Das entsteht nicht von heute auf morgen und funktioniert meist besser, wenn man sich das große Ziel in kurz-, mittel- und langfristige Ziele aufteilt, die man regelmäßig für sich hinterfragt. Damit sind Ihre persönlichen Ziele, Ihre persönliche Vision von Ihrer Führung gemeint. Unabhängig davon besteht meist die Vision Ihres Arbeitgebers, die sich in Teilen mit Ihrer decken kann (und wohl auch sollte). Für gute Führung ist aber Ihre eigene Vision im Zweifel entscheidend, weil diese sie trägt, wenn es schwierig wird und sie umso mehr beflügelt, wenn Sie Etappenziele auf dem Weg darin erreicht haben.

7. (Und diesen Punkt habe ich eingangs nicht erwähnt –) **Work-Life-Balance:** Auch wenn sich bei der Übernahme einer Führungsposition Ihre Familiengründung noch in der Planungsphase befindet, sollten Sie diese bereits jetzt berücksichtigen und mit Ihrem Partner die Weichen dafür stellen, dass Ihr berufliches Fortkommen nicht hinter der Familie zurückstehen muss – oder umgekehrt. Das Thema Vereinbarkeit greifen wir in Kap. 19 noch einmal im Detail auf, sodass ich mich an dieser Stelle auf den Hinweis beschränke, dass für viele Kollegen (mich eingeschlossen) Erfolg darin besteht, eine erfüllende und ausgewogene berufliche und persönliche Lebensqualität zu erreichen.

Vielleicht haben Sie erkannt, dass alle diese Aspekte in dem ein oder anderen Punkt ineinandergreifen. Ich wünsche mir, dass Sie gleichzeitig aber auch viel in sich erkannt und gefunden haben, das Sie in die ideale Ausgangsposition für die Übernahme einer Führungsposition bringt oder Ihre derzeitigen Führungsqualitäten noch einmal verbessert, weil sie nun für diese Aspekte noch einmal sensibilisiert wurden. Sollte Ihnen klar geworden sein, dass vieles davon schlichtweg nicht Ihrer Vorstellung von Ihrer persönlichen Karriere entspricht, ist das ebenso ein Gewinn und rekurriert auf meine eingangs aufgeworfener These, dass der Wunsch nach Führungsverantwortung schlichtweg nicht zu jedem passt. Auch wenn ich mit dieser Aussage schon bei dem ein oder anderen Kandidaten auf Irritation gestoßen bin, bin ich davon überzeugt, dass ich als juristische Personalberaterin und mit meiner Erfahrung zumindest die Verantwortung habe, das „bigger picture" zu skizzieren und so jeden von Ihnen individuell auf seinem persönlichen Weg bestmöglich zu begleiten.

Wie wichtig ist Ihnen die Übernahme von Führungsverantwortung und warum?

8

Vom Junganwalt in Großkanzlei und Boutique zum Partner

Podcast Interview mit Dr. Philipp Hardung vom 21.04.2021[1]
KG: Welcome back to LWYRD, der Podcast zum deutschen Rechtsmarkt. Mein heutiger Gast und ich möchten in dieser Folge das Thema „Wechsel des Junganwalts in die Boutique-Kanzlei" in den Fokus nehmen – und was jung heißt, kann gerne jeder mal für sich definieren, denn verglichen mit anderen Disziplinen sind wir Juristen ja alle schon recht alt, wenn wir in den eigentlichen Berufsalltag starten. Philipp ist jedenfalls Jahrgang 1986, begann seine Karriere nach dem Zweiten Staatsexamen im Jahr 2015 bei Linklaters im Bereich Corporate M&A und ist im März 2020 zur Boutique-Kanzlei Sernetz Schäfer in Düsseldorf und damit auch in den Bereich Gesellschafts-, Bank- und Kapitalmarktrecht gewechselt. Im April wurde er hier zum Assoziierten Partner ernannt. Ich möchte heute von ihm wissen, was in der Boutique-Kanzlei anders ist, wie sein Alltag jetzt aussieht, warum er die Großkanzlei verlassen hat und wie man eigentlich in jungen Jahren einen eigenen Business Case aufbaut.

Ich freue mich sehr, dass du mein Gast bist. Herzlich willkommen bei LWYRD, Dr. Philipp Hardung.
PH: Vielen Dank, liebe Katharina. Ich freue mich, hier zu sein. Ich finde es super, dass es geklappt hat.
KG: Sehr gerne. Es gibt hier mittlerweile so eine kleine Warteliste bei LWYRD, die ich auch mit nicht wenig Stolz wachsen sehe. Aber auf die Epi-

---

[1] Ungekürzt abrufbar unter https://open.spotify.com/episode/5KkoQ7tx5iCPetljQaRbJB?si=hQqiKD0jTsSoSP1qvYXkNw.

sode mit dir habe ich mich auch seit einigen Wochen gefreut. Wir nehmen uns heute ganz viel Zeit für deinen Werdegang, weil gerade dein Weg ja einer ist, zu dem sich sicherlich viele jüngere Kolleginnen und Kollegen ihre Gedanken machen, wenn sie in der Großkanzlei nach dem Zweiten Staatsexamen eingestiegen sind und sich fragen: What's next? Bleiben? Gehen? Wenn In-house nicht in Betracht kommt, wohin gehen? Und was erwartet mich da? Daher, du ahnst es schon: Warum hast du Jura studiert?

PH: Ja, gute Frage.

KG: Alle sagen immer, das sei eine gute Frage. Ich fand die anfangs so banal, aber sie scheint doch was in sich zu haben.

PH: Ja, wirklich, man muss echt nochmal so ein bisschen in die Retrospektive gehen und in sich so hineinhorchen. Also bei mir war es jetzt nicht so, dass ich familiär vorgeprägt gewesen bin. Ich komme nicht aus einer Juristenfamilie und bin auch nicht von irgendwelchen Fernsehserien in den Bann gezogen worden. Also die einzige Fernsehserie, die ich in meiner Jugend im Zusammenhang mit Anwälten gesehen habe, war „Liebling Kreuzberg" mit Manfred Krug, das hat mich dann nicht so angelockt. Aber ich habe in der Schule gemerkt, dass ich sehr viel Freude an Sprache, Logik und Argumentation hatte und ich hätte mir Medizin und Jura gut vorstellen können. Also eins von beidem.

KG: Hast du auch „Der Landarzt" geguckt?

PH: Ja, und „der Bergdoktor" (*Lacht*). Ich habe Zivildienst tatsächlich in einer kardiologischen und unfallchirurgischen Notaufnahme gemacht und das war eher dadurch getrieben, dass ich tatsächlich auch nochmal gucken wollte, ob mir der medizinische Bereich liegt, aber was ich im Zivildienst auch schon gemerkt habe, ist so, dass der Umgang mit Menschen, die Kommunikation mit Menschen durchaus in etwas angespannteren Situationen mich eigentlich sehr interessiert und ich das auch immer als eine große Herausforderung empfand, wenn Situationen sehr stressbeladen sind oder wenn Situationen dazu neigen, vielleicht auch mal von Seiten dem Gegenüber emotional geführt zu werden, weil viel für ihn dranhängt, dass man da dann gute Kommunikationsstrukturen entwickelt, um dem Gegenüber vielleicht Sorgen zu nehmen. Das finden wir ja auch im Beratungsalltag wieder. Und daher war das eigentlich auch schon eine gute Schule, finde ich, dafür, wenn man dort mit Patienten umgegangen ist.

KG: Absolut. Im Studium an sich, wie ist es dir denn da ergangen? Hast du dich von Anfang an genau sicher und wohl mit deiner Wahl gefühlt oder gab es auch mal den Moment, in dem du dich gefragt hast, ob das alles so eine wahnsinnig gute Idee war?

PH: Diese Momente gab es, die gab es jetzt nicht zuhauf, aber die gab es schon immer – auf jeden Fall immer wieder mal. Aber ich muss sagen, dass die ersten Semester mir eigentlich von Anfang an Freude gemacht haben. Ich glaube, ich bin aber auch nicht der Einzige, der gesagt hat, ein bisschen früher Praxiserfahrungen sammeln im Studium wäre auch nicht schlecht gewesen. Oder gerade wenn ich mich ans Erste Examen zurückerinnere, wenn man dann mit riesigen Aldi-Tüten voller Bücher von der ersten Stunde beim Repetitor wiedergekommen ist und dann so diesen Berg vor sich gesehen hat, das war dann tatsächlich auch so ein Moment irgendwie, wo man denkt: Boah, das hast du dir wirklich jetzt ausgesucht und das musst du jetzt durchziehen. Aber dann – ich weiß nicht, wie es dir ergangen ist – wenn man ja dann einmal irgendwie in diesen Tritt kommt, dann ist es ja auch halb so schlimm.

Und ich glaube, die Momente sind auch wichtig, dass man sich immer wieder mal fragt: Ist das überhaupt das Richtige, was ich mache? Um sich auch so ein bisschen kritisch selbst zu hinterfragen und auch, um sich selbst zu vergewissern, dass das der richtige Weg ist, den man geht. Deshalb fand ich es auch gut, dass ich mit solchen Momenten im Studium auch durchaus mal zu kämpfen hatte.

KG: Ich vergleiche das immer so ein bisschen mit dem Moment, wenn man auf eine Eisfläche tritt mit einem Fuß und man bricht ein. Zieht man den Fuß zurück oder rennt man über den ganzen Teich? Und ich war dann eher so der Typ, der über den ganzen Teich gerannt ist, um sich ans andere Ufer zu retten.

Bezogen auf diesen Berg, den man vor sich sieht: Ich bin jemand, der unheimlich organisiert und strukturiert ist. Das heißt, es gibt für alles in meinem Leben irgendwelche Listen und das hat mir sehr geholfen. Und das ist auch etwas, das ich an Jura einfach sehr mag, nämlich, dass man mit einer gesunden Struktur und strukturiertem Arbeiten auch schon ganz, ganz viel erreichen kann. Das hat mir sehr geholfen, dann auch diesen Berg zu bewältigen, denn es hatte auch etwas sehr Greifbares, da man jeden Tag, jede Woche, jeden Monat sehen konnte, was man geschafft hat und wie weit man überhaupt noch von diesem Endziel entfernt ist. Natürlich ist man nie umfassend vorbereitet. Es gibt bei Jura einfach nichts, was du am Ende des Tages dann nicht vielleicht noch hättest lernen können. Aber so ein Gefühl zu erreichen, dass man zumindest das getan hat, was auf jeden Fall nötig und wichtig ist, das habe ich für mich durch knallharte Organisation und Struktur erreicht.

PH: Genau das. Ich habe das Beispiel mit dem Berg nicht umsonst gewählt, denn ich bin ein begeisterter Hobby-Bergsportler. Und ich finde, es ist tatsächlich so, wenn man am Anfang große Aufgaben vor sich sieht, die wahnsinnig komplex und arbeitsintensiv sind, aber wenn man gerade, wie du gesagt hast, auch durch Selbstorganisation diese große Aufgabe in viele kleine Etappen einarbeitet und die dann Stück für Stück abarbeitet, dann wird das

Ganze deutlich leichter stemmbar. Und dann steht man nachher auf dem Gipfel, guckt runter und denkt sich: Wow, das hast du jetzt geschafft. Und das motiviert einen natürlich dann wieder für den nächsten Gipfel.

KG: Absolut. Gab es denn damals auch schon den Blick auf das Endziel Großkanzlei-Anwalt, wobei das ja nicht das Endziel wurde? Oder hat sich das alles im Laufe der Zeit bei dir entwickelt?

PH: Also ich bin, glaube ich, nicht ins erste Semester gestartet, wenn ich mich so zurückerinnere und hatte den festen Vorsatz, ich möchte Anwalt in der Wirtschaftskanzlei werden. Ich konnte mir vieles vorstellen und ich habe auch vieles ausprobiert, weil mich einfach auch vieles interessiert hat. Ich habe mir den Anwaltsberuf eigentlich immer als sehr abwechslungsreich vorgestellt und das hat mich immer schon angelockt und nachdem sich das in der Praxis auch bestätigt hat, habe ich mich deshalb auch dazu entschlossen, das Thema ein bisschen weiter zu pushen.

KG: Wir sprechen gleich drüber, wie du das gepusht hast. Du warst aber vor dem Berufseinstieg bei Linklaters zweimal im Ausland, einmal bereits im Studium und zwar in Leeds während deines Erasmus-Semesters und einmal dann später im Referendariat in der Wahlstation, da warst du in New York. Mittlerweile fällt hier ja fast in jeder Episode dieses Stichwort Blick über den Tellerrand, ohne das konkret mit Leben zu füllen. Deswegen, du musst jetzt dran glauben, kannst du es vielleicht mal konkret machen: Berichte mir doch von ein oder zwei Erfahrungen, entweder aus Leeds oder aus New York, bei denen du gemerkt hast: Das erweitert hier gerade wirklich meinen Horizont oder das hätte ich bei einem rein auf den deutschen Rechtsmarkt ausgerichteten Studium, Ausbildung, Referendariat nicht gelernt. Gibt es da etwas?

PH: Also, da fallen mir eigentlich viele Sachen ein.

KG: Sehr gut.

PH: Ich versuche mal abzuschichten, wie man das ja auch im Ersten Staatsexamen machen kann. Also in Leeds, das habe ich ja sehr früh gemacht, da war ich im dritten Semester und habe da ein Erasmus-Semester gemacht. Das war eine Zeit, die ich unheimlich genossen habe und die auch viele Weichen, glaube ich, für mein zukünftiges Leben dargestellt hat, weil ich da tatsächlich durch Glück und viel Eigeninitiative tatsächlich super viele, super interessante Leute aus aller Herren Ländern kennengelernt habe. Da waren Leute aus Finnland, aus Alaska, aus Indien. Und die haben mich dann auch tatsächlich direkt auch eingespannt und mit überall hingenommen, so habe ich zum Beispiel die indische Kultur ganz besonders kennengelernt, bin in traditionellen indischen Gewändern auf indische Festivals gegangen und habe mit meinen indischen Freunden dort ein indisches Weihnachtsfest gefeiert. Das fand ich persönlich bereichernd. Zudem hat sich das aber auch wieder gespiegelt in diesem Universitätsalltag, der auch sehr international war. Und das Common Law ist ja auch sehr Case-Law-lastig, also sehr fallorientiert und ist, was die nationalen Grenzen angeht, viel durchlässiger, als das bei uns der Fall ist. Ich weiß noch, wir hatten einen Kurs „Introduction to the English Legal System" und da war es ganz selbstverständlich, dass da auch Fallliteratur eben aus dem ganzen Common Law rekurriert wurde, d. h. z. B. aus Südafrika oder Frankreich wurden Fälle vorgestellt. Das hat den Wunsch oder dieses Bedürfnis, international arbeiten zu wollen, geweckt. Ich habe ich ja dann versucht, das immer weiter voranzutreiben und finde es weiterhin total erfüllend.

KG: Spannend. Ich habe mein Auslandstrimester ja in Toronto gemacht und das ist ja ohnehin eine unheimlich internationale, multikulturelle Stadt und das spiegelt sich dann auch bei den Studenten dort wider aber natürlich auch bei uns Gaststudenten. Ich habe dort z. B. einen Kurs in Chinese Law gemacht und fand das sehr spannend, weil es einfach eine komplett andere Herangehensweise ist, schon allein was so etwas wie Verhandlungsführung angeht. Das wäre mein Beitrag zum bereichernden Blick über den Tellerrand.

PH: Und hattest du auch das Gefühl, dass dieses sich einstellen auf so verschiedene Gegenüber, verschiedene Kulturen einen auch nochmal persönlich total weiterbringt und eine wichtige Erfahrung ist?

KG: Absolut! Also das bewusste Wahrnehmen eines vielleicht kulturell oder warum auch immer anders geprägten Erwartungshorizonts. Das finde ich als Anwalt superwichtig, dass du das kannst. Und das hat ja gar nicht mal unbedingt mit einer anderen Nationalität zu tun, sondern das begegnet einem im Alltag jeden Tag, dass jemand vielleicht einfach ein völlig anderes Mindset hat, was man vorher nicht unbedingt weiß oder wissen kann. Wenn man diese Fähigkeit erwirbt – wie auch immer man sie erwirb, wir haben es jetzt vielleicht im Ausland gelernt, du und ich, andere lernen es vielleicht in einem Kurs in Mediation – aber wenn man es kann, glaube ich, macht man es gut.

PH: Ich glaube, das erleichtert auch deutlich die Kommunikation, indem man einen Kommunikationskanal aufmacht, der auch auf den anderen passt.

Du hattest noch nach meinen Erfahrungen aus New York gefragt, die mich weitergebracht haben. Im Prinzip war das ähnlich wie in Leeds, aber in einem ganz anderen Setting. Ich habe dort für so eine ganz, ganz kleine Anwaltskanzlei mit einer langjährigen Tradition in Manhattan gearbeitet, die aus genau vier Leuten bestand. Zwei Seniorpartner, zwei angestellte Anwälte. Dort habe ich natürlich auch dieses amerikanische Mindset und dieses amerikanische Anwaltssein als sehr prägend empfunden und auch als sehr bereichernd. Das unterscheidet sich, glaube ich, mittlerweile nicht mehr viel von unserem europäischen Anwaltsverstand, aber gerade weil man im Referendariat natürlich nicht so viel Praxiserfahrungen sammeln kann, was tatsächlich die Arbeit am Mandanten anbelangt, war da diese Dienstleistungsmentalität, die die Amerikaner an den Tag legen, für mich immer super spannend. Das mitzubekommen und so richtig aufzusaugen. Ich weiß nicht, wie es dir ging, aber ich denke, wenn man aus dem Studium, aus dem Referendariat kommt, hat man das gute juristische Handwerkszeug und man bekommt auch schon gerade für die anwaltliche Beratung einen gewissen Blick. Was ich aber dann total bereichernd fand, war wirklich die grundsätzliche Herangehensweise an eine Rechtsberatung. Soll heißen: Okay, wir haben hier eine rechtliche Problematik, wir haben hier eine rechtliche Bewertung, aber was bedeutet das denn eigentlich für den Mandanten? Was sind die Risiken für den Mandanten? Was sind die Auswirkungen für das Geschäftsmodell des Mandanten? Und dann noch einen Schritt weiterzugehen und sich zu fragen: Wenn wir diese rechtliche Bewertung und die Risikolage identifiziert haben, wie kriegen wir das jetzt für den Mandanten gelöst?

Ich erinnere mich immer noch an die Seniorpartnerin aus der Kanzlei, Svetlana, die mich so ein bisschen unter ihre Fittiche genommen hat. Die hat dann zu mir immer gesagt, wenn ich mit rechtlichen Lösungen um die Ecke gekommen bin, hat sie gesagt: „Philipp, always remember, what's the exposure for the client?" Das fand ich prägend und hatte auch das Gefühl, dass so eine Herangehensweise, wenn man direkt auch so auf die Mandanten zugeht, dazu führt, dass die Mandanten sich deutlich besser aufgehoben fühlen.

KG: Ich habe genau das interessanterweise in Deutschland gelernt, in meiner Tätigkeit als wissenschaftliche Mitarbeiterin in einer mittelständischen Wirtschaftskanzlei in Hamburg, wo ich auch einen ganz, ganz tollen Mentor hatte, der mir solche Sachen beigebracht hat und wir uns einig sind, dass das eine Erfahrung ist, die wir beide für wichtig halten.

PH: Gerade in Bezug auf diese Mentoren-Eigenschaft ist es wichtig, dass man da einfach mit Glück, aber auch mit dem richtigen Aussuchen von Stationen oder von Tätigkeiten dann schon jemanden bekommt, von dessen Erfahrungen man profitieren kann.

KG: … und der auch wirklich Lust hat, diese Erfahrungen an einen weiterzugeben.

Die Lust und die Zeit, das ist ja auch manchmal ein Thema.

PH: Genau, das ist sogar ein großes Thema, denn auch wenn man Lust hat, hat man aber oft nicht immer genügend Zeit. Das ist ja leider die Krux am Anwaltsdasein. Wenn man das gut macht und das mit Leidenschaft tut, dann hat man regelmäßig sehr, sehr viel zu tun. Das kennen wir ja auch zur Genüge. Und dann fallen solche Sachen manchmal leider hinten über.

KG: Du hast dir dann im Verlauf deiner Ausbildung wirklich viel angeschaut. Du hast ein Praktikum in der Rechtsabteilung gemacht, du warst studentische Hilfskraft im Bundesamt für Justiz, du warst in zwei Großkanzleien, nämlich einmal einer deutschen und einmal einer internationalen, du warst im Referendariat unter anderem dann noch im Bundesministerium für Umwelt, Naturschutz und Reaktorsicherheit, du warst später Korrekturassistent an der Uni und noch später warst du auch noch Repetitor. Das klingt, als hätte sich da jemand so auf dem Reißbrett Gedanken gemacht: Wie kriegt man möglichst den 360-Grad-Blick, bevor ich in den Beruf einsteige. War das so?

PH: Ja, also ich bin auf jeden Fall ziemlich gut herumgekommen. Das hast du richtig gesagt. Aber es war jetzt nicht so, dass ich mich mit einem Glas Cognac in ein Hinterzimmer zurückgezogen habe, bevor das alles losgegangen ist und dann praktisch so meine Karriereschritte am Reißbrett geplant habe (*lacht*). Aber klar, du hast völlig recht, ich war sehr offen im Hinblick auf mögliche Berufe und wenig festgelegt. Ich wollte mir auch einfach viel anschauen und fand viele Schnittstellen einfach sehr spannend. Gerade in der öffentlichen Verwaltung oder auf Bundesebene, da fand ich immer die Verknüpfung zwischen Juristerei, Wirtschaft und Politik spannend. Genauso ist das natürlich in einer Rechtsabteilung oder in einer Großkanzlei auch wichtig, solche Schnittstellen zu bedienen, d. h. konkret die Schnittstelle zwischen Juristerei und unternehmerischem Denken, sodass dass man zum Beispiel in der Rechtsabteilung nah an den Entscheidungsprozessen und nah am Mindset der Unternehmer selbst dran ist. Ich wollte immer viel aufsaugen und mir möglichst viel angucken, um dann zu entscheiden: Wo sehe ich mich denn am besten mit meinen Talenten?

Aber klar, bestimmte Jobs waren, glaube ich, auch einfach bei mir auf bestimmte Lebensabschnitte ausgerichtet. Das war natürlich einerseits gut, weil es Lebensabschnitte waren, die man beispielsweise neben einer Dissertation oder neben dem Referendariat noch gut unterbringen konnte, um sich auch ein bisschen selbst zu finanzieren und natürlich auch, um trotzdem nochmal wieder ein bisschen mehr mitzunehmen. Meine Tätigkeit als Korrekturassistent zum Beispiel. Das war immer gut, um so ein bisschen im materiellen Recht fit zu bleiben, auch auf Neuerungen immer zu achten, die so kommen und so sozusagen „on track" zu bleiben. Oder aber der Repetitor-Job war im Nachhinein auch super, weil man da auch wieder viel auf kommunikativer Ebene mitgenommen hat.

KG: Inwiefern wurden denn deine Erwartungen erfüllt oder warst du auch mal enttäuscht von einer Tätigkeit, von einer Station, so im Sinne von: Das hatte ich mir jetzt aber spannender vorgestellt oder herausfordernder, abwechslungsreicher, you name it?

PH: Ich glaube, so eine klassische Enttäuschung an sich, wo ich wirklich sage, das hatte ich mir anders vorgestellt, hatte ich nicht. Mag auch daran liegen, dass ich schon immer versucht habe, mich bestmöglich zu informieren bevor ich in irgendeinen Abschnitt gegangen bin, und dann auch mit Leuten gesprochen habe, die ähnliche Sachen machen. Man konnte sich ja bereits im Studium schon ein ganz gutes Netzwerk aufbauen, auch mit Leuten, die so ein paar Jahre vor einem schon irgendwo eingestiegen sind. Aber ich habe schon bei dem einen oder anderen Job erkannt, was mir mehr Freude macht, weil man gemerkt hat: Hier hat man spannende und herausfordernde juristische Arbeit und zugleich ist unternehmerisches Denken und Teamwork gefragt, zudem besteht Raum dafür, seine eigenen Ideen gut unterzubringen. Und das waren dann in der Rückschau die Jobs, die mir dann mehr Freude gemacht haben. Aber das heißt nicht, dass ich von den anderen enttäuscht gewesen bin, sondern das waren genauso gute, nur eben andere, Erfahrungen.

KG: Aber du sprichst einen ganz wichtigen Punkt an: Du hast dir im Vorfeld jeweils viele Gedanken gemacht.

Was könnte dich interessieren? Was findest du spannend? Was würdest du gerne mal sehen? Ich finde es nämlich manchmal so ein bisschen schade, wenn Referendare ihr Referendariat so strukturieren, dass sie einfach möglichst viel Tauchzeit haben, weil sie glauben, dass es darum geht, möglichst viel Netto-Lernzeit zu haben und sich so diese Möglichkeit selbst abschneiden oder beschneiden, zwischen drei, sechs oder neun Monaten immer nochmal eine neue Herausforderung anzunehmen und sich wirklich auch so verschiedene Berufsbilder und Möglichkeiten anzugucken, um sich am Ende eine Meinung zu bilden. Weil manchmal, das muss ich fairerweise sagen, bei mir war das auch so, differiert dann doch am Ende des Tages das, was man sich vorgestellt hatte, von einem bestimmten Berufsbild innerhalb der Juristerei mit der Realität. Und wenn man es sich gar nicht angeguckt hat, landet man vielleicht dann, wenn man am Ende ganz, ganz viel gelernt hat, in dem vermeintlichen Traumjob, der sich dann gar nicht als Traumjob entpuppt.

PH: Ja, aber ich kann die Referendare auch verstehen (…), trotzdem ist das ja eigentlich einzigartig bei uns, dass wir uns in 24 Monaten so viele verschiedene Berufsbilder angucken können, um auch tatsächlich dann den Enttäuschungsgrad möglichst zu minimieren (…) Aber auch wenn man nach dem Referendariat irgendwo einsteigt, dann fängt das Lernen auf neuer Ebene nochmal komplett an. Man lernt ja nie aus (…).

KG: Eins wollte ich noch rausgreifen, und zwar deine Tätigkeit als Repetitor. Ich fand ja immer Repetitoren, das sind so ganz spezielle Typen.

PH: Das war jetzt nett gesagt?!?

KG: Insbesondere in der Vorbereitung auf das Zweite Examen erging es mir so.

Da gab es welche, denen ich echte Aha-Effekte verdanke, wie zum Beispiel den Kaiser-Jungs,[2] die darüber hinaus auch noch mega nett waren und man hatte auch das Gefühl, dass man verstanden und ernst genommen wird. Man ist ja dann auch nicht mehr 19, wenn man dasitzt. Dann waren da aber auch so Leute wie eine Koryphäe Russak dabei. Der hat sich dann Samstagmorgen um 8.30 Uhr vor uns hingestellt und gesagt: „Das läuft hier so, dass ich spreche und Sie schweigen. Das hat einen einfachen Grund: Ich weiß, wie es geht, Sie nicht."

Also was war dein Antrieb, als Repetitor zu arbeiten? Und welcher Typ Repetitor warst du?

PH: (…) Als Repetitor zu arbeiten, das habe ich mir tatsächlich gar nicht vorgenommen, sondern ich bin da so reingerutscht. Ich habe ja als Korrekturassistent gearbeitet und kam dann ins Gespräch mit vielen Repetitorien, ob ich nicht für die auch mal Klausuren korrigieren könnte, denn auch dieser Korrekturassistentenmarkt ist ja dann doch recht überschaubar. Und wenn man da die Sachen ganz vernünftig und recht zügig macht und die Leute was mitnehmen, dann spricht sich das ja zum Glück auch immer so ein bisschen rum.

So wurde ich eben auch gefragt von einem größeren Repetitorium, nachdem ich da ein bisschen korrigiert hatte, ob ich da nicht auch Kurse machen wollte. Das fand ich eigentlich auch eine nette Abwechslung zur Tätigkeit als Assessor bei Linklaters nach dem Zweiten Examen. Ich habe nebenbei die Diss geschrieben und merkte, das ist eine Option, auch immer noch so ein bisschen im materiellen Recht oder im Prozessrecht vor allen Dingen drin zu bleiben. Und ich fragte mich, in der Rückschau, wovon habe ich denn eigentlich am meisten profitiert? Spiegelt das auch das wider, was die Repetitorien anbieten? Kann ich vielleicht sogar eine Art eigenes Produkt entwickeln, das eine Lücke in den Markt bricht? Ausgangspunkt war die Überlegung, dass mir nicht nur das Schreiben der Klausuren am meisten gebracht hat sondern auch das Durchsprechen der Klausuren danach in der Lerngruppe, vom Rubrum bis hin zu den Nebenentscheidungen. So habe ich entschieden:

Das, was ich für dieses Repetitorium mache, das kann ich ja eigentlich auch alleine machen und habe mich dann tatsächlich selbstständig gemacht mit meiner Idee und mit meinen Referendaren, die da zu mir in die Kurse gegangen sind, dann immer Klausuren geschrieben.

---

[2] https://www.kaiserseminare.com.

Das heißt, ich habe Klausuren entwickelt fürs Zweite Staatsexamen, habe die den Referendaren mitgegeben, die haben sie geschrieben und dann bin ich die von mir korrigierte Klausur im Kurs wirklich von oben bis unten durchgegangen. (…)

Dieses Produkt, Klausuren zu schreiben und zu besprechen, wurde sehr gut angenommen, man sah schon, da besteht Bedarf. Es hat mir auch immer großen Spaß gemacht. (…)

KG: So, jetzt haben wir schon eine halbe Stunde gequatscht und sind noch nicht mal bei deinem Berufseinstieg (*lacht*). Jetzt kommen wir dazu. Warum war es zum Ende zum Berufseinstieg die internationale Großkanzlei, nämlich Linklaters, wo du zuvor ja bereits als Referendar und WissMit tätig warst?

PH: Ich war jetzt insgesamt in der Rückschau sieben Jahre bei Linklaters. Ich habe dort 2013 schon angefangen in Frankfurt angefangen als wissenschaftlicher Mitarbeiter im Litigation-Team und bin dann zum Referendariat nach Düsseldorf gewechselt und habe das Referendariat dort im Corporate und M&A gemacht. Und in erster Linie habe ich das gar nicht so an dem Faktor Großkanzlei zunächst festgemacht, sondern ich kannte das Team einfach, in dem ich angefangen habe und fand dieses wirklich supernett. Ich fand, da war ein super Teamspirit in dem Team. Man hat sich gegenseitig geholfen, man wurde ernst genommen. Das hat einfach Freude gemacht, da zu arbeiten. Zugleich war es aber auch so, dass ich merkte: Du hast Dir jetzt viel angeschaut, aber eigentlich noch nicht so richtig ein Rechtsgebiet für dich identifiziert, das du dein ganzes Berufsleben weiter pushen möchtest. Deshalb dachte ich, wenn man das noch nicht hat, ist vielleicht der Einstieg in eine Großkanzlei ganz gut, gerade auch in so einem Gebiet wie dem Gesellschaftsrecht und dem Corporate M&A und dem Mainstream Corporate nennt man es ja, weil das natürlich auch wieder so ein Schnittstellenrechtsgebiet ist, wo man auch sehr viele andere Rechtsgebiete gut kennenlernt. Also du lernst, was mich ja dann auch getriggert hat, im Bereich der Corporate Litigation viel forensische Prozessführung kennen. Man lernt aber auch viel in M&A-Deals dann so Sachen wie Arbeitsrecht kennen. Man lernt Steuerrecht kennen, bei der laufenden Beratung auch öfters mal die regulatorischen Themen, die mich jetzt viel begleiten. Bei Finanzrecht, bei Bankrecht merkte ich: Das ist jetzt auch ein Setting, wo ich natürlich eine sehr steile Lernkurve haben will und den Rucksack richtig voll machen kann und dann aber auch gucken kann, was ist denn so das Rechtsgebiet, was mich jetzt auf Dauer triggert und was ich auf Dauer interessant finde und darin arbeiten möchte.

KG: Du hast es angesprochen: Du bist ja auch erst mal als Assessor eingestiegen. Das heißt, du wurdest sozusagen auf eigenen Wunsch erst knapp zwei Jahre nach deinem Zweiten Examen als Rechtsanwalt zugelassen, weil du berufsbegleitend noch promoviert hast. Und das auch, nennen wir es mal, nicht so ganz unerfolgreich. Deine Diss wurde nicht nur mit Summa Cum Laude bewertet, sondern auch mit dem Fakultätspreis der Martin-Luther-Universität Halle-Wittenberg für die beste Dissertation des Jahres 2019 ausgezeichnet. Gucken wir uns das Thema Diss also nochmal an. Was glaubst du, macht eine Dissertation so viel besser als vielleicht andere? Und braucht man für das wissenschaftliche Arbeiten ein anderes Talent als für die Arbeit als Rechtsanwalt? Du hast wohl beides.

PH: Vielen Dank, gute Frage. Also ich glaube, was die Frage anbelangt, was macht eine Dissertation so viel besser als andere? Ich habe ja auch nur eine Diss geschrieben tatsächlich.

Deswegen kann ich das natürlich jetzt so aus der Perspektive gar nicht so gut beurteilen. Aber was ich mir vorstellen könnte oder wo ich sagen würde, was mir, glaube ich, sehr geholfen hat beim Schreiben der Diss: Am Anfang steht ja immer die Themensuche und ich war so ein bisschen verleitet dazu, irgendwie schnell anzufangen, schnell ein Thema zu finden und dann auch schnell anzufangen, um die Diss dann natürlich auch schnell voranzutreiben. Aber ich habe dann tatsächlich nochmal einen Schritt zurück gemacht und gesagt: Ich will aber schon ein Thema haben, wofür ich eigentlich richtig brenne. Das hat dann tatsächlich auch eine Weile gedauert, bis ich das gefunden habe. Und als ich das gefunden hatte aber, habe ich mich eigentlich während dem Dissschreiben nie gefragt: Warum habe ich mir dieses Thema nur ausgesucht? Obwohl es da auch immer wieder Sackgassen gab, in denen ich war und in denen ich auch mal geflucht habe, habe ich immer mit Leidenschaft an dem Thema gearbeitet, weil es auch ein sehr internationales Thema war, bei dem ich auch viele Rechtsordnungen berücksichtigen musste. Wenn ich von Tipps sprechen kann, würde ich sagen, ist tatsächlich so, dass es einem meiner Meinung nach, deutlich leichter fällt, wenn man ein Thema hat, das man auch wirklich spannend findet, das man sich selbst gesucht hat und das man auch mit Leidenschaft vorantreiben will.

KG: Wenn man etwas mit Leidenschaft tut, hat es zumindest das Potenzial, gut zu werden. Und genau das hast du jetzt auch ausgedrückt. So, wir schauen jetzt aber auf deine Tätigkeit als Rechtsanwalt und vor allem deine jetzige in concreto. Du hast dich nämlich dann Anfang 2020 entschieden, Linklaters zu verlassen und zu Sernetz Schäfer zu wechseln. Für alle, die das nicht wissen, ihr seid eine Boutique-Kanzlei mit den Standorten Düsseldorf und München, beschäftigt derzeit 15 Berufsträger in München und sieben in Düsseldorf.[3] Ihr

---

[3] Im Jahr 2024 beschäftigt Sernetz Schäfer insgesamt 26 Berufsträger an weiterhin zwei Standorten, https://www.sernetz-schaefer.de/de/rechtsanwaelte.

habt bereits eine hundertjährige Tradition und euer fachlicher Fokus liegt auf der Beratung und Vertretung von in- und ausländischen Mandanten im Bankrecht, Finanz- sowie Versicherungsaufsichtsrecht, Gesellschaftsrecht, Kapitalmarktrecht und Steuerrecht ist auch noch mit dabei, sowie bei Unternehmensverkäufen und Käufen. Das Besondere bei euch unter anderem ist aber, euer Partner-Associate-Verhältnis beträgt 5,3 zu 1. Also, wie kam der Wechsel zustande? Welche Gedanken hast du dir im Vorfeld gemacht und was waren eventuelle Alternativen? Und warum fiel die Wahl dann auf Sernetz Schäfer?

PH: Wenn ich noch ganz kurz zur vorherigen Frage ergänzen darf: Du hast ja auch nochmal gefragt, braucht man ein anderes Talent für diese wissenschaftliche Arbeit als für die Arbeit als Rechtsanwalt?

KG: Ja, klar.

PH: Und ich glaube tatsächlich, das merke ich auch gerade in meiner Tätigkeit jetzt für Sernetz Schäfer, dass sich das eigentlich gar nicht ausschließt. Wir haben ja hier, oder ich habe in meiner alltäglichen Praxis durchaus oft mit teilweise sehr komplexen Prozessführungsmandaten zu tun, aber auch sehr komplexe Begutachtungen, bei denen sich viele europäische und deutsche regulatorische Einflüsse auswirken. Manchmal hilft es mir da, glaube ich, auch wenn man sich manchmal in Sackgassen manövriert, auch wieder durchzuatmen, wie es auch bei der Diss der Fall war, und sich wirklich mal tief einzugraben in die Thematiken, um dann eine Argumentation zu entwickeln, die dem Mandanten hilft (…).

Das ist tatsächlich so, weil gerade manchmal wirklich hundert seitige Begutachtungen in ganz komplexen Fällen, man sich die Etappen einteilen muss, ähnlich wie das auch in der Diss war oder wieder in der Examensvorbereitung. Eigentlich bedeutet es, das Handwerkszeug, das man auch beim wissenschaftlichen Arbeiten gelernt hat, auch tatsächlich anwenden. Das heißt, ich würde sagen, das schließt sich gar nicht unbedingt aus.

KG: Okay. Aber wie kam dein Wechsel zustande?

PH: Ich fand diese Jahre bei Linklaters super bereichernd und ich habe unheimlich viel gelernt. Ich hatte auch den Eindruck, dass man sich in den ersten Jahren als Junganwalt in der Großkanzlei aufgrund der Strukturen natürlich erst mal sehr viel mit der tatsächlichen juristischen Arbeit auseinandergesetzt hat. Was mich aber auch immer gereizt hat, war das unternehmerische Denken, eigene Ideen umsetzen und da auch so ein bisschen den eigenen Business Case zu entwickeln. Das kommt natürlich strukturell in der Großkanzlei erst ein bisschen später, so war zumindest bei mir der Eindruck (…), wenn man eine gewisse Seniorität erreicht hat. Es hat mich gereizt, vielleicht in einem Setting zu arbeiten, in dem das schon wesentlich früher stattfindet.

Und ich merkte, ich würde doch gerne vielleicht auch ein Setting haben, in dem die Entscheidungswege manchmal deutlich schneller sind. In der großen Struktur der Großkanzlei ist es einfach so, da tue ich, glaube ich, niemandem Unrecht.

Das funktioniert sehr gut ja, aber die Entscheidungswege sind deshalb einfach ein bisschen länger, weil es natürlich Konzernstrukturen sind und man viele Sachen absprechen muss – was ja auch gut ist, weil man natürlich sehr viele Leute unter einen Hut bekommen muss in so einem großen Setting. Aber ich kann nur sagen, hier bei Sernetz Schäfer ist es zum Beispiel so, dass ich – und das ist das Schöne an so einem kleinen Setting – morgens mit einer Idee ins Büro komme, die dann mit den Partnern bespreche und dann wird mittags vielleicht darüber schon entschieden und ich kann nachmittags in die Umsetzung gehen. Das hat mich gereizt.

KG: Gab es noch Alternativen?

PH: Ja, da konnte ich mir auch vieles vorstellen. Ich fand eigentlich auch das Thema In-house spannend, da man einerseits Inhouse auch einen etwas generalistischeren Ansatz verfolgt, aber sehr nah an der Ebene der unternehmerischen Entscheider ist und so viel von dem alltäglichen Business mitbekommt. Ich hätte mir auch gut vorstellen können, nochmal in eine etwas größere mittelständische Kanzlei zu gehen, in eine deutsche Großkanzlei. Als ich dann wechselbereit war, habe ich mir wieder viel angeschaut, viele Gespräche geführt aber dann war es tatsächlich so, dass Sernetz Schäfer den Eindruck gemacht hat: Das ist für mich sehr attraktiv und es lohnt sich, das auszuprobieren.

KG: Die Frage danach, welche Perspektive es nämlich bei euch im Unterschied zur Großkanzlei konkret gibt, erübrigt sich ja fast, wenn man sich anschaut, dass du nach einem Jahr jetzt zum Assoziiertem Partner in der Sozietät befördert wurdest. Das heißt nämlich konkret, euer Track ist meines Wissens nur drei Jahre lang und damit im Markt einer der kürzesten. Berichte doch mal.

PH: Das stimmt. Bei Sernetz Schäfer wird man tatsächlich eingestellt, um dann auch als Partner aufgebaut zu werden. Das heißt auch, dass man sehr, sehr früh eigene Mandate führt.

Ich war das natürlich von Linklaters schon gewöhnt. Nachdem man ja ein paar Jahre Associate ist, dann betreut man ja meistens auch in Großkanzleien, wenn man sich gut anstellt, relativ eigenständig schon die alltäglichen Mandate. Das konnte ich hier fortführen.

Auch Referendare und wissenschaftliche Mitarbeiter werden hier schon regelmäßig ziemlich eng in die Mandatsbetreuung mit eingebunden. Da wird natürlich immer viel drüber geguckt, aber man wird früh angelernt. Und man muss von Anfang an auch eigene Entscheidungen treffen. Da muss man sich auch natürlich dran gewöhnen, wenn man so nah an den Mandanten dran ist und die Entscheidungen nicht mehr so viel über drei oder vier Ecken nochmal absprechen kann. Gleichzeitig hat man aber auch den Raum, neben der Mandatsarbeit auch einen eigenen Business Case zu entwickeln und so sein eigenes Produkt zu entwickeln, was man vielleicht dem Markt anbieten möchte und seine eigene Marke aufzubauen. Bei mir hat das gut geklappt. Das hat dann auch dazu geführt, dass ich früh jetzt schon zum Assoziierten Partner bestellt wurde. Es kann auch durchaus dazu führen, dass dann schon nach weiteren drei Jahren die Aufnahme in die Partnerschaft ansteht.

KG: Du hast das Thema Business Case ja angesprochen und das ist auch eine ganz entscheidende Frage. Wie entwickelt man in jungen Jahren seinen eigenen Business Case, beziehungsweise wie macht man sich selbst soweit zur Marke, dass man einen eigenen Mandatsstamm aufbauen kann? Das fällt in der Großkanzlei aufgrund der dortigen Strukturen ja nicht immer leicht. Und ich spreche öfters mal mit Kandidaten, so mit fünf bis sieben Jahren Berufserfahrung, die mir dann sagen, dass sie irgendwie noch nicht so richtig dazu gekommen sind, das sogenannte portable Geschäft aufzubauen. Es ist aber für einen Wechsel auf der Kanzlei-Seite zu diesem Zeitpunkt in der Karriere meist die erste Frage, die ein potenzieller neuer Arbeitgeber stellt. Das gilt dann auch für einen Wechsel in eine Boutique oder in eine andere Großkanzlei. Wie bist du es angegangen?

PH: Gerade was das Thema Business Case oder auch Akquise und Aufbau eines eigenen Mandantenstammes angeht, waren für mich immer zwei Punkte sehr wichtig. Man braucht, glaube ich, die Visibilität gegenüber dem Mandanten. Der Mandant muss einen als Ansprechpartner wahrnehmen und wissen, dass wenn er einen anruft oder eine E-Mail schreibt, dass er da schnell auch was zurückbekommt. Das bringt so auch diesen gelernten Dienstleistungscharakter in den Vordergrund, da wir natürlich auch einen umkämpften Markt in der Rechtsberatung haben, da ist die Visibilität wichtig, aber es ist auch wichtig, dass man die Sachen gut und verlässlich macht.

KG: Finde ich auch total. Ich habe mir zum Beispiel auch für mein Geschäft von Anfang an eine 24-Hour-Return-Policy angewöhnt. Das heißt nicht, dass ich innerhalb von 24 h eine Besetzung leisten kann, sondern einfach, dass man auf eine E-Mail in irgendeiner Form reagiert. Es sei denn, man ist im Urlaub oder trägt den sprichwörtlichen Kopf unterm Arm und kann wirklich nicht reagieren. Aber grundsätzlich zumindest zu reagieren und zu zeigen: Habe ich gelesen, habe ich verstanden, ich kümmere mich darum. Und vielleicht auch mit dem Erwartungshorizont – in deinem Fall des Mandanten – entsprechend umzugehen und zu sagen, wann man im Detail reagieren kann. Oder: Heute bin ich schwer erreichbar, ich hätte auch eine Nachfrage, können wir morgen telefonieren. Ich finde das unheimlich wichtig und ich halte das für eine ganz, ganz große Unart, einfach tagelang oder auch gerne mal eine Woche nicht zu reagieren. Das gilt für Dienstleistungen aller Art, für deine, für meine und noch für ganz viele andere.

PH: Das ist ein superwichtiger Punkt. Und ich glaube, das geht uns ja allen gleich: Wenn zum Beispiel zu Hause die Waschmaschine kaputt ist und wir rufen den Klempner an und der meldet sich eine Woche nicht oder wir rufen bei unserem Bankberater an und der meldet sich nicht. Früher konnte man da immer sagen, wie es unter den Anwaltsschriftsätzen so schön heißt: „Nach Diktat verreist.", aber das geht ja heute nicht mehr. Daher ist es ein wichtiger Punkt, den du ansprichst. Ich kenne eigentlich keinen Mandanten, der die Erwartungshaltung hat, dass nach seiner E-Mail fünf Minuten später das Ergebnis auf dem Tisch liegt.

Natürlich können es auch Mandate sein, bei denen man direkt agieren muss, weil es schlichtweg zeitkritisch ist, wie z. B. bei unseren regulatorischen Themen oder den Insider-Problematiken, mit denen wir viel zu tun haben. Da musst Du direkt reagieren, dafür sind wir aber auch da. Aber zumindest mal so responsive zu sein, dass der Mandant weiß oder deine Kunden wissen: Die Katharina hat sich jetzt der Sache angenommen, die hat das auf dem Schirm.

KG: Ja, genau.

PH: Und wenn man sich auf die Mandanten einlässt und die wirklich merken, man brennt mit Leidenschaft für die Sachen und macht sie auch wirklich gut und vernünftig, war bei mir der Eindruck, dann kommen sie auch wieder und fassen vor allem Vertrauen.

KG: So schaffst du dann nämlich die Visibilität, die du angesprochen hast und deine Mandanten sprechen auch darüber.

PH: Ein weiterer Punkt: Wenn man aus der Großkanzlei in ein anderes Setting kommt, dann sprechen alle immer von Netzwerken. Und man selbst denkt, ach Gott, aber ich habe ja gar kein Netzwerk oder ich habe ja gar nicht so ein großes Netzwerk. Ich hatte auch ähnliche Bedenken, aber meine Erfahrung ist, das stimmt nicht. Denn auch nach den Erfahrungen in der Großkanzlei hat man sich schon in anderen Kanzleien, in Rechtsabteilungen, bei Unternehmen, bei Mandanten etc. ein gutes Netzwerk aufgebaut, man weiß nur nicht, wie dieses Netzwerk dann zum Beispiel auf die Positionierung in ein anderes Setting, wie zum Beispiel bei Sernetz Schäfer reagiert. Tatsächlich sind aber durch Interessenkonflikte bei anderen, größeren Kanzleien Mandate für mich bei Sernetz Schäfer herausgekommen. Wir sind zwar eine Boutique-Kanzlei, aber wir versuchen unseren Mandanten schon den vollen Service-

Gedanken anzubieten. So bekommt man vielleicht von einem Unternehmen der Finanz- oder der Realwirtschaft ein Prozessführungsmandat auf den Tisch, das erledigt man dann gut, das macht man mit Leidenschaft und man streitet dann auch mit Leidenschaft für die Interessen seines Mandanten. Wenn der Mandant Vertrauen gefasst hat, sagt er dann wahrscheinlich: Philipp, das hat ja gut geklappt. Wir haben aber jetzt ein Thema der laufenden Beratung, könnt ihr das auch machen? Beziehungsweise ganz konkret: Kannst du das auch machen? So kann man tatsächlich auch über einzelne Mandate dann auch in so eine Art Dauerberatung rutschen.

KG: Dazu noch ein kleiner Nachklapp meinerseits. Du sagtest: Mir war gar nicht so klar, dass ich doch ein sehr tragfähiges Netzwerk hatte oder mir schon aufgebaut hatte. Und das ist ein Tipp für alle, die sich im Bereich fünf bis sieben Jahre Berufserfahrung befinden, die sich Gedanken machen über das Thema „portables Geschäft". Setzen Sie sich einmal hin und machen Sie sich Liste. Gehen Sie durch Ihre LinkedIn-Kontakte oder gehen Sie durch Ihr internes Adressbuch. Gehen Sie es im Kopf durch. Wer fällt Ihnen ein? Wen kennen Sie denn überhaupt? Wo und woher? Und wen kennen wiederum diese Leute? Dann wird einem relativ schnell klar, wo man beim Thema Netzwerken steht. In den meisten Fällen kommen die Leute zu der gleichen Erkenntnis wie du auch, nämlich, dass sie feststellen: Ach, eigentlich habe ich doch schon im Verlauf der letzten Jahre sehr viele „valuable contacts" aufgebaut. Und das ist dann wahnsinnig wichtig für die Weiterentwicklung des Business Case.

So, jetzt wieder ganz LWYRD, typisch, es kommen viele Fragen auf einmal. Bereit?

PH: Ready, steady, go!

KG: Inwiefern ist dein Arbeitsalltag bei Sernetz Schäfer anders? Gibt es einen anderen Mandantenstamm? Ist das Arbeiten weniger international? Arbeitest du noch selbstständiger als zuvor und hat das letztlich auch etwas mit unternehmerischem Denken zu tun, das gefragt ist?

PH: Okay, viele Fragen auf einmal, da hast du nicht zu viel versprochen (*lacht*).

Inwieweit ist der Arbeitsalltag anders? Klar, dadurch, dass wir hier zwar generalistisch aufgestellt, aber dennoch sehr spezialisiert sind, ist es natürlich ein bisschen ein anderer Arbeitsalltag, weil man, zum Beispiel bei M&A oder Umstrukturierungen oft auch in so einer Projektsteuerungsfunktion ist. Wenn man einen DD-Report erstellt oder einen SPA-Draft hin und her spielt, ist man auch in vielen kleineren Themen hin. Hier sind die Themengebiete oder die Arbeitsaufgaben meistens deutlich größer. Wir haben komplexe Prozessführungsmandate, wir haben komplexe regulatorische Beratungen. Aber was natürlich hinzugekommen ist, und da haben sich meine Erwartungen auch total erfüllt, ist, dass man mit sehr vielen Themen, die das unternehmerische Dasein des Anwaltsberufs berühren, konfrontiert ist, wie zum Beispiel: Was bedeuten Kostenstrukturen? Wie verhandelt man Fee Agreements? Wie prognostiziert man? Wenn Mandanten berechtigterweise fragen, wie viele Stunden man brauchen würde, wenn sie noch weitere Themen bei uns unterbringen – damit muss ich mich auseinandersetzen, mehr noch als damals bei Linklaters. Wie kann ich mich und meine Marke im Markt positionieren? Wie viele Angeln muss ich auswerfen, um meinen eigenen Business Case noch weiter aufzubauen? Das können dann mal Veröffentlichungen sein, das können Vorträge sein. Das kann bedeuten, sich des Themas Recruitments anzunehmen. Wir haben hier in Düsseldorf einen Referendar- und Praktikantenbeauftragten, dessen Rolle ich übernommen habe. (...). Und das bestimmt es natürlich, dieses unternehmerische Dasein des Anwaltsberufs. Ich war zudem tatsächlich überrascht, wie international das Arbeiten in dieser kleinen Boutique-Kanzlei sein kann, denn es ist nicht so, dass ich wesentlich weniger international arbeite als zuvor bei Linklaters. Es ist natürlich ein anderes Setting. Wenn man bei Linklaters für Mandanten Fragestellungen mit grenzüberschreitenden Bezügen beraten wollte, hat man die Ansprechpartner bei Linklaters genommen oder die Kooperationspartner des Best Friends-Netzwerks. Hier hat man meistens externe Anwälte, aber es wird einem auch Raum gegeben, ein eigenes Netzwerk aufzubauen und dann so auf eigene Kontakte zurückzukommen, die man vielleicht auch wieder über das Netzwerk gefunden hat. Wir haben ein hervorragendes Netzwerk hier bei Sernetz Schäfer in die ganze Welt. Wir brauchten jetzt zum Beispiel bei einem Mandat eines Mandanten von mir polnischen Rechtssprechstand von Kollegen. Da habe ich dann mein Netzwerk angefunkt und die haben mir direkt eine ganz hervorragende polnische Kanzlei empfohlen. Da viele ja aus der Finanzwirtschaft kommen, also aus dem Bank- und Finanzwesen, ist das auch ein Mandantenstamm, der strukturell sehr international geprägt ist. Das heißt, man bekommt auch viele Anfragen aus dem Ausland, wenn Leute hier auf den deutschen Markt wollen, wie beim Thema ETF-Fonds oder digitale Vermögensverwaltung, das ist ja in aller Munde im Moment.

Weil ich natürlich jetzt richtig an der Front bin und an der Mandatsbearbeitung als Assoziierter Partner nochmal eine ganze Schippe mehr als als Associate, denn ich bin auch deutlich selbstständiger als vorher und muss meine eigenen Mandatsentscheidungen treffen und muss selbst die Kostenstrukturen überdenken.

KG: Und das hat viel mit unternehmerischem Denken zu tun! Ihr arbeitet ja unter anderem auch, das darf man sagen, weil es marktbekannt ist, im VW-Dieselskandal und zwar für die Bankenseite bei VW. Nicht nur hierauf bezogen, aber vielleicht auch: Wie war der erste Gerichtstermin für dich in deiner neuen Position? Welche Erfahrungen machst du allgemein vor Gericht?

PH: Man muss tatsächlich sagen, vorher bei Linklaters, da hielten sich die Gerichtstermine bei Landgerichten doch im eher überschaubaren Rahmen, das macht man nicht ganz so oft. Deswegen war das eine neue Erfahrung für mich, die ich aber auch genossen habe.

Ich habe eine Aussage von einem der Seniorpartner hier noch im Kopf, als er mich auf den ersten Gerichtstermin geschickt hat. Ich glaube, der war hier beim Landgericht in Düsseldorf und ich war noch relativ jung hier Sernetz Schäfer dabei, ein paar Wochen. Und dann stand ich da mit meiner Robe unterm Arm und er sagte zu mir: „Herr Hardung, Sie werden sehen, Prozessrecht, das lernt man nicht am Schreibtisch." Und das ist auch tatsächlich so, das ist wirklich total spannend, denn eigentlich läuft jeder Gerichtstermin, den ich wahrnehme, anders ab. Da poppt immer irgendwie was auf, womit man vorher eigentlich nicht gerechnet hat und man lernt so in dem Termin die Probleme zu lösen und muss daher je nachdem durchaus auch mal ein bisschen bestimmter auftreten, um die Position seines Mandanten zu vertreten. Man muss auch mal darauf bestehen, dass bestimmte Sachen ins Protokoll aufgenommen werden, wenn die gesagt wurden. Man muss vielleicht auch mal eine Zustellung im Termin ablehnen, obwohl das dann das Gegenüber vielleicht nicht so gut findet.

Aber es ist wirklich so, dass ich aus jedem Gerichtstermin rausgehe und merke: Super, jetzt habe ich schon wieder etwas Neues gelernt. Das macht auch ein bisschen süchtig, weil es schon großen Spaß macht, vor Gericht zu verhandeln. Zwar ist das Thema Prozessführung und Gerichtstermine nicht der Schwerpunkt meiner Tätigkeit hier, schwerpunktmäßig bin ich weiterhin in der laufenden Beratung tätig. Aber ich finde schon, dass es unheimlich gut den Blick schärft, für eine sozusagen „einheitliche Beratungsbrille". Wenn man das auch alles einmal durchdekliniert hat, kann man wesentlich besser Risiken für den Mandanten einschätzen, die vielleicht auch Implikationen haben, wenn du eine normale laufende Beratung hast, die vielleicht noch gar keinen potenziellen Bezug zu einem Rechtsstreit hat.

Letztlich aber kann ja im Prinzip alles in den Rechtsstreit münden. Es hilft, wenn man merkt, wie man Vergleichsverhandlungen führt, vorgerichtlich führt und in einen Termin.

(…)[4]

KG: Wir kommen zum Ende, Philipp. Und du kennst das LWYRD-Prinzip der Abschlussfrage meines vorherigen Gastes an dich, der eigentlich nicht weiß, wer mein nächster Gast ist.

---

[4] Im Folgenden ging es noch um die rechtlichen „Trends" im Jahr 2021 im Bank- und Finanzrecht, diese Passage wurde aus Platzgründen nicht abgedruckt.

Wenn du die letzte Episode aber aufmerksam gehört hast, dann war es den Kollegen Georg und Reto von MARCK[5] ein Anliegen, für dich eine Tailor-Made-Question zu stellen.

Wir haben also ein klitzekleines bisschen mit dem Prinzip gebrochen, dass der nächste Gast nur mir bekannt ist. Mit lieben Grüßen und guten Wünschen aus der Nachbarschaft haben die beiden Folgendes gefragt: Mit Blick auf diesen sich so rapide verändernden Anwaltsmarkt – was würdest du jungen Kollegen für Mandantenakquise mit auf den Weg geben? Welchen Ratschlag hast du für nachfolgende Generationen?

PH: Man muss, glaube ich, flexibel sein, gerade weil der Anwaltsmarkt sich so verändert.

Und man sollte im Kopf haben, welche Mandanten würde man gerne ansprechen und für diese Mandanten dann auch tailor-made – wenn ich das Wort aufgreifen darf – Produkte anbieten. Ich glaube, es ist wichtig, immer viele Angeln im Wasser zu haben. Das kann mal ein Vortrag sein, das kann heißen, Mandanten anzusprechen, indem man zum Beispiel auch Plattformen wie LinkedIn ausnutzt. Das können digitale Vorträge sein, das können digitale Formate sein, wie jetzt dein Podcast. Ich denke, man sollte einfach flexibel bleiben, sich stets auf Neues einzulassen und dafür sorgen, dass man sich so mit seiner eigenen Marke im Markt etabliert.

KG: (…) Lieber Philipp, vielen, vielen Dank für den schönen Austausch. Wir haben uns viel Zeit genommen heute für deinen Werdegang, ich finde das aber auch gerade für jüngere Kollegen und Kolleginnen wichtig, da einmal im Detail durchzugehen und finde es super, dass du uns den 360-Grad-Blick auf dich und deinen Werdegang ermöglicht hast. Es hat mir daher viel Spaß gemacht und ich wünsche dir natürlich weiterhin vor allem ganz, ganz viel Erfolg und bleib, wie du bist.

PH: Vielen, vielen Dank, liebe Katharina. Ich kann das Gleiche zurückgeben.

Exklusivinterview mit Dr. Philipp Hardung für dieses Buch – Fünf Fragen, fünf Antworten[6]
Seit meiner Podcast Aufnahme mit Philipp sind drei Jahre vergangen und ich habe ihm exklusiv für dieses Buch noch einmal fünf Fragen gestellt, wie es ihm seitdem ergangen ist. Philipp wechselte im September 2021 von Sernetz Schäfer zu Hausfeld und stieg hier zunächst als Counsel ein. Zum 01. Januar 2024 wurde er zum Partner ernannt.

---

[5] Dr. Reto Batzel und Dr. Georg Schmittmann, Gründungspartner der MARCK Partnerschaft von Rechtsanwälten mbB.
[6] Für dieses Buch entstanden und nicht als Podcast verfügbar.

KG: Lieber Philipp, was hat Dich zu Deinem Wechsel von der deutschen Boutique Kanzlei mit ihrem kurzen Track, über den wir in unserer gemeinsamen Episode gesprochen hatten, sowie der Möglichkeit, viel Verantwortung zu übernehmen, hin zur US-Kanzlei bewogen?

PH: Ich war sehr zufrieden mit meiner Tätigkeit bei Sernetz Schäfer und bin der Kanzlei auch weiterhin freundschaftlich verbunden. Ich habe bei Hausfeld aber die Möglichkeit bekommen, den Bereich Commercial und Corporate Litigation mit aufzubauen und im Erfolgsfalle in einem überschaubaren Zeitraum in die Partnerschaft aufzusteigen. Mir war relativ schnell klar, dass ein derartiges Angebot einer US-Kanzlei in meiner damaligen Senioritätsstufe Seltenheitswert hatte. Überdies sollte der Fachbereich in enger Abstimmung mit den englischen und US-Kollegen grenzüberschreitend aufgebaut werden. Das war für mich besonders attraktiv, da der Bereich des IZPR/IPR bereits seit jeher einen Schwerpunkt meiner akademischen und beruflichen Tätigkeit bildet. Überdies konnte ich bereits im Bewerbungsgespräch persönlich und per Videokonferenz insbesondere mit den deutschen, US-amerikanischen und englischen Managing Partnern sprechen, die allesamt sehr sympathisch und nahbar waren.

KG: Herzlichen Glückwunsch zu Deiner Ernennung zum Partner! Magst Du mit uns ein paar Einblicke in das Partnerverfahren in einer solchen Kanzlei teilen und was glaubst Du, hat dazu geführt, dass Du hier auch nach vergleichsweise kurzer Zeit, nämlich mit insgesamt 7 Jahren Berufserfahrung zum Partner ernannt wurdest? Welche Fähigkeiten braucht man Deiner Meinung nach heutzutage, um Partner zu werden?

PH: Vielen Dank. Ich habe mich auch sehr darüber gefreut! Das gesamte Partnerverfahren hat ca. 1,5 Jahre gedauert und war geprägt von regelmäßigen Feedback- und Statusgesprächen. Überdies habe ich im Rahmen des Verfahrens die Büros in London, New York und Washington besucht und mich und meinen Business Case dem übergeordneten Kanzlei-Management vorgestellt. Für die Entscheidung zum Aufstieg in die Partnerschaft war eine Reihe von Gründen maßgeblich. Wichtig waren u. a. Business Development, eigene Akquise-Erfolge, Umsätze und Management-Fähigkeiten. Die wichtigste Fähigkeit ist nach meiner Ansicht die Eigeninitiative, sei es bei dem Ausbau bestehender Mandatsbeziehungen, der Generierung von Neugeschäft oder dem Ausbau des eigenen Business Cases. In New York habe ich mich z. B. eigeninitiativ mit einigen Kanzleien, die keinen Deutschland-Standort haben, getroffen und dort „Klinken geputzt". Diese Bemühungen haben der Kanzlei dann im Nachgang auch neues Geschäft gebracht. Das kam gut an. Mir ist es aber wichtig, hervorzuheben, dass der erfolgreiche Weg in die

Partnerschaft vor allem ein Team-Effort ist. Ohne die großartige Unterstützung durch die Managing-Partner und die Kollegen wäre es mit Sicherheit wesentlich schwieriger gewesen.

KG: Lass uns noch einmal auf das Thema Akquise blicken, denn diese macht Dir ja schon immer viel Spaß und auch Dein Netzwerk hast Du über Jahre auf- und ausgebaut und pflegst es aktiv, was Dir sicherlich jetzt insbesondere zugutekommt. Wie gestaltest Du Deine Akquise Tätigkeiten, sind Mandanten Dir in Dein neues Umfeld gefolgt und welchen Tipp hast Du für Kollegen, Akquise mit Freude und konstruktiv anzugehen?

PH: Ich hatte das Glück, dass meine Mandanten mir zu Hausfeld gefolgt sind, wofür ich sehr dankbar bin. Was das Thema Akquise anbelangt, bin ich weiterhin der festen Überzeugung, dass der Ausbau des eigenen Netzwerks und des eigenen Business Cases an erster Stelle steht und man hier strategisch vorgehen muss. Denn das Netzwerk muss zum Business Case passen. Ich bin bspw. auf Beratung und Vertretung in grenzüberschreitenden Streitigkeiten spezialisiert. Daher bestehen viele Netzwerkkontakte aus ausländischen Anwälten im Bereich Dispute Resolution, deren Kanzleien keinen Standort in Deutschland haben.

KG: Du beschreibst Deinen eigenen Führungsstil als „Führen von vorn". Was ist damit gemeint und wie hast Du diese Art des Führens für Dich ausgebildet, hattest Du hier Vorbilder und/oder haben hier Deine eigenen Erfahrungen eine Rolle gespielt? Wie viel Deiner Arbeitszeit entfällt ungefähr auf den Bereich Führung und wie stellst Du sicher, dass Deine Mitarbeiter gleichermaßen gefördert und gefordert werden?

PH: Ein konkretes Vorbild habe ich nicht, aber ich habe über die Jahre natürlich versucht, mir die guten Führungsstile der verschiedenen Kollegen und Vorgesetzten abzuschauen. Letztlich muss aber jeder für sich selbst den eigenen Stil finden. Was mich als junger Associate aber immer etwas gestört hat, war, dass Feedback oft aktiv eingefordert werden musste. Das versuche ich jetzt anders zu machen. Daher steht regelmäßiges Feedback an erster Stelle. So lässt sich idealerweise schnell rausfinden, wo Stärken existieren und wo Optimierungsbedarf besteht. Dafür sollte man sich Zeit nehmen. Überdies bin ich kein Freund allzu hart gelebter Hierarchien. Klar ist, dass ich am Ende die Entscheidung treffen muss. Klar ist aber auch, dass die Mandatsbearbeitung keine „One Man Show" ist. Schriftsätze, Gerichtstermine und Besprechungen führen wir im Team und da leben wir einen offenen Kommunikationsstil. Wenn z. B. eines meiner Argumente im Rahmen der Schriftsatzarbeit nicht überzeugt, dann sollen mir meine Kollegen das auch ruhigen Gewissens sagen können (und das tun sie zum Glück auch).

KG: Meine letzte Frage an Dich, lieber Philipp: Wenn Du mit dem Wissen von heute jetzt noch einmal vor der Entscheidung stündest, den Weg zu gehen, den Du gegangen bist oder etwas anderes – juristisch oder nicht – zu machen: Wie würdest Du Dich entscheiden und warum? Was ist Dein Ratschlag für angehende Jurastudierende im Jahr 2024?

PH: Ich würde tatsächlich nicht viel anders machen. Denn aus jedem Kapitel habe ich gute Erfahrungen mitgenommen. Mein Rat an zukünftige Kollegen: Ergreift frühzeitig Eigeninitiative und entwickelt Ideen. Und wenn Ihr Euch mal in einem Arbeitsumfeld nicht hinreichend gefördert fühlt, dann habt den Mut zu einem Neustart – auch wenn es einen Sprung ins Kalte Wasser bedeutet. Es lohnt sich!

Exklusivinterview mit Dr. Philipp Hardung für dieses Buch – Fünf Fragen, fünf Antworten[7]

Seit meiner Podcast Aufnahme mit Philipp sind drei Jahre vergangen und ich habe ihm exklusiv für dieses Buch noch einmal fünf Fragen gestellt, wie es ihm seitdem ergangen ist. Philipp wechselte im September 2021 von Sernetz Schäfer zu Hausfeld und stieg hier zunächst als Counsel ein. Zum 01. Januar 2024 wurde er zum Partner ernannt.

KG: Lieber Philipp, was hat Dich zu Deinem Wechsel von der deutschen Boutique Kanzlei mit ihrem kurzen Track, über den wir in unserer gemeinsamen Episode gesprochen hatten, sowie der Möglichkeit, viel Verantwortung zu übernehmen, hin zur US-Kanzlei bewogen?

PH: Ich war sehr zufrieden mit meiner Tätigkeit bei Sernetz Schäfer und bin der Kanzlei auch weiterhin freundschaftlich verbunden. Ich habe bei Hausfeld aber die Möglichkeit bekommen, den Bereich Commercial und Corporate Litigation mit aufzubauen und im Erfolgsfalle in einem überschaubaren Zeitraum in die Partnerschaft aufzusteigen. Mir war relativ schnell klar, dass ein derartiges Angebot einer US-Kanzlei in meiner damaligen Senoritätsstufe Seltenheitswert hatte. Überdies sollte der Fachbereich in enger Abstimmung mit den englischen und US-Kollegen grenzüberschreitend aufgebaut werden. Das war für mich besonders attraktiv, da der Bereich des IZPR/IPR bereits seit jeher einen Schwerpunkt meiner akademischen und beruflichen Tätigkeit bildet. Überdies konnte ich bereits im Bewerbungsgespräch persönlich und per Videokonferenz insbesondere mit den deutschen, US-amerikanischen und englischen Managing Partnern sprechen, die allesamt sehr sympathisch und nahbar waren.

---

[7] Für dieses Buch entstanden und nicht als Podcast verfügbar.

KG: Herzlichen Glückwunsch zu Deiner Ernennung zum Partner! Magst Du mit uns ein paar Einblicke in das Partnerverfahren in einer solchen Kanzlei teilen und was glaubst Du, hat dazu geführt, dass Du hier auch nach vergleichsweise kurzer Zeit, nämlich mit insgesamt 7 Jahren Berufserfahrung zum Partner ernannt wurdest? Welche Fähigkeiten braucht man Deiner Meinung nach heutzutage, um Partner zu werden?

PH: Vielen Dank. Ich habe mich auch sehr darüber gefreut! Das gesamte Partnerverfahren hat ca. 1,5 Jahre gedauert und war geprägt von regelmäßigen Feedback- und Statusgesprächen. Überdies habe ich im Rahmen des Verfahrens die Büros in London, New York und Washington besucht und mich und meinen Business Case dem übergeordneten Kanzlei-Management vorgestellt. Für die Entscheidung zum Aufstieg in die Partnerschaft war eine Reihe von Gründen maßgeblich. Wichtig waren u. a. Business Development, eigene Akquise-Erfolge, Umsätze und Management-Fähigkeiten. Die wichtigste Fähigkeit ist nach meiner Ansicht die Eigeninitiative, sei es bei dem Ausbau bestehender Mandatsbeziehungen, der Generierung von Neugeschäft oder dem Ausbau des eigenen Business Cases. In New York habe ich mich z. B. eigeninitiativ mit einigen Kanzleien, die keinen Deutschland-Standort haben, getroffen und dort „Klinken geputzt". Diese Bemühungen haben der Kanzlei dann im Nachgang auch neues Geschäft gebracht. Das kam gut an. Mir ist es aber wichtig, hervorzuheben, dass der erfolgreiche Weg in die Partnerschaft vor allem ein Team-Effort ist. Ohne die großartige Unterstützung durch die Managing-Partner und die Kollegen wäre es mit Sicherheit wesentlich schwieriger gewesen.

KG: Lass uns noch einmal auf das Thema Akquise blicken, denn diese macht Dir ja schon immer viel Spaß und auch Dein Netzwerk hast Du über Jahre auf- und ausgebaut und pflegst es aktiv, was Dir sicherlich jetzt insbesondere zugutekommt. Wie gestaltest Du Deine Akquise Tätigkeiten, sind Mandanten Dir in Dein neues Umfeld gefolgt und welchen Tipp hast Du für Kollegen, Akquise mit Freude und konstruktiv anzugehen?

PH: Ich hatte das Glück, dass meine Mandanten mir zu Hausfeld gefolgt sind, wofür ich sehr dankbar bin. Was das Thema Akquise anbelangt, bin ich weiterhin der festen Überzeugung, dass der Ausbau des eigenen Netzwerks und des eigenen Business Cases an erster Stelle steht und man hier strategisch vorgehen muss. Denn das Netzwerk muss zum Business Case passen. Ich bin bspw. auf Beratung und Vertretung in grenzüberschreitenden Streitigkeiten spezialisiert. Daher bestehen viele Netzwerkkontakte aus ausländischen Anwälten im Bereich Dispute Resolution, deren Kanzleien keinen Standort in Deutschland haben.

KG: Du beschreibst Deinen eigenen Führungsstil als „Führen von vorn". Was ist damit gemeint und wie hast Du diese Art des Führens für Dich ausgebildet, hattest Du hier Vorbilder und/oder haben hier Deine eigenen Erfahrungen eine Rolle gespielt? Wie viel Deiner Arbeitszeit entfällt ungefähr auf den Bereich Führung und wie stellst Du sicher, dass Deine Mitarbeiter gleichermaßen gefördert und gefordert werden?

PH: Ein konkretes Vorbild habe ich nicht, aber ich habe über die Jahre natürlich versucht, mir die guten Führungsstile der verschiedenen Kollegen und Vorgesetzten abzuschauen. Letztlich muss aber jeder für sich selbst den eigenen Stil finden. Was mich als junger Associate aber immer etwas gestört hat, war, dass Feedback oft aktiv eingefordert werden musste. Das versuche ich jetzt anders zu machen. Daher steht regelmäßiges Feedback an erster Stelle. So lässt sich idealerweise schnell rausfinden, wo Stärken existieren und wo Optimierungsbedarf besteht. Dafür sollte man sich Zeit nehmen. Überdies bin ich kein Freund allzu hart gelebter Hierarchien. Klar ist, dass ich am Ende die Entscheidung treffen muss. Klar ist aber auch, dass die Mandatsbearbeitung keine „One Man Show" ist. Schriftsätze, Gerichtstermine und Besprechungen führen wir im Team und da leben wir einen offenen Kommunikationsstil. Wenn z. B. eines meiner Argumente im Rahmen der Schriftsatzarbeit nicht überzeugt, dann sollen mir meine Kollegen das auch ruhigen Gewissens sagen können (und das tun sie zum Glück auch).

KG: Meine letzte Frage an Dich, lieber Philipp: Wenn Du mit dem Wissen von heute jetzt noch einmal vor der Entscheidung stündest, den Weg zu gehen, den Du gegangen bist oder etwas anderes – juristisch oder nicht – zu machen: Wie würdest Du Dich entscheiden und warum? Was ist Dein Ratschlag für angehende Jurastudierende im Jahr 2024?

PH: Ich würde tatsächlich nicht viel anders machen. Denn aus jedem Kapitel habe ich gute Erfahrungen mitgenommen. Mein Rat an zukünftige Kollegen: Ergreift frühzeitig Eigeninitiative und entwickelt Ideen. Und wenn Ihr Euch mal in einem Arbeitsumfeld nicht hinreichend gefördert fühlt, dann habt den Mut zu einem Neustart – auch wenn es einen Sprung ins Kalte Wasser bedeutet. Es lohnt sich!

9

„Der spannendste Markteintritt des Jahres" – Die erfolgreiche Gründung von LMPS

Podcast-Episode mit Dr. Daniel Meyer vom 17.12.2020[1]
KG: Diese Woche habe ich einen sehr sympathischen Gast und ein Thema, das die JUVE den spannendsten Markteintritt des Jahres nennt. Herzlich willkommen, Dr. Daniel Mayer, Gründungspartner von LMPS in Düsseldorf.

DM: Hallo Katharina, erstmal vielen Dank für die Einladung zu diesem Gespräch. Es freut mich, dass es klappt.

KG: Mit Daniel spreche ich heute darüber, wie und warum man einen Spin-Off gründet und wie herausfordernd das gerade in Corona-Zeiten war. Wir unterhalten uns über den Planungsprozess, darüber, wie der Arbeitgeber auf so eine Idee reagiert und natürlich darüber, wie die letzten Monate für ihn und seine Kollegen gelaufen sind. Und vielleicht ist Ihnen schon aufgefallen, dass ich die meisten meiner Gesprächspartner tatsächlich seit vielen Jahren persönlich kenne. Das ist diesmal anders, denn Daniel und ich haben uns über diesen Podcast kennengelernt, obwohl wir uns über drei Ecken quasi schon hätten kennenlernen können und fanden beide, dass das heutige Thema es wert ist, darüber eine eigene Episode zu machen.

Wir haben dann ein erstes Vorgespräch geführt und eigentlich hätten wir da schon auf die Aufnahmetaste drücken können, denn irgendwie hatten wir

---

JUVE Verlag für juristische Information GmbH, in: Handbuch Wirtschaftskanzleien 2020/2021, S. 333.

---

[1] Ungekürzt abrufbar unter https://open.spotify.com/episode/5oy8HAYur8BiS7TiFKU7RR?si=DV2c_5o6SgOhTfzJIjc-gg.

gleich einen sehr guten Draht zueinander. Ich freue mich daher sehr, dass du heute Zeit und Lust hast, das Gespräch von vor ein paar Wochen quasi nochmal für meine Zuhörer zu wiederholen.

DM: Ja, absolut. Ich freue mich echt, dass wir nochmal anknüpfen können an das Gespräch vor zwei Wochen. Mich und uns hat das Thema in den letzten Monaten natürlich enorm beschäftigt und umgetrieben. Und vielen Dank auch für deine netten Worte. In der Tat, wir haben uns über deinen Podcast kennengelernt. Ich habe in eine deiner ersten Folgen mal reingehört, bei Nikolai Vokuhl war das und fand das einfach von der gesamten Art echt klasse, super sympathisch und informativ – also ein großes Lob an der Stelle auch mal an dich.

KG: Danke.

DM: Und umso mehr freue ich mich, dass wir jetzt hier mal drüber sprechen können, wie man denn so seine Kanzlei gründet.

KG: Das ist auf jeden Fall ein spannendes Thema und wir fangen trotzdem ganz vorne an.

Warum hast du Jura studiert, Daniel?

DM: Bei mir fehlt so ein bisschen der Trigger wie bei einigen Leuten aus der Familie oder Fernsehserien wie Suits mit Harvey Spector. Das gab es alles nicht, als ich 1999 überlegt habe, was ich eigentlich mache nach dem Abi und dem Zivildienst. So eine richtige Inselbegabung, die mich dann in Richtung Physik oder Chemie getrieben hat, die gab es auch nicht. Irgendwie waren Deutsch und Mathe so die Sachen, die ganz gut funktioniert haben.

Und dann sagte irgendwer zu mir: Das klingt eigentlich nach einer super Kombination für Jura. Logisch analytisches Denken und deutsche Sprache. So habe ich, ohne dass ich genau wusste, worauf ich mich da eigentlich einlasse, mich dann eingeschrieben, in Münster Jura studiert und bin in der harten Realität des juristischen Fachchinesisch mit Anfechtung, Dissens, Aberatio Ictus und allem, was dazugehört, doch recht hart in der Realität gelandet. Ich dachte auch nach ein paar Wochen, oh je, das wird irgendwie nichts, habe dann aber bis zum Semesterende tapfer durchgehalten. Und irgendwie lief es dann alles doch ganz erfreulich, ich bin dabeigeblieben und bereue es bis heute tatsächlich auch kein bisschen.

KG: Wir gehen mal ein bisschen durch deinen Werdegang. Du hast nämlich nach dem Ersten Staatsexamen erstmal für die, ich nenne es mal, volle Kriegsbemalung gesorgt. Du hast in Münster ein EMBA gemacht, das heißt ein Executive Master of Business Administration, richtig?

DM: Ja, genau.

KG: Du hast promoviert und parallel am Lehrstuhl gearbeitet, richtig?

DM: Auch das ist richtig, genau.

KG: Dann hast du Referendariat gemacht und auch da warst du schon bei Linklaters in der Anwaltsstation in Düsseldorf und in der Wahlstation dann in Singapur. Dann folgte der Berufseinstieg bei Linklaters und nach knapp dem ersten Berufsjahr hast du dann noch den LL.M. in Berkeley draufgesetzt, bevor du dann zurückgekehrt bist und sodann für über acht Jahre für Linklaters in Düsseldorf tätig warst, zuletzt als Managing Associate. Habe ich richtig zusammengefasst?

DM: Perfekt recherchiert, ja.

KG: Sehr gut. Vielleicht magst du nochmal in wenigen Worten erläutern, warum für dich die internationale Ausrichtung deiner juristischen Ausbildung offenbar wichtig war und welchen Mehrwert dir das in deiner bisherigen Karriere rückblickend gebracht hat.

DM: Gerne. Ich greife mal den LL.M. raus, weil das eigentlich exemplarisch ist und warum ich diese Internationalität gesucht habe. Ich habe schlicht und einfach immer Spaß gehabt an Reisen, an fremden Kulturen, anderen Menschen, anderen Sprachen und dementsprechend kommt das Ganze wirklich aus der inneren Motivation. Ich wollte die Welt sehen und habe irgendwas gesucht, wo man diesen Spaß daran verbinden kann eben mit seinem Job. Und habe dann, wie gerade ja schon gesagt, in der harten juristischen Realität angekommen, mich gefragt, wie passt das denn zusammen? Wie bekommt man das Internationale und das Juristische zusammen? Das hat sich dann tatsächlich bei mir über ein Praktikum erst ergeben in Pittsburgh 2001 im Studium, wo ich drei, vier Wochen in einer großen amerikanischen Kanzlei war. Und das erste Mal eine ganz andere ….

KG: Also doch ein bisschen Harvey Spector.

DM: Es war damals ein bisschen Harvey Spector, ohne dass ich das die nächsten Jahre dann so ganz gezielt verfolgt habe. Aber dieser Eindruck von einer großen Wirtschaftskanzlei und diesem Big Business, das hat mich damals schon echt beeindruckt, muss ich wirklich sagen.

Und ich dachte, das könnte etwas für dich sein, in die Richtung könntest du weitergehen.

Das könnte das Ganze gut zusammenführen.

Zur Frage: Was hat mir das gebracht? Das Entscheidende ist, und davon bin ich auch immer noch überzeugt, du musst die Sachen, die du machst, mit Spaß, Motivation und Freude machen und dann wirst du sie auch gut machen. Insbesondere da ist eben diese Internationalität dann auch wichtig, dass man da Freude hat und die Dinge erfüllen kann.

So ein paar andere Punkte, klar, kommen dazu. Über das LLM-Programm beispielsweise lernst du unheimlich interessante und auch einfach tolle Menschen kennen. Stichwort Netzwerk, da hast du ja auch schon häufig etwas zu erzählt. Das hört sich immer so hochtrabend an. Das sind einfach echt tolle Beziehungen, die man knüpft und die einem jetzt auch dann bei der eigenen Kanzleigründung natürlich helfen. Wie viele Leute dann mit einer netten Nachricht, mit einem Anruf kommen oder auch mal sagen, wenn bei uns was auf dem Schreibtisch liegt, da denke ich mal an dich, das hilft natürlich. Und ganz, ganz profane Sachen wie das Grundhandwerkszeug im Handling von internationalen Mandanten, Grundverständnis für andere Rechtssysteme. Einfach auch mal eine andere Perspektive einnehmen und den Horizont erweitern. Ich glaube, das sind so die Punkte, warum ich jedem auch wirklich empfehlen kann, wenn man insgesamt daran Spaß, Freude und Interesse hat, auch einmal die internationale Brille aufzusetzen und ein bisschen über den Tellerrand zu schauen.

KG: Ja, ich glaube auch weil man uns Juristen nachsagt, dass wir Generalisten sind, und abstrakte Sachverhalte zu einer ganz konkreten Lösung führen können, hilft es natürlich, wenn man sich selbst auch ein bisschen generalistischer aufstellt und diesen Blick über den Tellerrand relativ früh in seiner Karriere schon einmal wagt.

DM: Absolut.

KG: Ich habe ja bei LWYRD auch eine Episode zum Thema Wechselfenster gemacht.

Da ging es zwar konkret um den Wechsel auf die Unternehmensseite, aber eine der Grundfragen war vor allem der richtige Zeitpunkt für einen Wechsel. Du warst ja nun wirklich happy und erfolgreich bei Linklaters, aber du hast dennoch im August diesen Jahres einen Wechsel vollzogen und zusammen mit deinen Kollegen Dr. Carl-Friedrich von Laar, Dr. Carsten Paul und Dr. Hubertus Stuttmann die Boutique LMPS gegründet und ihr seid der erste Linklaters Spin-Off. Meine erste Frage in diesem Zusammenhang geht also in Richtung Wechselmotivation versus Zeitpunkt. Wie kam diese Idee bei euch zustande? Wie reift so ein Entschluss, beziehungsweise wie lange dauert dieser reine Reifungsprozess – wir reden hier noch nicht über den Businessplan, dazu kommen wir später sicher noch. Und vor allem, was war so deine persönliche Motivation rein für den Wechsel zum jetzigen Zeitpunkt und gab es vielleicht auch die ein oder andere Alternative?

DM: Oh, das sind jetzt mal ein paar Fragen. Ich versuche mal der Reihe nach.

Also wie kam die Idee zustande? Was ganz interessant ist: Über unsere Gespräche auch in den letzten Wochen und Monaten haben wir festgestellt, dass die Idee nun so revolutionär neu als solche nicht ist, aber sie ist sehr verbreitet. Wir haben in Gesprächen sogar mit vielen, vielen Partnern von Linklaters und anderen Kanzleien die Aussage gehört, ja, da habe ich auch mal drüber nachgedacht oder ja, da haben wir auch mal mit ein paar Leuten drüber gesprochen.

9 „Der spannendste Markteintritt des Jahres" – Die erfolgreiche ...   121

Das fanden wir schon echt interessant. Bei uns ganz konkret ist das Thema auch nicht ganz jung. Wir haben in verschiedenen Kombinationen schon lange über das Thema Selbstständigkeit, Gründung der eigenen Kanzlei gesprochen. Mit Carsten Paul zum Beispiel, seit zwei, drei Jahren mindestens, so ein bisschen geboren daraus, dass wir einen Bereich eben im Aktienrecht abarbeiten, wo nicht zwingend immer an vielen Themen das große Linklaters-Universum mit allen anderen Ländern, mit allen anderen Rechtsbereichen erforderlich war.

Parallel dazu hatten die beiden Kollegen Hubertus und Carlo auch schon schon seit Jahren immer mal wieder über das Thema gesprochen. Die Verbindungsstelle war dann ein Gespräch zwischen Hubertus und mir vor zweieinhalb Jahren auf einem Retreat von Linklaters in Lissabon, wo wir auch miteinander das Thema aufgegriffen hatten, sodass wir immer schon wussten, da ist generelles Interesse da, das ist ein spannendes Thema und wenn es mal irgendwann akut wird, dann tauschen wir uns da mal ganz genau zu aus. Und eigentlich war uns auch allen so ein Stück weit klar, wenn mal ein Wechsel kommt, dann ist das schon die präferierte Variante.

So, wie ging es dann irgendwie konkret weiter? Dazu muss man sagen, Wechselfenster, ja, du fängst natürlich in der großen Kanzlei irgendwann an und machst dir Gedanken, wie geht es denn langfristig weiter und was wären mögliche Alternativen? Wie schon gesagt, gerade da war das Thema Boutique oder Spin-Off mit Sicherheit das, was wir alle am spannendsten fanden als Grundidee. Schlicht und einfach, weil du die Dinge natürlich selbst in die Hand nehmen kannst und wenn du dann mit der Erfahrung, mit der Tätigkeit auf dem hohen Niveau von Linklaters etwas suchst, was dich ähnlich ausfüllt, dann wird es natürlich nicht ganz so leicht. Zum einen, weil der Markt insgesamt auch ein bisschen enger wird, zum anderen, weil du dich in jedem anderen Konstrukt irgendwo eingliederst und eben dann doch nach anderer Leute Pfeife tanzen musst. Und deswegen die Idee, du machst dein eigenes Ding und kannst so auch deinen Qualitätsanspruch, deine gesamten Wertvorstellungen, wie du sie eben bei uns bis zu 10, 12 Jahre in der Kanzlei gelernt hast, auch ein Stück weit transportieren. Das ist etwas, das dich da echt reizt.

Bei mir ganz konkret, das geht jetzt in Richtung der Frage nach der persönlichen Motivation, habe ich mich die ersten Jahre immer wieder in regelmäßigen Abständen mich hinterfragt, wie es mittel- bis langfristig weitergeht und mir immer mehr oder weniger meine eigene Bilanzierung gemacht: Steckst du noch genug rein und es kommt der Input, der angemessen ist oder steckst du zu viel rein, wie sind deine Chancen, wie ist der weitere Werdegang, lernst du hier noch, wächst noch die Verantwortung? Und das konnte ich mir wirklich immer mit einem klaren, ja, das ist hier echt gut, es läuft, ich bin zufrieden, beantworten. Aber dann kam 2018 das erste Mal ein Angebot, ganz unvermittelt, für eine größere Gesellschaftsgruppe in der Nähe, dort den General Counsel Posten zu übernehmen. Da habe ich mich dann mal ganz konkret mit der Frage befasst: Wäre Inhouse überhaupt etwas für dich oder willst du lieber auf der Beraterseite bleiben? Ich bin dann nach einem sehr gründlichen Denk- und Planungsprozess letztlich bei der Entscheidung gelandet: Du versuchst es erstmal bei Linklaters. Zudem gab es eine klare Kommunikation mit der Partnerschaft, dass im Sommer 2019 ein erster Versuch im Partnerverfahren starten sollte und das wollte ich gerne abwarten. Und das kam dann eben 2019, es war ein guter Prozess mit sehr, sehr viel positivem Feedback, aber dem Ergebnis letztlich, dass man erstmal nochmal zwei, drei Jahre weiter am Business Case arbeiten muss. Es ist eben bei Kanzleien wie Linklaters so, dass man da natürlich eine ganze Menge Faktoren mit einpreisen muss und dann kommt die Perspektive aus England und dann kommt die Frage: In welchen Geschäftsfeldern sehen wir jetzt kurzfristig mehr Potenzial? Die Aussage „Jetzt gucken wir mal die nächsten zwei, drei Jahre, wie es weitergeht" führt dann natürlich dazu, dass man selbst nachdenkt, ob man diese zwei, drei Jahre nicht auch anders nutzen kann. Das war für mich persönlich der Auslöser, diese Gespräche an der Stelle doch deutlich zu beschleunigen und es folgte ein Reifeprozess von diesem Punkt bis zu dem Punkt: Jetzt machen wir das! Das waren trotzdem gleich nochmal vier, fünf Monate, in denen ich auch andere Gespräche geführt, auch mit Headhuntern mal gesprochen habe und einfach mal insgesamt rechts und links überlegt habe, was meine Möglichkeiten sind.

KG: Du hast die Möglichkeit, Inhouse zu gehen, angesprochen. Hast du dich dann in dem Moment, als sich die Partnerperspektive 2019 nicht konkretisiert hat, nochmal damit auseinandergesetzt, ob es eine Option wäre? Denn so wie du es eben begründet hast, klang es so, dass du gesagt hast, es gibt eine konkrete Perspektive bei Linklaters, den Weg möchte ich verfolgen und deshalb die GC-Rolle zu dem Zeitpunkt nicht in Betracht kam. Wenn du aber weitersprichst, verstehe ich das so, dass es grundsätzlich für dich nicht in Betracht kam. Und du hast dich ja jetzt auch ganz bewusst für diese Gründung entschieden. Kannst du mir da nochmal ein bisschen Input geben für diese Abwägung?

DM: Das sind genau die beiden Punkte, die meine Entscheidung gestützt haben. Also die Grundsatzentscheidung war unabhängig vom Partnerverfahren, dass ich gesagt habe, du bist mehr Anwaltstyp als Inhouse-Typ. Dinge, die ich gerne mache, wie veröffentlichen, Vortragstätigkeiten, auch rausgehen,

Akquise – das sind Sachen, die brauchst du nicht unbedingt Inhouse und die hätten mir sehr gefehlt. Und deswegen war da schon eigentlich ein klarer Punkt für die Anwaltsseite. Der zweite ganz wichtige Entscheidungsprozess war: Ich hätte mich, glaube ich, langfristig geärgert, wenn ich nie herausgefunden hätte, ob das wirklich geklappt hätte mit der Partnerschaft. Das hat mich einfach so sehr gereizt, muss ich ganz offen sagen.

KG: Verstehe ich. Gucken wir uns mal wieder ein bisschen den Markt an, auch das mache ich bei LWYRD ganz gerne. Ich habe keine genauen Zahlen gefunden, aber nach meiner Recherche gibt es in Deutschland mittlerweile so knapp 150 Spin-Offs.[2] Du hast es ja schon gesagt: So neu ist die Idee jetzt nicht. (…)[3] Und man fragt sich natürlich, was all diese Juristen in der Idee eint, ein Spin-Off zu gründen, beziehungsweise was man denn genau darunter versteht. In der JuS ist Anfang 2018 zu dem Thema ein Artikel erschienen, in dem es heißt: *„Spin-Off beschreibt das Phänomen, wenn sich Top-Partner und Associates aus großen Wirtschaftskanzleien von ihrer Kanzlei abspalten, um ihre eigenen Anwaltskanzleien zu gründen. Oftmals unzufrieden mit der Struktur von Großkanzleien, die anderen Großunternehmen gleichen, wollen sie ihre Unabhängigkeit zurück und sich auf dem Rechtsmarkt einen Namen machen."*[4] Ich habe es ja schon gesagt, unzufrieden wart ihr überhaupt nicht. Ihr wart sehr, sehr happy bei Linklaters. Also für LMPS ist diese generische Aussage nicht richtig – vielmehr lautet die Frage oder eher die Fragen: Welche Gründe gab es denn konkret für euren Spin-Off? Welche Vor- und Nachteile habt ihr abgewogen und wie sichert man dann diese konkrete Entscheidung ab? Das heißt, wie lief die persönliche Idee und war es insgesamt der Wunsch nach Unabhängigkeit, Flexibilität und eigenem Gestaltungsfreiraum?

DM: Ich nehme den letzten Punkt mal auf. Da steckt natürlich ganz, ganz viel der Motivation auch hinter diesem Wunsch, Du hast es ja auch schon angesprochen. Ansonsten hast du es auch richtig gesagt, wir sind alles andere als unzufrieden gewesen bei Linklaters, sondern waren wirklich, das zeigt ja die jeweilige Verweildauer, mindestens sieben Jahre, in meinem Fall mit Referendariat elf Jahre bei Linklaters. Das machst du ja nicht, wenn du jeden Morgen widerwillig zur Arbeit gehst. Wir hatten eine tolle Zeit mit super Kollegen und haben uns da wirklich wohl gefühlt. Aber es blieb die Frage, wie geht es

---

[2] Stand 2020, im Jahr 2023 lag die Anzahl der Neugründungen erstmals bei 40, dies bezieht sich aber nicht allein auf Spin-Offs, siehe JUVE 1/24, S. 22.
[3] In der Podcast-Aufnahme folgte an dieser Stelle eine Aufzählung verschiedener Spin-Offs und ihrer Herkunft, die aus Platzgründen gekürzt wurde, teils existieren diese aber auch heute nicht mehr.
[4] Ziercke, JuS 3/2018, https://www.beck-stellenmarkt.de/ratgeber/karriere/der-juristische-arbeitsmarkt/spin-offs-ein-wohlgehueteter-schatz.

denn langfristig weiter? Und vor allen Dingen auch, wenn du so eine Truppe hast, wie bei uns vieren, die sich auch persönlich gut verstehen, das muss ja auch dann für alle vier eine Perspektive sein, die sich in so einer Einheit wie Linklaters ergeben kann. Nun sage ich nicht, dass das nicht der Fall war, aber klar macht sich jeder so seine Gedanken, wie man das macht.

Welche Gründe hatten wir dann ganz konkret? Der Punkt ist: Du bist lange dabei, du hast eine ganze Menge an Erfahrung und arbeitest auch dann inzwischen sehr selbstständig an den Mandaten und hast eine Menge Verantwortung. Und dann stellst du dir irgendwann die Frage: Kannst du das nicht irgendwie auch in die eigene Tasche? Es kommt ein weiterer Punkt dazu, gerade wie in meinem Fall, die Aussage, jetzt müssen wir mal zwei bis drei Jahre gucken, dass wir uns einen Business Case aufbauen bei Linklaters. Da habe ich dann recht schnell gedacht, okay, wenn ich mir jetzt sowieso einen Business Case aufbauen muss, dann stellt sich die Frage, wo? Ich denke, das ist letztlich auch nachvollziehbar. Die Punkte Unabhängigkeit, Flexibilität und, Gestaltungsspielraum, auch das ist natürlich ein Punkt, wo man auf der einen Seite sagt, die eigene Kanzlei, die eigenen Ideen, du kannst alles selbst selbst in die Hand nehmen und auf der anderen Seite, ob es jetzt Linklaters, Hengeler, Freshfields oder die anderen großen Kanzleien sind, wirst du selbst, wenn es dann klappt mit einer Partnerschaft oder auch Counsel, immer Teil eines riesengroßen Ganzen sein. Wir bemühen hier gerne das Bild des großen Tankers: Wenn wir von Linklaters sprechen, dann fährt der durch die Ozeane, egal wie viele Leute und welche Leute da auf dem Schiff sind.

Der hat seinen Kurs und das funktioniert. Da ist dann auch der eigene Beitrag, den man als Partner leisten kann, sicherlich vorhanden, aber eben überhaupt nicht vergleichbar mit dem, was du in deiner eigenen Einheit machen kannst. Aber ich glaube, der wichtigste Punkt war wahrscheinlich sogar, dass wir vier in unseren Gesprächen dann irgendwann festgestellt haben: Mensch, das könnte passen, das könnte klappen. Es sind alle gerade in einem Stadium, wo man offen für diese Idee ist und wo man auch wirklich konkreter weiterdenken will. Ich glaube, das war so der Hauptgrund, dass es überhaupt dann geklappt hat.

Dann hast du nach Vor- und Nachteilen gefragt. Ich glaube, die erste Frage, die man sich dann stellt, ist: Bin ich überhaupt der Typ für eine Selbstständigkeit? Und das ist jetzt etwas wirklich ganz anderes und es ist auch nicht despektierlich gemeint. Ich bin selbst ja über neun Jahre als Anwalt im Angestelltenverhältnis gewesen, das ist auch schon ganz bequem, das darf man nicht vergessen. Da kommt am Ende des Monats das Geld aufs Konto, da sind dann auch noch ein paar andere Großköpfe über dir, die wesentliche Dinge abfedern. Das hat eine gewisse Sicherheit und die muss man bereit sein aufzugeben, weil du einfach mit der Selbstständigkeit überhaupt nicht planen kannst, was überhaupt kommt und was passiert.

Und du spürst halt jede gute, aber auch jede negative Entwicklung unmittelbar im eigenen Portemonnaie. Das spielt schon eine große Rolle bei der Abwägung. Der zweite Punkt ist natürlich die Frage, was kannst du überhaupt schaffen am Markt, wenn du dir eine eigene Marke aufbaust versus du versuchst bei Linklaters oder vielleicht auch, wenn es bei Linklaters mal nicht weitergegangen wäre, in einer anderen Kanzlei in eine bestehende Brand einzutauchen und das mitzunehmen. Da ist dann auch die Situation unseres Spin-Offs wahrscheinlich doch nochmal eine andere, als wenn ein gestandener Partner am Markt, wie du es gerade in deiner Einleitung auch beschrieben hast, mit einem Team geht, denn als Associate hast du eine gewisse Marktwahrnehmung, aber bist natürlich jetzt keiner der absolut führenden Köpfe, sodass das jetzt mit einer Brand einhergeht. Wir waren gleichwohl überrascht und haben uns auch sehr gefreut, dass unser Schritt schon eine gewisse Aufmerksamkeit in der Öffentlichkeit erfahren hat und daraus kann man natürlich auch eine Menge aufbauen. Aber auch da stehst du in deinen Planungen am Anfang erstmal und fragst dich, wie kann das funktionieren?

Dann kommt das Thema, welche Chancen, welche Risiken es gibt. Und da haben wir uns relativ intensiv Gedanken gemacht und haben genau, wie du gerade auch gemacht hast, uns angeschaut, was sind denn da eigentlich so für Boutiquen am Markt? Wo kommen die her? Was haben die für einen Hintergrund? Und wie funktioniert das? Wie läuft das bei denen? Wir haben dabei festgestellt, dass der Markt für Boutiquen doch offenbar ein sehr spannender und auch sehr guter ist, dass viele etablierte Boutiquen mit einem recht einfachen Geschäftsmodell, nämlich mit der Erfahrung aus großen Einheiten zu effizienteren und insgesamt günstigeren Kostenstrukturen, von vielen Mandanten auch gerne wahrgenommen werden und dass vielleicht eine gewisse Lücke besteht in dem Bereich. Und dann bringst du eben die Dinge mit, die bei den großen Spin-Offs ja letztlich alle identisch sind: Viel Erfahrung aus einer großen Kanzlei und die Ausbildung, die damit zusammenhängt. Für uns konkret war ein Faktor, dass Linklaters diese Spin-off-Kultur nicht hatte, dass es so etwas bei Hengeler, bei Freshfields, aber eben noch nicht bei Linklaters gab. Da haben wir auch ein Stück drauf gebaut, dass das vielleicht am Markt nochmal Aufmerksamkeit bringt, weil schlicht und einfach die Frage auch schon immer wieder mal aufkam, ja, wann ist es denn bei Linklaters mal so weit? Und dementsprechend haben wir diese Punkte alle miteinander diskutiert, abgewogen und unterm Strich uns auch die Frage gestellt: Was wäre, wenn es gar nicht funktioniert, was wäre eigentlich der Worst Case? Auch wenn wir nicht daran gezweifelt haben letztlich und sich die Dinge jetzt wirklich super anlassen, gehst du trotzdem mal her und überlegst, was wäre, wenn dem nicht so wäre. Hier ist dann die relativ beruhigende Erkenntnis: Naja, dann machst du den Laden wieder zu, hast einen finanziellen Verlust und gehst irgendwo in der Anwaltswelt wieder als Angestellter arbeiten, aber das Leben geht auch weiter. Das fand ich persönlich ganz beruhigend, muss ich ganz ehrlich sagen.

KG: Dann mit einer Erfahrung reicher, ja.

DM: Ja, das mit Sicherheit oder mit vielen Erfahrungen. Wenn ich allein überlege, was wir in den letzten Monaten alles hier an neuen Dingen auch auf dem Schreibtisch hatten!

Nun komme ich zu dem Punkt, den hast du persönliche Due Diligence genannt. Da ist jetzt eine ganze Menge schon drin gewesen, in dem, was ich erzählt habe. Aber klar, fragst du dich, bin ich der Typ für die Selbstständigkeit? Also springe ich oder springe ich nicht?

Da muss ich auch sagen, haben wir mit vielen Kollegen auch lose Gespräche geführt und ich volles Verständnis habe, da einige am Ende auch sagten: Ganz ehrlich, das möchte ich dann unterm Strich nicht oder auch finanziell kann ich mir das überhaupt leisten. Meine persönliche Situation gibt das erfreulicherweise her, dass ich das mit Ersparnissen und mit meinen Verpflichtungen hinbekomme. Aber wenn jemand schulpflichtige Kinder hat und/oder eine Finanzierung und sagt, ich bin darauf angewiesen, dass das Geld jetzt auch in den nächsten Jahren sicher und verlässlich in der Höhe, wie wir es uns jetzt in den letzten Jahren bei Linklaters erarbeitet haben, fließt, dann ist das natürlich eine Situation, die schwieriger zu meistern ist. Oder anders gesagt: Da fällt die Entscheidung vielleicht ein bisschen schwerer.

KG: Klar.

DM: Aber so haben wir uns dann eben die wesentlichen Themen, wie Kosten, Finanzierung, woher kommt das Geschäft, wie viele Mandanten kann man mitnehmen etc., strukturiert. Bei Deinem Stichwort DD[5] kam uns sehr zugute, dass wir neben Informationen, die man so über die Juve findet, einfach auch echt offene Ohren hatten bei Kollegen aus den anderen Boutiquen. Einige der von dir genannten waren da ganz, ganz offen, uns an bestimmten Stellen Hilfestellung und uns auch einen kleinen Einblick in ihre Gründung zu geben. Das beruhigt enorm. Denn so merkst du, okay, das sind nicht irgendwelche abgefahrenen Geschichten, sondern das funktioniert. Das war eine große Hilfe.

KG: Ja, denn ich glaube, man braucht in dem Moment dann ganz großes Vertrauen, nicht nur in sich selbst und in die eigenen Fähigkeiten, sondern

---

[5] Due Diligence.

auch in diese Grundidee. Und man hat auf der anderen Seite natürlich keine finale Sicherheit, ob es denn am Ende des Tages tatsächlich funktioniert. Das hat, glaube ich, sehr, sehr viel mit Mut zu tun. Und es hat auch etwas damit zu tun, welches Standing man im Markt hat. Du hast es eben angesprochen und gesagt: Wir waren ja alle nicht Partner und wir waren erstaunt, dass wir trotzdem eine sehr, sehr gute Wahrnehmung im Markt erfahren und schon sehr früh ein sehr gutes Feedback bekommen haben. Ich glaube, man muss aber auch dazu sagen, dass die hierarchischen Strukturen bei Linklaters bedingen, dass du mit acht Jahren Erfahrung bei Linklaters „nur" Managing Associate warst. Da gibt es andere Kanzleien, die sind ein bisschen anders strukturiert und da wärst du dann vielleicht Partner gewesen.

DM: Das ist mit Sicherheit so. Und die Prozesse dauern einfach heute auch ein bisschen länger bei der einen oder anderen Kanzlei, so sind die Realitäten. Aber klar, das heißt nicht, dass man nicht in ähnlicher Art und Weise Verantwortung getragen hat.

KG: Genau darauf wollte ich nämlich hinaus. Und ich glaube, das ist am Ende des Tages ein ganz wichtiger Punkt: Welche Erfahrungen hat man denn fachlich und persönlich? Wie sieht das eigene Netzwerk aus?

Wir gehen mal ein bisschen weiter und du wirst ja noch ein bisschen dazu berichten, wie dann auch die ersten Wochen und Monate gelaufen sind. Es gab also diese Idee. Du hast auch gesagt, ihr vier habt euch dann gefunden und hattet das Gefühl, dass das gerade bei euch ganz gut passen könnte. Ich habe aber auch anklingen hören: Es gab auch Gespräche mit anderen, bis es tatsächlich zu dieser finalen Besetzung von euch vieren kam, die dann vielleicht aus dem einen oder anderen Grund am Ende des Tages nicht gesprungen sind. Nun ist die persönliche Ebene gerade in kleinen Teams – und das gilt unabhängig von der Branche und auch unabhängig davon, ob es sich um eine Kanzlei oder eine Rechtsabteilung handelt – einer der wichtigsten weichen Faktoren. Ergänz doch bitte nochmal ein bisschen etwas dazu, was du vorab schon gesagt hast, nämlich wie sich euer jetziges Gründerteam gefunden hat und welche Kriterien für diese Startbesetzung letztlich entscheidend waren.

DM: Gerne. Zu den anderen Gesprächen: Das darf man sich nicht so vorstellen, dass wir durch die Kanzlei gelaufen sind und auf großer Werbetour waren. Da meinte ich tatsächlich so lose Gespräche, die sich über die Jahre immer wieder ergeben haben. Und ja, gerade nachdem dann das Thema etwas heißer wurde, hat man auch versucht, diese Gespräche hier und da mal beim Lunch in ganz unverdächtiger Weise zu wiederholen, um sozusagen das Wasser zu testen. Bei uns Vieren war es dann Ende letzten Jahres so, dass wir da bei diesen etwas unverfänglichen Gesprächen schnell merkten, wir wollen konkreter sprechen.

Tja, was sind die Kriterien bzw. was glaube ich, was sind so die wichtigen Punkte? Ich glaube, das Wichtigste ist, dass die Chemie stimmt. Es muss halt echt ein Team sein, das menschlich gut zusammenpasst. Ich habe jetzt in den letzten fast sagen zwölf Monaten so viel Zeit hier mit den drei anderen verbracht, wie mit niemandem anderen. Ich habe gerade noch in unserem Vorgespräch gesagt, letztes Jahr Weihnachten saß ich in der Ecke und habe die ganze Zeit nur irgendwelche Planungen gemacht, Dinge recherchiert und Nachrichten geschrieben. Da muss dann eben Familie, bzw. da müssen andere Leute im Umfeld dann wirklich viel zurückstecken. Ich glaube, wenn man dann nicht miteinander eine gute persönliche Ebene hat, dann kann das nicht funktionieren. Das ist mal das Allerwichtigste.

Der zweite Punkt, der uns sehr, sehr wichtig ist, ist die juristische Qualifikation und die Qualität der Arbeit, bei der wir keine Abstriche machen wollen. Hier sind wir aus Universum, aus der Ausbildung Linklaters heraus einfach einen bestimmten Standard gewohnt, den wir da gelernt haben, und den wir auch weiter an uns und auch unseren Mandanten erbringen möchten. Damit einhergeht so ein bisschen das Thema, sich hundertprozentig auf das verlassen zu können, was der andere macht. Also das muss ein Team sein, wo du nicht im Ansatz in Zweifel ziehst, dass dein Partner, der da gerade Dinge bearbeitet, dazu nicht völlig und in jeder Hinsicht in der Lage ist. All das sind Sachen, das merkt man ja schnell und schränkt so eine Gruppe dann schon ein bisschen ein. Solche Leute, die musst du erstmal finden! Letztlich kommen zwei Sachen hinzu, die das Ganze noch stärker ausdünnen:

Das muss auch fachlich passen. Man wägt ab zwischen: Wer steht zur Verfügung, wer ist überhaupt jetzt in einer Phase in seinem Leben, der für so einen Schritt bereit ist und der auch die Selbstständigkeit in Kauf nimmt und: Was willst du fachlich anbieten? Und da haben wir von Anfang an gesagt, es soll eine breite fachliche Abdeckung von Bereichen aus dem Gesellschaftsrecht, Aktienrecht (was wir gemacht haben), sein, aber eben auch viel M&A-Transaktionen und andere Bereiche. Dafür musst du aber auch ein Team haben, das all das durch die eigene Erfahrung der letzten Jahre valide mitbehandeln kann. Du kannst dir vorstellen, dass es schon ein Glücksfall ist, dass du plötzlich vier Leute hast, die in einer Lebensphase stecken und sagen, jetzt wäre eigentlich der richtige Punkt, den nächsten Schritt zu wagen, es persönlich stimmt und auch das Fachliche miteinander gut passt. Was natürlich dazu auch beiträgt, ist: Wir kennen uns teilweise schon sehr, sehr lange untereinander. Carsten Paul zum Beispiel war mit mir schon 2005 zusammen am Lehrstuhl in Münster, also eine gefühlte Ewigkeit her (*lacht*). Hubertus und Carlo kennen sich auch schon seit mehr als zehn Jahren aus dem Studium in Münster, wir haben alle vier in Münster studiert. Das hat sich allerdings nicht überschnitten, wir haben uns dann über andere Kanäle kennengelernt. Somit ist auch ein langjährig gewachsenes Vertrauen zueinander da. Das hat sich dann eben Ende letzten Jahres zu der konkreten Planung verdichtet, dass wir das wirklich gemeinsam angehen wollen.

KG: Ja, die persönliche Ebene ist natürlich am Ende des Tages die entscheidendste, ich glaube, das ist wie in einer guten Beziehung. Wenn du den Punkt ansprichst, dass es schön ist, dass ihr euch so lange kennt und dass ihr auch miteinander als Juristen und in eurer Karriere gewachsen seid, ist das, glaube ich, auch sehr wichtig. Denn ich persönlich empfinde es rückblickend so, dass man sich gerade auch nochmal in diesen Phasen zwischen 20 und 30, (wo man im Studium und Referendariat ist und danach in den Beruf eintritt) und dann nochmal zwischen 30 und 40 (wo man die ersten Berufserfahrungen sammelt oder vielleicht auch den ersten Wechsel vollzieht), dass man sich jeweils ganz, ganz entscheidend entwickelt. Ich finde es gerade dann immer schön zu sehen, wenn man in dieser Zeit Wegbegleiter hat, die sich auch entwickeln, die auch wachsen, aber dass man miteinander wächst und dass es trotzdem nach wie vor miteinander sehr gut passt. Und wenn man diese Erfahrung gemacht hat und diese Entwicklungsschritte jeder für sich gegangen ist und trotzdem am Ende des Tages nach wie vor gut zusammenpasst, dann glaube ich kann man auch ganz gut darauf bauen, dass es auch für so ein Setup wie das eure jetzt gut funktioniert.

DM: Kann ich hundertprozentig unterschreiben, ja. Sehe ich ganz genauso.

KG: Dann gucken wir uns mal ein bisschen diesen Planungsprozess an. Da stellt sich die klassische Frage, wie lange habt ihr das genau in welchen Schritten geplant? Du hast es schon so ein bisschen angerissen, hast gesagt, die Idee ist insgesamt so zwei, drei Jahre gewachsen und dann gab es nochmal so eine Phase von vier Monaten ganz konkret, bis man sich entschieden hatte. Erzähl mal ein bisschen, welche Schritte spielen da eine Rolle?

Und klar macht man sich auch Gedanken über Dinge wie: Wo kommt denn der Bleistift her? Wie kommt das Papier aus dem Drucker und wie kommt es wieder rein? Und vor allen Dingen, wer sorgt dafür, dass das Telefon klingelt?

DM: Also an der Stelle könnte ich natürlich wahnsinnig breit ausholen, aber ich versuche mich trotzdem mal kurz zu halten. Wie geht man das Thema überhaupt an? Bei uns war es am Anfang dieses Jahres, dass wir gesagt haben, jetzt gehen wir mal wirklich in die Planung und haben dann relativ schnell das Zeitfenster Sommer, August 2020 als Öffnungstermin uns vorgenommen. Dann sitzt du mehr oder weniger vor einem leeren Blatt Papier und hast die Vorstellung: In acht Monaten sitzt du also in deiner eigenen Kanzlei und IT und alles funktioniert und Mandanten sind da – du hast aber nichts. Da fragt man sich: Wie soll man das irgendwie packen? Wir haben es angepackt und sind es angegangen, wie du es bei der Beratung von Mandanten in jedem größeren Projekt machst. Du fängst erstmal an, die wesentlichen Themen zu identifizieren, schreibst sie untereinander, gruppierst sie und fragst Dich: Was gibt es da eigentlich so an wesentlichen Punkten? Klar, du musst eine Strategie haben und einen Businessplan, du brauchst Büroräume, das Thema Corporate Design spielt eine Rolle, oder Finanzierung, IT-Kommunikation, you name it. Und das Ganze versuchst du dann in einen Zeit- und Maßnahmenplan zu quetschen. Das mag sich jetzt ein bisschen spießig anhören und überstrukturiert, aber ich glaube, das ist der einzige Weg. Und es kommen sooo viele Themen und du schreibst sie immer, wenn sie dazukommen, in deinen Plan rein. Das Ganze versuchst du dann auch mit ein bisschen Zuweisung von Aufgaben an einzelne Leute zu versehen. Da können nicht alle alles machen, das ist ausgeschlossen.

Zumal, und das hast du ja gerade auch einleitend richtig gesagt, wir das Ganze eben aktuell ohne Unterbau machen. Wir sind durch unsere eigene Erfahrung in den letzten Jahren gewohnt, ohne Assistenz zu arbeiten, weil wir teilweise selbst unsere Gutachten oder Schriftsätze schreiben und die abtippen und nicht diktieren mussten. Wir sind direkt von Mandanten angerufen worden und mussten ans Telefon gehen. Daher haben wir uns dementsprechend entscheiden, dass dies ist einer der wesentlichen Kostenfaktoren ist. Du kannst nicht im ersten Jahr direkt einen soliden fünfstelligen Betrag mit ins Budget stellen, wenn du ganz am Anfang jedenfalls gar nicht weißt, in welche Richtung sich das entwickelt.

Also haben wir alles allein gemacht. Und das ist eine ganze Menge. Aber diesen Zeit- und Maßnahmenplan, den befüllst du dann, setzt da so ein paar Milestones fest und sagst, bis März sollten wir jedenfalls mal Büroräume feststehen haben. Irgendwann im April, Mai brauchen wir dann die Finanzierung mit der Bank. Corporate Design sollte auch im Juni oder so stehen, damit du überhaupt mal Sachen rausschicken kannst, vielleicht an bestimmte Leute, die du schon gut kennst. Und im August geht es dann eben los.

So verteilst du die Aufgaben, und zwar je nach Präferenz. Die Jüngeren unter uns sind eher IT-affin. Ich komme damit auch gut zurande, bin aber dann derjenige gewesen, dem als – ich nenne mich mal Zahlen- und Planungsnerd – so ein bisschen die Finanzplanung übertragen wurde. Ich muss dazu sagen, es trifft nicht den Falschen. Bei langen Urlauben neige ich dazu, auch sehr dezidierte Pläne zu schreiben und alle Leute auch gnadenlos an meinen eigenen Urlaubsplänen festzuhalten (*lacht*).

So geht das Ganze dann eben Stück für Stück seinen Gang. Bezüglich der Entwicklung der Zeitschiene: Im Januar haben wir tatsächlich losgelegt und uns uns die ersten Büroräume angeschaut, mit einem Designer gesprochen haben oder mit mehreren und uns die ersten Vorschläge haben geben lassen. Und im Februar, März ging es dann ganz konkret in die Entwicklung unserer Strategie: Welche Bereiche decken wir ab? Wo sind wir möglicherweise stark? Wo legen wir Schwerpunkte hin? Im März das Thema, was uns wirklich lange auch vorher im Hals gesteckt hat: Kommunikation mit Linklaters. April, Mai: Finanzierung stand, dann haben wir angefangen, unser Büro virtuell einzurichten, nämlich die gesamten Möbel auswählen. Also auch das, du hast es so im Scherz gesagt, wenn man sich fragt: Wo kommen die Bleistifte her? Das haben wir alles selbst gemacht, durch verschiedenste Anbieter, Websites überlegt, Preise verglichen und eben dann ausgewählt.

Im Juni, Juli haben wir dann die Räume bezogen, haben alles innerhalb von zehn Tagen tatsächlich hier auch drinstehen gehabt. Das hat gut gepasst und wir haben es planungsmäßig so hinbekommen, dass wir dann Anfang Juli hier mehr oder weniger in fertigen Räumen mit IT und allem drum und dran saßen. Auch die Bleistifte waren inzwischen angekommen und im August ging es dann los.

KG: Krass, das klingt ja alles andere als nach etwas, das man mal so nebenbei macht. Vor allem, wenn man einen bereits sehr herausfordernden Job hat, was auch so den mentalen, aber auch zeitlichen Kraftaufwand angeht. Wie schafft man das? Wie schafft man diesen Spagat zwischen der weiteren Tätigkeit für den Arbeitgeber und dieser Planung, vor allem auch im Hinblick auf Geheimhaltung, auf die Vereinbarkeit mit der Mandatsarbeit, muss man da viele Leute anlügen? Ich habe dich bisher als sehr geradlinig wahrgenommen. Wie schwer fiel dir das tagtäglich so über Monate hinweg?

DM: Das Thema Geheimhaltung, Anlügen schiebe ich mal. Da erzähle ich gleich noch die eine oder andere Anekdote zu. Ich fange mal an mit dem Spagat und das war es mit Sicherheit in den letzten Monaten.

Wie schafft man das? Ich meine, das Wichtigste für uns war erstmal, dass wir uns einig waren: Unsere Tätigkeit bei Linklaters darf von dem Ganzen nicht beeinträchtigt sein. Wir haben uns fest vorgenommen, bis zum Schluss abzuliefern. Und das nicht nur, weil wir es selbst uns gegenüber Linklaters vorgenommen und als Verpflichtung gesehen haben, sondern es geht auch gar nicht anders. Wir haben alle verschiedensten Mandanten betreut, die in der Zeit eben auch mit ihren Themen zu uns kamen. Den kannst du dann nicht sagen: Jetzt habe ich keine Lust oder keine Zeit mehr, ich kümmere mich jetzt mal um meine eigene Sache.

Bei mir konkret hatte ich bis Februar zum Beispiel noch in einer größeren Sache einen Bericht fertig zu erstellen für eine Untersuchung mit Vorstandssitzung im Februar. Das hat eine ganze Menge an zeitlichen Ressourcen gefressen. Und dann im März, April kam das Thema Corona, wo alle Mandanten mit Ad-Hoc-Fragen Fragen und Finanzierung und sonstigen Themen ankamen. Einer meiner anderen Partner hat tatsächlich bis in seinen Resturlaub noch zehn Tage, in denen er eigentlich schon Urlaub hatte, sein Mandat fertig betreut. Das war aber völlig klar, dass das im Vordergrund steht.

Dann die Frage: Wie kriegt man denn alles andere da rein? Und ich glaube, da gibt es zwei Dinge, wie das passen konnte: Das eine ist Teamwork. Wir haben uns gegenseitig entlastet.

Und wenn der eine mal Luft hatte, hat er eben auch die Aufgaben des anderen versucht mitzuübernehmen. Das andere ist: Du quetschst dann die Dinge da rein, wo sie hinpassen und das sind dann eben die Abende oder die Wochenenden oder Feiertage. Das Ganze hat dann trotzdem Grenzen, auch Teamwork und eine gute Aufteilung untereinander. Wir hatten zum Beispiel eine, ich will es mal traurige Institution nennen, das war unser Sonntagabends-Call, der irgendwann um sechs, halb sieben anfing und wo wir teilweise fünf, sechs Stunden bis halb eins, eins, dann haarklein über unser Corporate Design diskutiert haben, wie das am Ende aussehen soll. Aber nur da ist dann eben die Luft und dann funktioniert das.

Und da tritt dann eben nicht Linklaters zurück, da treten dann die Familie oder andere Dinge zurück. Aber auch wenn das jetzt irgendwie nach einer anstrengenden Zeit klingt, die es sicherlich war, motiviert das ganze Projekt natürlich ungemein. Ich selbst habe zum Beispiel an dieser elenden Finanzliquiditätsplanung, dem Finanzplan, der Umsatzplanung und so rund um Ostern gesessen und mir dazu eine Excel-Tabelle gebaut, zu der dann die Finanzberaterin bei der Bank letztlich sagte, sie hätte in 20 Jahren Betreuung von Juristen und Gründungen sowas noch nie gesehen. Das hat mich ein bisschen gefreut. An dem Ding habe ich zum Beispiel Ostern viel gesessen und da kam dann auch irgendwann meine Partnerin abends um halb eins ins Esszimmer, wo damals mein Homeoffice aufgebaut war und sagte: Jetzt ist es wirklich mal gut! Gut, da merkt man dann auch, das sind Dinge, bei denen man plötzlich wieder Spaß an anderen Dingen als Jura feststellt oder an anderen fachlichen Dingen, die man über die juristische Zeit einfach auch nicht mehr aufbringen konnte, weil man so eingespannt ist in seinem Job, dass man gar nicht mehr so über den Tellerrand so viel rausschauen konnte.

Das hat dann auch unheimlich motiviert.

Dann das Thema Geheimhaltung und wie man andere Leute anlügen muss. Zum einen: Ja, natürlich will man diese Planungsphase erstmal unter der Decke halten. Dementsprechend ist es jetzt nicht so, dass wir da durch die Kanzlei gelaufen sind und viel darüber gesprochen hätten. Die Türen sind trotzdem häufiger zu. Das kann dann mal ein bisschen auffälliger wirken.

Aber gerade, wenn du viel zu tun hast, ist der Übergang fließend zwischen „Der sitzt gerade und arbeitet" oder „Der telefoniert mit dem Headhunter oder macht was anderes". Das Thema Lügen ist Gott sei Dank nicht relevant geworden für mich persönlich und auch für die Kollegen nicht. Ich habe halt nach diesem Prozess im Sommer offen adressiert, auch bei meinem Leitpartner und anderen, dass ich mir jetzt mal Gedanken mache, wie es anders weitergehen kann und wir uns nach einem halben Jahr mal wieder zusammensetzen und sprechen, sodass alle wussten, dass möglicherweise auch Alternativen im Raum stehen. Aber ganz konkret, Thema Geheimhaltung: Klar haben wir dann so ein paar Dinge auch gemacht, damit nicht jeder direkt mitbekommt, was Sache ist. Wenn wir uns mal getroffen haben zu viert in der Anfangsphase, sind wir auch mal eher ins Café Extra-Blatt zum Beispiel gegangen, in dem klaren Wissen, da wird nie ein Partner seinen Kopf durch die Tür stecken.

Oder wenn wir uns die Büros angeschaut haben, sind wir in Zweiergruppen raus und haben uns gegenseitig angerufen, wenn wir einen der Partner in der Nähe gesehen haben, dass wir da nicht zu viert gesehen werden. Vielleicht ist das auch schon ein bisschen übertrieben, aber wir haben schon versucht, jedenfalls mal für einen gewissen Zeitraum alles unter der Decke zu halten.

KG: Lügen ist natürlich auch in dem Zusammenhang ein hartes Wort. Ich glaube, es geht eher darum, die Mitteilung von Tatsachen auf einen späteren Zeitpunkt zu verschieben.

DM: So ist das. Wenn man nicht gefragt wird, muss man ja auch nicht unbedingt Auskunft geben.

KG: Und dieser spätere Zeitpunkt kam dann irgendwann. Du hast gesagt, es war im März, der Tag, an dem ihr mit Linklaters gesprochen habt.

DM: Der 19. März, ja.

KG: 19. März … also, vier Tage nach Lockdown? Oder war das in der Woche vor dem Lockdown?

DM: Ja, es war eine Woche vor dem deutschlandweiten Lockdown, einen Tag vor dem Linklaters internen Lockdown.

KG: Okay. Aus deren Sicht ist das in jedem Fall ein Einschnitt. Du hast es gesagt, ihr habt euch wohlgefühlt, ihr habt gut zusammengearbeitet, ihr habt große Mandate betreut. Und wenn man sich mal vor Augen führt, dass durch den Weggang von gleich vier erfahrenen Managing Associates auf einen Schlag dann eben viel von diesem Know-how und viel Arbeitskraft wegbricht, neben den ganzen persönlichen Faktoren, bricht da ja auch Umsatz weg. Die Stundensätze liegen bei einem Managing Associate meiner Meinung nach durchschnittlich zwischen 350 und 450 €. Billable Hours so bei ca. 1800 bis 2000 im Jahr. Ich habe schon mehrfach in diesem Podcast gesagt, dass ich schlecht im Rechnen bin, also ich hätte die Frau bei der Sparkasse definitiv nicht beeindruckt (*lacht*). Aber auch ich komme da beim großen Überschlagen auf eine Zahl von roundabout 3 Mio. €.

Bitte nimm uns mal mit zurück an diesen Tag. Gib uns mal einen Einblick in die Situation, wie die Gespräche mit den Partnern liefen, wie die Reaktion fachlich und persönlich war und letztlich auch, was die Kollegen gesagt haben. Und ich glaube, wenn ehrlich bin, ich hätte mir, auch wenn ich persönlich von meiner Entscheidung überzeugt gewesen wäre, so ein bisschen in die Hose gemacht.

DM: Ich würde es nicht so ausdrücken, aber in der Sache trifft es das natürlich. Also ja, wir waren schon nervös. Das ist einer der wesentlichen Punkte für uns gewesen, das ist vollkommen klar. Ich habe es vorhin bei den Milestones ja auch schon genannt.

Wir haben uns lange, lange vorher Gedanken gemacht, wie wollen wir die Partner ansprechen und haben uns auch Gedanken gemacht, wie werden die wohl reagieren, denn das ist die große Unbekannte. Du hast einmal angesprochen das Thema finanzielle Auswirkungen. Das klingt sicherlich am Anfang, wenn man das jetzt so zusammenaddiert, nach einer Menge Umsatz, der da wegfällt. Aber auf der anderen Seite hat sich das für Linklaters auch nach recht kurzer Zeit von ein, zwei Jahren schon wieder ausgewachsen. Das fällt nicht ins Gewicht. Aber klar ist es ärgerlich. Es gehen dann on top auch Leute mit langjähriger Berufserfahrung, mit Know-how, das aufgebaut ist, mit guten gewachsenen Mandantenbeziehungen. Und es gehen persönliche Freunde, die wir über die Jahre natürlich auch mit vielen geworden sind. Und ein Stück weit gehen da auch Zukunftskandidaten. Denn es ist ja nicht so, dass da vier Leute vom Abstellgleis entsorgt wurden, sondern das darf ich jetzt auch in gewissem Stolz sagen, das gilt für alle vier von uns, dass wir auch ein gutes Standing letztlich bei Linklaters hatten. Und der Weg eben für keinen zu Ende war. Und da weißt du nicht, wie reagiert die Kanzlei. Wie reagieren einzelne Menschen auch persönlich auf die Entscheidung? Da waren wir wahnsinnig gespannt. Für uns war von Anfang an klar, dass wir sehr freundschaftlich verbunden bleiben und das Ganze super fair spielen wollten.

Deswegen sind wir auch im März und damit letztlich nochmal sechs Wochen vor unseren eigentlichen Kündigungsterminen auf Linklaters zugegangen. Zu einem Zeitpunkt allerdings, an dem wir mehr oder weniger den Entschluss fest gefasst hatten und auch der Mietvertrag unterschriftsreif auf dem Schreibtisch lag. Dann haben wir gesagt, jetzt gehen wir raus und das ist jetzt der richtige Zeitpunkt, sodass wir diesen besagten Donnerstag, den 19. März, generalstabsmäßig geplant haben.

Das Wichtigste für uns war, dass wir unsere wirklich engen Beziehungspersonen und Leitpartner als Erste informieren, weil das wir auch nach so vielen Jahren nicht wollten, dass einer von denen dann über die Partnerschaft diese Nachricht hört. Das gehört sich schlicht nicht. So, und das ist gar nicht mal so leicht. Das waren dann „nur" zwei bis drei Personen, die wir da auf einen Schlag erreichen wollten, aber der eine Partner war dank Hüft-OP gerade außer Gefecht und eben seit Wochen nicht im Büro, sondern nur telefonisch erreichbar. Und den haben wir dann vorgewarnt am Vortag, dass wir doch mal gerne telefonieren wollten. Und als der sich dann meldete, die Nachricht per WhatsApp an die beiden anderen Kollegen geschickt, sodass diese just in dem Moment dann losrannten, um den anderen Partner einzufangen. So saßen wir tatsächlich parallel bei diesen beiden Leitpartnern und haben die Bombe platzen lassen. Und die Reaktion war … sie waren überrascht. Das Szenario Spin-Off war bei Linklaters offensichtlich keines, was man jetzt als sehr naheliegend erwartet hatte. Und da zeigt sich dann auch wieder: Es war eben der erste Linklaters-Spin-Off. So eine Geschichte, so eine Situation gab es noch nicht. Aber trotz dieser Überraschung war die Reaktion, und das hat uns wahnsinnig gefreut und dann auch beruhigt und diese Aufregung genommen, extrem positiv! Wir haben wahnsinnig viel Zuspruch bekommen, sowohl unmittelbar in diesen Gesprächen als auch dann über den Tag mit den weiteren Partnern und mit vielen, vielen Kollegen. Es gab bis heute keine negative Reaktion im Sinne von, das ist die falsche Entscheidung und wie konntet ihr nur, sondern ganz im Gegenteil, viel Respekt. Viele haben die Entscheidung, wie du vorhin auch, als sehr, sehr mutig empfunden und – das hat uns besonders gefreut – beeindruckt und das auch ganz freimütig eingestanden. Das hätte ich mich nicht getraut und auch bis in Partnerriegen. Das hat uns schon sehr gefreut und insgesamt ist Linklaters damit wirklich wahnsinnig positiv und sehr professionell umgegangen.

Es hat dann einen Tag gedauert, dann haben wir uns zusammengesetzt und haben direkt über alle wesentlichen Punkte gesprochen: Wie geht es jetzt weiter? Wie kommunizieren wir mit Mandanten? Wie kommunizieren wir nach außen? Wie wollen wir jetzt insgesamt hier die nächsten Monate handhaben? Aber auch da super fair, super transparent. Eine der Kernaussagen, die mich sehr gefreut hat, war: „Wir haben jetzt so lange zusammengearbeitet und ihr wart so lange hier und wir vertrauen euch zu 100 %, dass die nächsten Monate hier fair und offen über die Bühne gehen." Und das hat uns einfach wahnsinnig gefreut. Das war wirklich … ja, das war einfach toll.

KG: Schön! Wir sagten ja, 19. März. Ich habe neulich in einem Newsletter für Corona den Ausdruck „Little C" gelesen. Es klingt so schön harmlos. Aber Ihr habt eben mitten in Corona gegründet, mitten im Lockdown. Wie schwierig ist das? Klar, Gründen ist nie leicht. Du hast schon viele Einblicke gegeben, was es da auch an Aufgaben und Herausforderungen im Vorfeld zu bewältigen gibt und sicherlich auch in den ersten Starttagen, zu denen wir gleich nochmal kommen. Aber ja, wie besonders herausfordernd ist das in Corona-Zeiten und welche Auswirkungen gibt es da auch auf das Business Development?

DM: Ich glaube, hätte es Corona gegeben, zu dem Zeitpunkt, als wir angefangen haben, uns generell Gedanken zu machen, hätte ich mich oder da hätten wir uns deutlich mehr beeinflussen und beeindrucken lassen, als es am Ende tatsächlich der Fall ist. Man kann sogar sagen, dass uns Corona in der einen oder anderen Hinsicht hilft, so seltsam das jetzt klingen mag. Ich habe gerade diesen Verkündungstag angesprochen bei Linklaters, der hat auch eine enorme Sprengkraft gehabt. Es gab am nächsten Tag einen Call an einem anderen Standort, wo das dann Thema war, dass sich vier jetzt in Düsseldorf selbstständig machen. Viele, viele Kollegen haben uns angesprochen. Das hat ein Unruhepotenzial. Aber einen Tag nach der Verkündung geht es in den Corona-Lockdown und danach sind die Leute über Wochen im Homeoffice und man spricht einfach nicht mehr. Das hat das ganze Thema enorm beruhigt. Das empfinden wir zum Beispiel als einen großen Vorteil. Zweiter Vorteil: Im Homeoffice ergeben sich dann eben auch die einen oder anderen Freiräume mal ein Telefonat zu führen, ohne dass jemand die Ohren spitzt oder wenn man dann doch mal eine Stunde gerade nichts Akutes auf dem Tisch hat, sich doch mal an seinen Businessplan zu setzen. Und ich glaube, der größte Vorteil ist, dass wir mehr oder weniger, auch was unsere Voraussetzungen angeht, d. h. technische Ausstattung, das Leben in der neuen Welt, New Work, vom ersten Moment an kennen. So gründen wir.

Aber jetzt will ich es auch nicht zu schön reden. Natürlich hat uns das Thema Corona wahnsinnig beschäftigt. Als es dann absehbar wurde, dass das auf einen großen Lockdown hinausläuft, dass die Wirtschaft massiv geschädigt werden würde, haben wir uns natürlich nochmal ganz genau gefragt: Was heißt das für unseren Businessplan? Müssen wir vielleicht doch ein bisschen vorsichtiger planen? Kommt das Geschäft vielleicht später oder kommt einiges an Geschäft auch gar nicht? Man sieht in diesem Jahr: M&A-Transaktionen haben lange, lange Zeit eben kaum stattgefunden. Darauf muss man sich eben dann auch einstellen bei seinen Plänen. Das haben wir auch gemacht, sind am Ende aber, und so lange waren die Diskussionen gar nicht, sehr klar zu der Entscheidung gekommen, dass wir trotz Corona so weitermachen wollen, wie wir es uns vorgenommen haben und haben sogar gesagt, eigentlich bietet Corona uns doch auch recht gute Chancen. Der Kostendruck bei vielen Unternehmen steigt – das Modell der Boutique lautet: Zu etwas günstigeren, effizienteren Strukturen und Preisen eine ähnliche Qualität anzubieten wie die großen Kanzleien. Vielleicht bietet sich da ja sogar auch das eine oder andere Türchen am Markt. Vielleicht tauscht der ein oder andere Mandant eben dann doch mal seine Berater kostengetrieben aus. Man muss es auch alles nicht nur negativ sehen.

Aber auf der anderen Seite, klar, gibt es auch ganz praktische Auswirkungen von Corona. Wir haben Möbel bei italienischen Herstellern und Designern bestellt, in Italien ist aber einfach über acht Wochen im Frühjahr nichts produziert worden. Und dann stellst du dir die Frage, ob du doch deinen Empfangsbereich hier fertig stehen hast, wenn du Anfang August loslegen willst. Laptops: Die ganze Welt brauchte plötzlich Laptops. Was machst du, wenn du am 1. August in deiner Kanzlei sitzt, und du hast keinen Laptop? All das sind so Themen, die uns natürlich beschäftigt haben, aber die am Ende alle gut funktioniert haben.

Ich glaube, der entscheidende Punkt ist, den du angesprochen hast, die Akquise, denn da spielt es eine große Rolle. Da ist es so: Du gehst naturgemäß von deinem eigenen Netzwerken aus, überlegst, wen kennst du und dann würdest du normalerweise in der klassischen Welt Mittagessen, in die Unternehmen fahren, Meetings haben, Kaffee trinken, die Leute treffen und persönlich in den Austausch kommen. Wir haben das von Juli bis Oktober gut hinbekommen, über Roadshows nach München, Berlin und auch hier in Düsseldorf viele Leute getroffen. Wir haben festgestellt, in den Unternehmen sind viele Leute schlicht nicht ins Unternehmen gekommen, sodass man in diese persönlichen Beziehungen, in diesen persönlichen Austausch teilweise nur schwer kam. Und da schlägt sich Corona dann auch wirklich nieder und das wird jeder kennen. Du baust eine Beziehung schwerer am Telefon oder bei einer Videokonferenz auf, als du es bei einem persönlichen Treffen mit ein bisschen Smalltalk vor- und hinterher machst und du auch merkst, ob die Chemie stimmt. Das ist auch ein wesentlicher Punkt. Als Berater bin ich ja nicht nur eine Fachmaschine, die irgendwelche juristischen Normen ausspuckt. Und klar, gibt es heute Workarounds mit Videokonferenzen und auch virtuellen Pitches, bei einigen Mandanten sind wir auch über virtuelle Pitches ins Mandat gekommen. Das funktioniert alles wunderbar. Ich glaube auch nicht, dass da die persönliche Beziehungsebene noch Probleme aufwirft, man kriegt da auch schon ein Gespür füreinander. Aber ich glaube, du weißt, was ich meine. Dieser weiche Faktor, der ist einfach wahnsinnig schwer. Und da hoffen wir, nächstes Jahr wieder ein bisschen mehr Normalität zu haben.

KG: Das stelle ich mir schon schwierig vor in der Hinsicht. Es klingt jetzt zumindest so, als habt ihr das alles sehr, sehr gut gemeistert und es haben sich Mittel und Wege gefunden. Aber ich finde dennoch, dass bei der ersten persönlichen Begegnung zwischen zwei Menschen, automatisch etwas passiert. Da findet eine Form von Kommunikation statt, da gibt es so gewisse Vibes. Und ich weiß immer noch nicht, ob man das tatsächlich über eine Videokonferenz transportieren kann. Das fehlt und das kann man nicht ersetzen. Ob man das am Ende des Tages immer zwingend braucht, um das Mandat erfolgreich zu einem Abschluss zu bringen, das sei mal dahingestellt, sicherlich nicht in allen Fällen. Aber ich habe in meiner Beratertätigkeit jetzt auch während des Lockdowns Placements gemacht und davon ging zum Beispiel eins gut und eins ging nicht gut. Und bei dem es dann nicht gut ging im Endeffekt, obwohl der Kandidat schon geplaced war, habe ich mich im Nachhinein tatsächlich gefragt: Hätte ich das merken können oder hätte ich das wissen können, wenn ich die Möglichkeit gehabt hätte, ihn persönlich zu treffen? Man weiß es eben nicht.

Kommen wir nochmal ein bisschen zum Inhaltlichen. Ihr macht grob gesagt Corporate M&A, Compliance und Litigation. Und das sind ja eher keine Randgebiete. Denn eigentlich, als dieser Trend mit den Spin-offs losging, ging der Trend auch erstmal dazu, diese in Randgebieten zu gründen. Einfach aus dem Grund, dass diese strukturell meist wenig mit der Profitabilitätsmaxime der Großkanzleien vereinbar sind. Berichtet doch mal, welche Expertise du und deine Kollegen Carl, Friedrich, Carsten und Hubertus jeweils haben und wie ihr euch ergänzt und was daher euer USP ist. Was ist der USP von LMPS?

DM: Was wir letztlich machen, ist, und ich glaube, alles andere wäre auch vermessen, das, was wir über viele Jahre bei Linklaters gelernt und auch praktisch gemacht haben, nämlich die Bereiche Corporate M&A, Compliance und Litigation. Und diese Erfahrungen, diese Schwerpunkte, die haben wir jetzt in unsere eigene Einheit letztlich übertragen und dabei kommt uns am Ende zugute, dass wir alle breit ausgebildet sind, sodass wir alle in aktienrechtlichen, aber auch M&A-Transaktionen und Compliance-Fragen immer verschiedenste Sachen beraten haben, sodass wir mehr oder weniger auch den Ansatz verfolgen, dass jeder von uns in allen Bereichen beraten soll. Gleichwohl haben sich durch die Erfahrung so ein paar Schwerpunkte ausgebildet. Bei mir beispielsweise: Ich habe ganz überwiegend in den letzten Jahren aktienrechtliche Themen bearbeitet, große börsennotierte Gesellschaften beraten, in Haftungsangelegenheiten, in großen Investigations, auch bei öffentlichen Übernahmen und einige mitbegleitet. Das sind dann Punkte, die eben durch die Erfahrung eher bei mir liegen, wohingegen bei anderen Kollegen, gerade zwei der Kollegen, jetzt eher mal im klassischen Transaktionsbereich viel Erfahrung liegt, weil sie gerade auf internationalen Transaktionen bei Linklaters auch tätig waren, sodass sich das im Team dann schon nochmal sehr gut auch ergänzt.

Was ist der USP der Kanzlei? De facto kann man es unter dem Schlagwort Großkanzleiniveau zum Boutique-Preis zusammenfassen. Das ist im Grunde so, wie es bei vielen Spin-Offs auch ist, nämlich die Idee, dass wir diese Erfahrung, dieses Know-how von Linklaters transportieren in unsere eigene Einheit mit demselben Anspruch, den Mandanten weiter beraten, und zwar auch dieselben Arten von Mandanten weiter beraten. Und das ist vielleicht dann eben der USP, bei dem wir uns noch einmal von anderen Boutiquen ein Stück weit absetzen wollen, indem sagen: Wir haben zusammen fast 40 Jahre Beratungserfahrung mit DAX-Gesellschaften, MDAX-Gesellschaften, aber auch mit großen internationalen Unternehmen bei großen Transaktionen. Diese beiden spezifischen Punkte sind Schwerpunkte, die es bei vielen anderen Boutiquen so nicht gibt und die wir auch tatsächlich hier mit LMPS bearbeiten. Was uns wirklich freut ist, dass wir allein nach vier Monaten sehen, dass das funktioniert. Ein kluger Mann sagte mal: Ich liebe es, wenn ein Plan funktioniert. Die Älteren unter uns kennen ihn noch. Aber Spaß beiseite: In den ersten Monaten hatten wir nun tatsächlich schon einige Mandanten, SDAX bis MDAX, die uns mit Dingen wie aktienrechtlicher Beratung, aber auch Hauptversammlung betrauen, dabei sind das eigentlich Punkte, die viele, viele Jahre absolut gesetzt waren bei den großen Kanzleien.

Und das zeigt, dass der Markt sich für Boutiquen auch an der Stelle öffnet und dass wir mit unseren Erwartungen an der Stelle richtig gelegen haben. Das freut uns total.

KG: Du leitest perfekt über, ich wollte nämlich gerne noch wissen, ob sich eure Erwartungen nach dem ersten halben Jahr erfüllt haben. Das klingt absolut danach und das freut mich. Und ich glaube, es zeigt auch, wie wichtig eben diese gute, dezidierte Vorbereitung ist, über die wir sehr lange gesprochen haben. Die mag vielleicht in dem Moment, in dem man sie macht, ein bisschen nerdy wirken. Aber am Ende des Tages: Hard Work Pays Off.

Wo soll es für euch 2021 hingehen? Was ist unter anderem eure Personalstrategie? Denn die unterscheidet sich ja auch von Spin-Off zu Spin-Off. Manche sagen, wir bleiben erstmal so, wie wir sind. Du hast ja auch schon gesagt, ihr arbeitet erst einmal ohne Assistenz. Manche haben so einen kleinen Wachstumsplan, manche denken dann ein bisschen größer, denken auch in Richtung Ausbildung von Referendaren zum Beispiel. Was ist eure Strategie?

DM: Unsere Grundidee ist, jetzt nicht die ganz große Wachstumsmaschine anzuschmeißen, wenn ich das mal so als ein Ende des Extrems beschreibe. Wir wollen aber auch nicht in der Aufstellung bleiben, in der wir jetzt im Augenblick sind, sondern ein gesunder Mittelweg ist da, glaube ich, das Ziel. Wir beschreiben uns jetzt als partnerzentriert und wollen auch partnerzentriert bleiben. Das heißt, was wir uns durchaus vorstellen können, ist, langfristig auf ein Verhältnis von einem Associate auf ein Partner zum Beispiel zu wachsen. Kurzfristig wird sich als erstes die Frage stellen (und das vermutlich auch schon jetzt im Laufe des nächsten Jahres), dass wir dann doch jemanden zur Unterstützung als Assistenz dazunehmen, weil die ganzen Themen, die man eben auf dem Schreibtisch hat, von Finanzen über Planungen und Orgasachen einfach irgendwann auch dann in andere Hände gegeben werden müssen, damit wir Zeit für die Mandatsarbeit behalten. Ich glaube, so lässt sich die Strategie an der Stelle am besten beschreiben. Wobei das auch Work in Progress ist, denn vor einem halben Jahr hätte ich dir noch eine andere Antwort gegeben und ich weiß nicht, was ich dir in einem halben Jahr sage, wenn es sich weiter so entwickelt wie bisher.

KG: Wir kommen zum Abschluss, ich habe noch eine letzte Frage für dich. Du kennst mein Konzept der Möglichkeit jedes Gastes, eine Frage an den nächsten unbekannten Gast zu stellen. Dr. Jan-Philipp Feigen und Sylvia Semkowicz von EY Law waren meine letzten Gäste und haben dir folgende Frage gestellt: Würdest du deinen Kindern zum Jurastudium raten oder sie eher davon abhalten? Und weshalb?

DM: Das ist eine gute Frage, das ist nicht ganz leicht. Ich glaube, es muss von den Kindern kommen, das ist wohl das Entscheidende. Wenn der Wunsch da ist, ich möchte gerne Jura studieren, Papa, was hältst du von der Idee? Dann würde ich sicherlich voll unterstützen, denn das geht ein bisschen mit dem zusammen, was ich ganz am Anfang gesagt habe. Es muss eben Freude, es muss Motivation, es muss eigenes Interesse da sein. Und dann finde ich, ist das Jura-Studium tatsächlich eine der Ausbildungen, die ich uneingeschränkt empfehlen kann, schlicht weil man fürs Leben eine Menge lernt, weil man Systematik und Technik lernt, mit der man an vielen Stellen wirklich gut arbeiten kann. Ich habe in meinem LL.M.-Studium immer wieder festgestellt, was wir doch mit der deutschen Ausbildung für gut taugliche Instrumente an die Hand bekommen. Und nicht zuletzt, finde ich, würde ich auch meinem Kind deshalb dazu raten, Jura zu studieren, weil ich die Studienzeiten nie missen würde.

KG: Nach so viel Fragerei meinerseits und von meinen letzten Gästen darfst du jetzt natürlich auch noch eine Frage an meinen nächsten, dir noch unbekannten Gast stellen. Es ist der letzte Gast dieses Jahres, bevor auch LWYRD dann in eine kleine Weihnachtspause geht. Was hast du dir überlegt? Wie lautet die Frage?

DM: Das knüpft ein bisschen jetzt an die letzte Frage tatsächlich an. Ich habe gesagt, mit dem Studium in den USA habe ich ein bisschen von dem gesehen, wie die Amerikaner auf die Juristenausbildung schauen. Da gibt es so Dinge wie Law Clinics, in denen Studenten schon an praktischen Fällen arbeiten, insgesamt gibt es einen sehr starken praktischer Bezug. Sokratische Methode, Vorbereitung und unaufgefordertes Rannehmen in den Stunden.

Die Briten haben einen etwas anderen Angang mit dem System der Conversion Studies. Das erlaubt es dir nach einemjährigem Studium, obwohl du gar nicht Jura studiert hast, sondern drei Jahre Physik, dann doch noch Anwalt zu werden. Deswegen, lange Vorrede, kurze Frage:

Wie finden Sie denn das deutsche Ausbildungssystem zum Volljuristen hin, das oft kritisiert wird wegen der langen Dauer? Und welche ganz konkreten Punkte würden Sie denn anders machen?

KG: Okay, ja, finde ich spannend. Da gibt es auch ganze Arbeitsgruppen, die sich mit dem Thema beschäftigen. Dazu könnte man auch mal eine ganze Episode LWYRD! machen.

Aber ich fange auf jeden Fall mal damit an, die Frage an meinen nächsten Gast weiterzugeben.

Daniel, die gute letzte Stunde war mal wieder ein gutes Beispiel dafür, warum ich LWYRD! mache. Du hast uns einen sehr offenen und ehrlichen Einblick in all das gegeben, was mit so einer Gründung zusammenhängt. Wir durften dich persönlich besser kennenlernen. Und das geht eben zumindest für mich weit über das hinaus, was man aus einem gelesenen Interview vielleicht mitnehmen kann und was ansonsten auch am Rechtsmarkt an Informationen zu diesem und hoffentlich auch noch vielen weiteren spannenden Themen verfügbar ist. Danke also dafür! Ich wünsche euch allen Vieren von Herzen ein erfolgreiches Jahr 2021 mit LMPS und natürlich noch viele, viele weitere.

DM: Danke dir, Katharina, für das Gespräch, für die guten Wünsche und für die Einladung zu deinem Podcast. Es hat mir Spaß gemacht! War ein tolles Gespräch und ich freue mich schon auf deine weiteren Folgen und wünsche dir jetzt auch eine schöne Weihnachtszeit und alles Gute für 2021.

10

How to build a business case – War früher wirklich alles besser?

Exklusivinterview mit Sven Laacks, geschäftsführender Gesellschafter der LWYRD Legal Recruitment GmbH[1]

Mit meinem Geschäftspartner Sven Laacks habe ich mir für dieses Buch vorgenommen, einen näheren Blick auf das Thema Business Case und alle damit in Zusammenhang stehenden Fragen zu werfen. Dazu haben wir uns zu einem Gespräch zusammengesetzt.

KG: Gerade wenn es auf dem Track in Richtung Partnerschaft geht, merken wir in unserem Alltag in der juristischen Personalberatung immer wieder, dass teils erheblicher Unterstützungsbedarf besteht und sich die Kandidaten fragen, wie sie dieses Thema strategisch und effizient angehen können – unabhängig davon, welche Unterstützung die jeweilige Kanzlei hier anbietet.

Sven, kannst Du uns daher zunächst einmal eine Einordung aus Deiner Sicht geben, wie gut unsere Kollegen überhaupt auf diese Etappe in ihrer Karriere vorbereitet sind oder werden?

SL: Aus meiner Sicht sind viele Anwälte nicht ausreichend auf die Erstellung eines Business Cases bzw. Plans vorbereitet, insbesondere wenn es darum geht, den Übergang zur Partnerschaft zu meistern. In den meisten juristischen Ausbildungen und auch in den ersten Berufsjahren liegt der Schwerpunkt auf der fachlichen Expertise und weniger auf betriebswirtschaftlichen oder unternehmerischen Aspekten. Während einige Wirtschaftskanzleien Trainings und Unterstützung in diesem Bereich anbieten, ist dies nicht flächendeckend der Fall. Oftmals wird von den Anwälten erwartet, dass sie sich diese Fähigkeiten

---

[1] Für dieses Buch entstanden und nicht als Podcast verfügbar.

nebenbei aneignen, was jedoch aufgrund der hohen Arbeitsbelastung eine große Herausforderung darstellt. Hinzu kommt, dass viele Anwälte nicht genau wissen, welche Elemente ein überzeugender Business Case enthalten sollte und wie sie diese strategisch und effizient entwickeln können. Ein guter Business Case für die Partnerschaft geht über die bloße Darstellung des eigenen Erfolgs hinaus. Er muss klar darlegen, wie man langfristig zur Wertschöpfung der Kanzlei beitragen kann, welche neuen Mandate oder Märkte man erschließen will und wie man das Wachstum der Kanzlei unterstützen kann. Dies erfordert ein tiefes Verständnis der Kanzleistrategie, der Marktbedingungen und der wirtschaftlichen Ziele.

KG: Woran liegt es Deiner Meinung nach, dass Anwälte nicht gut genug auf das Thema Business Case vorbereitet sind oder werden?

SL: Dabei spielen verschiedene Aspekte eine Rolle, lass mich einmal fünf davon herausgreifen.

1. **Ausbildung und Berufseinstieg:** Die juristische Ausbildung konzentriert sich stark auf die Entwicklung rechtlicher Fachkenntnisse und die Lösung juristischer Probleme. Betriebswirtschaftliche Themen werden in der Regel kaum oder gar nicht behandelt. Anwälte verbringen den Großteil ihrer Ausbildung damit, juristische Konzepte zu erlernen und anzuwenden, wodurch betriebswirtschaftliche Fähigkeiten oft vernachlässigt werden. In den ersten Jahren ihrer Karriere liegt der Fokus für junge Anwälte in Kanzleien dann zunächst hauptsächlich auf der praktischen Anwendung und Vertiefung ihrer juristischen Fähigkeiten. Die Arbeitsbelastung ist in dieser Phase oft sehr hoch, sodass wenig Zeit für die Entwicklung zusätzlicher Kompetenzen bleibt. Die Anwaltskultur in vielen Kanzleien fördert mithin zunächst die Spezialisierung und Exzellenz im juristischen Bereich, bevor andere Fähigkeiten wichtig werden.
2. **Fehlende systematische Weiterbildung**: Viele Kanzleien bieten keine systematischen Schulungen oder Programme zur Entwicklung von betriebswirtschaftlichen Fähigkeiten an. Selbst in größeren Kanzleien, die solche Trainings anbieten, sind diese oft nicht obligatorisch oder werden schlichtweg als weniger wichtig angesehen. Die Anwälte stehen vor der Herausforderung, sich diese Fähigkeiten parallel zur Arbeitsbelastung autodidaktisch anzueignen.
3. **Unterschiedliche Erwartungshaltung je nach Kanzleistruktur:** In einigen Kanzleien wird die Entwicklung eines Business Cases erst dann relevant, wenn ein Anwalt sich auf dem Weg zur Partnerschaft befindet. In dieser Phase kann es für den Anwalt jedoch bereits schwierig sein, diese Fähigkeiten ad hoc zu entwickeln. Die Kanzlei erwartet unter Umständen,

dass der Anwalt diese Kompetenzen bereits besitzt, ohne dass es zuvor eine strukturierte Vorbereitung gab.
4. **Fehlende Praxisnähe der bestehenden Angebote:** Generell lernen Menschen besser durch konkrete Fallbeispiele und Mentoring, das gilt auch für Anwälte, wenn sie an realen Projekten arbeiten können. Diese praxisnahe Ausbildung wird jedoch oft nicht angeboten oder vorgenommen.
5. **Selbstwahrnehmung und Priorisierung:** Viele Anwälte sehen sich primär als rechtliche Experten und nicht als Unternehmer. Dieses Selbstverständnis kann dazu führen, dass betriebswirtschaftliche Fähigkeiten nicht als Kernkompetenz angesehen und daher auch nicht priorisiert werden.

Um diese Lücken zu schließen, sollten Kanzleien noch mehr und gezielte Programme entwickeln, die Anwälte frühzeitig und kontinuierlich in betriebswirtschaftlichen Themen schulen. Mentoring durch erfahrene Partner und praktische Projekte können helfen, die notwendigen Fähigkeiten zu entwickeln. Zudem sollten Anwälte proaktiv ihre Kenntnisse erweitern und sich gezielt auf die Entwicklung eines eigenen Cases vorbereiten.

KG: Wir schauen uns diese Thematik später nochmal ein wenig detaillierter an. Vielleicht fangen wir jetzt erst einmal ganz vorne an und klären die grundlegenden Begrifflichkeiten. Was ist ein Business Plan und was ist in Abgrenzung dazu ein Sales Plan?

SL: Ein Business Plan ist die umfassende Planung, die die Geschäftsstrategie und die langfristigen Ziele des Aufbaus eines Business Case beschreibt. Er dient als Leitfaden für den Aufbau, das Wachstum und die Geschäftsentwicklung.

Ein Sales Plan wiederum ist ein spezifisches Dokument, das die Verkaufsstrategie und -taktiken beschreibt. Es konzentriert sich auf die Erreichung bestimmter Ziele innerhalb eines festgelegten Zeitraums.

Oder wenn ich in einem Satz beschrieben müsste: Ein Business Plan beschreibt, WAS ich machen möchte und ein Sales Plan, WIE ich es machen möchte.

KG: Diese Abgrenzung ist vielen oft gar nicht bewusst, und zwar weder den Anwälten selbst noch den Kanzleien. Was genau gehört denn in den Business Plan?

SL: Ein umfassender Business Plan sollte mehrere wesentliche Bestandteile enthalten, um die Geschäftsstrategie und die langfristigen Ziele klar darzustellen.

1. **Executive Summary:** Kurze Zusammenfassung der wichtigsten Punkte des Business Plans. Sie beinhaltet die Vision, die Mission, die Hauptziele und die geplanten Maßnahmen zur Zielerreichung. Dies sollte prägnant und ansprechend formuliert sein, um das Interesse von Entscheidungsträgern zu wecken.

2. **Persönliche Vorstellung**: Beschreibung der Person, ihrer beruflichen Entwicklung, Qualifikationen und ihrer aktuellen Situation. Ggf. erweitert um die Teamstruktur (sofern vorhanden), sowie die wichtigsten Mitarbeiter und deren Qualifikation.
3. **Vorstellung der Praxisgruppe**: Detaillierte Beschreibung der Beratungsprodukte oder Dienstleistungen, die der Rechtsanwalt anbietet oder anbieten will. Zudem eine Erläuterung der Vorteile und Alleinstellungsmerkmale (Unique Selling Propositions, USP) sowie Informationen zur Produktentwicklung oder geplanten Erweiterungen des Angebots.
4. **Finanzielle Darstellung und Prognosen**: Darstellung der Ist-Situation mit Rückblick auf die letzten 2–3 Jahre und die Geschäftsentwicklung. Im Anschluss folgt die Einschätzung der geplanten Umsatzentwicklung für die nächsten 2–3 Jahre. Letzteres stellt naturgemäß viele Anwälte, insbesondere die jüngeren unter ihnen bzw. angehende Partner vor ein Problem. Hier heißt es: Besser konservativ planen als zu hoch pokern! Man muss davon ausgehen, dass selbst gestandene Partner bei einem Wechsel im ersten Jahr nicht den gleichen Umsatz generieren, wie zuvor. Man sollte daher realistisch bleiben.

Abgeschlossen wird dieser Teil durch einen Anhang mit Dokumenten, die den Business Plan sinnvoll ergänzen (eigener CV sowie der der Team Mitglieder, Track Records, ggf. relevante Marktstudien).

KG: Und was gehört wiederum in den Sales Plan?

SL: Ein Sales Plan ist der Teil der Business Planung, der die Verkaufsstrategie und -taktik beschreibt. Er konzentriert sich auf die Erreichung bestimmter Ziele innerhalb eines festgelegten Zeitraums und kann natürlich auch in den Business Plan mit eingeflochten werden. Dieser Teil der geschäftlichen Entwicklungsplanung kommt meines Erachtens im rechtsanwaltlichen Umfeld meist viel zu kurz, sowohl auf Seiten der Kanzlei als auch auf Seiten der einzelnen Anwälte. Der Sales Plan ist ein gutes Instrument, um sich selbst Ziele zu setzen, und dient zugleich als Werkzeug zur Überprüfung derselben. Zudem bietet er die Möglichkeit zur Analyse, ob sich das dargestellte Geschäftsmodell im neuen Umfeld gut umsetzen lassen wird. Das bedeutet:

Zuerst definiert man seine Zielsetzung. Das meint die Festlegung klarer, messbarer (Verkaufs-)ziele, wie Umsatzsteigerungen, Marktanteilsgewinne, Anzahl neuer Mandanten. Dann setzt man sich einen Zeitrahmen für die Erreichung dieser Ziele, unterteilt in Zeitabschnitte (Quartale, (Halb-)jahre etc.)

Im nächsten Schritt setzt man sich mit seinem individuellen Zielmarkt auseinander. Das erfordert eine detaillierte Beschreibung des Zielmarktes, je nach dem individuellen Case einschließlich sektorspezifischer, geografischer und verhaltensbezogener Merkmale der Zielmandanten. Man segmentiert den Markt in unterschiedliche Kundengruppen und definiert deren spezifische Bedürfnisse und ihr Kaufverhalten.

Nun weiß man, was man mit welchen Kunden/Mandanten erreichen möchte und kann sich auf der Basis sich seine Verkaufsstrategie zurechtlegen, bestehend aus Strategien zur Erreichung der Umsatzziele, der Marktdurchdringung, Marktentwicklung und der Entwicklung des eigenen Beratungsproduktes. Dazu gehört auch die Positionierung der Beratungsangebote oder Dienstleistungen im Markt und die Differenzierung von Wettbewerbern. An dieser Stelle können Sie individuell auf das jeweilige Arbeitsumfeld (sei es bei der aktuellen Kanzlei oder im Rahmen eines beruflichen Wechsels im Hinblick auf das zukünftige Arbeitsfeld) eingehen, denn so zeigen Sie, dass Sie sich mit der jeweiligen Situation intensiv auseinandergesetzt haben. Bietet das Umfeld im Blick auf bestimmte Faktoren besondere Synergien oder Anknüpfungspunkte in Bezug auf z. B. sektorspezifische Ausrichtungen, geografische Präsenz oder werden Beratungsfelder ergänzt, die bisher nicht oder nur wenig besetzt sind?

Anhand dieser Verkaufsstrategie formulieren Sie sodann die konkreten Maßnahmen und Aktivitäten zu deren Umsetzung. Die Beschreibung dieser „Vertriebsprozesse und -kanäle" sollte natürlich individuell mit dem zuvor beschriebenen Zielmarkt korrespondieren, um die Zielgruppe auch zu erreichen, d. h. nennen Sie konkret Verkaufsaktivitäten, wie Messen, Events, Kundenbesuche oder Ausbau des Beratungsangebotes bei bereits vorhandenen Mandanten.

All das braucht aber natürlich ausreichend Ressourcen. Ich habe in meiner Beratungslaufbahn immer wieder Situationen erlebt, in denen das Vorhandensein oder zur Verfügung stellen bestimmter Ressourcen vorausgesetzt, aber im Vorfeld nicht geklärt wurde. Dies sorgt naturgemäß für Frustration, wenn die sorgsam erstellte Planung gar nicht in die Tat umgesetzt werden kann. Daher untersuchen Sie, welche Ressourcen zur Verfügung stehen, d. h. welche finanziellen Mittel (Budget für die Präsenz auf Messen & Veranstaltungen, die Durchführung von Events, Werbekampagnen) und welche internen Ressourcen (Unterstützung durch Marketingmitarbeiter zur Erstellung von Produktbroschüren oder die Vorbereitung von Content für Social Media und Öffentlichkeitsarbeit) können Sie tatsächlich nutzen?

Damit der Sales Plan dann wirklich nicht nur als Fahrplan bei der Geschäftsentwicklung, sondern auch als Instrument zur Messung Zielerreichung dient, müssen Sie nun die Umsatzprognosen für festgelegte Zeiträume aufgreifen. Dabei können Sie auf vergangene Umsatzzahlen zurückzugreifen und ggf. aktuelle Markttrends einarbeiten.

Alles in allem ist das eine sehr umfangreiche Vorbereitung an, das ist mir auch bewusst. Als Berater erlebe ich sehr häufig, dass viele unserer Kandidaten gerade mit dem Thema Sales Plan Neuland betreten und sich mit diesem Teil der Business Planung nicht intensiv auseinandergesetzt haben. Ich kann nur eindringlich dafür plädieren, denn hiervon hängt ein Großteil des geschäftlichen Erfolgs ab.

KG: Wie gehe ich jetzt aber beides konkret an, also wo starte ich, wenn ich vor einem weißen Blatt Papier sitze?

SL: Hier gilt – wie so häufig – „Failing to prepare is preparing to fail." Die Vorbereitungsphase ist daher entsprechend wichtig.

An erster Stelle steht die eigene IST-Analyse, indem man sich einen Überblick über seine Mandantschaft, mit der man in den vergangenen Jahren gearbeitet hat, verschafft. Am besten klappt das mit einer einfachen Tabelle, in der der Mandant und der zentrale Ansprechpartner bzw. Entscheidungsträger aufgenommen wird, sowie die jeweiligen Umsatzspannen der vergangenen Jahre. Nun folgt der etwas schwierigere Teil: In den nächsten Spalten trägt man die Umsatzprognose für jeden Mandanten ein. Sodann kategorisiert man die Mandanten nach dem Grad der Wahrscheinlichkeit zu dem der Mandant auch in Zukunft zu einer Zusammenarbeit bereit ist. An dieser Stelle empfehle ich drei Kategorien: A. „Sehr wahrscheinlich", B. „Wahrscheinlich" (d. h. zumindest ein Teilumsatz der Vergangenheit kann erneut erreicht werden) und C. „Geringe Kontaktbasis" (das Mandat muss in der Zukunft noch ausgebaut werden). So können Sie auch ein „Best Case" und ein „Worst Case" Szenario abbilden.

Aus Beratersicht sehe ich hier immer wieder Überraschungen bei unseren Kandidaten, nachdem sie sich einen solchen Überblick verschafft haben, da sie sich selten so intensiv hiermit auseinandergesetzt haben. Kunden dagegen berichten mir leider allzu häufig über Gespräche mit Kandidaten, die auf die Frage nach Umsätzen oder transportablen Mandaten vollkommen unvorbereitet wirken. Dabei kommt derartigen Fragen naturgemäß eine hohe Bedeutung zu. Um professionell auftreten zu können, sollten solche Fragen souverän beantwortet werden können. Weshalb ich nur nachdringlich auf die Bedeutung dieses Schrittes hinweisen kann.

Sodann folgt die weiterführende Recherche: Sammeln Sie Informationen über Ihre Branche, den Markt, Wettbewerber und Zielmandanten. Nutzen Sie hierfür Marktstudien, Branchenberichte und andere relevante Quellen. Zielsetzung sollte sein: Klären Sie Ihre Vision, ihre Mission und ihre langfristigen Geschäftsziele. Definieren Sie, was Sie wann und wie erreichen möchten und wie Sie sich auf dem Markt positionieren wollen.

Mit Abschluss der Vorbereitungsphase fällt es den meisten Menschen dann schon sehr viel leichter, sich in die nächsten Schritte zur Erstellung des Plans hineinzudenken.

KG: Wer kann mich denn dabei ggf. unterstützen, die eigene Situation, das Potenzial, die Performance messbar zu machen und dann auch entsprechend im Business oder Sales Plan darzustellen? Das heißt: Wie gebe ich (oder jemand anderes) meiner eigenen Leistung eine Währung und schätze diese auch realistisch ein?

SL: Das hängt von der Ausgangssituation ab. Im Fall der Erstellung einer Business Planung für die interne Weiterentwicklung empfiehlt es sich, zunächst auf interne Ressourcen zurückzugreifen. Das können Vorgesetze, Kollegen oder das Management sein. Anders liegt der Fall, wenn Sie sich außerhalb des aktuellen Umfeldes verändern möchten. Hier bieten sich externe Berater und Experten als Ansprechpartner an. Seien es Unternehmensberater, Personalberater oder entsprechende Coaches. Diese bieten umfassende Analysen von Stärken, Schwächen, Chancen und Risiken (SWOT-Analysen), können wertvolle Ratschläge geben und durch den Prozess der Leistungsbewertung und Planerstellung führen. Ebenso bieten vorhandene Customer Relationship Management (CRM) Systeme die Möglichkeit dazu, Ihre Aktivitäten zu verfolgen und anhand von Daten auszuwerten. Im gleichen Maß können Key Performance Indicators (KPIs) dabei helfen, Daten, die relevant für Ihre Branche und die Geschäftsziele sind, zu sammeln.

Aus den gesammelten Daten können Sie so Trends und Muster erkennen. Vergleichen Sie die Ergebnisse mit Benchmarks, so können Sie diejenigen Bereiche identifizieren, in denen Sie stark sind, und solche, in denen Sie sich verbessern sollten. So kommen Sie idealiter zu einer realistischen Einschätzung ohne allzu optimistische Prognosen. Berücksichtigen Sie immer auch Risiken und Unsicherheiten, denn externe Marktbedingungen und Trends können einen erheblichen Einfluss auf Ihre zukünftige Performance haben, im Positiven wie im Negativen.

KG: Auf welchen Zeitraum ist das Thema strategische Geschäftsentwicklung denn angelegt? Sollte man hier nach kurz-, mittel- und langfristigen Zielen unterscheiden?

SL: Ja, absolut. Diese Unterscheidung hilft dabei, klare Prioritäten zu setzen, Ressourcen effektiv zu nutzen und den Fortschritt systematisch zu messen.

Kurzfristige Ziele, welche eine sofortige Verbesserung und schnellen Erfolg bzw. kurzfristige Umsatzsteigerung versprechen, sollten auch entsprechend schnell umgesetzt werden, sprich binnen weniger Monate. Beispiele hierfür sind Marketingkampagnen, die Optimierung von Abläufen oder Maßnahmen zur Kostensenkung.

Mittelfristige Ziele sind auf einen Zeitraum von einem bis drei Jahren angelegt und dienen dem Aufbau einer stabilen Geschäftsbasis für zukünftiges Wachstum. Hierbei liegt der Fokus auf der Entwicklung neuer Beratungsprodukte oder Dienstleistungen, dem Ausbau der Marktpräsenz, der Etablierung von strategischen Partnerschaften oder auch der Investition in Technologie und Infrastruktur.

Langfristige Ziele sind auf einen Zeitraum von drei bis fünf Jahren und mehr ausgerichtet und meint nachhaltiges Wachstum zur Schaffung einer langfristigen Wettbewerbsfähigkeit. Hierbei liegen die Aufgaben in der Etablierung der Marktposition, der Expansion, der Erschließung neuer Marktsegmente und auch der Entwicklung innovativer Dienstleistungen, die das Geschäft transformieren und auf die Zukunft ausrichten.

KG: In welchen Abständen empfiehlst Du, Business- und/oder Sales-Plan zu überprüfen und ggf. anzupassen?

SL: Auf jeden Fall regelmäßig. Was ich damit meine: Naturgemäß findet – gerade bei Rechtsanwälten – eine Überprüfung des Business Plans (also dessen, was ich mache) seltener bzw. im Abstand von längeren Zeiträumen statt als die Überprüfung der Ziele de Sales Plans. Bzgl. des Business Plans empfehle ich mindestens im Jahres-Rhythmus eine Überprüfung mit Blick auf Marktanalyse, finanzielle Entwicklung und die strategischen Ziele. Ausnahme hiervon können ereignisbasierte Anpassungen sein, wie z. B. Markttrends, Wettbewerbsaktivitäten oder natürlich regulatorische Entwicklungen. Im Hinblick auf den Sales Plan sollte die Überprüfung engmaschiger erfolgen. Neben einer allgemeinen jährlichen Überprüfung bietet sich dabei eine monatliche oder quartalsweise Überprüfung an. Gerade die kurzfristige Überprüfung bietet die Möglichkeit der Bewertung von Aktivitäten und der Effektivität, sodass man seine Ressourcen effizienter einsetzen kann. So lässt sich zum Beispiel auch auf längerfristige Trends reagieren (wie zum Beispiel in Zeiten einer länger anhaltenden ökonomischen Schwächeperiode).

Wichtig ist, flexibel zu bleiben und seine Pläne bei Bedarf anzupassen, um auf Veränderungen in der Geschäftsumgebung schnell reagieren zu können. Nutzen Sie dabei die verfügbaren Informationen, wie das Feedback von Mandanten, Einschätzungen von anderen relevanten Partnern, um kontinuierlich zu lernen. Denn nur so können Sie sicherstellen, dass Sie Ihren Case weiterhin effektiv entwickeln können.

KG: Welche Rolle spielt die jeweilige Kanzleikultur dabei, welche externen Faktoren – bezogen auf alles außerhalb meiner eigenen Person und Leistung – beeinflussen den eigenen Erfolg Deiner Meinung nach?

SL: Die Kanzleikultur spielt eine entscheidende Rolle für den Erfolg eines Anwalts oder einer Anwältin, da sie das Arbeitsumfeld, die Zusammenarbeit im Team und die allgemeine Zufriedenheit der Mitarbeiter beeinflusst. Eine positive Kanzleikultur fördert Motivation, Engagement und Teamwork, während eine negative Kultur zu Unzufriedenheit, Konflikten und einem Mangel an Zusammenarbeit führen kann.

Aus unserer Erfahrung gilt das vor allem für folgende Aspekte:

1. **Werte und Ethik:** Die Werte und Ethik der Kanzlei prägen das Verhalten der Anwälte und beeinflussen ihre Entscheidungen im Berufsleben. Eine Kultur, die Integrität, Professionalität und Respekt fördert, schafft Vertrauen bei Mandanten und stärkt das Ansehen der Kanzlei.
2. **Teamarbeit und Zusammenhalt:** Eine kooperative Kultur, die Teamarbeit und Zusammenhalt fördert, erleichtert die Zusammenarbeit zwischen Anwälten und verbessert die Effizienz bei der Bearbeitung von Mandaten. Ein unterstützendes Umfeld, in dem Kollegen einander helfen und unterstützen, trägt dazu bei, dass Anwälte erfolgreich sind und sich persönlich weiterentwickeln können.
3. **Offene Kommunikation und Transparenz:** Eine offene und transparente Kommunikation ist entscheidend für den Erfolg einer Kanzlei. Sie fördert einen offenen Austausch von Ideen, Feedback und Informationen. Eine Kultur, die konstruktives Feedback und offene Diskussionen unterstützt, ermöglicht es Anwälten, sich kontinuierlich zu verbessern und erfolgreich zu sein.
4. **Work-Life-Balance:** Die Kanzleikultur hat einen großen Einfluss auf die Work-Life-Balance der Anwälte. Eine Kultur, die Flexibilität und Unterstützung bei der Vereinbarkeit von Beruf und Privatleben bietet, trägt dazu bei, dass Anwälte langfristig erfolgreich sind und sich wohl fühlen.

KG: Nun hören wir nicht nur von unseren Kandidaten, dass sich die Partnerprozesse in den letzten 20–30 Jahren geändert haben, wir erleben es auch jeden Tag, wenn wir genau diese Prozesse eng begleiten. Kannst Du zunächst einmal eine grobe Einschätzung geben, was sich geändert hat, bevor wir das dann etwas detaillierter betrachten?

Das stimmt, ich nenne Dir mal ein paar dieser Faktoren:

1. **Evolvierende Geschäftsmodelle:** Traditionell waren Anwaltskanzleien stark hierarchisch strukturiert, mit klaren Karrierewegen hin zum Partnerstatus. Heute gibt es vermehrt alternative Geschäftsmodelle, wie zum Beispiel Non-Equity-Partner etc., die verschiedene Beteiligungs- und Vergütungsstrukturen bieten.
2. **Veränderte Eintrittswege:** Früher erfolgte der Eintritt in die Partnerschaft oft aufgrund von Seniorität und Erfahrung. Heute werden zusätzliche

Kriterien wie individuelle Leistung, Geschäftsentwicklungsfähigkeiten und Spezialisierung in bestimmten Rechtsgebieten zunehmend wichtiger.
3. **Globalisierung und Spezialisierung:** Die Globalisierung hat dazu geführt, dass Anwaltskanzleien internationaler agieren und sich auf spezifische Rechtsgebiete oder Branchen spezialisieren. Partner werden oft nach ihrem Beitrag zur globalen Strategie und ihrem Netzwerk bewertet.
4. **Digitalisierung und Technologie:** Die Digitalisierung hat die Art und Weise verändert, wie Anwaltskanzleien arbeiten und wie Dienstleistungen erbracht werden. Partner müssen sich zunehmend mit Technologien wie Legal Tech und Datenanalyse auskennen.
5. **Veränderte Erwartungen der Anwälte:** Anwälte legen heute oft mehr Wert auf Work-Life-Balance, Flexibilität und berufliche Entwicklungsmöglichkeiten. Kanzleien müssen dies berücksichtigen, um talentierte Anwälte zu gewinnen und zu halten.
6. **Stärkere Kundenorientierung:** Kunden erwarten heute mehr als nur rechtliche Beratung; sie suchen nach umfassenden Lösungen für komplexe rechtliche Probleme. Partner müssen daher eine starke Kundenorientierung zeigen und sich als vertrauenswürdige Berater positionieren.
7. **Wachsende Bedeutung von Diversität und Inklusion:** In den letzten Jahren ist die Bedeutung von Diversität und Inklusion in Anwaltskanzleien stark gewachsen. Partnerprozesse müssen heute auch die Förderung von Vielfalt und Chancengleichheit berücksichtigen.

KG: Ok, fangen wir quasi vorne an: Ist Deiner Meinung nach die Partnerschaft in 2024 noch ein attraktives Ziel für unsere Kollegen oder welche Alternativen bestehen und werden unter Umständen nicht nur als attraktiver empfunden, sondern sind es auch tatsächlich?

SL: Die Partnerschaft in einer Anwaltskanzlei kann nach wie vor ein attraktives Ziel für Anwälte und Anwältinnen sein, jedoch haben sich die Wahrnehmung und die Realität dieses Ziels im Laufe der Zeit verändert. Die Attraktivität der Partnerschaft ist sicherlich durch Prestige und Status geprägt: Die Partnerschaft in einer renommierten Anwaltskanzlei kann nach wie vor ein Symbol für Erfolg und Anerkennung sein. Ebenso spielt es eine Rolle, dass man als Partner oft mehr Autonomie und Entscheidungsbefugnis bei der Führung der Kanzlei und der Gestaltung der eigenen Karriere hat. Und: Die Partnerschaft kann mit finanziellen Anreizen wie einem Anteil am Gewinn der Kanzlei verbunden sein, was langfristig attraktiv sein kann.

Als alternative Karriereweg denken viele Anwälte zuallererst an eine Laufbahn als In-House-Jurist. Zumeist aus Gründen wie einer besseren Work-Life-Balance, vielfältigeren Aufgabenbereichen oder um eine direktere Beziehung zu den Geschäftszielen haben. Dabei bieten sich für Juristen so viele andere mögliche Optionen als Alternative zur traditionellen Partnerschaft. Zu denken wäre hier an zum Beispiel an Legal Tech Startups oder Beratungsunternehmen mit Querschnitten verschiedener rechtlicher Thematiken (z. B. Nachfolgeplanung). Auch die Positionierung als Berater oder Experte für spezialisierte Bereiche wie Compliance oder Datenschutz ist eine Möglichkeit. Es muss nicht immer im Kern um juristische Fragestellungen gehen.

Insgesamt hängt die Attraktivität der Partnerschaft in einer Anwaltskanzlei stark von den individuellen Zielen, Prioritäten und Vorlieben der Anwälte ab. Während die Partnerschaft nach wie vor ein attraktives Ziel sein kann, bieten alternative Karrierewege oft mehr Vielfalt, Flexibilität und innovative Möglichkeiten, die den heutigen Erwartungen und Bedürfnissen der Anwälte besser entsprechen. Es ist wichtig, dass Anwälte ihre Optionen sorgfältig prüfen und diejenige wählen, die am besten zu ihren persönlichen und beruflichen Zielen passt.

KG: Das heißt, es ist Deiner Meinung nach auch ein Generationenthema?

SL: Ja, es gibt definitiv generationenspezifische Trends und Einstellungen in Bezug auf Karrierewege und Berufsziele, die die Entscheidung beeinflussen können, ob man Partner in einer Anwaltskanzlei werden möchte. Unterschiedliche Generationen haben umso mehr unterschiedliche Prioritäten und Werte in Bezug auf Arbeit, Karriere und Lebensstil. Jüngere Generationen legen oft mehr Wert auf Vielfalt, Inklusion und soziale Verantwortung in der Arbeitswelt. Sie könnten daher eher Karrierewege bevorzugen, die diese Werte widerspiegeln und in denen sie sich persönlich engagieren können. Jüngere Anwälte können aufgrund ihrer geringeren Markterfahrung und des zunehmenden Wettbewerbs in der Rechtsbranche möglicherweise weniger optimistisch oder weniger bereit sein, den langen Weg zur Partnerschaft in einer Anwaltskanzlei zu verfolgen. Gerade diesem Trend sind Kanzleien in den letzten Jahren verstärkt ausgesetzt und beklagen eine zunehmend abnehmende Bereitschaft ihrer Anwälte zur Verfolgung des Partner-Tracks. Die Kanzleikultur ist auch deshalb bei der Wahl des Arbeitgebers wichtig, weil sie unterschiedliche Generationen auf unterschiedliche Weise anspricht. Jüngere Anwälte könnten sich zu Kanzleien hingezogen fühlen, die eine offene, kollaborative und innovative Kultur pflegen, während ältere Anwälte traditionellere Kanzleien bevorzugen könnten. Wirtschaftskanzleien wandeln sich zunehmend zu internationalen (rechtlichen) Beratungsunternehmen. Dies steht natürlich auch im Gegensatz zu der (immer noch) in der juristischen Ausbildung vermittelten (romantischen) Stellung des Rechtsanwalts als Organ der Rechtspflege.

KG: Sind Partner denn heutzutage jünger oder älter bzw. wie lange ist ein durchschnittlicher Track Record?

SL: Die Altersstruktur der Partner in Anwaltskanzleien kann je nach Kanzlei, Rechtsgebiet und Region variieren, da gibt es keine feste Regel. Zudem spielen immer auch individuelle und marktspezifische Faktoren eine Rolle. Und die Anwaltschaft an sich wird immer älter. Im Jahr 2022 lag das Durchschnittsalter bei 51,7 Jahren, wohingegen Anwälte vor zehn Jahren im Durchschnitt 47,5 Jahre alt waren.[2]

Grundsätzlich lässt sich aber sagen: In einigen modernen und schnell wachsenden Kanzleien können Partner tendenziell jünger sein, das gilt für dynamische und innovative Rechtsbereichen wie Technologie, Unternehmensgründung oder geistiges Eigentum. Diese Kanzleien haben oft flachere Hierarchien und schnellere Aufstiegsprozesse, was es jungen Anwälten ermöglicht, schneller Partner zu werden. In etablierten und traditionelleren Kanzleien können Partner tendenziell älter sein. Hier kann der Weg zur Partnerschaft länger dauern, da höhere Anforderungen an Erfahrung, Expertise und Geschäftsentwicklung gestellt werden. Während man vor Jahren im Durchschnitt von einer Dauer von 8–10 Jahren ausgehen konnte, beobachten wir heute, dass sich der Prozess hin zur Partnerschaft verlängert hat und inzwischen im Schnitt bei 10–12 Jahren liegt.[3] Mit Blick auf die Rechtsgebiete ist es naturgemäß in personell stark besetzten Fachbereichen schwieriger bzw. mit längeren Prozessen verbunden, den Weg in die Partnerschaft erfolgreich zu beschreiten, schon allein aufgrund der höheren Konkurrenz, wohingegen kleinere, hoch spezialisierte Bereiche (z. B. Bank-/Finanzaufsichtsrecht) eine durchaus schnellere Entwicklung bieten können.

KG: Schauen wir einmal gemeinsam auf das Thema Business Development. Mein Eindruck ist, dass die jüngeren Kollegen für dessen langfristige Wichtigkeit teils nicht sensibilisiert werden, teils ihnen aber auch gar keine Zeit dafür im daily business zur Verfügung steht bzw. zusätzlich eingeräumt wird. Das hast Du so ja auch schon dargestellt. Als Ergebnis bleibt eine Mischung aus Hilflosigkeit und Überforderung, wenn es darum geht, sich wirklich sein eigenes Geschäft, seiner eigenen Mandanten auf- und auszubauen. Problematisch wird das gerade dann, wenn man (mit entsprechender Berufserfahrung) einen Wechsel der Kanzlei erwägt, oder?

SL: Absolut. In einigen Kanzleien wird Business Development möglicherweise nicht ausreichend gefördert oder belohnt, was dazu führen kann, dass jüngere Anwälte weniger motiviert sind, sich aktiv darum zu kümmern. Wenn keine klaren Erwartungen oder Anreize für Business Development gesetzt

---

[2] Bundesrechtsanwaltskammer, „Durchschnittsalter Anwaltschaft", https://www.brak.de/presse/zahlen-und-statistiken/statistiken/durchschnittsalter-anwaltschaft/.
[3] ALM Global, LLC., Maloney, https://www.law.com/americanlawyer/2023/04/20/more-millennial-lawyers-now-say-they-want-to-make-partner/.

werden, kann dies zu einer geringeren Priorisierung führen. In anderen Kanzleien wiederum ist Business Development möglicherweise nicht ausreichend in die Kanzleikultur integriert, sodass jüngere Anwälte sich nicht ausreichend ermächtigt fühlen, um aktiv an der Geschäftsentwicklung teilzunehmen.

Bei einem Wechsel der Kanzlei kann das besonders problematisch sein, weil man bereits Berufserfahrung hat und sich in einer Phase befindet, in der man sein eigenes Geschäft auf- oder ausbauen möchte. Gerade ein Wechsel kann aber dazu führen, dass Anwälte Mandanten und Netzwerke verlieren, die sie über Jahre aufgebaut haben. Dies kann die Geschäftsentwicklung in der neuen Kanzlei erschweren, da man von vorne anfangen muss, um neue Mandanten zu gewinnen und sich in neuen Netzwerken zu etablieren. Jede Kanzlei hat ihre eigene Kultur, Prozesse und Erwartungen in Bezug auf Business Development. Beim Wechsel der Kanzlei müssen sich Anwälte an diese neuen Gegebenheiten anpassen und möglicherweise eine neue Herangehensweise an die Geschäftsentwicklung entwickeln, was Zeit und Anstrengung erfordert. Trotz dieser Herausforderungen kann ein Kanzleiwechsel auch Chancen für die Geschäftsentwicklung bieten, insbesondere wenn die neue Kanzlei ein besseres Umfeld oder mehr Ressourcen für Business Development bietet.

KG: Und was empfiehlst Du den jüngeren Kollegen, wie sie das Thema Business Development für sich frühzeitig in den Fokus nehmen?

SL: Schaffen Sie sich das Bewusstsein für die Bedeutung von Business Development für Ihren Weg zur Partnerschaft. Erkennen Sie frühzeitig, wie wichtig es für Ihre Karriere und das Wachstum Ihrer Praxis ist. Verstehen Sie, dass der Aufbau von Mandanten und Netzwerken ein kontinuierlicher Prozess ist, der Zeit und Engagement erfordert. Bei einem namhaften Beratungshaus mit einer guten Brand aktiv zu sein, ist eine Sache. Behalten Sie im Hinterkopf, dass Sie sich selbst als Berater und Experte einen Namen machen müssen. Extern UND intern. Seien Sie dabei geduldig und konsequent.

Suchen Sie gezielt nach Weiterbildungsmöglichkeiten und Schulungen zum Thema Business Development. Viele Kanzleien bieten interne Schulungen oder externe Programme an, die helfen können, die erforderlichen Fähigkeiten und Kenntnisse zu erwerben. Investieren Sie Zeit und Energie in den Aufbau von Beziehungen zu Kollegen, Mandanten, potenziellen Mandanten und anderen Personen in Ihrem beruflichen Netzwerk. Netzwerken ist ein wichtiger Bestandteil des Business Development und kann langfristig zu Geschäftsmöglichkeiten führen. Nutzen Sie verschiedene Kanäle, um Ihre Sichtbarkeit in der Branche zu erhöhen, wie zum Beispiel durch Fachartikel, Vorträge auf Konferenzen, Social-Media-Präsenz oder Teilnahme an Branchenveranstaltungen. Je bekannter Sie sind, desto größer ist die Chance, dass potenzielle Mandanten direkt auf Sie aufmerksam werden.

Halten Sie sich über aktuelle Entwicklungen, Trends und Bedürfnisse in Ihrem Rechtsgebiet und Ihrem Markt auf dem Laufenden. Dies hilft Ihnen dabei, gezielt auf die Bedürfnisse der Mandanten einzugehen und innovative Lösungen anzubieten. Suchen Sie nach Mentoren oder Coaches innerhalb oder außerhalb der Kanzlei, die Sie bei Ihrem Business Development unterstützen können. Von ihren Erfahrungen und Ratschlägen kann man viel lernen und schneller Fortschritte machen.

KG: Könntest Du uns nochmal einen Einblick geben, inwiefern die Aufnahme in die Partnerschaft auch eine finanzielle Verpflichtung bedeutet, die auch abschrecken kann?

SL: Zunächst einmal sind diejenigen Kanzleistrukturen, die eine (hohe) Kapitaleinlage vorsehen, deutlich zurückgegangen oder durch Modelle ersetzt worden, die stattdessen Rückstellungen aufbauen. Dennoch bestehen auch weiterhin Beratungshäuser, die zum Teil eine erhebliche Kapitaleinlage von ihren Gesellschaftern verlangen. Daher hast Du recht: Die finanziellen Verpflichtungen, die mit der Aufnahme in eine Equity-Partnerschaft verbunden sind, können potenziell abschreckend wirken und eine Hürde für Anwälte darstellen, die eine Partnerschaft in einer Anwaltskanzlei anstreben. Das liegt vor allem am Folgendem: Hohe Kapitaleinlagen bedeuten auch immer das Risiko der Verlustbeteiligung, und die persönliche Haftung. Hinzu kommt die bestehende langfristige Bindung oder die Ungewissheit über die Rendite. Das Sicherheitsbedürfnis in der neuen Generation ist höher und die Bereitschaft zum unternehmerischen Risiko ist deutlich zurückgegangen. Wir erleben aus dem Beratungsalltag an dieser Stelle selbst wiederkehrend Überraschungen, wenn Kandidaten die Option zur Partnerschaft vorliegt und die Auswirkungen und möglichen Konsequenzen der Entscheidung deutlich wird. Was schon an verschiedenen Stellen dazu geführt hat, dass Kandidaten, diese Möglichkeit sodann für sich ausschließen. Es ist daher wichtig, dass Kanzleien ihre Partnerschaftsmodelle überdenken und möglicherweise flexiblere Optionen anbieten, um talentierte Anwälte anzuziehen und zu halten, ohne sie durch finanzielle Hürden abzuschrecken.

KG: Welche Kriterien spielen über den reinen Umsatz bzw. den Business Case des Einzelnen denn eine Rolle bei der Entscheidung für oder gegen die Aufnahme in die Partnerschaft?

SL: Die Entscheidung für oder gegen die Aufnahme in die Partnerschaft in einer Anwaltskanzlei basiert nicht nur auf dem reinen Umsatz oder dem Business Case des Einzelnen. Es gibt eine Vielzahl von Kriterien, die bei dieser Entscheidung eine Rolle spielen können, von den juristischen Fähigkeiten über die Fähigkeit, starke Kundenbeziehungen aufzubauen und Mandanten langfristig zu binden. Die Fähigkeit zur Zusammenarbeit und zum Aufbau eines starken

Teams ist in vielen Kanzleien ein wichtiger Wert. Anwälte, die in der Lage sind, effektiv mit Kollegen zusammenzuarbeiten und zur positiven Kanzleikultur beizutragen, werden häufig bevorzugt und zeigen auch hohes Führungspotenzial und Managementqualitäten. Kanzleien bewerten oft auch den Beitrag eines Anwalts zur langfristigen Entwicklung der Kanzlei. Dies kann sich auf die Bereitschaft beziehen, sich an strategischen Initiativen zu beteiligen, neue Geschäftsmöglichkeiten zu identifizieren oder zur Markenbildung und Reputation der Kanzlei beizutragen. Natürlich spielen auch strategische Geschäftsentscheidungen eine Rolle. So kann der Ausbau mit Blick auf Aspekte wie den Ausbau eines fachlichen Sektors, Stärkung der geografischen Präsenz oder Fokussierung auf einen Industriesektor eine sehr entscheidende Bedeutung dabei zu kommen, welche Talente in die Partnerschaft aufgenommen.

Diese Kriterien werden oft in einem umfassenden Evaluierungsprozess berücksichtigt, der sowohl quantitative als auch qualitative Aspekte umfasst. Die endgültige Entscheidung für oder gegen die Partnerschaft basiert auf einer umfassenden Bewertung dieser Faktoren sowie der Gesamtausrichtung der Kanzlei und ihrer langfristigen Ziele.

KG: Und empfindest Du diese Entscheidungen als transparent bzw. was spiegeln uns da unsere Kandidaten?

SL: Auch da gilt die unter Juristen typische Aussage „Es kommt darauf an!" In einigen Fällen werden die Kriterien und der Bewertungsprozess offen kommuniziert und den Kandidaten klar mitgeteilt, während in anderen Fällen der Prozess möglicherweise weniger transparent ist und die Kandidaten dementsprechend auch weniger Einblicke in die Entscheidungsfindung haben. Die Realität zeigt leider, dass es oftmals an Transparenz mangelt. Es ist wichtig, dass Kanzleien bestrebt sind, einen transparenten und fairen Prozess für die Bewertung von potenziellen Partnern zu gewährleisten, da dies dazu beiträgt, Vertrauen aufzubauen und eine positive Kultur zu fördern. Eine transparente Kommunikation über die Kriterien, den Ablauf und die Erwartungen im Hinblick auf die Partnerschaft kann den Kandidaten helfen, sich angemessen vorzubereiten und ihre Chancen realistisch einzuschätzen. Konstruktives Feedback an die Kandidaten hilft diesen, ihre Stärken und Schwächen realistisch einzuschätzen. Zudem sollte die Struktur des Auswahlprozesses selbst eine konsistente Bewertung gewährleisten. Letztlich ist Transparenz auch bei der finalen Entscheidung unabdingbar: Eine offene Erklärung der Gründe für Entscheidungen über die Aufnahme oder Ablehnung in die Partnerschaft ist die Kanzlei den Kandidaten schuldig.

KG: Letzte Frage, Sven: Was empfiehlst Du Kandidaten, wenn die Partnerentscheidung gegen sie ausfiel – gehen oder bleiben? Und wenn gehen: Wohin? Ist dann die Unternehmensseite überhaupt noch eine Option?

SL: Wenn die Partnerentscheidung gegen einen Kandidaten ausfällt, stehen sie vor einer wichtigen Entscheidung über ihre berufliche Zukunft. Die Entscheidung kann oft sehr frustrierend wirken, insbesondere da der Prozess eine lange Zeit in Anspruch nimmt, in der sich ein Kandidat neben der täglichen Arbeit dieser Entwicklungsaufgabe stellen muss. Dies bedeutet eine zusätzliche Belastung und oftmals psychischen Stress. Nehmen Sie sich Zeit für eine gründliche Selbstreflexion und holen Sie sich Feedback von vertrauenswürdigen Kollegen, Mentoren oder Beratern ein – nutzen Sie Ihr berufliches Netzwerk auch, wenn nicht gerade in diesem Fall. Versuchen Sie zu verstehen, warum die Entscheidung gegen Sie ausfiel, und identifizieren Sie Bereiche, in denen Sie sich verbessern können. Klären Sie Ihre langfristigen Karriereziele und Prioritäten. Überlegen Sie, welche Art von Arbeit, Umgebung und Kultur am besten zu Ihnen passt und welche Aspekte Ihrer beruflichen Entwicklung Sie am meisten schätzen.

Sie haben sodann mehrere Optionen: Sofern vorhanden, evaluieren Sie alternative Möglichkeiten innerhalb der Kanzlei, wenn Sie sich hier nach wie vor wohlfühlen. Ebenso können Sie prüfen, ob alternative Karrierewege außerhalb der aktuellen Kanzlei Sinn ergeben können. Die Unternehmensseite kann eine attraktive Option sein, insbesondere wenn Sie hieran schon immer Interesse hatten. Schlussendlich hängen die Optionen hier aber auch von der individuellen Situation ab. Sollten Sie bereits einen langen Weg in der Kanzlei zurückgelegt haben, sind naturgemäß die Optionen für sehr erfahrene Juristen dünner gesät, da Sie sich nicht in einem typischen „Wechselfenster" befinden. Auch ist es fraglich, ob die Aufgaben auf Inhouse Seite Sie beruflich ausfüllen.

Letztendlich hängt die Entscheidung, ob man nach einer Ablehnung der Partnerschaft gehen oder bleiben soll, von den individuellen Umständen, Zielen und Präferenzen ab. Es ist wichtig, dass Kandidaten eine fundierte Entscheidung treffen, die ihren langfristigen beruflichen Interessen und Ambitionen entspricht.

KG: Herzlichen Dank, Sven!

Sven Laacks ist zugelassener Rechtsanwalt und verfügt über 16 Jahre Erfahrung in der juristischen Personalberatung aus internationalen, spezialisierten Beratungsunternehmen bei der Besetzung und Auswahl von Rechtsanwälten, Juristen und Steuerberatern aller Senioritätsstufen. Seit 2022 ist er als Managing Director Teil der LWYRD Legal Recruitment GmbH.

11

Der (fast) 360 Grad Blick auf die Beratungsseite des deutschen Rechtsmarkts

Podcast-Episode mit Dr. Lars Maritzen vom 13.09.2023[1]

KG: Welcome back to LWYRD. Mein heutiger Gesprächspartner ist Dr. Lars Maritzen und mit dem habe ich einen Spaziergang durch quasi seinen gesamten Werdegang gemacht. Aktuell ist Dr. Lars Maritzen Associated Partner bei Kleiner Law in Düsseldorf,[2] berät aber insgesamt seit über zehn Jahren in den Bereichen Wettbewerbsrecht, Compliance sowie Commercial. Und das nicht nur in Deutschland. Er hat auch einige Zeit in Österreich verbracht, er war auf der Unternehmensseite und ist zurück auf die Kanzleiseite gegangen. Und da fragen mich ja immer ganz viele in meiner Tätigkeit als Personalberaterin. Geht das? Geht der Weg zurück? Lars erklärt, wie es geht. Wir haben darüber hinaus noch viel über das Thema KI gesprochen, auch darüber, warum Gerichtsprozesse in Deutschland eigentlich manchmal so lange dauern und wie man das verbessern könnte. Und last but not least hatte ich Lars noch ein kleines Paket zugeschickt und wir haben zusammen etwas verkostet und er durfte mir ein paar Fragen stellen. Ich wünsche Ihnen viel Spaß mit der heutigen Episode. Mir hat es hier unheimlich viel Spaß gemacht.

Herzlich willkommen bei LWYRD, Dr. Lars Maritzen.
LM: Vielen herzlichen Dank, Katharina für die Einladung.
KG: Ich freue mich sehr. Ich freue mich auch und wir beide hatten ja auch den einen oder anderen Anlauf miteinander, was aber hauptsächlich an mir

---

[1] Ungekürzt abrufbar unter https://open.spotify.com/episode/3HqWSC0ojP486KGw9qqKpG?si=sXNhsNkASqCnxG5EJKJvIg.
[2] Mittlerweile ist Dr. Lars Maritzen Partner bei Schalast & Partner Rechtsanwälte mbB in Düsseldorf.

lag. Also vielen Dank erstmal, dass wir es geschafft haben. Du hast dich bisher schon als sehr geduldiger und kompromissbereiter und flexibler Jurist erwiesen. Ich möchte mit dir heute so einen ganz klassischen Spaziergang durch deinen Werdegang machen. Zum einen, weil der wirklich gefühlt fast alles beinhaltet, was man als Jurist so machen und erleben kann. Zum anderen aber auch, weil gerade diese Episoden immer diejenigen sind, die bei meinen Hörerinnen so gut ankommen, weil sie eben unheimlich viel Inspiration und Motivation bieten. Und vielleicht, weil sie auch zeigen, was alles möglich ist, beziehungsweise dass die Abbiegung nach links nicht unbedingt bedeutet, dass man nicht später nochmal zurückgehen und ausprobieren kann, was die Abbiegung nach rechts für einen bereithält. Das heißt, wir haben heute ganz viel vor und am Ende hast du tatsächlich auch noch ein paar Fragen an mich, denn ich habe dir ein kleines Paket im Vorfeld zukommen lassen, dazu aber später mehr. Also, wir haben viel vor, wir verlieren keine Zeit und fangen an. Warum hast du Jura studiert?

LM: Ja, die Frage kenne ich ja schon aus deinem Podcast. Also, warum habe ich Jura studiert? Ich hatte tatsächlich keinen familiären Hintergrund und als ich mein Abitur gemacht habe, wusste ich auch noch nicht so ganz, in welche Richtung es geht. Ich habe am Ende Jura studiert, weil ich tatsächlich erstmal ursprünglich Journalist werden wollte. Und dann hatte mir jemand gesagt, ja, das würde ich jetzt nicht unbedingt studieren. Studiere lieber was Fachliches, so kannst du dir das später noch überlegen, ob du das wirklich machen möchtest. Und so habe ich mich tatsächlich dann für Jura entschieden. Ich wollte was mit Sprache machen, mit Sprache spielen und an und mit Sprache arbeiten. Und insofern passt das gut zusammen und hat sich als gute Wahl herausgestellt.

KG: Ja, das Interesse für Journalismus, da kommen wir jetzt gleich nochmal drauf. Aber spannend, dass du sagst, und die Empfehlung hört man ja ganz oft, dass man das nicht unbedingt studieren sollte, sondern eben etwas anderes, auch wenn man diesen Weg dann irgendwann mal einschlagen möchte. Wir bleiben beim Thema Ausbildung. Und als ich mir deinen Werdegang angeschaut habe, fand ich ganz spannend, dass du ja nicht nur eine juristische Ausbildung genossen hast, sondern hinzu kommt noch ein Bachelor of Law and Economics, ein MLE im Europa- und Völkerrecht, deine Promotion, dann der Abschluss an der Freien Journalistenschule FJS und jetzt ganz kürzlich noch ein Zertifikat in Künstlicher Intelligenz. Was bedeutet dieser sprichwörtliche Blick über den Tellerrand für dich und woher kam dieses Interesse für diese breite und damit auch nicht nur juristische Ausbildung?

LM: Ja, ich glaube, das steht stellvertretend irgendwie für mich. Also erstmal finde ich, dass Jura – und das meine ich wirklich so, wie ich es sage, wirklich das wunderbarste Fach ist, das man studieren kann. Nach zehn Jahren Berufstätigkeit kann ich das immer noch sagen oder vielleicht mittlerweile auch mehr noch als damals. Ich finde großartig, was es bietet, weil alles, was man so treibt, hat irgendwie einen juristischen Einschlag und Implikationen. Und ich finde, da kann man einfach sehr, sehr viel mitmachen und sich auch sozusagen je nach seinen Interessen, die sich naturgemäß einfach auch erst im Laufe der Zeit immer stärker herausbilden, spezialisieren. So kommt es, glaube ich, auch, dass ich das ein oder andere im Laufe der Zeit gemacht habe. Ich finde es ganz bewundernswert, wenn jemand sozusagen immer den Weg geradeaus gewählt und in Rekordzeit studiert, vielleicht auch gar nicht nochmal durch ein Auslandssemester unterbrochen hat, sondern eigentlich relativ früh fertig war und dann seinen oder ihren Weg gegangen ist. Bei mir war es immer eher so, dass ich nochmal das eine oder andere kennenlernen wollte, eben auch nochmal im Studium raus wollte. Und ich habe ja ursprünglich mal mit BWL angefangen, habe dann aber nach dem ersten Semester gemerkt, dass das jetzt vielleicht nichts ist, wo ich meine Stärken so ausspielen kann. Ich mache ja etwas, das sehr wirtschaftsnah ist im Schwerpunkt. Mir sind Zahlen auch nicht völlig fremd, aber so wahnsinnig viel Spaß an Statistik und Mathematik hatte ich jetzt auch nicht. Von daher hatte ich tatsächlich damals im zweiten Semester Jura dazu genommen. Und daraus ist dann am Ende der Bachelor of Law and Economics entstanden, um das für mich zu einem Abschluss zu bringen. Zum Europäischen Völkerrecht, kam ich, sozusagen, wegen meines internationalen Interesses und bin dann darüber auch in meinen heutigen Schwerpunktbereich Kartellrecht reingerutscht. Europäisches Völkerrecht war dann auch ein Schwerpunkt meiner Dissertation, aber dazu kommen wir noch. Mein Zertifikat in Künstlicher Intelligenz ist in der Tat ein tolles Angebot hier an der Heinrich-Heine-Uni in Düsseldorf und dafür habe ich mich dann nochmal lange nach meinem Zweiten Examen 2012 an die Uni zurückbegeben und es war entspannt und sehr gut gemacht. Voller breiter Ansatz zu dem Thema mit vielen Gastreferenten. Das habe ich aus reiner Fortbildung für mich persönlich gemacht. Und als mich dann mal jemand hier gefragt hat, habe ich immer gesagt: Ja, warum macht man das eigentlich? Na, um mit der Zeit zu gehen und nicht mit der Zeit zu gehen (*lacht*).

KG: War es anders, als du zu der Zeit jetzt nochmal im Hörsaal gesessen hast? Denn ich merke das immer wieder, auch wenn ich längere Texte lese oder irgendetwas vorbereite, dass ich da länger für brauche, als ich im Studium dafür gebraucht habe. Ich hatte so das Gefühl, irgendwann in der juristischen Ausbildung wird man auch schneller, einfach im Gehirn Dinge aufzubereiten. Und gerade so bei Lernthemen, merke ich, dass ich mich da mit der Zeit wieder ein bisschen verändert habe.

LM: Ja, ich finde, man ist viel besser organisiert. Ich hatte alles digital verfügbar über OneDrive und konnte immer auch mobil darauf zugreifen. So war ich im Studium noch nicht aufgestellt.

KG: Da gab es die Karteikarten.

LM: In der Tat. Und was mir einfach sehr stark auffällt, dass einfach jeder mit einem Laptop in der Vorlesung saß. Aber vielleicht lag das in meinem Fall jetzt auch am Thema.

KG: Du hast gesagt, du findest immer noch, Jura ist das tollste Fach überhaupt. Ich hätte dich nämlich gerne gefragt, ob du das alles nochmal so machen würdest. Aber wahrscheinlich ist die Antwort ja, daher frage ich anders: Was sind jetzt gerade deiner Meinung nach Zusatzqualifikationen, an denen wir Juristen nicht vorbeikommen, beziehungsweise uns ganz dringend anders aufstellen sollten, um eben nicht nur im europäischen, sondern auch im globalen Vergleich wettbewerbsfähig zu bleiben?

LM: Das ist eine sehr gute Frage. In gewisser Art und Weise kann das Jurastudium sicher so bleiben, aber in anderer Hinsicht bedarf es auch einer gewissen Modernisierung, meine ich. Was ich mir wünschen würde – das liegt aber vielleicht auch daran, dass ich vom Typ her ein Anwaltsunternehmer-Typ bin, was auch aufgrund unserer Kanzleistruktur in gewisser Art und Weise erforderlich ist –, dass man als Jurist im Studium oder spätestens im Referendariat lernt, in Geschäftsmodellen zu denken. Und zwar, dass man sich juristische Dinge so aufbereitet und versteht: Was könnte ich mit meinem juristischen Teilbereich machen? Wie könnte ich daraus ein Produkt machen, das einem anderen hilft und womit ich möglicherweise auch noch, das gehört ja dann auch dazu, Geld verdienen kann? Wie gelingt mir das am besten, welche Partner brauche ich dafür? Von der Denkweise also die Entwicklung einer Art Business Case für sich im Studium.

KG: Hast du da ein Beispiel?

LM: Ja, wenn man an Portale wie „Weniger Miete" oder in Richtung Legal Tech Unternehmen denkt. Es kam auch viel aus dem Fluggastrechte-Bereich am Anfang raus. Also eigentlich ein simpler Anspruch aus einer Verordnung, der sich ganz gut automatisieren lässt und dessen Überprüfung. Sich hier zu überlegen: Welche Ansprüche sind eigentlich so klar auch mit einer gewissen KI-Logik durchprüfbar, dass man daraus vielleicht auch ein KI-gestütztes oder zumindest Legal Tech-gestütztes Geschäftsmodell macht, in dem man dann später weiterarbeiten kann. Das fände ich interessant. Und ich glaube, das würde auch dem einen oder anderen helfen, diese Anwendungsbereiche besser zu verstehen. Ein weiteres Beispiel wäre aktuell die massenhafte Durchsetzung von DSGVO-Ansprüchen nach Datenschutzverletzungen in unterschiedlichsten Konstellationen. Da ist ja die erste Frage: Wie macht man sowas eigentlich? Also wie kann ich mich als Kanzlei aufstellen, um solche Ansprüche überhaupt in der Breite durchsetzen zu können? Wie kann ich Ansprüche bündeln? Auf welche Art und Weise kann ich Ansprüche abtreten lassen? Kann ich die Forderungen, die jemand hat, aufkaufen? Wie geht das? Wie strukturiere ich das? Was brauche ich für Finanzierungspartner? Ich würde es spannend finden, wenn man das ein bisschen mehr schon an die Universitäten bringt. Das ist aber sicher erst etwas für die Vertiefung, denn am Anfang muss immer der Erwerb und der Wert von Grundlagen stehen, sonst kann es natürlich nicht funktionieren.

KG: KI ist ein gutes Stichwort, denn gerade beim Thema KI heißt es dieser Tage natürlich Spot-on. Und für uns Juristen bedeutet das, dass mit fortschrittlichen Algorithmen, maschinellem Lernen und Natural Language Processing, dem sogenannten NLP, KI das Potenzial hat, die juristische Praxis zu revolutionieren. Aber mit diesen Möglichkeiten kommen, wie immer, selbstverständlich auch Herausforderungen. Fangen wir damit mal an: Welche Chancen und welche Risiken siehst du ganz allgemein? Und wie nutzt du selbst KI in deinem beruflichen Alltag?

LM: Also ich sehe grundsätzlich nicht das Risiko, dass wir alle ersetzt werden. Ich glaube, wir sind alle wertvoll und man braucht uns, jetzt nicht nur uns im Sinne von den Rechtsanwälten, aber den Juristen allgemein, denn wir sind ja mehr als ein Subsumtionsautomat. Wir sind eine Person mit Fleisch und Blut, die neben der juristischen Einschätzung auch die Strategie mitgibt, die Gefühle hat und diese auch mit in die Beratung einbringt. Ich glaube, wir werden eine Zukunft haben, auch auf der Richterseite und auf der Behördenseite sehe ich das genauso. KI hat aber, glaube ich, viele Potenziale in Assistenzfunktionen, um zu unterstützen. Wir testen auch immer viel mit ChatGPT herum. Wir haben in zwei Wochen einen ganz spannenden Workshop intern, bei dem wir einen externen Referenten eingeladen haben, um über das Thema Chat-GPT und Einsatz in der Kanzlei zu sprechen. Da weiß ich selbst noch nicht, welche Bedeutung das langfristig haben wird. Aber zum Beispiel im Dieselbereich, haben wir einen der Fälle, wo es sehr, sehr viele Massenklagen gibt. Das ist neben den kapitalmarktrechtlichen Klagen sicher einer der Fälle, der sozusagen sinnbildlich für Massenklagen steht. Und da gibt es zum Beispiel im OLG Stuttgart das Projekt OLGA, das heißt Oberlandesgerichtsassistent und ist ein KI-Projekt, bei dem die KI die erstinstanzliche Entscheidung, d. h. den Tenor der Anträge automatisch durchsucht sowie aus dem Urteil gewisse Spezifika, die man für diese Fälle braucht, direkt herausfiltert und dann automatisch sozusagen in die Akte packt und automatisch auch Beschlüsse vorbereiten kann. Das finde ich zum Beispiel sehr spannend, denn das kann und wird, wenn es vernünftig eingesetzt wird, wirklich helfen. Wir erleben es jetzt nicht so selten, dass Gerichtsverfahren – wenn auch natürlich nicht bei allen Gerichten, das möchte ich auch gleich sagen! – einfach sehr lange dauern und wir teilweise Verfügungen erhalten haben, dass zum Beispiel in den nächsten zwei Jahren mehr oder weniger nichts passieren wird. Das ist natürlich frustrierend. Aber darauf schwöre ich schon jeden mittlerweile ein. Das heißt, wenn wir das Verfahren starten, weiß jeder, das wird dauern. Unter vier Jahren in der ersten Instanz in so einem Kartell-Schadensersatzfall plane ich eigentlich nie und bin eher froh, wenn es auch mal schneller geht.

KG: Du hast das sehr schön zusammengefasst, denn das hätte ich sonst auch gefragt. Wir haben durch die KI die Möglichkeit, in der Rechtsbranche Routineaufgaben zu automatisieren. Das kann bei allen Rechtsberufen helfen, und zwar um zeitaufwendige und repetitive Aufgaben, wie eben die Überprüfung von Verträgen oder du hast es gerade auch gesagt, Gerichtsurteile oder auch die Durchführung von Recherchen zu automatisieren. Und das führt natürlich dann auch dazu, dass wir insgesamt die Effizienz steigern und Kosten senken können, sodass die Juristen mehr Zeit für komplexe und wertvollere Aufgaben haben, weil, wie du gesagt hast, wir natürlich weiterhin gebraucht werden.

LM: Die Frage ist vielleicht dann, ob das auch den Trend hin zur Boutique-Kanzlei gewissermaßen fördert, denn wenn Routineaufgaben wegfallen, die ja klassischerweise auch vor allem auch bei Großkanzleien anfallen und mit denen dort jüngere Kollegen ausgelastet werden, ob das nicht dort auch sozusagen die Auslastung eigentlich dauerhaft wegnimmt. Und dann auch langfristig zu einer anderen Kanzleistruktur führt. Ich glaube, in gewisser Art und Weise trifft das zu.

KG: Ganz spannend! Ja, dieses pyramidenartige Modell, das wir haben, mit einem sehr breiten Unterbau und eben einer sehr kleinen Spitze, das befindet sich im Wandel, das sehe ich auch ganz klar so. Ich war mal bei einer Veranstaltung bei Baker in Frankfurt, dort wurde genau das auch schon gesagt. Und das ist bestimmt schon fünf Jahre her. Diese Entwicklung hat meiner Meinung nach auch sehr viele Vorteile.

(...)[3]

KG: Wir kommen mal wieder ein bisschen zurück zu deinem Werdegang. Du hast nämlich eine Zeit in Österreich als Juniorpartner bei Dorda Rechtsanwälte verbracht. Dorda ist mit so circa 140 Mitarbeitern, korrigiere mich, eine der größten Kanzleien dieses kleinen wunderbaren Landes, das ich

---

[3] Es folgte ein Dialog zur Taktik von Beklagten zu Prozessverzögerungen, dieser ist aus Platzgründen nicht abgedruckt.

persönlich auch sehr liebe. Und wurde im Jahr 2017 von der JUVE als Kanzlei des Jahres ausgezeichnet. Also erstmal, wie bist du in Österreich gelandet?

LM: Ich wollte da aus ganz freien Stücken tatsächlich hin nach meinem Berufsstart. Ich habe im Studium da schon mal ein Jahr verbracht. Danach war ich jedes Jahr wieder in der wunderschönen Stadt Wien. Es gibt auch noch ein paar andere in Österreich, aber Wien hat mir sehr gut gefallen. Ich mag auch nach wie vor die Mentalität da sehr gerne und habe mir dann nach zwei Jahren Berufseinstieg gedacht: Warum nicht, wenn nicht jetzt, wann dann? Wage es doch einfach mal. Kartellrecht ist einer der wenigen Bereiche, wo es auch noch einigermaßen geht, weil es ja in vielen, vielen Teilen EU-Recht ist, das natürlich unterschiedlich ausgelegt wird, aber wo man zumindest einen Anhaltspunkt hat, wie man damit arbeiten kann. Man muss sich aber, natürlich, wie ich auch dann gesehen und es auch erwartet habe, in die nationalen Besonderheiten einarbeiten. Und ja, dann habe ich in Österreich meine Frau kennengelernt. Die kannte ich tatsächlich noch nicht vorher.

KG: Du hast die Besonderheiten angesprochen. Was sind denn so die größten Unterschiede zwischen dem dortigen und unserem Rechtssystem? Also wie läuft das Thema Referendariat, ich weiß, dass es Konzipientenzeit heißt, ab und wie der Berufseinstieg dort?

LM: Genau, das sind fünf Jahre in Österreich, sozusagen ein bisschen das Pendant zum Referendariat, aber eigentlich auch wieder ganz anders, weil man sich nach einer Gerichtszeit, die ist vorgelagert, sozusagen für einen Zweig entscheidet, entweder ob man zum Gericht geht, zur Verwaltung oder in die Rechtsanwaltschaft. Wenn man Letzteres anstrebt, dann verbringt man einen Teil seiner Konzipientenzeit beim Anwalt, wird dann aber in dieser Zeit auch schon deutlich besser als in unserem Referendariat entlohnt und auch richtig eingesetzt, sodass man nach fünf Jahren dort eigentlich schon relativ weit ist.

KG: Man ist dann aber kein Volljurist, wie wir das im deutschen Rechtssystem verstehen, oder? Und es gibt dann auch keinen Weg zurück, also zum Beispiel zur Staatsanwaltschaft, wenn man sich für den Weg in der Kanzlei entschieden hat, richtig?

LM: Nein, genau, da ist man dann auf den Zweig festgelegt.

KG: Ich finde das aber grundsätzlich gar nicht schlecht. Ich hatte ja auch öfters hier im Podcast schon mal das Thema angesprochen. Denn das ist zum Beispiel ein Punkt, den ich an der juristischen Ausbildung in Deutschland verbesserungswürdig finde. Ich bin der Meinung, man kann es auch den Referendaren in dem Alter, in dem wir dann sind, zumuten, eine Entscheidung fürs weitere Leben zu treffen, in welchem juristischen Bereich man sich spezialisieren möchte. Das ist ja dann gar nicht unbedingt eine inhaltliche Spezialisierung, sondern erstmal nur bezogen auf welche Art von juristischem Beruf möchte ich ausüben. Es hat dann eben den Vorteil, dass, wie du auch geschildert hast, dich der Arbeitgeber schon ganz anders einsetzen kann, weil er dich ganz anders ausbilden kann, was wiederum auch eine höhere Entlohnung und schnellere Weiterentwicklung bedeutet.

LM: Absolut. Die Mitglieder meines Teams waren schon wirklich weit, d. h. die konnte man praktisch einfach sehr gut einsetzen. Das hat mir schon gut gefallen. Ich sehe das tatsächlich in Deutschland auch immer ein bisschen als Problem, dass nach dem Referendariat einige auf den Markt kommen, die auch nach dieser Zeit noch gar nicht so richtig wissen, was sie machen wollen. Dann muss man sich als derjenige, der die Person einstellt, überlegen, ob derjenige wirklich von seinem Weg überzeugt ist. Und wie wahrscheinlich ist es, dass er dann doch vielleicht nach weiteren zwei Jahren wieder geht? Denn man steckt doch immer einiges in die Ausbildung an Zeit und Aufwand. Das fand ich in Österreich tatsächlich beeindruckend und besser gelöst.

KG: Und wenn man dann ein bisschen weiter ist in der Karriere und seinen Business Case aufbauen möchte, beziehungsweise in der Kanzlei auch irgendwann muss: Wie war das für dich? War das leicht? War das schwer? Wenn ja, warum? Platt gefragt: Wie baut man sich als Piefke in Österreich ein Netzwerk auf?

LM: Das ist nicht so einfach, würde ich sagen. Ich war mit Dorda in einer relativ großen Kanzlei, bei der man auch das Privileg genoss, viel aus der Kanzlei zu bekommen. Das heißt also, es war nicht zwingend notwendig, viel eigenes Geschäft zu haben. Tatsächlich ist es schwer, fand ich. Österreich ist von der Wirtschaftsstruktur sehr mittelständisch geprägt. Das ist prinzipiell nicht schlecht, denn das ist auch in gewisser Art und Weise auch Teil meines Mandantenstamms heute. Aber ich finde, Beziehungen bauen sich immer über verschiedene Netzwerke auf. Diese Netzwerke bestehen zum Teil eben auch schon länger aus dem privaten Umfeld, aus dem Sport, aus dem Studium. Man kennt Leute, die schätzen einen und empfehlen einen vielleicht sogar weiter. Sich dieses Netzwerk aufzubauen als jemand, der sozusagen erst später dort reinkommt, ist schwieriger umzusetzen. Zudem ist die deutsche Liebe der Österreicher in Teilen etwas beschränkt.

KG: Mich interessiert auch hier das Thema Gerichtsbarkeit und Prozessführung. Das können wir jetzt sehr schön auch aus dieser Perspektive betrachten, denn du hast mir im Vorgespräch berichtet, dass der Österreicher tatsächlich weniger vor Gericht streitet als wir in Deutschland. Das heißt, man einigt sich viel häufiger im Vorfeld. Du sagst, dass das gilt zum Beispiel auch im Arbeitsrecht. In deinem Bereich des Kartellrechts ist das österreichische Kostenrecht sogar sehr streng, was bedeutet, da zahlt man auch für jeden einzelnen Schriftsatz extra. Was sind hierauf bezogen deine Erfahrungen? Und könnten wir uns da umgekehrt vielleicht auch etwas vom dortigen System abschauen, was die oben diskutierte Problematik etwas abmildern oder auch voranbringen könnte?

LM: Ja, ich denke schon. Was ich gut finde am österreichischen System ist so ein gewisser konsensualer Gedanke. Man versucht Streit häufig außergerichtlich beizulegen. Das kommt so ein bisschen auf den Rechtsbereich an, aber ich glaube, man kennt das im Arbeitsrecht. Das ist auch ein Bereich, wo häufig verglichen wird, aber man geht erstmal zu Gericht. Das ist in Österreich eher ….

KG: Klar, die Güterverhandlungen haben wir auch.

LM: Genau, aber da geht man erst gar nicht zu Gericht, das ist meistens außergerichtlich gelöst. Ich glaube, da könnte man sich viel abschauen. Das österreichische Kostenrecht ist vielleicht nicht unbedingt das, was wir übertragen sollten. Ich arbeite in meiner Praxis mit einigen internationalen Prozessfinanzierern zusammen. Die mögen das österreichische System eben aus diesem Grund, dass man für jeden Schriftsatz zahlt und wegen des damit einhergehenden nicht so planbaren Kostenrisikos nicht so gerne. Da sind wir mit unserer Kostenstruktur und dem RVG einfach planbarer unterwegs. Ich glaube, das ist gut, aber dafür könnten wir uns sicher beim Thema Einigung und Einigungsbereitschaft etwas vom österreichischen System abschauen.

KG: Was mir noch einfällt, ist ein Thema, das ja auch kürzlich diskutiert wurde, aus dem Bereich des Familienrechts, und zwar, ob das Trennungsjahr in Deutschland noch zeitgemäß ist. Das ist in Österreich nämlich nicht der Fall. Soweit ich weiß, kann man dort zum Mediator gehen innerhalb der ersten sechs Monate nach der Trennung und dann, wenn man sich dort entsprechend komplett außergerichtlich einigt, auch die Ehe beenden.

LM: Ja, das ist auch etwas antiquiert.

KG: Ihr seid dann mit der Geburt eures ersten Kindes, im Jahr 2016 nach Deutschland zurückgegangen und zwar nach München. Das Thema Vereinbarkeit würde jetzt hier in der Breite den heutigen Rahmen sprengen, weil wir so viele schöne andere Themen haben. Aber eine kurze Frage dazu trotzdem, da deine Frau nämlich auch Juristin ist. Wie lebt ihr Vereinbarkeit als Familie? Gibt es so einen Tipp, den du für alle berufstätigen Eltern hast?

LM: Ja, ruhig bleiben und nicht zu viel und nicht immer alles sofort von sich erwarten. Meine Frau ist damals von der Geburt des ersten Kindes bis zum dritten Kind vor einem Jahr zu Hause geblieben und hat sich um die Erziehung der Kinder gekümmert. Sie hatte damals im Arbeitsrecht gearbeitet in Österreich. Sie war davon überzeugt und hätte sich, glaube ich, auch sehr gut vorstellen können, in dieser Kanzlei weiterzuarbeiten und wollte eigentlich tatsächlich nur kurz aussetzen. Als das Kind dann da war, hat sie alles umgedreht und gesagt, eigentlich will ich noch nicht so schnell zurück. Und dann kamen unsere Kind auch mehr oder minder in kurzer Abfolge, nämlich 2016, 2018, 2020. Deswegen ist sie in der Zeit dann zu Hause geblieben. Für uns persönlich hat das so gut funktioniert. Wir sind deswegen auch relativ gut durch die Corona-Zeit gekommen, weil wir nicht so den Druck hatten, beide zwingend im Homeoffice mit kleinen Kindern arbeiten zu müssen – was natürlich immer nur mäßig klappt. Diese Situation konnten wir ein bisschen umschiffen und das war für uns, für den Familienzusammenhalt und die gute Stimmung zu Hause gut.

KG: So, zurück in Deutschland hast du dir dann deine eigene Kanzlei aufgebaut, die sich von 2016 bis 2019 auf die Beratung von jungen Unternehmen, also Startups, Selbstständigen sowie von KMU in den Bereichen Kartellrecht, E-Commerce, Gesellschafts-, Marken- und Datenschutzrecht konzentrierte, Wie entstand die Idee dazu? Welches Netzwerk konntest du dann hierfür nutzen? Und was empfiehlst du allen, die sich mit einer eigenen Kanzlei selbstständig machen möchten? Gibt es da das „Maritzsche Erfolgsrezept"?

LM: Ich weiß nicht, ob es das ist am Ende des Tages, aber ich habe es einfach probiert, das war der wesentliche Ansatz. Ich kam aus einer Großkanzleistruktur raus und habe mir irgendwie noch nicht so richtig vorstellen können, wie man auch sozusagen an der Basis eine Akquise betreibt und habe gedacht, wie könnte ich da rangehen? Wer könnte was von mir brauchen, wer könnte mich mögen und dann auch beauftragen? Ich war ja parallel Inhouse in der Zeit und wollte aber tatsächlich den eigenen Business Case probieren. Ich beschäftige mich leidenschaftlich gerne mit neuen Geschäftsideen von jungen Unternehmen und verfolge, deren Werdegang. Ich war damals auch schon auf LinkedIn durchaus aktiv und habe dadurch viel mitbekommen, bin privat immer sehr viel auf Messen gegangen und habe da das ein oder andere Unternehmen kennengelernt. Was ich mit Messen meine, sind Startup-Messen, auf denen zum Beispiel Lebensmittel-Startups vertreten sind und ihre neuen Produkte vorstellen. Da mich das erstmal persönlich interessiert hatte, was die da gerade machen, kam ich mit dem einen oder anderen ganz gut ins Gespräch. Daraus haben sich so die ersten Kontakte tatsächlich ergeben. Die haben mich dann nach und nach, wenn es denen gut gefallen hatte, weiterempfohlen. So kamen der ein oder andere in den Jahren dazu. Und ein paar davon habe ich tatsächlich auch heute immer noch als Mandanten. Zum Beispiel einen großen E-Commerce-Marktplatz, den ich damals schon betreut habe. Den habe ich sozusagen seit 2016 bis heute.

KG: Ich glaube, es ist ein ganz wesentlicher Punkt, was du sagst, wenn man ein persönliches Interesse an dem Bereich hat, den man auch rechtlich betreut. Also, dass man mit den Leuten dann auch ganz gut ins Gespräch kommen kann, auf Augenhöhe und diese auch das Gefühl haben, dass da nicht der Jurist kommt vom anderen Stern, der wirklich nur die rechtliche Seite betrachtet, sondern das Unternehmen als Ganzes sieht.

LM: Ja, und deren Produkt kennt und mag. Also, ich habe so ein paar im Schokoladenbereich oder Gin, das sind auch Dinge, die ich selbst gerne mag. Von daher fiel es mir dann auch gar nicht so schwer, zu sagen, dass mich das Produkt interessiert, weil es wirklich der Fall war. Und sich auch in deren Geschäft reinzudenken. Ich glaube, das ist generell sehr wichtig.

KG: Parallel dazu, und ich betone das nochmal, parallel dazu hatte Lars dann noch Lust, sich die Unternehmensseite anzuschauen und hat sich bei BSH beworben. Hier warst du dann als Senior Legal Counsel im Bereich Antitrust and Compliance tätig. Und von hier aus bist du im Jahr 2018 zum Metro gewechselt, als ihr mit der Familie und weiterem Zuwachs nochmal innerhalb Deutschlands von München nach Düsseldorf umgesiedelt seid. Was bedeutete für dich dieser Wechsel von der Kanzlei auf die Unternehmensseite? Wo hast du damals Chancen, aber auch Herausforderungen gesehen? Und wie bewertest du das aus der heutigen Perspektive?

LM: Eigentlich hatte ich gedacht, nachdem ich aus Österreich weg bin, dass ich auf der Unternehmensseite auch tatsächlich bleibe. Ich habe mir davon versprochen, einfach eine ganz andere Art der Arbeit kennenzulernen, Themen zu sehen, die man als Externer nie bekommen würde als Beratungsauftrag, weil sie manchmal zu klein sind – also juristisch vielleicht spannend, aber zu klein, um sie rauszugeben, weil vielleicht strategisch nicht ganz so wichtig. Dass es auch viele interne Themen gibt und man an Business Development Projekten teilhat und auch wirklich Teil dieses Projektes wird. Das hat sich auch alles so realisiert. Beide sind sehr spannende Unternehmen: BSH als 100 %-Tochter von Bosch im Hausgerätebereich tätig mit Stammsitz in München. Sehr spannendes Unternehmen mit einer tollen Rechtsabteilung. Schöne Grüße, wer davon zuhört, sehr nette Kollegen. Da sind wir am Ende des Tages dann aber doch weg, weil wir nach Düsseldorf wollten und die Position bei der Metro nochmal etwas mehr vom Verantwortungsbereich versprochen hat. Versprochen hatte ich mir da dann, international zu arbeiten, auf hohem Niveau, aber mit einer gewissen Entspanntheit und mit einem klaren Praxisbezug. Auch das hat sich tatsächlich realisiert. Und wenn ich schon mal einen Schritt vorweggreife, ich habe immer gesagt, als ich mich dann noch mal entschieden habe, zurück auf die anwaltliche Seite zu gehen, wo ich mich jetzt auch sehr wohl fühle, das vielleicht auch vorweggesagt, dass ich dann dort diesen Ansatz mir auch mitnehme. Das fand ich für mich sehr, sehr wichtig im Nachhinein. Ich habe mir diesen Weg vorher noch nicht so erdacht. Als ich Inhouse gegangen bin, war ich selbst überzeugt, dass ich da auch bleibe. Aber im Nachhinein, war das tatsächlich sehr wichtig, weil ich so Dinge kennengelernt habe, die ich jetzt in meiner heutigen Beratungspraxis übernommen habe, nämlich wie ich zum Beispiel schreibe.

KG: Ich wollte gerade sagen, Schriftsätze sind auf Unternehmensseite ein bisschen kürzer als auf Fachkanzlei-Seite.

LM: Ich habe tatsächlich neulich mal ein Gutachten geschrieben, das habe ich, sagen wir mal, so ein bisschen auf LinkedIn zur Werbung gemacht, nämlich ein regulatorisches Gutachten, bei dem es um Personenbeförderungsrecht ging, denn da haben wir uns um Uber gekümmert. Da war es mal wieder ein richtiges Gutachten, ansonsten werde ich eher so um Stellungnahmen zu bestimmten Dingen in der Beratung gebeten und da bin ich auch irgendwie ganz dankbar für. Also nicht so ein so ein 10- bis 20-Seiten-Pamphlet mit richtigem Gutachtenaufbau. Wenn das mal erforderlich ist, dann machen wir das natürlich auch, aber es ist nicht so oft erforderlich und ich bin auch ganz froh darum, dass man da eher schneller und gezielter auf den Punkt kommen kann. Am Ende ist die Gedankenleistung ja meistens die gleiche. Man streckt das einfach nur und baute es etwas wissenschaftlicher auf.

KG: Weil die Zielgruppe natürlich auch eine andere ist.

Du hast es angeteasert. Du bist zurückgegangen auf die Kanzlei-Seite, das war im Jahr 2020. Du wurdest nämlich über einen privaten Kontakt von Orth Kluth abgeworben. Da hast du dann als Salary-Partner den Kartellrechtsbereich aufgebaut. Warum und vor allem geht das? Das ist eine Frage, die ich nämlich ganz oft habe von Kandidaten. Frau Gangnus, wenn ich jetzt den Weg Inhouse mache und dann irgendwie nach ein paar Jahren merke, ach, das gefällt mir nicht, kann ich zurück auf die Kanzleiseite, ist nicht Inhouse irgendwie die totale Einbahnstraße, muss ich mir das gut überlegen? Was braucht es also für diesen Schritt zurück? Denn du zeigst ja, dass es geht.

LM: Was braucht es? Ja, ein bisschen Mut und die Lust, glaube ich, an der Art der anderen Arbeit. Also es ist schon Inhouse sehr unterschiedlich. Bei manchen Inhouse Positionen ist auch, wenn man jetzt zum Beispiel das Thema Arbeitszeiten vielleicht mal anteasert, ein bisschen anders, aber auch nur in Teilen von der Ratingzeit. Es gibt auch Inhouse-Positionen, da muss man sehr, sehr viel tun. Das unterscheidet sich eigentlich dann gar nicht von der Kanzlei. Bei mir war es so ein vernünftiger Mittelweg, würde ich sagen. Was braucht es? Also ich finde, das ist keine Einbahnstraße. Am Anfang hast du gesagt, ich habe alles möglich gemacht. Aber ich war noch nicht in der Staatsanwaltschaft und im Gericht und da möchte ich auch gar nicht mehr hin. Man kann schon zurück und ich habe auch durchaus mal gesehen, dass selbst, wenn man schon in der Beamtenstellung war, Leute trotzdem nochmal die Segel streichen und wieder in die Kanzlei oder auch Inhouse zurückwechseln. Ich glaube, diese Durchlässigkeit, die tut auch allen gut, weil man nämlich dann eine andere Perspektive in den späteren Job inhaltlich mit reinbringt. Man muss sich, glaube ich, aber klar machen: Den Business Case muss man sich dann nachher erst noch aufbauen.

KG: Genau, das wäre nämlich jetzt auch meine Frage, denn das ist ein ganz wichtiger Punkt, den ja auch umgekehrt dann viele Arbeitgeber erfragen. Die fragen den Bewerber: Das ist ja gut und schön, aber warum sollte ich denn Sie nehmen, wenn der Kollege, der gerade von der anderen Kanzlei kommt, schon wesentlich mehr an Business Case mitbringt?

LM: Ich glaube, es ist schon fair, wenn man das so sagt, weil man kann nicht erwarten, dass das Unternehmen, von dem man jetzt gerade herwechselt, vor allem wenn es ein größeres ist, dasjenige ist, das einem ausreichend Geschäft vermittelt, dass man da gut und allein gehen kann. Da hat man ein viel zu hohes Klumpenrisiko. Das kann man, glaube ich, nicht erwarten, sondern ich glaube, man tut gut daran, wenn man mit der Erwartungshaltung da reingeht, dass da vielleicht was kommen kann. Und wenn man da gute Arbeit geleistet hat, man da später nochmal beauftragt wird, dann ist das, glaube ich, fair.

Aber alleine darauf würde ich nicht setzen, sondern da muss man schon wirklich das Netzwerk aktivieren, was, glaube ich, ein sehr großer Vorteil ist und das hilft dann sehr. Weil man aus der Inhouse-Position, vor allem, wenn man in einem Unternehmen gewesen ist, wo man in Netzwerken mit anderen Inhouse-Juristen war, einiges ziehen kann. Das ist, glaube ich, eine ganz gute Basis für die dann startende Netzwerkarbeit, wenn man wieder in die Kanzlei geht.

KG: Du bist jetzt seit Oktober 2021 als Partner bei Kleiner Rechtsanwälte in Düsseldorf. Ihr seid hier 23 Anwälte, viele kommen von der Großkanzlei. Was macht dieses Setup für dich aus? Und vor allen Dingen, hast du noch Träume, Wünsche, persönliche Challenges, also persönliche berufliche Challenges, die du dir noch erfüllen oder was du noch erreichen möchtest? Stichwort EuGH.

LM: Ja, ein paar schon noch. Genau, ich finde es hier sehr angenehm. Wir sind eine sehr humane und menschliche Kanzlei. Hier kann man sich wirklich verwirklichen in einem guten Umfeld. Das schätze ich sehr. Wir haben zwei Standorte in Stuttgart und Düsseldorf. Das finde ich ein sehr nettes und angenehmes Miteinander. Was ich noch für Wünsche und Träume habe? Also noch einige! Mein nächster Wunsch ist tatsächlich, dass ich meinen Fachanwalt verliehen bekomme. Den habe ich jetzt für internationales Wirtschaftsrecht im letzten Jahr gemacht. Für Kartellrecht gibt es ja keinen bisher. Das deckt so ganz gut das ab, was ich auch inhaltlich mache und der ist gerade in Prüfung. Auf diesem Wege formuliere ich noch meinen Wunsch und die Hoffnung, dass meine Fälle so weit akzeptiert werden, die ich eingereicht habe. Stichwort EuGH, genau: Ich hatte tatsächlich mal das Glück und das war auch sehr beeindruckend, einmal vom EuGH plädieren zu dürfen in einem Vorabentscheidungsverfahren aus dem Kartellschadensatzbereich im Lkw-Kartell, wo es um die spannende Frage ging, was ist ein Lkw und ob auch Sonder- und Spezialfahrzeuge, das sind so Müllfahrzeuge, Feuerwehr, alles, was man sich so bei der Kommune auch vorstellen kann, ob man für diese Kartellschadensatz verlangen kann. Diese vielleicht noch halbwegs unspannende Frage betrifft aber relativ viele Klagen, also mehr als 100 Klagen in Europa. Und da konnten wir, zum Glück, wovon ich aber auch voll überzeugt war, dass es innerlich richtig ist, den EuGH überzeugen, dass diese Fahrzeuge da drunter fallen. Wir haben da einen kleinen Landkreis vertreten in dem Verfahren und haben damit so ein bisschen die Brücke gebildet dafür, dass jetzt viele künftig noch Kartellschadensatz verlangen dürfen. Das war sehr spannend und da würde ich gerne nochmal hin. Aktuelle Verfahren, die wir jetzt anhängig haben, haben zumindest das Potenzial, dass wir da nochmal hinkommen. Ich bin gespannt.

KG: Ich drücke dir alle Daumen. Ja, und jetzt machen wir mal eine kleine Premiere und drehen den Spieß einfach mal um. Das heißt, ich übergebe dir den Motorationsstab. Ich habe dir etwas zugeschickt im Vorfeld. Jetzt wollen natürlich alle wissen, was war das? Und was möchtest du von mir wissen?

LM: Ja, was war das? Ich trinke es hier gerade. Ich nehme jetzt mal ein Schluckchen gerade aus dem Glas. Es ist ein Wein, so viel kann ich schon mal sagen. Es ist ganz konkret ein trockener Weißburgunder. Und du hast diesen Wein zusammen mit Juliane Eller für die Bucerius Law School kreiert. Ebelin heißt der. Ich möchte ein paar Sachen ganz gerne wissen. Vor allem, wie kommt man da drauf, einen Wein zu machen?

KG: Zum einen bin ich selbst große Weinliebhaberin. Ich habe immer gesagt, in der Schwangerschaft war das ganz bitter, denn ich trinke auch keine Säfte oder Cola. Ich trinke drei Dinge in meinem Alltag, Wasser, Kaffee und Wein. Das auch mengenmäßig in der Reihenfolge, nur um das gleich klarzustellen.

Wir haben an der Law School einen ganz tollen Alumni-Verein und dieser Alumni-Verein hat mittlerweile einen eigenen Podcast. Der heißt auch Brezeln und Wein, ist benannt nach den Veranstaltungen, die wir immer nach dem Studium Generale hatten, wo wir so ein bisschen zusammenstanden und eben Brezeln und Wein konsumiert haben. Und in diesem Podcast werden einzelne Alumni vorgestellt und ich wurde dort eingeladen. In diesem Podcast haben wir immer mit einem bestimmten Wein angestoßen und es hieß, das sei der Studium Generale Wein. Und dann habe ich in diesem Podcast gefragt: Warum haben wir denn als Hochschule und Alumni-Verein keinen eigenen Wein? Der Podcast erschien Mittwochs und ich bekam Sonntags eine E-Mail vom Geschäftsführer der Law School, der sagte: Du hast Recht, ich finde das eine super Idee, warum haben wir eigentlich keinen eigenen Wein? Hast du Lust, dich der Sache mal anzunehmen? Ich hatte total Lust, weil ich es einfach es mag, Herausforderungen anzunehmen und etwas Neues auszuprobieren. Ich fand es spannend, zu erfahren, wie Handwerk funktioniert, ganz konkret am Beispiel Wein und bin dann auf die Suche gegangen nach einer Winzerin, die das mit uns umsetzt. Bei einer Veranstaltung in Hamburg, wo Juliane Eller ihre Weine ausgeschenkt hat, bin ich tatsächlich mit ein bisschen Herzklopfen auf sie zugegangen und habe ihr in so einer Art Elevator-Pitch die Idee vorgestellt. Sie hatte dankenswerterweise Lust, das mit uns umzusetzen und so ist diese Idee entstanden.

LM: Das klingt ganz toll. Und die Juliane Eller, die ist von Juwel Weine?

KG: Genau. Also Juwel steht tatsächlich, das ist ein sehr schönes Wortspiel, J-U für Juliane, E-L für Eller und W für Weine. Und das Juwel ist das Produkt. Wenn Trauben zu Juwelen werden, wie sie selbst immer so schön sagt. Juliane hat das Weingut von ihren Eltern oder beziehungsweise von der ganzen Familie vor über zehn Jahren übernommen. Und es tatsächlich komplett auf links gedreht. Die haben vorher auch eine reine Massenproduktion gemacht, also keine Handlese, eine reine maschinelle Lese. Sie hatten sehr viele Rebsorten, relativ große Erträge. Juliane hat das Ganze dann runtergebrochen auf sehr wenige Rebsorten, auf eine Handlese und auf wirkliche Qualitätsprodukte. Gleichzeitig hat sie eine Personenmarke aufgebaut, das Thema Marketing und gerade das Thema Instagram für sich entdeckt und hat damit ihre Zielgruppe angesprochen, denn sie möchte gerne gerade junge Leute für das Qualitätsprodukt Wein begeistern, weil sie findet das – und ich finde das im Übrigen auch! – ganz furchtbar, dass es ganz viele junge Menschen gibt, die sich so eine Flasche für 2,99 € im Supermarkt kaufen und sagen, das Etikett ist schön und Hauptsache es knallt. Ihr Ziel war es, wieder so ein bisschen Wertschätzung für das, was dahintersteht, nämlich ganz konkret das Handwerk zu schaffen und auch einen gesunden Genuss von Wein wieder mehr zu leben. Das hat sie geschafft mit der Marke Juwel. Ich mag sie persönlich unheimlich gerne. Sie ist eine ganz liebe, zupackende, authentische, herzliche Person, die ein wunderbares Team hinter sich hat. Daher haben wir auch persönlich sehr gut gematcht und so durfte ich diesen Prozess dann komplett begleiten. Es ist ein Wein für die Bucerius Law School in Zusammenarbeit mit dem Bucerius Alumni Verein, der nicht im Handel erhältlich und auch nicht Teil des Standardrepertoires von Juliane ist. Wir gehen jetzt auch fürs nächste Jahr schon in die zweite Auflage, weil das tatsächlich ein großer Erfolg war.

LM: Das klingt sehr gut. Er schmeckt hervorragend, kann ich jetzt mal sagen. Ich durfte ihn ja schon testen und teste ihn auch gerade. Also herzlichen Dank dafür, dass du mir das dazukommen lassen und damit gebe ich dir den Stab wieder zurück.

KG: Dankeschön, das war sehr schön, das hat viel Spaß gemacht. Insgesamt hat mir das ganze Interview viel Freude gemacht und auch schon die Vorbereitung mit dir, denn du bist damals einfach proaktiv auf mich zugekommen. Ich finde das immer die schönste Art der aufgedrängten Bereicherung, wenn jemand zu mir kommt und sagt: Hey, du hast ein tolles Format und ich würde mich auch gerne mit dir unterhalten. Lars, Du hast viele wunderbare Impulse hier reingegeben, die auch meine Zuhörer immer ganz spezifisch interessieren. Und vor allen Dingen war das eine ganz, ganz entspannte Gesprächsatmosphäre mit dir, Lars, dafür möchte ich dir ganz herzlich danken.

LM: Das ist nett, danke. Das ging mir auch so. Oder geht mir immer noch so.

KG: Genau, du trinkst ja noch und wir reden noch, denn wir haben noch eine Sache: Wie immer die Abschlussfrage meiner vorherigen Gäste für dich. Viktoria Lacis und Lukas Schlegel vom Verein Grundgesetz Verstehen e. V. möchten von dir wissen: Welchen Artikel im Grundgesetz würdest du deinen Lieblingsartikel nennen und warum?

LM: Ja, über die Frage muss ich schmunzeln, die hätte ich ja schon gehört in der letzten Folge. Antwort ganz klar, Artikel 5. Das erklärt sich dann vielleicht von dem Hintergrund meiner ursprünglichen Pläne, des Daseins als Journalist. Pressefreiheit und Rundfunkfreiheit, vor allem mit der Rundfunkfreiheit habe ich mich in meiner Diss damals ausführlich auseinandergesetzt. Es sind viele wichtige Grundfreiheiten, aber das sind sehr wichtige grundgesetzliche Verbürgungen in unserer demokratischen Gesellschaft, auf die es ankommt. Deswegen ist der Artikel 5 mein Lieblingsartikel.

KG: Und welche Frage möchtest du meinem nächsten, dir noch unbekannten Gast stellen?

LM: Ja, da hatte ich mir auch was überlegt und zwar würde ich gerne von dem nächsten Gast wissen: Wie würde der Gast meine Kinder überzeugen, dass sie auch Jura studieren sollen? Ich finde das immer superschwer. Meine Kinder sind sieben, fünf und drei. Die haben so ein beschränktes Verständnis davon, was Papa da den ganzen Tag macht. Denen kannst du irgendwie Polizist, Feuerwehrmann und Arzt gut erklären und auch wenn sie natürlich noch nicht unmittelbar vor ihrer Berufswahl stehen, sondern noch ein paar Meter zu gehen haben, würde mich mal interessieren zu sagen, wie man den Kindern heutzutage das Jurastudium schmackhaft macht.

12

Jeder ist ersetzbar?!? – Warum Sie Ihre Karriere selbst in die Hand nehmen sollten und wie das gelingt

Als ich wenige Monate in der Personalberatung tätig war, wurde mir durch den Dialog mit Kandidaten zum ersten Mal bewusst, dass viele das Thema Bewerbung weder gewohnt waren noch für nötig erachteten. Diese waren aus einer Tätigkeit im Referendariat oder einer wissenschaftlichen Mitarbeit parallel zur Dissertation in ihr erstes Anstellungsverhältnis gekommen und kamen nach frühestens zwei Jahren zum ersten Mal auf mich zu, um einen Wechsel zu vollziehen. Der ein oder andere von Ihnen wird sich darin wiedererkennen.

Mittlerweile hat sich die Thematik durch die Bewegung hin zum klaren Bewerbermarkt noch mehr zugespitzt. Zumindest in der Theorie. Vor einigen Monaten führte ich ein Gespräch mit einem Bewerber, der fachlich sehr spezifisch aufgestellt war und für den ich daher zum gewünschten Zeitpunkt nicht das passende Angebot im Portfolio hatte. In diesem ausführlichen Dialog fiel seinerseits irgendwann der Satz: „Das heißt, ich muss mich jetzt wirklich bewerben? Warum denn das?!?" Im ersten Moment war ich irritiert, realisierte aber ziemlich schnell, dass der juristische Arbeitsmarkt sich wie jeder Markt selbst reguliert und es bis zu diesem Zeitpunkt für meinen Kandidaten auch ohne Eigeninitiative genau deshalb wunderbar funktioniert hatte. Und das hat ja auch viele Vorteile, die man für sich nutzen kann und sollte. Jedoch bedeutet es in der Konsequenz auch, dass ich schon Lebensläufe auf dem Tisch liegen hatte, die exakt vier Angaben enthielten: Abitur, zwei Staatsexamina, derzeitiger Arbeitgeber – um einmal das Extrembeispiel zu nennen. Etwas milder formuliert, bedeutet das, dass ich bedauerlicherweise feststellen musste, dass der Lebenslauf etwas ist, das Juristen seltener zu schreiben scheinen als andere

Berufsgruppen und in der Konsequenz darin weniger gut abschneiden als in ihren Examina. Oder, um noch einen Schritt weiterzugehen: Auch auf General Counsel-Level fragt man mich bei dem Thema Lebenslauf häufig um Rat und ich kann hier noch wertvolle Hilfestellung geben.

Tatsächlich beschäftigte mich aber an der Aussage des Kandidaten viel mehr, dass er sich scheinbar gar nicht bewerben wollte und damit auch keine Notwendigkeit oder gar die Chancen darin sah, seine Karriere selbst in die Hand zu nehmen. Warum ist das in unserem Markt tatsächlich kein Einzelfall?

Das Thema Bewerbermarkt ist hinreichend bekannt, aber in diesem Rahmen einen zweiten Blick wert, und zwar anhand der folgenden Punkte, die erstmal eine aktive Bewerbung auf dem Arbeitsmarkt für Juristen unnötig erscheinen lassen:

- Die hohe Nachfrage nach Fachkräften, gerade nach erfahrenen Kollegen im mittleren Segment oder mit spezifischen Kenntnissen wie Datenschutzrecht und Compliance, ermöglicht es genau denjenigen Bewerbern eine gezielte Kontaktaufnahme abzuwarten oder maximal ihre grundsätzliche Wechselbereitschaft früh genug und breit bei diversen Personalberatungen zu streuen. Auch die Arbeitgeber sind proaktiv auf der Suche nach den richtigen Talenten.
- Netzwerke und Empfehlungen tragen ihre Früchte, wenn Sie sie kontinuierlich aufgebaut und gepflegt haben, idealiter dann, wenn Sie sie ernten möchten. Ihre Kontakte führen mithin zu Jobangeboten über persönliche Empfehlungen und direkte Ansprache durch Kollegen, Mentoren oder ehemalige Arbeitgeber. Ich empfehle bei dem Wunsch nach einem Wechsel in eine bestimmte Branche, eine bestimmte Region oder in eine konkrete, vielleicht auch mehr operative Rolle auf Unternehmensseite zum Beispiel immer, das eigene Netzwerk mit dem entsprechenden persönlichen Zeitaufwand zu visualisieren und dann gezielt für das konkrete Anliegen zu nutzen.
- Ebenso zahlt sich ihre Sichtbarkeit, über die wir ausführlich im Kapitel Personal Branding gesprochen haben, an dieser Stelle für Sie aus. Dabei spielen Karriereportale wie LinkedIn eine entscheidende Rolle, denn auch hier werden Sie direkt von potenziellen Arbeitgebern oder Personalberatern angesprochen. Ihr Profil ist dabei ihre digitale Visitenkarte. Je besser Sie es pflegen, umso leichter fällt es dem Gegenüber (mit der entsprechenden Fachkenntnis!) die Entscheidung zu treffen, Sie anzusprechen. Und alles andere dürfen Sie getrost ignorieren, ohne unhöflich zu sein.

Ich kann diese Beweggründe nachvollziehen und sehe die Vorteile in den positiven Effekten, die Netzwerke und Personal Branding in der Situation für

Sie haben, in der Sie sich beruflich verändern möchten. Daher habe ich Ihnen bereits die nötigen Strategien an die Hand gegeben, die Sie hierfür brauchen. Aber ich sehe sie als Grundlage und bin der Meinung, dass Sie in Ihrer Karriere möglichst wenig dem (wenn auch manchmal glücklichen) Zufall überlassen sollten, da die proaktive Herangehensweise an Ihre Karriereplanung – mit oder ohne Unterstützung einer juristischen Personalberatung – auch in einem Bewerbermarkt die folgenden Chancen bietet:

1. **Breites Spektrum an Möglichkeiten:** In der Personalberatung können wir Ihnen helfen, einen so genannten allgemeinen Marktüberblick zu bekommen. Hierbei eröffnen sich für Sie unter Umständen Optionen, die Ihnen vorher so gar nicht bewusst waren. Ihr Blickwinkel verändert sich, der Horizont erweitert sich. Wir kennen den Markt sehr genau und können so gemeinsam analysieren, was Ihnen wichtig ist, wo Ihre Stärken liegen und bei welchem Arbeitgeber konkret, aber auch allgemein in welchem Bereich und welcher Branche Sie diese am besten nutzen können. Schon allein die Entscheidung für oder gegen einen Wechsel von der Kanzlei auf die Unternehmensseite ist oft eine Frage des Typs und ich erlebe in meinem Alltag, dass vielen Kandidaten die konkrete Vorstellung von „der anderen Seite" fehlt und sie daher nicht begründet zu entscheiden vermögen, ob ein Wechsel für sie grundsätzlich der Richtige wäre. Sie können nicht den nötigen Überblick über den Markt bekommen, wenn Sie nicht einmal die Perspektive von innen wechseln und von außen auf ihn drauf blicken. Dabei unterstützen wir mit unserer Erfahrung und daher empfehle ich immer, sich frühzeitig mit dem Personalberater Ihres Vertrauens über Ihre mittel- und langfristige Karriereplanung auszutauschen und diese Planung einer regelmäßigen Überprüfung zu unterziehen. Aber auch, wenn Sie gänzlich ohne unsere Unterstützung den nächsten Schritt gehen möchten, stehen Ihnen durch die proaktive Herangehensweise mehr Möglichkeiten zur Verfügung, die für Sie passende Opportunität zu finden und zu nutzen. Aus dem gleichen Grund wirken umgekehrt übrigens Anzeigen nur noch bedingt bei der idealen Besetzung aus Arbeitgebersicht, weil sie ein rein reaktives Medium und in Teilen auch viel Selbstmarketing sind – anstatt den Bewerbern den konkreten Einblick darin zu verschaffen, was sie vor Ort tatsächlich erwartet.
2. **Selbstbestimmung, Kontrolle und Passgenauigkeit:** Welche Position übernehmen Sie gerne beim Segeln? Der Steuermann hat die Verantwortung und die Chance, das Ruder übernehmen und die Route zu bestimmen. Für Sie in Ihrer Karriereentwicklung bedeutet das, Sie können gezielt nach Positionen suchen, die Ihren Zielen, Interessen und Werten entsprechen.

Im ersten Schritt ist es wichtig, sich die Zeit zu nehmen, sich derer bewusst zu werden. Im nächsten Schritt folgt dann die wichtige Auseinandersetzung mit der DNA des möglichen Arbeitgebers. Vor ein paar Wochen saß ich einem potenziellen Kunden gegenüber, der keine so guten Erfahrungen mit Kollegen aus meiner Branche gemacht hatte. „Ich brauche jemanden, der mich im Rekrutierungsprozess ideal unterstützen kann, indem er unsere DNA versteht, sonst finden wir nie die richtigen Leute!" Sie sehen, meine Aufgabe ist das als Personalberaterin für meine Kunden wie Ihre. So erhöhen Sie die Chance der Passgenauigkeit und minimieren das Risiko einer Fehlentscheidung. Die im Übrigen auch nicht schlimm wäre, solange Sie sich nicht alle sechs Monate mehrfach falsch entscheiden – um Ihnen diese leider doch viel verbreitete Angst, sich „den Lebenslauf zu versauen" einmal zu nehmen. So oder so wachsen Sie aber durch einen selbstbestimmten Prozess, denn Sie entwickeln sich weiter und lernen dazu. Denn vielleicht – so haben wir das Kapitel begonnen – ist das ja tatsächlich Ihre erste Bewerbung und Ihnen sind Dinge wie die „richtige" Kommunikation im Interviewprozess (schriftlich und mündlich), das Thema Selbstpräsentation (konkret: die Vorbereitung und Präsentation Ihrer Unterlagen) und ggf. auch strategische Interviewtechniken überhaupt nicht vertraut. Wie immer ist die gute Nachricht, dass man alles lernen und trainieren kann, sodass jeder selbst gesteuerte und initiierte (ob mit oder ohne Unterstützung) Bewerbungsprozess Sie auch in diesen Punkten voranbringt. Ich biete meinen Kandidaten immer einen Briefing Call vor den Interviews und einen Debriefing Call danach an, und zwar für jedes Interview im Prozess. Hier klären wir diese Fragen konkret auf den Arbeitgeber und die Vakanz bezogen und ich gehe auf Sie und Ihren Stand in Bezug darauf ein. Das schönste Kompliment ist für mich dann immer, wenn Sie sich bei mir zurückmelden und sagen: „Frau Gangnus, das lief genauso, wie Sie gesagt haben und ich fühlte mich daher gut vorbereitet." Letztlich haben Sie Ihr Karrierewachstum, wenn ich das so nennen darf, wesentlich besser in der Hand, wenn Sie aktiv nach Rollen suchen, die Ihnen diejenigen neuen Fähigkeiten und Erfahrungen bieten, die Sie sich für Ihre Weiterentwicklung langfristig wünschen.

3. **Verbesserung Ihrer Verhandlungsposition durch Eigeninitiative:** Arbeitgeber lieben Eigeninitiative. Arbeitgeber lieben motivierte sowie diejenigen Bewerber, die das sind, was wir „committed" nennen. Aus Gründen. Das können Sie aber ganz entscheidend für sich nutzen und so Ihre Verhandlungsposition verbessern: Interessierte Bewerber, deren Interesse aus einer guten Vorbereitung resultiert und die Kanzlei/das Unternehmen/ den Arbeitgeber (ganz allgemein) verstehen, zeigen aus Arbeitgebersicht

automatisch auch, dass sie bereit sind, Verantwortung zu übernehmen. Daraus entstehen für Sie mehr Möglichkeiten, weil Sie dies dem ein oder anderen Mitbewerber voraushaben. Wenn sich so selbst mehr Optionen schaffen, sind Sie schon allein mental in einer besseren Lage (Stichwort psychologische Kriegsführung). Aber rein faktisch können Sie idealiter zwischen diesen Optionen wählen und so ggf. auch bessere Konditionen verhandeln. Diese können nicht nur ein besseres Gehalt, sondern insgesamt bessere Bedingungen in Form von Corporate Benefits und Ihrer mittel- bis langfristigen Perspektive bei diesem Arbeitgeber sein.

Über die genannten Punkte hinaus dürfen Sie im Übrigen nicht übersehen, dass alles, was Sie in solchen Prozessen tun, auch auf Ihren Netzwerkausbau, Ihre Sichtbarkeit und Ihr Personal Branding einzahlt.

In Sachen Netzwerkaufbau ist dies ein willkommener Effekt. Es schadet schlichtweg nicht, sich schon früher als vor dem eigentlich geplanten Wechselzeitpunkt mit hierzu möglicherweise wertvollen Kontakten auszutauschen und zu signalisieren, dass hier Ihr Interesse besteht. Zuweilen empfehle ich meinen Kandidaten ein unverbindliches Lunch mit dem Kunden, wenn das Feedback des Kandidaten an mich in der ersten Ansprache „Gerne, das wäre genau meins, aber nicht jetzt", lautet. Solche Kennenlernen bieten zumindest meine Kunden auch immer an, denn das hat nichts damit zu tun, dass man Sie hinterrücks doch überreden möchte, sondern auch meine Kunden haben ein berechtigtes Interesse am Aufbau ihres Netzwerkes.

In Bezug auf Ihre Sichtbarkeit erlebe ich zuweilen den umgekehrten Effekt: Kandidaten scheuen sich, sich selbst am Markt zu bewerben oder bevorzugen, wenn möglich, im ersten Schritt eine anonyme Vorstellung über uns (die im Übrigen auf Kanzleiseite meist möglich ist, auf Unternehmensseite aber nicht), da Sie sich „nicht verbrennen wollen". Sichtbarkeit hat immer zwei Seiten, das wissen Sie nun bereits. Selbstverständlich kann ich nachvollziehen, dass Sie ungern möchten, dass Ihr derzeitiger Arbeitgeber Sie als illoyal wahrnimmt, weil er von Ihren Bemühungen am Markt erfährt. Das kann tatsächlich negative Auswirkungen auf Ihr berufliches Fortkommen haben, erst recht, wenn Sie sich noch in dem Stadium befinden, in dem Sie sich zunächst einen Marktüberblick verschaffen wollen. Daher können Sie sich auf unsere Vertraulichkeit in Prozessen immer verlassen und ich arbeite auch nur mit Kunden zusammen, die mir diese Vertraulichkeit ebenso garantieren können. Aber sehen Sie auch das Positive in der Sichtbarkeit, das Sie durch Ihr proaktives Vorgehen schaffen: Durch die gezielte Darstellung Ihrer Qualifikationen und Erfolge können Sie sich von anderen Kandidaten abheben und Ihre berufliche Reputation stärken.

Last but not least machen Sie sich durch eine aktive Herangehensweise und eine strategische Karriereplanung unabhängiger von Marktbedingungen. Ein gutes Beispiel ist die derzeitige Situation am Immobilienmarkt. Ich habe erst kürzlich mit einem Kandidaten gesprochen, der gerne einen Wechsel in eine Position mit mehr Vereinbarkeit vollziehen möchte, nun aber die Situation am Immobilienmarkt für ihn mit vielen Jahren Erfahrung in diesem Bereich diesen Wechsel erheblich erschwert. Ein Wechsel ist fachlich andersartige Positionen ist deshalb schwierig, weil er mit seiner langjährigen Berufserfahrung einem Arbeitgeber aus einer anderen Branche kaum vermitteln kann, welche Erfahrungen ihn hierfür auf seinem Level qualifizieren könnten. So steckt er nun also ein bisschen fest. Eine Lösung in diesem Fall haben wir miteinander gefunden, in dem wir gemeinsam in Richtung nachhaltiger Immobilieninvestments gedacht haben. Dieses Beispiel soll Ihnen zeigen, dass Sie sich regelmäßig bewusst machen sollten, dass wir zwar als Rechtsanwälte immer, unabhängig von KI und Corona, immer gebraucht sein werden. Aber zuweilen müssen wir unsere Perspektive verändern, um zu verstehen, wo wir so gebraucht und dann auch eingesetzt werden können, dass wir auch unsere Karriere fachlich und persönlich (möglichst) optimal weiterentwickeln können, auch wenn sich die Bedingungen auf dem Weg dahin verändert haben.

In diesem Kontext zum Abschluss noch folgender Gedanke:

Vor ein paar Wochen saßen wir mit einem befreundeten Paar am Abendbrottisch und unterhielten uns darüber, dass er vorhatte, seinen Job in absehbarer Zeit zu kündigen, um sich selbstständig zu machen. Und auch wenn unser Freund in einer gänzlich anderen Branche und nicht juristisch arbeitet, beschäftigte ihn die bevorstehende Kündigung und vor allem die Reaktion seines Teams, das er ja irgendwie im Stich lassen würde, andererseits war er aber auch davon überzeugt, dass letztlich doch jeder ersetzbar und diese Sorgen daher sicher unbegründet seien. Ich habe an diesem Abend noch länger über unser Gespräch nachgedacht und erinnerte mich an die ein oder andere Aussage von Kandidaten, meist auf Kanzleiseite, die ebenfalls mit dem Gefühl vor mir saßen, austauschbar und damit ersetzbar zu sein, denen also die Wertschätzung für ihre Arbeit und sie als Mensch dahinter fehlte. Ist das also tatsächlich der Fall und wenn ja, warum?

Jura bedeutet in gewisser Weise leider immer noch Konformismus. Das mag an der strukturellen Hierarchie und der (vielerorts noch) konservativen Berufskultur liegen, aber auch an unserer öffentlichen und sozialen Verantwortung und dem Berufsethos.

Ich bin aber davon überzeugt, dass vielleicht fachlich Kollege A von Kollege B ersetzt werden kann, aber das Gesamtpaket – das sind im Übrigen auch diejenigen, die dieser Tage Karriere machen (dazu kommen wir am Ende dieses

Buches) –, das gibt es eben nur einmal. Daher muss ich auch immer ein wenig schmunzeln, wenn mich Kunden bei der erneuten Beauftragung für ihr Team bitten, „den Herrn X bitte noch einmal auf den Kopierer zu legen, weil der so perfekt zu uns passt." Darin liegt ja im Übrigen auch die Kunst meiner Branche und (so hoffe ich) das Rezept meines Erfolges: genau das zu erkennen. Und das können Sie auch erkennen, selbst, wenn Sie sich nicht über eine Personalberatung bewerben, sondern Ihr Schicksal und Ihre Karriere selbst in die Hand nehmen. Dazu müssen Sie sich aber von Tag eins in Ihrem Berufsleben ab und an die Zeit nehmen und vor allem vor einem möglichen Wechsel ihre „persönliche Due Diligence", wie ich es gerne nenne, sauber machen. Daher haben wir Personalberater schon unsere Berechtigung am Markt, ich unterstütze aber auch immer gerne nur punktuell, wenn Sie sich lieber selbst um Ihren nächsten Schritt in Ihrer Karriere kümmern. Und freue mich mindestens genauso mit Ihnen, wenn Sie die für Sie wirklich passende Opportunität gefunden haben. Ich empfehle deshalb im Übrigen auch, nicht jeden Anruf von einem Personalberater kategorisch abzuwimmeln, sondern lieber durch das ein oder andere unverbindliche Gespräch mit den Kollegen, denen Sie vertrauen, „das Ohr am Markt zu haben".

Neulich fragte mich ein Bekannter aus der Kanzlei, der mitten im Partnerverfahren war: „Katharina, und was ist, wenn das nicht klappt? Ich habe noch nie mit einem Headhunter telefoniert, ich habe nie so richtig links und rechts geschaut, weil alles immer so lief, wie geplant und gewünscht. Ich habe doch im Markt quasi alles verpasst. Wenn ich jetzt hier nicht Partner werde, was mache ich denn dann?" Spoiler: Er wurde Partner und somit hatte er in seinem Fall nichts verpasst. Aber die Grundidee dahinter ist richtig und soll zeigen, wie wichtig es ist, dass einem das nicht erst auffällt, wenn es zu spät ist.

Die Tatsache, dass Sie sich im heutigen Markt Ihre Opportunitäten in den meisten Fällen aussuchen können, sollte mithin für Sie bedeuten, dass Sie sie sich auch aussuchen sollten. Wenn die DNA Ihres Arbeitgebers und die dortige Perspektive wirklich und ehrlich zu Ihrer DNA und Ihren Werten passt, steigt nämlich nicht nur Ihre Leistungsfähigkeit, sondern damit auch Ihre Zufriedenheit. Und im Übrigen als willkommene Konsequenz auch die Ihres Arbeitgebers, was Sie „unersetzbar" macht.

Wie gehen Sie zukünftig Ihre Karriereplanung aktiv an und worin dürfen Sie sich weiterentwickeln?

13

New Work und Leaderhip

Podcast-Episode mit Dr. Lena Lindemann vom 03.11.2021[1]
KG: Mein heutiger Gast begann ihre Karriere mit einigen internationalen Erfahrungen im Gepäck, klassisch in der Großkanzlei, wie man so schön sagt, bevor sie im Jahr 2017 auf die Unternehmensseite zur Ergo Group AG wechselte. Zunächst war sie hier als Arbeitsrechtlerin als Head of Employment Law and Co-Determination tätig, wurde dann zum Head of HR Management befördert und ist seit Januar 2021 Head of HR Business Management.[2]

Das heißt, sie verantwortet nicht nur den gesamten operativen Personalbereich der Ergo, sondern unter anderem auch das Recruiting und das Employer Branding. In dieser Position übernimmt sie Verantwortung für ein Team von über 160 Leuten. Sie sagt über sich selbst, dass sie für das Thema der neuen Arbeitswelt und die Begriffe Führung und Leadership brennt. Und mich interessiert, was das für sie bedeutet. Der Drang zu gestalten und Dinge in die Hand zu nehmen, zeichnet ihre Persönlichkeit aus und ist auch treibende Kraft für ihre Karriere. Wir sprechen außerdem darüber, inwiefern die Versicherungsbranche in 2021 lebt und sich wandelt. Ich freue mich sehr, dass sie heute mein Gast ist: Dr. Lena Lindemann.

LL: Hallo liebe Katharina, ich freue mich sehr, heute hier bei dir zu sein. Ich bin ein großer Fan deine Podcasts und stolz, mich daher auch in die Gästeliste einreihen zu dürfen.

---

[1] Abrufbarungekürztunterhttps://open.spotify.com/episode/0QRDc3u7eYYxIGzOoc5XHT?si=OjNfm-Xd8QBmgq6MmuVVgyA.

[2] Seit Juli 2022 ist Dr. Lena Lindemann Board Member for Human Resources and General Services und Arbeitsdirektorin bei der ERGO Group AG.

KG: Vielen lieben Dank. Ich bin auch stolz, dass du dabei bist, denn wir haben uns lange schon auf das Gespräch gefreut. Es geht direkt los, liebe Lena. Du kennst das Spie, First Things First. Warum hast du Jura studiert?

LL: Jura war für mich eigentlich nur Mittel zum Zweck. Ich wusste nämlich schon früh, dass ich einmal Diplomatin sein wollte und sah mich schon mit 15 oder 16, wie ich einmal als Botschafterin durch die Welt ziehen würde. Ich glaube, dieser Traum von der Diplomatie ist durch den Leistungssport entstanden. Ich war durch den Sport, ich habe Basketball gespielt, schon ganz früh und ganz viel im Ausland und das habe ich geliebt. Ich habe es geliebt, mit anderen Ländern, aber auch vor allem mit den anderen Spielerinnen in Kontakt zu kommen und von ihnen zu erfahren und aber auch von mir oder von Deutschland zu erzählen. Das hat mich begeistert. Ich weiß noch, wie heute, dass es bei einer Länderspielreise war, da habe ich den deutschen Botschafter in Portugal kennengelernt und irgendwie war das der Moment, in dem ich wusste, das mache ich auch. Als ich dann Abi gemacht habe, habe ich mich erkundigt, was machen denn eigentlich Botschafter oder was haben die studiert? Die meisten Botschafter und Botschafterinnen haben eben Jura gemacht. Und da habe ich mich entschieden, auch Jura zu studieren und habe dann auch das Studium eigentlich darauf ausgerichtet. Ich war nie die begeisterte Juristin, aber wusste, es war das Mittel zum Zweck.

KG: Es kam dann aber alles anders. Du hast ja schon angesprochen, dass du sportlich viel herumgekommen bist. Du bist dann aber auch in deiner juristischen Ausbildung viel herumgekommen: Du warst in Den Haag, in Madrid und Brüssel und mich interessiert immer, was die Motivation für diesen, wie es immer so schön heißt, Blick über den Tellerrand ist und inwiefern dich das geprägt hat.

LL: Ja, du hast recht. Im Studium und Referendariat habe ich tatsächlich keine Gelegenheit ausgelassen, ins Ausland zu gehen. Und ja, meine Motivation waren andere Menschen, andere Länder, was sie antreibt und umtreibt. Das zu erfahren, das war mein Antrieb und meine Motivation. Deswegen habe ich immer versucht, so lange wie möglich auch vor Ort zu sein, um richtig viel mitzubekommen und auch im Land zu sein und habe es auch irgendwie immer geschafft, mich schnell zu Hause zu fühlen und das so für mich zu gewinnen. Das prägt.

KG: Jetzt stellen wir fest, du bist keine Diplomatin geworden. Wie bist du zum Arbeitsrecht gekommen? Sprechen wir erst einmal darüber. Und was macht für dich im Vergleich zu anderen Rechtsgebieten das Arbeitsrecht aus?

LL: In der Tat. Ich bin jetzt nicht in der großen weiten Welt als Botschafterin, sondern habe mich dann umentschlossen, erst auf der Zielgeraden. Also wie ich schon gesagt habe, mein ganzes Studium war darauf ausgerichtet. Ich hatte einen Schwerpunkt im Völker- und Europarecht, war dann in der Botschaft in Madrid, war in der Kommission in Brüssel, habe in Den Haag am Völkerstrafgerichtshof gearbeitet, da auch promoviert. Also eigentlich war alles klar. Ich habe auch immer diese Schnittstelle gesucht zwischen Jura und Politik. Das war das, was mich dann aber auch hinterher ein bisschen frustriert hat, diese Vermischung. Irgendwie ist dann ganz zum Schluss auf der Zielgeraden der Wunsch entstanden, doch erst einmal ganz klassisch juristisch zu arbeiten. Hätte ich nie gedacht. Ich war eine von denen, die immer gesagt hat, Großkanzlei niemals und hatte auch bis zum Berufseinstieg nie einen Fuß in eine Großkanzlei gesetzt. Wie ist es dann dazu gekommen? Es klingt immer so wie so ein Bruch und deshalb werde ich auch häufig danach gefragt, ist es aber nicht, meine ich. Denn ich habe immer dieses Internationale gesucht, ein internationales Umfeld, aber auch mit dem Menschen und am Menschen zu arbeiten. Diese Kombination findet man im Arbeitsrecht in der internationalen Kanzlei und ich habe dann dort den Einstieg gewählt und es nie bereut.

KG: Darf ich nochmal nachfragen? Du hast gesagt, dich hat diese Vermischung ein bisschen frustriert an der Schnittstelle Jura/Politik. Wie meinst du das?

LL: Ich glaube, der Auslöser war tatsächlich das Jahr am Völkerstrafgerichtshof. Das war das Tribunal der Vereinten Nationen für die ehemaligen Jugoslawien-Staaten und Ruanda. Es war ein Tribunal, eingerichtet von den Vereinten Nationen, aber gleichzeitig haben sie natürlich auch Recht gesprochen im Sinne des Strafrechts. Da wurde mir bewusst, wie politisch Jura war. Diese Vermischung fand ich dann zunehmend schwierig. Daher hat mich dann der nationale Fokus auf das Recht einfach mehr gereizt.

KG: Okay, also es ging dann los in der Großkanzlei im Arbeitsrecht und du hast mir im Vorgespräch berichtet, dass du bei einem Secondment in dieser Zeit dann Blut geleckt hattest, was die Arbeit auf der Unternehmensseite betrifft. Inwiefern?

LL: Genau, ich war während meiner Zeit bei Clifford in der Kanzlei, dann für ein halbes Jahr beim Mandanten sehr intensiv eingebunden in ein großes Projekt. Da habe ich dann einmal erfahren, was es heißt, Arbeitsrecht eben auch im Kontext von HR zu machen, weil auch da war Arbeitsrecht Teil der HR-Abteilung. Aber auch, was es generell heißt, im Unternehmen mittendrin zu sein, was Unternehmenspolitik ausmacht, wie man mehr mitbekommt von anderen Fachrichtungen und Fachbereichen. Das hat mich begeistert, fasziniert und neugierig gemacht und war der Moment, in dem ich mich tatsächlich intensiv damit auseinandergesetzt habe. Wie es der Zufall dann so will, kam irgendwann der Anruf von der Ergo. Da habe ich nicht lange gezögert.

KG: Dann schauen wir uns jetzt mal deine Karriere und auch deinen Arbeitsalltag ein bisschen näher an. Du bist im Jahr 2018 vom Wirtschaftsmagazin Kapital beim Junge-Elite-Gipfel als 40 unter 40 gekürt worden. Das heißt, als eines der herausragenden Talente, die jünger als 40 Jahre sind und dennoch schon große Erfolge vorweisen können. Was hat die Auszeichnung damals für dich bedeutet?

LL: Das war schon besonders für mich, weil es mich natürlich auch bestätigt und mir gezeigt hat, dass ich das, was ich gerade mache, gut mache und das ist natürlich erst einmal eine tolle Sache. Das war aber nur ein Teil. Der andere Teil war fast noch besonderer, weil es mir einen Zugang gegeben hat zu einem Netzwerk, das mich damals schon total beeindruckt hat, aber nach wie vor sehr beeindruckt und in dem ich auch sehr aktiv bin. Das Wirtschaftsmagazin Kapital wählt jedes Jahr die Top 40 unter 40 aus verschiedenen Bereichen aus, also Wirtschaft, Wissenschaft, Politik und auch Gesellschaft. Teil dieser Auszeichnung oder dieser Nominierung ist, dass dann auch alle in dem Jahrgang und in den nachfolgenden Jahren zusammenkommen. Da trifft man wirklich auf ganz andere Menschen und ganz unterschiedliche Perspektiven. Jedes Mal, wenn ich da bin, gehe ich inspiriert wieder nach Hause, weil ich wieder ganz andere Sachen gelernt habe, die deutlich über das hinausgehen, was ich so im Alltag mache. Das ist eigentlich der größte Mehrwert und das Tollste auch an dieser Auszeichnung, Teil eines solchen Netzwerks zu sein.

KG: Ich bin in diesem Zusammenhang in der Vorbereitung auch auf ein Video von dir und deiner Mentorin Nicole Riggers gestoßen. Nicole Riggers ist seit 2011 Mitglied im Aufsichtsrat der IKB Deutsche Industriebank sowie seit 2010 Betriebsratsvorsitzende und Gesamtbetriebsratsvorsitzende.[3] Wie wichtig ist Mentoring für dich?

LL: Mentoring ist, finde ich, wichtig. Und Nicole Riggers, vielleicht da nochmal zum Background, war meine Mentorin im Rahmen eines Netzwerks, der Initiative „Women into Leadership".[4] Diese Initiative richtet sich vor allem an Führungskräfte, an Managerinnen aus den oberen Führungsebenen in Unternehmen, aber branchenübergreifend. Das allein ist auch schon immer ein Mehrwert, weil man in den Austausch kommt, über die eigene Branche hinaus und man dort auch die Mentoren, die aus anderen Branchen kommen und schon im Vorstand oder in der Geschäftsführung sind oder eben im Aufsichtsrat. Die treffen sich dann sehr regelmäßig und man selbst trifft sich darüber hinaus mit der jeweiligen Mentorin. Zu der

---

[3] Mittlerweile ist Frau Riggers seit Oktober 2020 Gleichstellungsbeauftragte der IKB Deutsche Industriebank AG und seit April 2021 darüber hinaus auch Abteilungsdirektorin Volkswirtschaft/Kommunikation/Marketing.
[4] https://www.iwil.eu.

Zeit, als ich das Mentoring mit Nicole Riggers gemacht habe, da war das großartig, ich habe davon total profitiert, weil Nicole eben nicht nur Aufsichtsrat-Erfahrung hat, sondern auch noch als Gesamtbetriebsratsvorsitzende bei der IKB ist. In der Rolle als Arbeitsrechtlerin, die eigentlich immer auf der anderen Seite des Tisches saß, hatten wir da auch fachlich tolle Austauschmöglichkeiten gepaart mit unglaublich viel Unternehmenserfahrung, die Nicole hat.

Ich habe davon profitiert – und sie glaube ich auch. Insofern finde ich Mentoring, wenn man es gut macht, echt immer einen großen Gewinn.

KG: Kann man das auch schlecht machen? Das heißt, wenn man sich einfach nicht um sein Mentee kümmert?

LL: Ja, das Kümmern ist so eine Sache. Ich finde, Mentoring birgt natürlich auch immer ein bisschen das Risiko, dass man ins Reden kommt und am Ende eigentlich gar nicht so viel mitnimmt. Deswegen mache ich das mit den Mentoren, die ich habe, aber vor allem auch mit den Mentees schon so, dass man sich am Anfang sehr klar macht, was will man eigentlich erreichen, wie ist die Struktur, wie geht man es an, in welchen Abschnitten macht es Sinn und das aber auch immer wieder auf der Zeitstrecke überprüft, ob man da auf einem guten Weg ist. Das finde ich wichtig für jedes Art des Mentorings.

KG: Du hast es gesagt, du bist also jetzt auch selbst Mentorin. Was möchtest du anderen weiblichen Führungskräften weitergeben?

LL: Ich bin Mentorin einmal bei der Ergo. Da haben wir natürlich auch Mentorenprogramme, aber auch außerhalb der Ergo für junge Frauen, aber auch für Männer, was ich persönlich auch spannend finde, dass man nicht immer nur diesen Fokus hat. Für mich ist beim Mentoring oder als Mentorin eigentlich am allerwichtigsten der Perspektivwechsel und das Lernen aus dem Perspektivwechsel und aus der Perspektive des Anderen. Das ist auch das, was ich meinen Mentees anbiete oder anbieten möchte, meine Perspektive auf bestimmte Dinge, auf bestimmte Fragestellungen, Themen, aber auch anzubieten, einfach Fragen zu stellen und aktiv zuzuhören, um ihre Perspektive zu verstehen und da vielleicht dann auch zu gucken, wie sie mit bestimmten Situationen umgehen können. Das ist das eine, was für mich eben Mentoring ausmacht oder auch meine Rolle als Mentorin ausmacht. Und zum anderen, sage ich immer, ist für mich Mentor sein auch so eine Art institutionalisiertes Role Modeling, denn ich glaube, immer wenn man Mentor ist, hat man eben auch eine Funktion als Vorbild und darf dann auch in diesem Verhältnis Vorbild sein. Und auch das finde ich wichtig, weil es einem auch die Gelegenheit gibt, vielleicht auch einen Weg mit zu begleiten, aber auch Erfahrungen weiterzugeben, die man gemacht hat und die der andere vielleicht noch nicht hat.

KG: Kann Mentoring deiner Meinung nach die Lücke in der strategischen Talententwicklung nachhaltig schließen und wenn ja, wie?

LL: Nein, das glaube ich nicht. Ich glaube, Mentoring kann die Talententwicklung ergänzen, in keinem Fall aber eine Lücke schließen, denn aus meiner Sicht ist Mentoring in allererster Linie Teil der persönlichen Entwicklung des Einzelnen und der Begleitung in bestimmten Situationen. Dagegen geht für mich die strategische Talententwicklung weiter darüber hinaus, weil man da erkennen muss, was sind Profile, die man in der Zukunft benötigt, wie man Talente dafür dann auch identifiziert und weiterentwickelt. Da meine ich, dass Mentoring das nicht leisten kann. Aber weil die persönliche Entwicklung, ich glaube, das kann man oder kann ich gerade in meiner HR-Rolle jetzt auch sagen, immer wichtiger wird für die Einzelnen und auch immer mehr gefragt wird auch von den Talenten, ist das ein Baustein, den man anbieten kann, eben in der persönlichen Entwicklung und dann aber natürlich gleichzeitig auch in der Entwicklung unserer Talente im Unternehmen.

KG: Schauen wir uns deinen Alltag an. Wie sieht er jetzt als Bereichsleiterin bei der Ergo aus? Warum lohnt es sich für dich und natürlich auch für andere Juristen vielleicht, die sich mit dem Gedanken tragen, zu einer Versicherung zu wechseln, bei der Ergo zu arbeiten?

LL: Ich glaube, es lohnt sich generell im Unternehmen zu arbeiten, aber konkret bei der Ergo, weil es einfach total vielfältig ist, man ganz viele Dinge mitbekommt und aber auch die Möglichkeit hat, nicht nur quer zu gucken, sondern auch andere Sachen auszuprobieren und das geht natürlich in so einem großen Konzern wie der Ergo. In meiner Rolle jetzt momentan als HR-Bereichsleiterin, das, was ich daran so liebe und was mich einfach auch so begeistert, ist die Vielfalt der Themen. Du hattest es im Intro schon angesprochen, in meinem Bereich liegt das Thema Employer Branding. Das heißt, unsere Arbeitgebermarke, unsere Attraktivität auch am Arbeitsmarkt, alles um die Themen Recruiting, aber auch der Austausch mit den Führungskräften, die Betreuung der Führungskräfte, die ganzen Themen wie z. B. Arbeits- und Gesundheitsschutz. Also all das, was Personal ausmacht, aber was auch ein Unternehmen ausmacht, liegt in meiner Verantwortung. Da wird es echt nicht langweilig. Das sind so viele Themen, die uns da beschäftigen, gerade auch mit Blick auf neue Arbeitswelten. Insofern war das für mich ein super Schritt, es macht mir ganz viel Spaß und ich glaube, auch bei der Ergo finden sich noch viele andere Themen, wo auch Platz noch für andere ist.

KG: Also so einen richtigen Alltag mit tagtäglich Thema A, B, C gibt es nicht, sondern es ist dann A bis Z.

LL: Ich denke das manchmal, wenn ich morgens reingehe, dass ich einen konkreten Plan habe, aber ich habe den Tag nach vier Jahren jetzt noch nicht erlebt, dass ich rausgegangen bin und dachte: „Das war der Tag, den ich mir heute Morgen vorgestellt habe." Das ist echt schnelllebig, aber das macht es auch aus. Es ist echt eine Dynamik dahinter.

KG: Ich rekrutiere ja auch zuweilen für Versicherer und Broker, allerdings eher im Bereich der W&I-Versicherung. Und das mache ich schon seit 2015. Auch wenn sich das Mindset der Juristen hier seitdem ein wenig gewandelt hat, begegne ich dann doch immer wieder diesem sehr klassischen konservativen Vorbehalt: „Ich bin Jurist, ich gehe doch nicht zu einer Versicherung!" Zunächst einmal, woher glaubst du, kommt dieses angestaubte Image der Versicherungsbranche?

LL: Das ist spannend. Und ich habe selbst einmal darüber nachgedacht, wie das bei mir war, weil ich ja auch dann irgendwann den Punkt gemacht habe, ich gehe jetzt in eine Versicherung. Ich muss sagen, dass ich mir bei meinem Einstieg in die Branche gar nicht so viele Gedanken darüber gemacht habe, welches Image sie hat. Da hat mich die Rolle gereizt, die Arbeitsrechtsrolle, die Ergo als Unternehmen mitten in der Transformation, die große Restrukturierung. Es gab oder gibt auch eine starke betriebliche Mitbestimmung. Gewerkschaften, verschiedene gewerkschaftliche Strömungen – insofern also ein Traum für einen Arbeitsrechtler. Das war mir zu dem Zeitpunkt wichtiger als ein Image der Branche.

Insofern habe ich nicht so viel darüber nachgedacht. Aber als ich dann in meinem Umfeld den Wechsel zur Ergo verkündet habe, gab es tatsächlich einige, die mich gefragt haben, ob ich mir das gut überlegt habe, zu einer Versicherung zu gehen – weil die immer gedacht haben, sie sei konservativ, starr, hierarchisch, wenig innovationsfreundlich, wenig pfiffig. So ein Stromberg halt, total unflexibel. Und ich glaube natürlich, an so einem Image ist immer was dran. Im Vergleich zu anderen Branchen ist die Branche wahrscheinlich tatsächlich eher konservativ und hierarchisch. Du hast mich gefragt, warum, woher kommt das? Ich glaube, die Versicherungsbranche war im Vergleich zu anderen lange so eine Insel der Glückseligen.

Man hat langfristige Vertragsbeziehungen, eher passive Kunden, geringe Preistransparenz und ganz etablierte Vertriebsstrukturen. Das prägt, glaube ich, dann erstmal so ein Image des eher Konservativen, eher Starren und wenig Innovativen. Aber die Welt sieht heute echt anders aus und ich glaube, dass das Image überhaupt nicht mehr so berechtigt ist und sich die Branche permanent im Wandel befindet. Und wenn man sich näher damit beschäftigt, merkt man, wie spannend das ist, weil gerade die Digitalisierung und Mobilität natürlich die Versicherungsbranche total und schnell verändert. Es gibt ganz neue Geschäftsmodelle, ganz neue Vertriebskanäle. Vor allem auch andere Kundenerwartungen. Deswegen beschäftigen uns jetzt in der Branche

Themen wie künstliche Intelligenz, die ganzen Insurance Tags, Plattform-Ökonomien, um einfach mal ein paar Schlagworte zu nennen. Das ist spannend. Das hat wenig zu tun mit Staub und Starrheit. Insofern glaube ich, müssen wir was tun, um dieses Image zu ändern, weil wir aufgrund der Veränderungen auch im ganz anderen Wettbewerb stehen und die Leute, die wir wollen, die Guten, sind eben nicht mehr nur die klassischen Versicherungsberufe, sondern die Digital-Talente und die wollen andere auch. Insofern, ja, das Image gibt es noch und wir arbeiten daran, dass es besser wird.

KG: Wir sprechen auch gleich noch über das Thema Digital. Vorab zwei Dinge noch. Erstens: Du hast einen ganz wichtigen Punkt genannt. Ich glaube, es geht darum, dass man sich damit beschäftigt, sich eine Branche näher anzugucken. Christoph Maria Herbst hatte übrigens bei Stromberg tatsächlich eigene Erfahrungen aus einer Bank im Hinterkopf, es war gar keine Versicherung, aus der dann im Endeffekt „Die Capitol" entstanden ist. Zweitens: In der Corona-Pandemie hat die Wahrnehmung der Versicherungsbranche trotzdem ein bisschen gelitten. Ich habe wie immer ein bisschen recherchiert und bin auf den Guidewire Survey Report aktuell von 2020 gestoßen. Das ist eine repräsentative Umfrage unter Versicherungsnehmern im Alter von 16 bis 55 Jahren, also schon eine große Bandbreite.

Da hat sich die Zahl der Deutschen, die negativ über Versicherer denken, im letzten Jahr tatsächlich verdoppelt. Du hast schon ein paar Stichworte angesprochen, vielleicht kannst du es noch ein bisschen ergänzen. Befindet sich das deiner Meinung nach in einem Wandel und wenn ja, inwiefern?

LL: Also ich kenne die Studie auch und du hast natürlich völlig recht, die sagt erstmal, dass die Wahrnehmung der Versicherung gelitten hat und auch damit muss man sich beschäftigen. Die Studie hat leider nicht nach Gründen gefragt für den Imageverlust und insofern kann man nur mutmaßen, was die Menschen da bewegt hat. Aus meiner Sicht waren sicherlich ein Grund die Schlagzeilen während Corona um die Betriebsschließungspolicen. Das Gros der Versicherungen hat ja entscheiden, die Gastronomen, die schließen müssen aufgrund von Allgemeinverfügungen, nicht vollständig entschädigen zu wollen. Das hat natürlich Schlagzeilen gemacht, weil es auch in der Zeit war, in der man auch zu Recht viel Betroffenheit gerade mit der Gastronomiebranche hatte und da auch mitgefühlt hat. Das führt natürlich, wenn man dann liest, die Versicherer springen da nicht ein oder stehen da nicht an deren Seite, zu Vertrauensverlust. Und ich glaube, auch wenn man es natürlich nicht weiß, das könnte ein Grund sein. Ich hoffe aber, dass es nicht nachhaltig ist. Und wenn man nochmal weiter in die Studie guckt, dann gibt es auch viele, die sagen, dass sich für sie während der Pandemie das Bild nicht verändert hat, d. h. das Bild vorher positiv war und auch positiv geblieben ist. Ich glaube, insofern gibt es auch Hoffnung für die Branche. Vielleicht noch ein Punkt, weil ich ja jetzt HRlerin bin: Das Image der Versicherung als Arbeitgeber hat vielleicht sogar gewonnen während Corona, weil wir krisensicher sind und als solches auch gelten.

Zudem haben wir die Erfahrung gemacht, dass wir selbst während der Pandemie viele Bewerbungen hatten, in einer Zeit, in der man das Gefühl hatte, die Bewerber sind mit Veränderungen vorsichtig. Da war bei uns eher der Zulauf da. Insofern glaube ich, als Arbeitgeber hat das unserem Image nicht geschadet.

KG: Du hast es schon angesprochen und wir schauen uns jetzt nochmal die Digitalisierung an.

Gerade die Versicherung als abstraktes, nicht physisches Produkt ist ja eigentlich in höchstem Maße digitalisierungsaffin. Das gilt für Rationalisierungspotenziale im Betrieb, das gilt aber auch gleichermaßen für neue, bessere oder günstigere Wege im Vertrieb und es gilt auch für die laufende Gestaltung der Kundenbeziehung. Zusätzlich gilt es aber auch für den eigentlichen Kern des Versicherns, nämlich die Erfassung für die Prognose und dann wahlweise Minderung oder Übernahme von Risiken. Hier ergeben sich durch die digitale und damit auch allumfassende Vernetzung vollkommen neue Potenziale, oder?

LL: Absolut. Das macht für mich auch echt den Reiz aus. Gerade der von dir angesprochene Aspekt der Gestaltung der Kundenbeziehung ist aus meiner Sicht zentral. Die Erwartungen der Kunden der Versicherung verändern sich nämlich rapide. Hier müssen alte Geschäftsmodelle auf die Bedürfnisse der Kunden oder die sich verändernden Bedürfnisse, vor allem aber verändernden Erwartungen der Kunden angepasst und auf völlig neue Beine gestellt werden. Es müssen also rein digitale Angebote geschaffen und stärker in Ökosystemen, die sich um unsere Kunden herum bilden, gedacht werden. Das ist für uns natürlich eine supergroße, aber auch echt spannende Herausforderung, dem gerecht zu werden.

KG: Ist in dem Zusammenhang jetzt dann eigentlich eine rhetorische Frage, aber vielleicht magst du es ein bisschen erläutern, inwiefern das auch für Juristen in der Branche relevant ist?

LL: Das ist in der Tat rhetorisch. Es ist auch für Juristen oder ich mag vielleicht sogar sagen gerade für Juristen hochrelevant. Ich fange natürlich immer bei der eigenen Schule an, also bei den Arbeitsrechtlern. Da, glaube ich, wird vieles, was von der herkömmlichen Herangehensweise an Mitbestimmung so besteht, völlig infrage gestellt. Es sind viel kürzere Abständen, in denen Veränderungen und Anpassungen vorgenommen werden müssen. Das gilt natürlich nicht nur für Arbeitsrecht, sondern für alle Rechtsbereiche, die wir ja komplett abdecken, auch in der Ergo, aber auch in der Branche insgesamt. Das ist einfach schnell, das ist ganz agil und das muss man natürlich auch als Jurist dann entsprechend begleiten und sich darauf einstellen.

KG: Ein weiteres Thema, über das ich gerne noch mit dir sprechen würde, ist das Thema Führung und Leadership. Du sagtest mir im Vorgespräch, dass du für diese Themen tatsächlich brennst und ich fand, dass man dir das auch anmerkt. Das heißt, Begeisterung und die Fähigkeit, die auch zu transportieren, ist sicherlich eine Antwort auf meine nun kommende Frage: Was bedeutet Leadership für dich persönlich?

LL: In der Tat ein absolutes Herzensthema von mir und insofern strahle ich schon, wenn ich darauf angesprochen werde. Für mich bedeutet Leadership in erster Linie Verantwortung zu übernehmen, aber auch gestalten zu können und mit anderen gemeinsame Ziele zu erreichen. Für mich geht es in der Führung darum, andere, also die Mitarbeiter, meine Kollegen zu begeistern und für meine Ideen und Ziele, aber auch natürlich die des Unternehmens zu gewinnen. Wichtig ist bei mir, dass Führung eben nie gleich Führung ist. Das ist das, was es auch spannend macht, weil es immer darum geht, den konkreten Menschen zu bewegen oder etwas in ihm zu bewegen, ihn auch zu berühren und dadurch dann die Wirkung zu entfalten. Wie das gelingt, worauf es ankommt, wie aber auch Führung sich verändert, das begeistert mich total. Zumal ich auch glaube, dass gerade in der Umwelt, in dieser Schnelllebigkeit, in der wir jetzt schon sind, Führung nochmal eine ganz andere und aber auch wichtigere Rolle haben wird, weil es komplexer wird und es aus meiner Sicht die Führungskräfte sind, die diese Komplexität managen und den Mitarbeitern die Orientierung geben müssen. Zudem sollte man die unterschiedlichen Menschen, die man vor sich oder um sich herum hat, mit ihren Kompetenzen so einsetzen, dass sie ihr Potenzial bestmöglich einsetzen können. Dazu muss man in allererster Linie Fragen stellen können. Das macht für mich auch Führung aus, aktiv zuhören können, um zu verstehen und nicht, was häufig missverstanden wird, um dann Antworten zu geben. Das alles macht für mich gute Führung aus. Ich habe letztens mit einer Kollegin gesprochen, die sagte, und das hat mich so abgeholt, eine gute Führungskraft erkennt man darin, dass sie mehr zuhört, als spricht. Für mich stimmt das und das sagt eigentlich alles.

KG: Damit verbunden ist ja auch immer eine gewisse Sichtbarkeit. Du machst jetzt überhaupt nicht den Eindruck, dass du jemals Angst vor dieser Sichtbarkeit in der Führungsetage hattest.

Aber glaubst du, dass das bei Frauen ausgeprägter ist als bei Männern? Und wie können wir dem auch entgegenwirken?

LL: Das wird ja oft gesagt, dass Frauen Sichtbarkeit scheuen oder eher keine Rampensäue sind. Tatsächlich erlebe ich das natürlich auch, dass Frauen und auch weibliche Führungskräfte da vielleicht ein bisschen zurückhaltender sind. Ich bin jetzt keine Expertin, aber ich glaube, dass das auch mit der Sozialisierung zu tun hat, dass bei Frauen Sichtbarkeit häufig als Selbstdarstellung, Angeberei oder Profilierung wahrgenommen wird. Wahrscheinlich noch mal deutlich schneller, als man das bei Männern sagen würde. Um dem Eindruck der Profilierung oder dieser Selbstdarstellung entgegenzuwirken, zeigen sich dann Frauen weniger oder sind da irgendwie zurückhaltender. Für mich ist aber tatsächlich Sichtbarkeit aus ganz unterschiedlichen Gründen wichtig. Zum einen für einen selbst, um überhaupt wahrgenommen zu werden und über das, was man gut kann und gut macht, gesehen zu werden und dann auch die Chancen zu haben, sich diesbezüglich weiterzuentwickeln. Das ist getreu dem Motto: Tue Gutes und sprich drüber. Das ist der eine Aspekt der Sichtbarkeit. Ich finde es aber auch wichtig, weil es aus meiner Sicht erforderlich ist, um andere zu erreichen und mitzuziehen. Auch das ist ja, das habe ich gesagt, Führung. Das gilt, gerade wenn man als Frau vielleicht schon in höheren Ebenen angekommen ist, dass man da auch die Bühne nutzt, um zu zeigen: Es gibt uns hier! Und insofern auch als Vorbild wirkt und sich als solches sichtbar macht, um andere zu ermutigen und überhaupt zu zeigen, dass das geht und dafür Mitstreiter zu bekommen.

KG: Meine Frage gilt natürlich nicht nur bezogen auf Frauen, das Thema Diversity und Gender Equality setzt da ja unmittelbar an. Ihr bei der Ergo habt unter anderem mit eurer ersten virtuellen Diversity Week im Mai dieses Jahres das Thema Vielfalt auf ein neues Level gehoben – ich glaube, das kann man so sagen. In einem Interview dazu hast du gesagt, dass du gerade in deiner Position jeden Tag erlebst, dass junge Menschen bei der Wahl ihres Arbeitgebers zunehmend darauf achten, welche Werte im Unternehmen gelebt und wie mit unterschiedlichen Lebens- und Arbeitsformen umgegangen wird. Das heißt, ihr möchtet bei der Ergo klare Antworten auf diese Fragen geben, um heute und auch in der Zukunft für Talente der Arbeitgeber der Wahl zu sein. Sprechen wir mal über die Diversity Week. Magst du zunächst einmal berichten, wie es dazu kam und wie die dann genau ablief?

LL: Ja, sehr gerne. Den Diversity-Tag gibt es tatsächlich bei der Ergo schon länger und feiern wir einmal im Jahr. Da hat es schon echt tolle Aktionen gegeben, einmal war zum Beispiel der ganze Ergo-Turm in Düsseldorf am Rhein mit Porträts von Mitarbeiterinnen und Mitarbeitern beklebt. Neu war in diesem Jahr tatsächlich, aber wie du sagst, wir dem Thema Diversity erstmalig eine ganze Woche gewidmet haben. Hintergrund hier war, dass das Thema so gewachsen ist, dass wir ihm einfach nicht gerecht hätten werden können, wenn wir es auf einen Tag beschränkt hätten. Deswegen haben wir uns entschieden, eine Woche lang mit unterschiedlichen Aktionen die Diversität bei uns zu feiern und auf sie aufmerksam zu machen. Da es mittlerweile übrigens fünf Mitarbeiternetzwerke gibt, passte das auch ganz gut von den Anzahlen der Tage der Woche. Insofern gab es fünf Diversity-Tage und das war echt beeindruckend, was diese Mitarbeiternetzwerke auf die Beine gestellt haben, wie viele sich da auch beteiligt haben und welche Programmpunkte gab. Das war super und hat auch Wirkung erzielt. Ich glaube, der Schlüssel dafür, dass es so ein Erfolg war, war dass wir das sehr konkret gemacht haben. Das heißt, es wurden nicht abstrakt die Themen diskutiert, sondern wir haben auch Kolleginnen und Kollegen zu Wort kommen lassen, die divers sind, unterschiedliche Erfahrungen gemacht haben und unterschiedlichen Gruppen angehören.

Ich selbst habe einer Kollegin zugehört, die Multiple Sklerose hat und sehr eindrücklich beschrieben hat, wie sie mit dieser Krankheit ihre Arbeit bei uns bewältigt. Das ist nur eins von vielen Beispielen, aber das war toll, weil es so greifbar war und wir das Motto hatten: Wir reden nicht übereinander, sondern miteinander.

KG: Was waren weitere Kernbotschaften daraus?

LL: Wir wollten zum einen zeigen, das habe ich auch schon gesagt, wie viele unterschiedliche Dimensionen Diversity hat. Zum anderen wollten wir aber auch klar machen, wie hoch der Stellenwert von Diversität bei uns im Unternehmen ist. Und wir wollten hier sichtbar machen, dass wir bei Ergo auf die Unterschiedlichkeit unserer Mitarbeiterinnen und Mitarbeiter setzen und ihre vielfältigen Erfahrungen, Perspektiven und Kompetenzen nutzen möchten und diese wirklich wertschätzen. Zudem, dass die Diversität bei uns entscheidend ist für unsere Innovationskraft, für unseren Erfolg, für unsere Kreativität. Wir haben aber auch gleichzeitig deutlich machen wollen, dass diese Woche allein nicht ausreicht, aber eine Chance ist, Stellung zu beziehen und auch Farbe zu bekennen im wahrsten Sinne des Wortes, aber letztlich nur Impulse setzen kann und motivieren soll, das ganze Jahr so zu sein und die Vielfalt zu leben.

KG: Dafür wurde die Ergo in Deutschland ja auch schon mehrfach ausgezeichnet, nämlich unter anderem als einer der besten Arbeitgeber für Frauen oder auch für den genannten Umgang mit Vielfalt. Wie wichtig ist das für dich persönlich und in deinem persönlichen Alltag?

LL: Für mich ist das sehr wichtig. Ganz schlicht erstmal, weil es mir einfach mehr Spaß macht, in einem Umfeld zu arbeiten, das divers ist, in dem viele unterschiedliche Menschen aufeinandertreffen, unterschiedliche Hintergründe, Erfahrungen zusammenkommen und man sich ebenso einbringen kann mit den Stärken, wie man ist. Ich finde das einfach hundertmal spannender, als wenn man in einem total homogenen Umfeld arbeitet und insofern ist das, wenn ich persönlich gefragt werde, der Grund, warum ich da auch echt Wert drauf lege. Aus Unternehmenssicht ist es, glaube ich, ähnlich. Natürlich will man auch, dass die Leute Spaß haben und dass man sich gegenseitig befruchtet und bereichert. Wir sind aber auch der Überzeugung, dass es uns auch wirtschaftlich besser macht, weil es ganz unterschiedliche Perspektiven gibt, die zu besseren Lösungen führen. Insofern hat das einfach eine Bedeutung. Deswegen freut man sich auch über Auszeichnungen, die es gibt, die sind toll für uns.

Die sind natürlich auch als Werbung erstmal toll, denn das ist auch das, wonach viele gucken.

Es ist aber auch ein Ansporn, noch mehr zu tun. Ich bin davon überzeugt, dass wir vieles noch besser und auch noch mehr machen müssen. Dieser Ansporn macht uns und unsere Mitarbeiter stolz.

KG: Lena, das war's eigentlich schon. Ich sage erstmal vielen, vielen lieben Dank. Ich glaube, nicht zuletzt die Ergo kann froh sein, dass du keine Diplomatin geworden bist. Bleib begeistert und begeisterungsfähig und vielen lieben Dank auch vor allen Dingen für deine wichtigen Impulse zum Thema Führung und Leadership.

LL: Vielen Dank, hat super viel Spaß gemacht. (…)

14

Mentoren, Coaches und Role Models – Wie Sie Ihnen helfen und wo Sie die Richtigen finden

Warum ich Coach geworden bin, habe ich Ihnen ja bereits erzählt. Ich bin aber davon überzeugt, dass es einen Dreiklang aus Mentoring, Coaching und Vorbildern braucht, um Ihre Karriere langfristig zu hebeln, da Sie so regelmäßig die Perspektive auf Ihre persönliche und fachliche Weiterentwicklung wechseln und lernen. Und damit ist nicht nur die inhaltliche und juristische Weiterentwicklung und damit das gemeint, was wir seit Betreten des Hörsaals am ersten Tag unseres Studiums der Rechtswissenschaften unter dem Begriff Lernen verstehen. Diese, nennen wir es Fortbildung, versteht sich von selbst, um für Ihre Mandanten der beste Ansprechpartner zu bleiben und diese langfristig an Sie zu binden. Der Gesichtspunkt der Persönlichkeitsentwicklung spielt aber für Ihre Karriere deshalb eine entscheidende Rolle, weil er Sie von Ihrer Konkurrenz abhebt, auf Ihre Personal Brand einzahlt und letztlich auch dafür sorgt, dass Sie resilient und mental gesund bleiben, was in unserer Branche zugegebenermaßen gar nicht so leicht ist. Ich finde es richtig und wichtig, dass einige meiner Coaching Kollegen sich gerade auf dieses Thema spezialisiert haben und hierzu konkrete Unterstützung anbieten. Entsprechende Programme in Kanzleien sollten integraler Bestandteil der Corporate Benefits sein und von jedem mit gutem Gewissen in Anspruch genommen werden dürfen. Dahin ist der Weg, so wie ich den Markt beobachte, aber leider noch lang, denn wir sind immer noch zu sehr in dem Gedanken verhaftet, dass diejenigen, die diese Angebote in Anspruch nehmen, gleichzeitig Schwäche zeigen und sich damit angreifbar machen, was die Bewertung ihrer Arbeit und Leistung angeht, was wiederum negative Konsequenzen für die Aufstiegschancen haben kann. Das ist aber ein grundlegender Denkfehler! Nicht diejenigen, die sich um ihre mentale Gesundheit kümmern, zeigen Schwäche, es sind diejenigen, die es nicht tun. Diejenigen, die sich für unfehlbar, unangreifbar und auch unkaputtbar halten. Das kann kein Mensch von sich behaupten, auch kein Jurist. Führungskräfte sind hier ihrer Vorbildfunktion auch in diesem Punkt verpflichtet. Leistungspotenziale entstehen auf gesundem Nährboden. Nur in einem gesunden Körper wohnt ein gesunder Geist – und im Übrigen auch umgekehrt. Wieso sollten Sie denn als Führungskraft riskieren wollen, dass Ihre Mitarbeiter nicht belastbar und damit für Sie und Ihre Mandanten nicht planbar sind, weil die Gefahr besteht, dass Sie unter den übersteigerten Anforderungen zusammenbrechen? Oder, betriebswirtschaftlich ausgedrückt: Was sind Ihre Investitionskosten in gesunde, belastbare und leistungsbereite Mitarbeiter in Relation zu deren Ausfallrisiko?

Ich habe glücklicherweise recht früh auf meinem Weg in der Juristerei und nach dem Ersten Staatsexamen realisiert, dass ich voll in die Leistungsfalle getappt war und ich mich selbst mit meinen Ansprüchen, Glaubenssätzen und meiner Art, diese zu leben und in meinem Alltag als Juristin umzusetzen, mental in eine totale Sackgasse manövriert hatte. Um das transparent zu machen: Bei mir war tatsächlich im Jahr 2009 eine psychotherapeutische Behandlung nötig, um in mir einmal richtig aufzuräumen und die Stabilität und Resilienz zu erarbeiten, die juristische Ausbildung erfolgreich zu beenden. Ich war depressiv. Dieses Thema verdient seitdem umso mehr meine erhöhte Aufmerksamkeit und ich bin erfreulicherweise gut darin geworden, mich selbst aus der Meta-Perspektive zu reflektieren, wenn ich einmal wieder das Gefühl habe, mich in meinen Leistungsansprüchen völlig verrannt zu haben. Es gelingt mir nicht immer, aber es gelingt mir immer besser. Dazu war viel Arbeit an und mit mir selbst nötig und ich glaube, dass ich deswegen auch ein guter Business Coach bin, weil ich die Herausforderungen unseres Alltags aus so vielen Perspektiven in meinem Beruf kennengelernt und mir selbst meine Strategien erarbeitet habe, damit umzugehen. Die gute Nachricht ist: Wenn Sie das für sich noch nicht behaupten können, können Sie das auch lernen! Dazu gebe ich Ihnen im folgenden Einblick in die drei Dinge, die meiner Meinung nach dabei hilfreiche Tools in Ihrem Werkzeugkasten und damit auch Teil Ihrer strategischen Karriereplanung sein sollten:

14.1 Mentoren

Ein Mentor ist eine erfahrene und vertrauenswürdige Person, die ihr Wissen, ihre Fähigkeiten und ihre Erfahrungen nutzt, um eine weniger erfahrene Person, den Mentee, zu unterstützen und zu beraten. Der Mentor übernimmt eine Rolle als Ratgeber, Vorbild und Förderer, indem er dem Mentee hilft, seine beruflichen oder persönlichen Ziele zu erreichen, seine Fähigkeiten zu entwickeln und Herausforderungen zu meistern. Dabei geht es nicht nur um Beratung und Wissensvermittlung, sondern auch um Feedback, Motivation und letztlich auch den Zugang zum eigenen Netzwerk.

Lena Lindemann hat in unserer gemeinsamen Podcast-Episode von ihren positiven Erfahrungen als Mentorin und auch als Mentee berichtet. Ich kann dankbarerweise ebenso behaupten, dass ich bei meinem Wechsel in die juristische Personalberatung auf eine Führungskraft traf, die gleichzeitig mein Mentor war. Ihre Führungskraft kann also Ihre erste Anlaufstelle bei der Suche nach einem Mentor sein, muss es aber nicht zwangsläufig. Was gute Führung bedeuten kann, haben sowohl Dr. Lena Lindemann als auch Dr. Nikolai Vokuhl und Dr. Philipp Hardung anschaulich verdeutlicht. Sie erkennen das Potenzial Ihrer Führungskraft, nicht nur Ihre Führung, sondern auch Ihr Mentoring zu übernehmen daran, dass die Person Sie als Mensch mit Ihren Potenzialen erkennt und sich wirklich engagiert, diese zu fördern und Sie entsprechend zu motivieren, aber auch, Sie herauszufordern, wo es dessen bedarf. Mein Chef in der Personalberatung hatte zum Beispiel ein so gutes Gespür dafür, wo ich Freiraum brauchte, meine Potenziale zu entwickeln, genauso aber auch, wann er den Finger in die Wunde legen und mich zuweilen auch mal etwas „härter anpacken" musste, um meine volle Leistungsfähigkeit abzurufen und meinen eigenen Lernprozess zu beschleunigen. Das mag auf einige von Ihnen sicherlich abschreckend wirken, für mich war es aber genau das Richtige, weil ich nur so in vergleichsweise kurzer Zeit eine steile Lernkurve entwickeln konnte. Das funktionierte deshalb, weil mein Vorgesetzter sich anfangs viel Zeit genommen hat, mich als Mensch und Persönlichkeit kennenzulernen, zu verstehen und zu lesen. Das erfordert im Übrigen viel Erfahrung und enormes zwischenmenschliches Gespür. So etwas kann man sich in Teilen erarbeiten, teilweise ist das sicherlich aber auch beim einen von Natur aus (heißt: von unserer Erziehung, unseren Erfahrungen und unserem Charakter bedingt) stärker ausgeprägt als beim anderen. Wenn sie aber jemanden in Ihrem beruflichen direkten Umfeld haben, mit dem Sie diese zwischenmenschliche Ebene aufbauen können, bei dem Sie sich gesehen, gefördert und gefordert fühlen, dann ist diese Person sicherlich ein guter Ansprechpartner für die Frage nach einem Mentoring. Letztlich kommt es nämlich genau auf diese zwischenmenschliche Tandembeziehung an und dabei dürfen Sie sich auf Ihr Gefühl verlassen.

Außerhalb Ihres direkten aktuellen beruflichen Umfelds und jenseits Ihrer Führungskraft (vielleicht haben Sie ja sogar das Glück, unter mehreren wählen zu können) finden Sie Mentoren im Umfeld Ihrer juristischen Ausbildung, vorherige Vorgesetzte, auf Networking-Events, in speziellen Mentoring-Programmen oder gar auf LinkedIn.

Bei Events und LinkedIn ist meiner Meinung nach aber dahingehend Vorsicht geboten, dass Sie hierbei zunächst kaum bis gar nicht ersehen können, ob sie beide wirklich zueinander passen. Womit wir bei einem Punkt sind, der gerne übersehen wird, wenn es gerade um Mentoren geht, die nicht die eigene Führungskraft sind und auf die Sie proaktiv zugehen: Das Mentoring sollte beiden Seiten etwas bringen. Reverse Mentoring ist kein unbedingt neues Phänomen, bietet aber die Chance des Perspektivwechsels für beide Seiten. Daher empfehle ich Ihnen, sich ausführlich im Vorfeld der Kontaktaufnahme zum einen damit auseinanderzusetzen, was Sie sich von Ihrem Mentor erwarten und das sehr konkret auf drei bis fünf Punkte herunterzubrechen und sich gleichzeitig klar darüber zu sein, was Sie umgekehrt in die Waagschale zu werfen haben. Wenn Sie jemanden für sich gewinnen möchten, seien Sie höflich, respektvoll und fallen Sie nicht unbedingt mit der Tür ins Haus. Wenn es dazu kommt, dass Sie Ihr Anliegen vortragen dürfen, haben Sie zeitlich einen Elevator Pitch im Hinterkopf: Bringen Sie das Was, Warum und Wie auf den Punkt und zeigen Sie im gesamten Dialog Ihr klares Commitment. Haben Sie aber auch Verständnis für ein höfliches Nein. Ganz sicher finden Sie jemanden, der noch besser zu Ihnen passt. Denn es ist Ihnen nicht geholfen, wenn Ihr Gegenüber die Anfrage annimmt, hierfür aber selbst letztlich nicht die nötigen Ressourcen hat.

Bieten Sie sich umgekehrt in Ihren Netzwerken als Mentor für Ihre Themen an und spielen Sie dabei nach den gleichen Regeln: Sie geben das, was Sie umgekehrt gerne bekommen würden oder von Ihrem Mentor bekommen haben, was Sie vorangebracht und Ihnen geholfen hat. Betrachten Sie Mentoring nicht als Gehhilfe, sondern als Katalysator und schöpfen Sie das darin liegende Potenzial für sich bestmöglich aus. Das gelingt, indem Sie feste Termine mit Ihrem Mentor oder Mentee vereinbaren, an die beide Seiten sich (bis auf entschuldigte Ausnahmen) halten und stets offen und ehrlich miteinander umgehen.

Feedback ist hierbei ein wesentlicher Punkt, bei dem auch die ein oder andere Führungskraft noch Verbesserungspotenzial hat. Gutes Feedback einer Führungskraft zeichnet sich meiner Meinung nach durch Klarheit, Präzision, Konstruktivität und auch durch Respekt und Empathie aus. Vor allem aber ist Regelmäßigkeit wichtig, ohne dass daraus eine Art Micromanagement wird. Das bedeutet für Sie: Fordern Sie Ihr Feedback auch regelmäßig ein und bestehen Sie darauf, dass Ihre Führungskraft sich hierfür Zeit nimmt, in der nicht parallel noch E-Mails oder das Telefon Beachtung finden. Ein Denkanstoß umgekehrt für Führungskräfte: In meinem Women Leadership Programm von Lea-Sophie Cramer und Lia Grünhage[1] (Stichwort: Blick über den Tellerrand meiner Branche hin zu allgemeinen Führungsthemen gerade für Frauen in Führung) habe ich das klare 3-Punkte-Feedback kennengelernt, das sich an Wahrnehmung, Wirkung und Wunsch orientiert. Einfaches Beispiel: „Ich nehme wahr, dass Du in letzter Zeit häufig zu spät kommst. Das ärgert mich, weil wir gerade gemeinsam an einem Projekt arbeiten und ich oft auf Dich warten muss. Das verzögert den gemeinsamen erfolgreichen Abschluss des Projekts. Damit dies gelingt, wünsche ich mir, dass Du zukünftig pünktlich kommst." Die Formel hierfür lautet: www.de – wobei „de" hierbei für „Danke, Ende" steht. Das bedeutet, dass Sie in einem solchen Fall wie in unserem Beispiel auch für den Moment deutlich ihr Feedback geben dürfen, ohne Raum für Diskussionen zu lassen, diese aber gerne auf einen späteren Zeitpunkt und ein ausführlicheres Gespräch dazu verschieben können. Eine detaillierte Auseinandersetzung mit dem Thema Feedback würde an dieser Stelle zu weit führen, ist aber oft Gegenstand meiner Business Coachings.

14.2 Coaches

Womit wir zum nächsten Punkt kommen. Meine Ausbildung zum zertifizierten Business Coach absolvierte ich an der Dr. Bock Coaching Akademie in Berlin. Dr. Petra Bock ist Ihnen vielleicht von ihren in zahlreiche Sprachen übersetzten „Mindfuck"-Büchern ein Begriff, sie ist aber nicht nur internationale Bestseller-Autorin, vor allem ist sie Top Executive Coach und Managementberaterin. Für mich war nach eingehender Recherche in diesem Markt klar, dass ich meine Ausbildung unbedingt an der sog. Eliteschmiede für professionelles Coaching absolvieren wollte. Besonders bin ich bei dieser Recherche an dem Satz hängen geblieben:

> „Business Coaches sind darauf spezialisiert, Menschen dabei zu begleiten, ihr berufliches Potenzial zu erkennen, auszuschöpfen und nachhaltig erfolgreich zu sein".[2]

Für mich klang das nach der perfekten Ergänzung zu meinem ganz persönlichen Recruiting-Stil, der stets auch immer den Menschen, ob auf Kunden- oder Kandidatenseite im Fokus hat, weil ich die Begleitung des beruflich nächsten Schritts und der Weiterentwicklung der eigenen Karriere sehr ernst

---

[1] www.tenmorein.com.
[2] Dr. Bock Coaching Akademie, https://www.dr-bock-coaching-akademie.de/download/business-coach-ausbildung-berlin.pdf.

nehme. Die Ausbildung erstreckte sich über ein Jahr und sehr viel Coaching-Erfahrung, die ich sammeln musste und vor allen Dingen durfte. Diese Ausbildung habe ich im November 2022 erfolgreich mit einer Prüfung abgeschlossen und erweiterte somit mein Angebot in der LWYRD GmbH über das Legal Recruitment hinaus auf das Business Coaching. Seitdem bilde ich mich jährlich auch als Coach fort.

Ich bin ein Mensch, der immer mal wieder eine neue Herausforderung braucht und daher aktiv sucht, weil ich fest davon überzeugt bin, dass man sich im Laufe der Jahre doch konstant ein wenig verändert. Und Veränderung darf genau angeschaut und reflektiert werden, denn so kann man aus ihr lernen, sich weiterentwickeln und vor allem: man bleibt neugierig und offen sich selbst und anderen gegenüber. Und genau das macht übrigens meine Haltung als Coach aus. Die Bereitschaft, immer wieder auch an sich selbst zu arbeiten und somit auch für meine Kunden, Kandidaten und Klienten außergewöhnliches zu leisten – diese Bereitschaft, diese Leidenschaft, die habe ich in mir und möchte Ihnen daher umso mehr in diesen bewegten Zeiten als Sparringspartner und Coach zur Seite stehen, wenn es für Sie darum geht, wie Sie langfristiges Besonderes leisten können.

Meine Empfehlung im gefühlten Dschungel der Coaching – Angebote an Sie ist, dass Sie sich immer einen Coach suchen, der ebenso eine solche zertifizierte Ausbildung abgeschlossen hat. Der Begriff des Coaches ist in Deutschland nicht geschützt, was bedeutet, dass sich theoretisch jeder so nennen darf – und das schlimme daran ist, dass dies auch einige tun. Jeder seriöse Coach wird Sie gerne über seine Ausbildung und seine Erfahrung transparent informieren, Ihnen zudem ein kostenloses Vorgespräch anbieten, in dem Sie für sich feststellen können, ob die wichtige Chemie zwischen Ihnen beiden stimmt und Ihnen dann auch offen seine Kosten kommunizieren, anstatt Ihnen Coaching-Pakete zu einem Festpreis zu verkaufen. Ich sehe diese Pakete kritisch, weil sie sich nicht an Ihrem konkreten Coaching-Bedarf und Ihrem Anliegen orientieren. Woher will der Coach denn wissen, ob Ihr Anliegen in einer, drei oder mehr Coaching-Stunden gelöst werden kann, ohne, dass er vorher mit Ihnen gesprochen hat? Meine Erfahrung ist: Ich kann nach dem Vorgespräch eine grobe Einschätzung abgeben, wie hoch der Coaching Bedarf in Stunden ungefähr sein wird. Allerdings sind Coaching Prozesse auch sehr dynamisch und Sie sind der Boss, heißt, Sie haben vollständig in der Hand, welche Themen und Probleme Sie besprechen und lösen möchten. Manchmal ergibt eines das andere. Manchmal bedarf es nur weniger Coaching-Handgriffe und Impulse, um das Anliegen meiner Coachees zu lösen. Bedenken Sie dies bei der Auswahl Ihres Business Coaches und der Preiskalkulation. Zudem sollte Ihnen Business Coaching einen guten Preis wert sein. In gewisser Weise gilt der alte Spruch „Was nix kost, is' auch nix" tatsächlich auch im Coaching. Sie können sich an Ihrem ungefähren Stundensatz als Anwalt orientieren, darüber sollte ein gutes Coaching in der Regel nicht liegen, es sei denn, Sie buchen sich einen der Top Executive Coaches Deutschlands für einen ganzen Tag exklusiv. Von Angeboten mit Preisen weit darunter sollten Sie besser die Finger lassen, so verlockend es auch sein mag.

Mich hat zudem der Zeitgeist, konkret am Stichwort mehr Menschlichkeit in der Wirtschaft und die persönliche Zufriedenheit von Juristen angetrieben, professionelles Coaching zu erlernen. Warum brauchen wir gerade jetzt Coaching mehr denn je und warum brauchen wir es vielleicht auch gerade in der Juristenwelt? Wir leben in turbulenten Zeiten in Bezug auf die hinter uns liegende Pandemie, Kriege sowie den demografischen Wandel, den Fachkräftemangel und die Digitalisierung. Hierdurch fallen gewohnte Strukturen für uns Menschen und auch uns Juristen konkret in Teilen weg. Um für sich diese Strukturen wiederzuerkennen und neu aufzubauen, müssen wir den Blick nach innen wenden und klar festlegen, was wir brauchen, um unsere Ziele im Berufs- und Privatleben zu erreichen. Ein wesentlicher Teil davon ist eine wertschätzende Arbeitsatmosphäre, denn nur in einem solchen Raum können wir unsere Potenziale voll entfalten. Gerade im Rechtsmarkt herrscht nach wie vor ein hoher Leistungsanspruch sowohl von außen als auch von innen, aus uns Juristen heraus selbst, weil viele von uns in der Regel viel erreichen wollen. Um mehr Offenheit für menschliche Schwäche aber auch Stärken und Potenziale zu erreichen, ist Coaching ein fast magisches Tool – gerade für uns leistungsgetriebene Juristen und insbesondere mit Blick darauf, dass die nachkommenden Generationen (wir haben es bereits besprochen) dies anders sehen. An dieser Stelle steht dem Markt ein Wandel bevor, den wir nicht ohne Unterstützung meistern können.[3]

Ich lade Sie dazu ein, sich selbst einmal kritisch zu hinterfragen, wenn Sie bis jetzt kein Business Coaching in Anspruch genommen haben, warum dem so ist. Es bietet so viele Chancen für Sie und Ihre Karriere. Und wie schön ist, wenn man sich darüber klar wird, dass man viele wegweisende persönliche Entwicklungen, die als Katalysator für Ihre Karriere wirken können, selbst in die Hand nehmen kann? Gehen Sie dazu auch direkt auf Ihren Arbeitgeber zu, sofern Sie sich über dessen vielerorts bereits bestehende Angebote noch nicht im Klaren sind.

---

[3] Einen Teil dieser Erkenntnisse habe ich gemeinsam in meiner Podcast-Episode mit meiner geschätzten Coaching Kollegin Felicitas Kapp erarbeitet, vollständig abrufbar unter: https://podcasts.apple.com/de/podcast/lwyrd/id1533649147?i=1000592386324.

14.3 Role Models

Ich muss Ihnen etwas gestehen: Ich tat mir mit Vorbildern früher richtig schwer, weil ich einen Denkfehler gemacht habe. Vorbilder hatten für mich etwas fast heroisches und ich habe diese Menschen gedanklich auf einen so hohen Sockel gestellt, dass es für mich schwierig war, mich darin wiederzufinden. Meine Herangehensweise an dieses Thema hatte etwas Kindliches in Bezug auf meine eigene Wahrnehmung in Relation zu denjenigen „die es geschafft hatten". Was auch immer dieses „es" für mich damals gedanklich war. Damit wurden diese Menschen für mich unnahbar und damit auch gefühlt unerreichbar. Es hat ein paar Jahre und viele Erfahrungen gebraucht, bis ich realisierte: Vorbilder finden sich quasi überall, im Berufsalltag aber auch im persönlichen Alltag, wenn man offen für sie ist und sich nicht immer gleich am Gesamtpaket orientiert, dem man nacheifern möchte. Es braucht auch nicht das eine Vorbild, Sie brauchen viele! Denn von vielen Menschen in Ihrem Umfeld und Netzwerk können Sie sich bei dem einen dies und beim anderen jenes abschauen. Genauso divers wie Sie und Ihre Persönlichkeit sind, so divers dürfen auch Ihre Vorbilder sein und müssen nicht immer und ausschließlich aus dem Rechtsmarkt kommen. Ihre Vorbilder können Ihnen fachliche, rhetorische, strategische, persönliche Themen vorleben. Es kommt darauf an, dass die Person etwas hat, was Sie inspiriert, etwas, das eine Art Feuer in Ihnen entfacht und in dem Sie sich wiederfinden, das Sie anspornt und motiviert. Sie können den Vorbildgedanken auch umkehren: Manchmal kann es auch etwas sein, das Ihnen vielleicht vermeintlich fehlt und Sie realisieren. Mein Vorbild hat das, kann das, tut das auch nicht – und trotzdem lebt dieser Mensch vielleicht genau das Leben, geht der Karriere nach, die Sie sich wünschen. Das kann genauso motivierend sein. Kennen Sie den Gedanken vom Sushi-Band? Vorbilder passen dazu ganz wunderbar. Stellen Sie sich vor, Sie sitzen an einem All-you-can-eat-Sushibüffet und vor Ihnen fahren sekündlich völlig verschiedene japanische Speisen vorbei. Essen Sie jede, mögen Sie alle? Nein, Sie nehmen sich genau das vom Band, was Ihrem Appetit und Ihrem Geschmack entspricht, auf das Sie Lust haben. Mit Vorbildern ist es genau das Gleiche. Nehmen Sie sich von jeder Person, die Sie aus einem bestimmten Grund motivierend und inspirierend finden, genau das, was zu Ihnen passt und lassen Sie den Rest liegen! So tappen Sie jedenfalls sicher nicht in die Vorbild-Falle, die bei mir voll zugeschnappt ist.

Ein Punkt ist mir aber dabei ganz wichtig: Wir brauchen gerade im Rechtsmarkt viele und mutige Vorbilder, vor allem bei den Themen (Gender) Diversity und Vereinbarkeit, und zwar für alle Juristen. Grundsätzlich sind wir da auch auf einem guten Weg, aber ich unterstütze selbst gerne Plattformen, die diese Vorbilder visibel machen,[4] engagiere mich in entsprechenden Netzwerken und auf Panels dazu und habe mit meinem Podcast eine Plattform geschaffen, die Karriere im Rechtsmarkt greifbar und menschlich macht. Denn dabei kommt es für mich beim Thema Vorbilder entscheidend an. Dazu folgende Anekdote: Als ich in meinem ersten Berufsjahr war, nahm ich an einer Veranstaltung für Juristinnen des Panda Women Leadership Networks teil.[5] In einem der Workshops ging es um eine Diskussion rund um das Thema Einführung der Frauenquote (das war 2015 ja noch eine Diskussion wert). Zu Beginn und zum Ende unseres Workshops sollte die kleine Gruppe für oder gegen die Einführung einer solchen Frauenquote stimmen. Ich stimmte zusammen mit einer weiteren Teilnehmerin zu Anfang als einzige dagegen, zum Ende hoben wir alle unsere Hand dafür, auch ich. Warum ich anfangs dagegen stimmte? Weil ich davon überzeugt war, die Frauenquote nicht zu brauchen, ich sah darin keinen Sinn, so hatte ich doch immer nur gute Erfahrungen zu diesem Thema machen dürfen (was sich im Übrigen bis heute erhalten hat). Es regte sich eine Art innerlicher Trotz, den sich der Quote wohl entgegensetzen wollte, getreu dem Motto: Das schaffen wir Frauen ja wohl problemlos ohne, wieso auch nicht, wir bringen alles an den Tisch, was es braucht. Warum ich am Ende doch dafür stimmte? Ich realisierte im Laufe der Diskussion, dass das zwar meine positive Erfahrung gewesen sein mochte, aber dass diese vielen meiner Mitteilnehmerinnen fehlte. Einigen fehlten auch schlichtweg der Mut und die Stärke, für sich selbst lautstark einzutreten. An diesem Tag habe ich mir fest vorgenommen (und dieses Versprechen mit den LWYRD-Marken) auch eingehalten, dass ich meine Sichtbarkeit, meine Kommunikationsstärke und meinen Mut immer dafür einsetzen werde, wo all dies gebraucht wird und vielleicht anderen fehlt. Ich sehe diese Verantwortung ähnlich wie meine politische Verantwortung in unserer Demokratie. Jeder Jurist hat in unserem Markt jetzt die Verantwortung, für die Themen aufzustehen, die den Wandel des Rechtsmarkts positiv beeinflussen können und bei denen er etwas beizutragen hat – umso mehr bei denjenigen, wo es ihm nicht schwerfällt und Reichweite, Sichtbarkeit und Plattform zur Verfügung stehen. Wenn also auch ich für den ein oder anderen ein Vorbild sein kann, macht mich das stolz und spornt mich umso mehr an, meinen Weg getreu meinen Werten weiterzugehen.

Welche Erfahrungen haben Sie mit Mentoren und Coaching gemacht und für wen können Sie jetzt ein Vorbild sein?

---

[4] Siehe dazu mein Interview auf breakingthrough.de, https://www.breakingthrough.de/portraet-katharina-gangnus.

[5] https://we-are-panda.com.

15

„Yes, we can have it all!"

Podcast-Episode mit Dr. Oxana Balayan vom 13.10.2021[1]
KG: Herzlich willkommen an diesem 14. Oktober. LWYRD, der Podcast zum deutschen Rechtsmarkt, ist zurück mit Episode 34. Ich bin Katharina Gangnus, selbst Rechtsanwältin und juristische Personalberaterin und spreche hier mit Juristen aus allen Branchen und Berufsgruppen über ihren Werdegang, was sie antreibt und warum sie heute das machen, was sie machen.

Vielen lieben Dank zunächst für das umfangreiche Feedback zum Start der zweiten Staffel. Darüber habe ich mich sehr gefreut. Ich hatte angekündigt, dass wir die Internationals quasi zum Teil der Insights werden lassen und das Versprechen mache ich heute direkt wahr, denn ich habe mir eine international tätige Juristin eingeladen, die mich fasziniert hat mit ihrer Ausstrahlung, ihrem Drive und eben ihrer internationalen Vita. Also habe ich Kontakt mit ihr aufgenommen und war mehr als glücklich und vor allem dankbar, dass sie Lust hatte, Teil meines Podcast-Formats zu werden: Dr. Oxana Balayan.

Oxana wurde in Russland geboren und legte mit bereits sieben Jahren den Grundstein für ihre spätere internationale Karriere, als ihre Eltern sie auf eine englische Schule schickten. Das Jurastudium absolvierte sie als die Beste im Jahrgang an der MGU, die ist im Westen besser als Lomonossow-Universität bekannt und die befindet sich jährlich im Ranking der 100 prestigeträchtigsten Unis der Welt. Sie promovierte in Regensburg, ist in England und Wales als Solicitor zugelassen und begann ihre juristische Karriere bei der deutschen

---
[1] Abrufbar ungekürzt unter https://open.spotify.com/episode/1Eihe70YS0baBPSdCgsCZT?si=c-fiR-G6UQ7Saywi6PRQhZA.

Kanzlei Beiten Burkhardt, die ja jetzt gerade dieser Tage ein Rebranding erfahren hat.[2] Jedenfalls begann sie ihre Karriere dort in München und Moskau bevor sie im Jahre 2002 zu Hogan Lovells wechselte. Sie spricht fließend ihre Muttersprache Russisch, darüber hinaus Englisch und Deutsch, ist verheiratet und hat zwei Kinder. In ihrer Karriere hat Oxana bisher auf über 100 M&A-Transaktionen mit einem Gesamttransaktionsvolumen von mehr als 50 Mrd. US-Dollar gearbeitet. Nach 19 Jahren bei Hogan Lovells entschied sie sich im letzten Jahr, ihre eigene Firma zu gründen. Die Balayan Group ging im März 2021 an den Start und ist mehr als die klassische Anwaltskanzlei, vielmehr ist sie ein Game Changer. Oxana ist dafür bekannt, alles miteinander kombinieren zu können und wenn ich alles sage, dann meine ich alles: Familie, Karriere, Sport, Social Media und die Weitergabe ihres Wissens und die Förderung der nächsten Generation, unter anderem in ihrer Funktion als Jury-Mitglied bei Forbes 30 under 30. Sie wurde unter anderem im Jahr 2020 in Großbritannien ausgezeichnet als eine der Top 30 Women in Law, Women Who Will. Sie ist mit ihren 25 Jahren multinationaler Erfahrung eine der Dealwomen im Bereich M&A, PE und VC, nicht nur in Russland und steht darüber hinaus jeden Morgen um 7 Uhr auf, um Sport zu machen. Zuletzt bestieg sie im September 2020 den Mont Blanc. Mich interessiert natürlich, wie ihr Time Management aussieht und was wir davon lernen können. Vor allem aber, was sie antreibt und welche Inspiration sie umgekehrt von der jungen Generation bekommt.

Ich freue mich sehr, dass sie sich Zeit für LWYRD nimmt und sage herzlich willkommen, Dr. Oxana Balayan.

OB: Hallo Katharina und vielen Dank für die Einladung. Ich freue mich sehr, an Ihrem wunderbaren Podcast mitzuwirken und so vielleicht die ein oder andere Person für den Anwaltsberuf zu begeistern. Ich finde es faszinierend, dass die moderne Technologie es uns ermöglicht, ohne Rücksicht auf die geografischen Grenzen und Corona-Einschränkungen miteinander zu sprechen und hoffentlich viele Zuhörer zu inspirieren.

KG: Vielen lieben Dank, Oxana. Unsere Einstiegsfrage lautet immer, warum haben Sie Jura studiert? Und ich habe mir im Vorfeld ein Interview mit Ihnen angesehen und wenn ich das in diesem Interview richtig verstanden habe, war das bei Ihnen mehr so eine Art Ausschlussverfahren unter möglichen Berufen, die Sie sich für sich gar nicht vorstellen konnten.

OB: Das kann man so sagen. In der damaligen Sowjetunion gab es keine große Auswahl an Studienthemen und Berufen und mich hat schon immer

---

[2] Beiten Burkhardt firmiert seit September 2021 unter ADVANT Beiten, https://www.advant-beiten.com/de/downloads/faz-neue-kanzlei-allianz-der-name-beiten-burkhardt-ist-geschichte.

die Gerechtigkeit und der Zugang zu einem möglichst fairen Rechtssystem interessiert. Meine Shortlist war dann am Ende wirklich sehr kurz, nämlich entweder Jura oder Medizin zu studieren. Ich habe mir überlegt, dass durch einen juristischen Fehler eine Person kaum sterben kann, wobei eine misslungene OP oder eine falsche Diagnose durchaus ein unglückliches Ende haben könnte. So viel Verantwortung konnte ich mir als 17-Jährige dann doch nicht vorstellen und wurde Anwältin. So einfach ging es.

KG: Deswegen sagen wir Juristen ja manchmal, wenn wir eine komplizierte Transaktion zu bearbeiten haben, um uns selbst zu beruhigen: „Es ist ja keine OP am offenen Herzen!"

Von daher lagen Sie mit 17 Jahren schon sehr richtig (*lacht*). Ich habe es ja in meinem Intro schon gesagt, Ihre Eltern haben Sie dann mit sieben Jahren auf eine englische oder war es, eine internationale Schule geschickt, korrigieren Sie mich gerne. Inwiefern hat Ihnen das Türen geöffnet? Weshalb war das der Grundstein für Ihre spätere internationale Karriere?

Und wieso fiel die Wahl Ihrer Eltern damals unter mehreren Geschwistern auf Sie?

OB: Es ist eine sehr gute Frage. Es war eine englische Schule in dem Sinne, dass in dieser Schule Englisch verstärkt und schon ab der ersten Klasse gelehrt wurde und viele Fächer auch in Englisch vorgetragen wurden, wie Geschichte zum Beispiel und so weiter. Warum die Wahl auf mich fiel, müssten Sie, glaube ich, meine Eltern fragen. Aber ich schätze, sie haben keine genaue Antwort auf diese Frage. Sie waren jung und haben nicht gleich beim ersten Kind alle ihre Wünsche erfüllt. So fiel die Wahl auf mich als die jüngere Schwester. Mein Bruder hat aber nicht gelitten, ist heute Geschäftsführer eines international bekannten Uhrenherstellers.

Warum hat es mir Türen geöffnet? Ich denke, ich habe früh gelernt, nicht nur in einer Sprache zu kommunizieren, was damals schon sehr außergewöhnlich war, viele konnten nur Russisch. Es hat aber auch relativ früh mein Mindset geändert. Ich wollte schon immer über Grenzen hinaus arbeiten und habe früh angefangen, über Grenzen hinweg zu denken. Ich bin mir sicher, dass die Wurzel dafür in der Schulwahl meiner Eltern liegen. Dafür bin ich meinen Eltern sehr dankbar.

KG: Wir haben gerade für unseren Sohn eine ähnliche Entscheidung getroffen, weil wir auch möchten, dass er aufgeschlossen und mit einem internationalen Mindset durch die Welt geht.

Und wenn ich Ihre Geschichte höre, dann bestärkt uns das als Eltern, glaube ich, auch nochmal in unserer Entscheidung.

OB: Wunderbar. Dafür sind wir da, um einander zu inspirieren.

KG: Wie ging es dann weiter? Was brachte Sie nach Deutschland? Was reizte Sie an der internationalen Tätigkeit? Und wie sieht heute Ihr Alltag aus zwischen, ich glaube, München, Frankfurt, Moskau und manchmal auch London?

OB: Ja, wie so oft in unserem Leben kommen gewisse Zufälle dazu oder Opportunitäten, denen man folgt oder nicht folgt. Man muss einfach mit geöffneten Augen, mit einem geöffneten Herzen allen diesen Möglichkeiten begegnen. Und so kommt es zu einer sehr interessanten Vita. So war das auf jeden Fall bei mir. Ich habe mich früh für Austauschprogramme zwischen den Universitäten interessiert und kam dann über ein solches Austauschprogramm nach Deutschland. Und aus einem Austausch wurde dann ein Sprachkurs an der Freiburger Universität und dann noch ein Kurs an der Universität in Regensburg.

So langsam habe ich mich mehr und mehr in Deutschland bewegt, obwohl mein ursprünglicher Plan war, in Amerika zu studieren. So kam ich zu einem Professor, Professor Dr. Arnold an der Uni Regensburg und habe gesagt, wissen Sie, ich merke, es ist gerade sehr interessant in Deutschland, ich würde sehr gerne ein Magisterstudium in Deutschland machen statt in Amerika. Viele meiner Freunde sprachen damals Englisch und es wurde dann nichts Besonderes mehr für mich, und ich wollte etwas Besonderes! Eine deutsche Ausbildung.

Mein Professor sagte mir, okay, sehr gut, aber ein Magisterstudium ist bei uns eigentlich nicht so anerkannt. Vielleicht probieren Sie es mit einem Doktorstudium. So kam ich ungewollt zu einer Promotion, was für mich dann unheimlich interessant wurde, wo ich auch die Sprache und das deutsche Rechtssystem sehr gut gelernt habe. Und so entstand auch mein deutscher Background, zusätzlich zu meiner Kenntnis im englischsprachigen Raum, der englischen Sprache und natürlich von Russland. Es wurde dann easy für mich, mich zwischen den Welten zu bewegen, nachdem ich natürlich in Deutschland gelebt habe. Ich habe auch ein Stipendium der Daimler-Benz AG bekommen, wofür ich sehr dankbar bin. Dieses Stipendium hat mir ermöglicht, innerhalb von Europa zu recherchieren und an diversen Universitäten, wie zum Beispiel an der Europäischen Schule in Florenz oder auch am Europäischen Gerichtshof Praktika und Recherchen zu machen. Diese Internationalität hat mir danach geholfen bei der Berufswahl. Ich habe dann mich für eine deutsche Kanzlei entschieden, die gerade ihre ersten Schritte in Russland gemacht hat und von einer deutschen Kanzlei ging es dann zu einer englischen Kanzlei Lovells, die englische Kanzlei hat dann mit einer amerikanischen Kanzlei, Hogan Hudson, zu Hogan Lovells fusioniert und so wurde ich Jahr für Jahr internationaler.

Ich habe einen deutschen Mann geheiratet und meistere jetzt tatsächlich alles zwischen Moskau, München, Frankfurt und vielen Orten, wo ich auch für meine Mandanten, für die Projekte sein muss. Mein Hauptsitz für meine berufliche Tätigkeit ist nach wie vor Moskau, aber für die Familie bin ich natürlich auch öfters in München und Frankfurt da. Das ist ein Meisterwerk, glaube ich, alles zu verbinden und zu kombinieren. Aber das klappt.

KG: Ja, ich musste so ein bisschen schmunzeln. Ich hatte bei Instagram gesehen, Sonntagmittag waren Sie noch in München auf dem Fußballplatz mit den Kindern. Und dann ging es schwupps in den Flieger wieder nach Moskau, richtig?

OB: Absolut. Und Gott sei Dank geht es jetzt in 2021. 2020 war das natürlich ein Ausnahmejahr für mich in jeder Hinsicht, auch wegen der Reisen. Aber darüber sprechen wir noch.

KG: Genau. Ich möchte nämlich auch wissen, wie organisieren Sie denn diesen Alltag?

Also das heißt, wie sieht so ein typischer Tag bei Ihnen aus? Oder gibt es überhaupt einen typischen Tag? Ich glaube nicht.

OB: Das ist in der Tat sehr schwer zu beantworten. Bei mir ist kein Tag wie der andere. Es ist einfach so, dass ich meine Münchner-Tage habe oder meine Moskauer-Tage. Ich reise viel, ich arbeite viel, ich mache Sport und ich möchte genug Zeit für meine Familie haben. All das unter einen Hut zu bringen, ist nicht immer einfach. Aber Agile Working, was immer populärer wird und was ich schon seit Jahrzehnten auch praktiziere, das bringt viel Neugier für Neues und natürlich eine sehr, sehr starke Passion für all das, was ich tue, und hilft mir sehr. Und natürlich hilft mir meine Familie, die mich bei allem unterstützt. Aber zurück zu Ihrer Frage, wie sieht mein Alltag aus? In der Tat ist es so, dass ich früh aufstehe und ich merke, dass ich gerade die frühen Stunden sehr gut entweder für mich, für meinen Sport oder für eine sehr schwierige Aufgabe für meine Mandanten oder für mein Team nehmen kann. Und so entscheide ich. Es ist in unserem Anwaltsberuf schwierig, selbst über unsere Zeit zu verfügen. Oft sind das die Mandanten, die das entscheiden und gerade in den Zeiten, wo die Projekte in der ganzen Welt stattfinden. Ein Mandant macht ein Projekt in Japan, dann in Russland oder in Peking mit einem amerikanischen Partner. Da kann es natürlich vorkommen, dass wir am liebsten 24 h online sein müssen, um alle gut zu betreuen. Und da muss man gewisse Disziplinen entwickeln und sich immer fragen, kann ich jetzt am besten die Tätigkeit ausführen, die gerade auf mich fällt oder ist es besser, eine kurze Pause zu machen, vielleicht auch zu schlafen in der Nacht und die Aufgaben, die gerade so wichtig sind, in der Früh zu machen. Diese Frage stelle ich mir, glaube ich, jeden Tag.

KG: Sie haben das Agile Working angesprochen, da kommen wir später nochmal drauf, denn das hat auch die Gründung der Balayan Group jedenfalls sehr befördert. Dieses Time Management, von dem Sie gesprochen haben, kann man das lernen? Wenn ja, wie? Das heißt, welchen Tipp haben Sie für ambitionierte Frauen, gerade ambitionierte Juristinnen, und da nehme ich mich gar nicht aus, die sich zuweilen fragen: Can we have it all?!?

OB: We can. Yes, we can. Man kann alles lernen und mein Rat an junge Juristinnen und auch junge Professionals in anderen Berufen ist: „Habe Spaß bei all dem, was du tust und räume Hindernisse aus dem Weg, anstatt sich zu fürchten, dass es schwierig werden könnte oder dass es nicht klappt." Ich habe mir lange überlegt, was ist eigentlich meine Philosophie in meinem Leben und natürlich bei der Gründung der Balayan Group. Und ich habe mich für einen Slogan entschieden, der mich schon seit Jahren begleitet, das ist: „Be first, be brave, be different, think big, start today." Das ist genau die Antwort auf die Frage über Time Management. Es gibt momentan sehr viele wunderbare Tools, Apps, Bücher darüber, wie man sich am besten organisiert und viele von denen sind richtig gut. Die schwierigste Aufgabe ist, nicht die beste App, das beste Buch, den besten Rat zu finden. Die Schwierigkeit ist, damit zu starten und deswegen ist gerade der letzte Teil meiner Philosophie „start today" so wichtig. Mit kleinen Schritten starten, aber starten Sie lieber jetzt.

KG: Das finde ich sehr inspirierend. Wir enden auch am Schluss mit einem unglaublich inspirierenden Zitat von Ihnen, aber ich möchte nicht schon zu viel verraten. Jetzt möchte ich von Ihnen wissen: Wo fühlen Sie sich zu Hause? Oder anders gefragt: Wie definiert sich für Sie zu Hause?

OB: Das Schöne an meinem Leben ist, dass ich mich an vielen Orten zu Hause fühle. Sei es in Moskau, München oder in unserem Ferienhaus in Spanien. Zu Hause ist für mich, wo ich mich wohlfühle, wo ich happy bin und wo ich am liebsten die richtigen Leute um mich habe. Wie gesagt, die richtigen Leute sind nicht immer physisch bei mir da, aber wenn ich weiß, dass ich immer online oder in meinen Gedanken mit diesen Leuten, bei diesen Leuten sein kann, das ist für mich wichtig. Also zu Hause ist auf jeden Fall auch ein Gefühl und nicht ein Ort.

KG: Ja, zu Hause hat, glaube ich, ganz viel auch mit Geborgenheit zu tun.

OB: Absolut, genau. Das ist vielleicht sogar das richtige Wort für alles.

KG: Sie haben in den letzten 25 Jahren eine beeindruckende Karriere aufgebaut. Ich habe es in meinem Intro kurz dargestellt und in einem der Interviews, das ich mir von Ihnen in der Vorbereitung angesehen habe, ging es unter anderem auch um die Frage, was für Sie Erfolg bedeutet. Und da gab es für Sie wohl einen Schlüsselmoment. Genau der interessiert mich jetzt, der

Moment, in dem Sie realisiert und das auch in dem Interview so formuliert haben, „that was the true moment of success". Möchten Sie von diesem Moment einmal berichten?

OB: Danke Katharina. Erstmals finde ich das beeindruckend, dass Sie meine Interviews so detailliert angesehen und angehört haben. Es zeichnet sich als Professional aus, dass Sie sich richtig gut für Interviews vorbereiten. Und zweitens, zurück zu Ihrer Frage. Es gibt Phasen in unserem Leben, wo wir uns intensiv mit einer Sache beschäftigen, viele Aufgaben übernehmen, viel schaffen und dabei gar nicht merken, wie großartig und schnell wir mit diesen Aufgaben wachsen und auf ein neues Level, ein neues Niveau kommen. So war es bei mir. Die Quantität ging plötzlich in die Qualität meines Erfolgs über. Das habe ich nicht so gleich gemerkt. Ich habe meine Promotion in einem fremden Land abgeschlossen. Ich wurde mit 26 Jahren Doktor. Ich habe ein tolles Team bei der ersten Kanzlei aufgebaut, dann bei Hogan Lovells. Ich hatte wunderbare Projekte mit namhaften Mandanten gemacht. Ich konnte die Transaktionen in Deutsch, in Russisch, in Englisch führen und es war für mich alles absolut selbstverständlich. Dann kommt plötzlich eine Transaktion, die zum ersten Mal für mich einen Wert von über einer Milliarde Dollar hatte. Es haben zwei große Handelsketten in Russland fusioniert und die Aktionäre haben mich eingeladen, für eine der Unternehmen mitzuwirken, die rechtlich zu begleiten. Es war für mich toll. Fast gleichzeitig werde ich schwanger und gründe eine Familie. Es ist auch ein neuer Weg, eine neue Phase für mich und dann merke ich, dass meine Kanzlei sich wirtschaftlich verändert, neue Wege geht und ich denke, es ist vielleicht eine Möglichkeit für mich, mich anderweitig zu entwickeln, dass ich jetzt von einer deutschen Kanzlei zu einer noch internationaleren, englischen Kanzlei wechsle oder vielleicht in eine amerikanische. Und es wird langsam dann auf dem Markt bekannt, dass ich offen bin für neue Opportunitäten und obwohl ich hochschwanger bin, melden sich mehrere Headhunter, es kommen tolle Angebote von guten Kanzleien. Ich dachte, wow, all dies zusammen, das ist wirklich ein Erfolg, wo man in mehreren Bereichen gleichzeitig das erlebt. Das war so ein Erkenntnismoment für mich, wo ich gesagt habe, okay, ich habe tatsächlich viel gearbeitet, in vielen Bereichen viel erreicht.

KG: Ich glaube, manchmal ist es gar nicht so dieser eine Moment, sondern überhaupt zu realisieren, dass das, was man über einen ganz langen Zeitraum erreicht hat, dass das zurückkommt. Ich erlebe das oft auch bei mir selbst, dass es gerade uns Frauen manchmal schwerfällt, sich selbst als erfolgreich zu empfinden, bis zu dem Moment, in dem es jemand anderes einem sagt. Wissen Sie, was ich meine?

OB: Ich weiß ganz genau, was Sie meinen. So war das bestimmt auch bei mir und das möchte ich auch ein wenig ändern, zumindest bei den Frauen, die um mich sind, in meinem Team, bei den vielen Vorträgen, die ich halte. Ich möchte einfach genau in die Person reingehen oder mich mit der Person austauschen und sehen, wie können wir erreichen, dass die jungen Frauen stolz sind und vielleicht mit unserer Hilfe merken, wie unheimlich viel sie erreicht haben und wie wunderbar sie sind. Es könnte sowohl im familiären als auch im beruflichen Bereich liegen, aber in der Tat ist es wichtig, einfach kurz eine Pause zu machen und zu sehen: Wow, das bin ich!

KG: Die Frage, was Erfolg für Sie bedeutet, hat Ihnen bereits ein anderer Interviewpartner gestellt. Deswegen möchte ich wissen: Was bedeutet Scheitern für Sie?

OB: Ganz ehrlich, ich denke, so ein echtes Scheitern gibt es gar nicht. Die Kunst besteht darin, aus Fehlern zu lernen und sich nicht von dem Weg abbringen zu lassen.

KG: Ja, weil ich glaube, manchmal ist man vielleicht auch nur unzufrieden mit der eigenen Leistung, weil man von sich selbst mehr erwartet hat. Aber auch das ist kein klassisches Scheitern.

OB: Es kommt ein neuer Tag. Es kommt eine neue Möglichkeit. Man muss sich einfach öffnen.

KG: Das haben Sie jetzt schon mehrfach gesagt. Das heißt, beginnen Sie auch wirklich jeden Tag mit diesem Motto zu sagen: Start today and tomorrow is another day, another chance?

OB: Absolut. Ich glaube, man sollte, wenn man wirklich so Zweifel hat, Selbstzweifel hat, sagen, okay, ich bin gescheitert. Es kommt öfters in meinem Team vor, dass ich merke, es ist schwierig gerade für die Person. Mein bester Tipp, einfach entweder Sport oder ins Bett gehen und am nächsten Tag sieht die Welt ganz anders aus.

KG: Das stimmt, ja.

Sie haben im März dieses Jahres die Balayan Group gegründet (…). Gehen wir mal zu dem Moment, in dem Sie die Entscheidung für diese Gründung und damit Ihren Weggang von Hogan Lovells nach 19 Jahren beschlossen haben. Sie haben im Vorgespräch berichtet, dass zum einen die Pandemie hier als eine Art gedanklicher Katalysator gewirkt hat, Stichwort Agile Working, und zum anderen, dass die Besteigung des Mont Blanc im September 2020 gedanklich eine Art Schalter in Ihnen umgelegt hat. Möchten Sie uns auch davon erzählen?

OB: Sie haben eigentlich schon alles erzählt, liebe Katharina. Ich freue mich, dass wir sprechen und dass ich vielleicht noch mehr verraten darf. Ich habe knapp über 25 Jahre in richtig tollen ausländischen Kanzleien mit Verantwortung für Russland gearbeitet und das Wachstum dieser Kanzleien begleitet. Ich habe viele Erfahrungen gesammelt, viele Erfolge gefeiert, viel Neues gelernt. Es kam wieder so ein Zeitpunkt, wo die Quantität in die Qualität und in eine absolut neue Aufgabe für mich überging. Ich habe gesehen, dass ich für eine neue, größere Aufgabe vorbereitet bin und ready bin, diese Aufgabe zu übernehmen, nämlich meine eigene Kanzlei, mein eigenes Unternehmen, Balayan Group, zu gründen. Ich hatte immer Angst bei solchen unternehmerischen Gedanken, die mich schon länger begleitet haben. Ich hatte immer die Angst, dass ich an den technischen Fragen scheitern werde, dass ich keine IT-Plattform aufbauen kann, dass ich nicht das richtige Büro oder die richtigen Leute finden kann, dass ich vieles einfach rein technisch nicht lösen kann. Ich wusste immer, dass ich meine anwaltliche Tätigkeit eigentlich sehr, sehr gut erfüllen kann und viel mehr darüber hinaus. Die Pandemie hat einfach viele Prozesse gerade für Unternehmer beschleunigt.

Es gab plötzlich neue Konzepte für Büroräume, sprich WeWork und andere Büros dieser Art.

Es gab plötzlich sehr, sehr gute IT-Solutions. Wir haben alle gelernt, wie toll es und einfach es ist, mit Zoom und anderen ähnlichen Programmen, wie MS Teams zu kommunizieren. Man konnte fertige Lösungen sofort auf dem Markt erwerben, um ein neues Unternehmen ab „day one" gut laufen zu lassen. Ohne Pandemie hätte ich vielleicht diesen Schritt in die Selbstständigkeit gar nicht geschafft, denn diese Mammutaufgaben bei dem Aufbau hätten mich vielleicht abgeschreckt. Also somit haben Sie absolut recht: Es ist in der Tat so, dass als Katalysator die Pandemie mitgewirkt hat.

Was die Besteigung des Mont Blancs betrifft, ist das natürlich etwas anderes. Da ist viel Inspiration dabei. Das ist für diejenigen, die das schon mal erlebt haben, bestimmt ein Moment, wo viele, viele, viele kleine Puzzleteile zusammenkommen. Wo plötzlich alles in ein sehr klares Bild zusammenkommt und wo man wirklich absolut klarsehen kann, wie die Welt ist, wie die Zukunft aussieht. Es war für mich so ein Moment, wo ich einfach ganz klar und deutlich für mich definiert habe, wie mein Unternehmen aussehen soll, was meine Ziele für die nächsten Jahre sind. Dafür bin ich auch meinem Mann dankbar, der mich auf den Montblanc mitgeschleppt hat. Auch bin ich mir selbst dankbar, weil ich den Mut hatte, diese schwere Aufgabe wie eine Bergbesteigung zu unternehmen. So wurde die Balayan Group geboren.

KG: Und zwar genau sechs Monate später. Und jetzt wollen wir natürlich wissen, was macht die Balayan Group? Warum ist sie ein Game Changer, wie es auf ihrer Homepage heißt? Und warum ist sie mehr als die klassische Anwaltskanzlei? Was genau haben Startups und Tech Companies damit zu tun?

OB: In der Tat positionieren wir uns als Game Changer. Wir sind Game Changer für unsere Mandanten, für unsere Partner, die mit uns arbeiten. Wir sind Game Changer für die gesamte Industrie und vor allem für den russischen Rechtsanwaltsmarkt. Natürlich sind wir Game Changer insgesamt in allem, was wir tun. Ich erzähle das kurz noch im Detail: Die Balayan Group deckt drei Bereiche ab. Zum einen ist das der Bereich Legal, wo wir wie eine moderne, coole Anwaltskanzlei sind und große Transaktionen begleiten. Wir spezialisieren uns ausschließlich im Transaktionsbereich M&A, Private Equity und Venture Capital Transactions und freuen uns sehr, dass die hochkarätigen Partner, die wir gerade genannt haben, alle Transaktionen auch mit begleiten. Die bringen zum Teil die Erfahrung aus den Capital Markets, was momentan auch sehr wichtig ist für viele Transaktionen, gerade im Venture Capital Bereich, wo viele von IPOs träumen. Unser zweiter Bereich ist die Begleitung von Transaktionen im nichtrechtlichen Bereich, nämlich Project Management und strategische Beratung, wo wir sehen, dass die Mandanten in vielen komplexen Transaktionen diese Unterstützung brauchen. Oft fehlen die Kapazitäten in den Rechtsabteilungen, um solche Transaktionen zu führen. Da kommen wir und übernehmen einen Großteil von den Aufgaben, die eine erfolgreiche Transaktion ausmachen. Der dritte Bereich ist etwas, wo wir gesagt haben, wir wollen einfach näher am Business sein. Nicht nur als Anwälte bei der juristischen Begleitung der Transaktion oder in der beratenden Funktion bei solchen Transaktionen. Wir wollen auch sehen, wie solche unternehmerischen Entscheidungen getroffen werden. Wir wollen sehen, wie ein Unternehmen entsteht, mit welchen Fragen sie konfrontiert sind. Und so haben wir eine Art Startup-Accelerator, also ein Startup-Studio-Venture-Builder gemacht, wo wir durch unsere juristische Tätigkeit die jungen Startups begleiten und helfen, ihre Geschäfte aufzubauen. Wir beteiligen uns an diesen Unternehmen durch unsere anwaltliche Leistung. Wir bringen sie zusammen mit den Investoren und machen so typische Sachen, die ein junges Startup erwartet. Was wir nicht machen, sind die Finanzberatung und so weiter. Das kommt vielleicht später noch, wenn der Markt das zulässt. Ansonsten sind das drei Bereiche, die wir gerade abdecken. All dies hat sehr viel mit Tech-Unternehmen zu tun, denn vieles passiert momentan im Bereich Technologie. Und wir sehen gerade, dass ein großes Interesse daran besteht, in dieser Digital Transformation gute Anwälte, gute Berater, gute Partner dabei zu haben, die in diesem Bereich helfen. Das ist in der Tat ein innovatives Geschäftsmodell.

KG: Das ist aber auch eines, das es im russischen Rechtsrahmen geben darf. Ich weiß gar nicht, ob es das so in Deutschland geben dürfte, oder?

OB: Man kann es auch in Deutschland bestimmt gestalten. Viele Kanzleien überlegen gerade, dass sie ihre eigenen Inkubatoren gerade für Legal Tech Produkte gründen. Das bedeutet, dass sie oft auch Legal Tech, also junge Legal Tech Startups einkaufen müssen und mit denen zusammen an bestimmten

Produkten arbeiten. In Ansätzen kann man das bestimmt auch in Deutschland umsetzen. Was die Beratung bei den Transaktionen außer der juristischen Beratung anbetrifft, ist es oft so, wenn eine komplexe Transaktion stattfindet, dass Rechtsanwälte sehr viel von den Aufgaben, die klassisch eigentlich zu den Aufgaben der Banken gehören, übernehmen. Das heißt, starkes Projektmanagement und Begleitung. Ich glaube, wir tun nichts anderes, als ein guter Anwalt in Deutschland auch tun würde, in den Bereichen Legal und Consultancy, Beratung und Begleitung der Transaktion. Was wir in dem Bereich Startups machen, ist das vielleicht einen Tick weiter als das, was in Deutschland gemacht wird, weil wir nicht nur mit Legal Tech Startups arbeiten.

KG: Für Sie spielt ja auch stets eine Rolle, was Sie an die junge Generation weitergeben können. Da ist das Geschäftsmodell der Balayan Group, das Sie gerade sehr schön und anschaulich vorgestellt haben, oder auch Ihre Tätigkeit in der Jury von Forbes 30 under 30 nur ein Teil davon. Welche Inspiration bekommen Sie von der jungen Generation, ob es nun X, Y oder Z sei? Sind wir schon bei Z? Ich glaube schon.

OB: Ich glaube, von der jungen Generation kann man unendlich viel lernen und tatsächlich bringt mir meine Tätigkeit in der Jury von Forbes 30 under 30 sehr viel. Ich merke, wie talentiert unsere jungen Leute sind. Ich merke, dass oft die Faulheit, die wir als Eltern oft so kritisieren, dass diese gesunde Faulheit sehr viele neue Ideen entstehen lässt. So lerne ich, viel toleranter zu sein. Ich weiß, dass ein bestimmtes Ziel auf sehr vielen Wege erreicht wird. Diese Generation bringt mich dazu, jetzt bei jeder Aufgabe zu sagen, okay, das ist jetzt meine Lösung, wie wäre dann die Lösung von jemandem aus der Generation XYZ und so bin ich immer offen für neue Gedanken, neue Lösungen und so bin ich immer näher auch an meinen Mandanten, die in Russland sehr, sehr jung sein können.

KG: Vielleicht ist es manchmal auch gar keine Faulheit, vielleicht ist es auch einfach ein weniger Getrieben Sein, als wir es manchmal sind, oder?

OB: Das stimmt. Das sind vielleicht auch die richtigen Worte.

KG: Oxana, zwei Themen möchte ich gerne noch ansprechen. Und wir fangen mal mit der Gender Equality an, für die Sie sich seit vielen Jahren einsetzen. Die Ursprünge hierfür lagen wohl nicht nur in der Tatsache, sich als Frau in einer von Männern dominierten Branche, nämlich der Großkanzleiwelt, durchsetzen zu müssen, sondern auch darin, dass Ihre Karriere in dieser Branche gerade zum Ende des Kommunismus begann. Sie sagen: „If you remain feminine, there is a danger that you will be judged as a woman, not as a professional." Was hat Sie also angetrieben, sich als Anwältin zu beweisen? Und was davon möchten Sie heute im Jahr 2021 weitergeben? Ist es für uns Frauen leichter geworden?

OB: Es sind so viele Themen, liebe Katharina. Ich glaube, darüber könnten wir noch mindestens eine Stunde sprechen, oder? Man könnte vielleicht das mit mehreren Frauen zusammen tun, sodass wir unsere Ideen austauschen. (…) Ich sage, mein großer Vorteil war, dass damals, als ich meine Karriere angefangen habe, und wir haben gesagt, das war schon vor 25 Jahren, dass die Themen Frauen, Diversity, die waren gar nicht vorhanden. Das war für mich so natürlich, einfach meine beruflichen Ziele zu erreichen. Ich habe manche Sachen gemerkt und für komisch und ungerecht empfunden, wie zum Beispiel mein Gehalt. Plötzlich wusste ich, dass mein Gehalt etwas weniger war als von meinen männlichen Kollegen. Ich habe mir da keine großen Gedanken gemacht. Ich bin einfach dann zu meinen Partnern gegangen und habe gesagt, ich will mehr Geld und ich habe auch mehr Geld bekommen. Ich glaube, oft ist es so, dass die Probleme in unseren Köpfen entstehen. Ich habe dann einfach agiert und das wünsche ich jedem, einfach zu agieren. Und dieser Vorteil, den ich hatte, ich habe einfach nicht gemerkt, dass es wirklich ein Problem, ein echtes Problem ist, hat mir auch sehr viel Mut gegeben, sehr viele Türen geöffnet. Natürlich haben wir als Frauen auch gewisse Vorteile. Wir sind tatsächlich feminin. Wir haben andere Ansätze bei den Verhandlungen. Alle diese Vorteile habe ich einfach zum Positiven gewendet und benutzt, um die Verhandlung in die richtige Richtung zu lenken und vielleicht manche Aufgaben anders zu erfüllen als ein männlicher Kollege. Ich merke jetzt, dass die Situation etwas anders ist. Vielleicht wurde mir das damals nicht bewusst und jetzt kämpfe ich natürlich viel mehr auch dafür, dass die jungen Juristinnen sehen, es gibt gute Beispiele, man kann vorankommen. Ehrlich gesagt gilt das natürlich nicht nur für die Anwältinnen, das gilt auch für viele andere Berufe. Einfach mutig sein, wie ich gesagt habe. Be first, be brave, be different, think big, start today. Start today.

KG: Das letzte Thema, das mich unglaublich fasziniert hat, ist Ihre Sportbegeisterung, Ihre Disziplin und damit natürlich auch die Leistung, die Sie auch in diesem Bereich erreichen. Sie haben, so haben Sie mir erzählt, aber erst mit 36 so richtig mit Sport angefangen, um sich zu regenerieren, sich aber auch mental auf die Herausforderungen des Alltags vorzubereiten. Ist die sportliche Herausforderung für Sie ein guter Lehrer und wenn ja, für was?

OB: Ja, in der Tat habe ich mit 36 gemerkt, dass mein Körper einfach mehr Abwechslung braucht. Nicht nur am Computer im Büro zu sitzen, nicht nur im Flieger zu sitzen. Ich habe gedacht, okay, was könnte ich tun? Und das war für mich die einfachste Lösung, eine Sportart zu lernen, die ich noch nicht beherrsche. Da habe ich gedacht, man hat ein Ziel und kann sich so gut motivieren, etwas zu lernen. Und das war das Schwimmen, ich habe mit dem Schwimmen angefangen. Ich bin dann über normales Fitnesstraining zum Laufen gekommen. Inzwischen habe ich drei Major Marathons hinter mir,

Berlin, London, Chicago. Und da es dann mit der Zeit etwas langweilig wurde, nur zu joggen, habe ich noch Fahrradfahren gelernt mit Mitte 40 und habe dann mit Triathlon angefangen. Ich denke, dass es einfach für meine mentale Stärke sehr, sehr gut ist und bei Marathons habe ich gelernt, wenn ich einen Marathon absolvieren kann, dann kann ich wirklich jegliche Verhandlung absolvieren und jegliches Projekt. Ich gehe das als einen Marathon an. Ich denke mir, okay, wo sind die ersten 100 m, wo ist mein erster Kilometer, wo ist mein Halbmarathon. Beim Halbmarathon bin ich angekommen, dann denke ich immer, okay, es ist jetzt null, es ist nur noch ein halber Marathon weiter zu laufen, dann bin ich schon fertig. Und das hilft enorm, zumindest für mich hilft das enorm, mich auch beruflich und in anderen Bereichen weiterzuentwickeln. Da ich weiß, wie schwer es ist, diszipliniert zu sein, mache ich diese kurzen Videos und manchmal inspirierende Posts auf Instagram, falls die Leute sagen: Okay, ich schaffe es vielleicht heute nicht, dann merken sie aber, die anderen Leute schaffen das, wie Oxana oder Katharina oder sonst jemand und dann machen sie vielleicht 15 min mehr Sport als sonst. Ich glaube, das ist wichtig und das sind wir auch unserer Mitkämpferinnen schuldig: Das, was wir gut können, weiterzugeben.

KG: Ich weiß gar nicht mehr, wo ich es gehört oder gesehen habe, da sagte jemand: Mensch, ich kam um halb elf aus der Kanzlei und dann sah ich jemanden an mir vorbeijoggen und fragte mich dann, was ist eigentlich der Unterschied zwischen dem und mir? Und dann wurde dieser Person klar, dass der andere sich halt um halb elf noch die Laufschuhe anzieht. Also der ist nicht besser, engagierter, vielleicht auch nicht unbedingt disziplinierter, sondern er zieht die Schuhe einfach an und geht. Ich glaube, manchmal ist das so ein bisschen dieser Schalter, der im Kopf umgelegt werden muss, einfach die Dinge anzugehen, egal ob im Sport, im beruflichen Alltag oder auch im privaten Kontext. Einfach mal springen, einfach mal machen.

Zum Schluss, liebe Oxana, habe ich noch die Frage meines vorherigen Gastes an Sie, der nicht wusste, wer mein nächster Gesprächspartner oder meine nächste Gesprächspartnerin bei LWYRD sein würde.[3] Sie kommt von Dr. Stefan Heck, Staatssekretär im hessischen Ministerium des Innern und für Sport. Und vielleicht hilft da jetzt Ihr internationales Mindset.

Die Frage lautet: Was ist die größte rechtspolitische Herausforderung, um die sich der Deutsche Bundestag in der nächsten Legislaturperiode kümmern sollte?

---

[3] Die Podcast-Episoden von LWYRD! enden immer mit einer für den Gast unbekannten Frage, die der vorherige Gast ihm stellen durfte. In diesem Buch sind die Episoden aus Platzgründen an einigen Punkten gekürzt und enthalten diese Passage daher nicht immer. Beim vorliegenden Interview haben wir uns entschieden, es bis auf einige sprachliche Anpassungen weitgehend vollständig abzudrucken.

OB: Der Deutsche Bundestag ist momentan a talking town. Das sind Wahlen, die gerade in Deutschland passiert sind und ich freue mich sehr, dass Deutschland jetzt in die neue Phase geht. Ich denke, Deutschland hat alle Chancen, auch in den nächsten 10 oder 20 Jahren zu den führenden Wirtschaftsnationen mit einer hohen sozialen Gerechtigkeit zu gehören. Aber die Politik muss diese Veränderungen auch zulassen. Insbesondere denke ich hier, und so kommen wir zu den rechtspolitischen Herausforderungen, insbesondere bei der Digitalisierung. Ich als Balayan Group mit Schwerpunkt auch auf Technologie finde es sehr, schön, dass Digitalisierung wirklich ein großes Thema für einige Länder und Nationen ist, für Deutschland auf jeden Fall und als zweites Thema sehe ich natürlich den Klimawandel.

KG: Sie dürfen jetzt auch noch eine Frage an meinen nächsten Ihnen noch unbekannten Gast stellen. Welche wäre das?

OB: Meine Frage wäre: Was sind aus Ihrer Sicht die Berufe der Zukunft?

KG: Die gebe ich sehr gern weiter. Und ich würde jetzt gerne, ich habe es schon angeteasert mit einem ganz wunderbaren Zitat von Ihnen, liebe Oxana, enden, das Sie bei LinkedIn nach Ihrer Mont Blanc-Besteigung gepostet haben und das ich gerne mit meinen Zuhörerinnen teilen würde, weil es meiner Meinung nach vielleicht auch Ihr Erfolgsgeheimnis beschreibt, wenn es sowas überhaupt gibt. *It's like with every challenge in real life. With focus and the right people around you, you can achieve much more than you ever believed possible. It does not matter if a mountain is too high for us today. Tomorrow is another day. Mountains cannot grow. We as humans can. Embrace challenges. Explore. Dream. Discover. Grow.* Liebe Oxana, Спасибо für dieses inspirierende Interview.

OB: Vielen lieben Dank, liebe Katharina. Die Zitate sind wirklich wunderbar und ein schöner Abschluss für unser Gespräch.

16

Vereinbarkeit – Wie sie (sogar) für Juristen funktionieren kann und was sich hierfür jetzt ändern muss

Laut Statistischem Bundesamt arbeiteten im Jahr 2023 67 % aller Mütter mit mindestens einem Kind unter 18 Jahren in Teilzeit, bei den Vätern waren es nur 9 %. Wenn man dies direkt mit Beschäftigten ohne Kinder vergleicht, ändern sich diese Zahlen: Dann arbeiteten 2023 39 % der Frauen in Teilzeit, bei den Männern waren es 16 %. Weiter heißt es:

> *„Die Gründe für Teilzeitbeschäftigung sind vielfältig, auch hier gibt es große Geschlechterunterschiede. Während 27 % der teilzeitbeschäftigten Frauen die Betreuung von Kindern als Grund für die reduzierte Arbeitszeit angaben, traf dies bei Männern lediglich auf knapp 6 % zu".*[1]

Wenn ich die Situation bei uns zu Hause betrachte, sieht das Bild anders aus. Wir haben zwar „nur" ein Kind, dafür aber zwei herausfordernde Vollzeitjobs, sind beide Unternehmer und damit das in der Soziologie sogenannte Dual-Career-Couple. Oft werde ich gefragt, wie ich das, was ich alles so tue, denn überhaupt schaffe – oder anders gesagt, wie wir denn für uns als Familie Vereinbarkeit leben. Nun liegt meiner Meinung nach ein wesentlicher Grund in der mit der unternehmerischen Tätigkeit verbundenen Flexibilität, die ich nicht mehr missen möchte und ohne die es für uns nicht funktionieren könnte. Darüber hinaus ist mein Mann zudem kein Jurist, sondern studierter Betriebswirt. Oder, wie ich immer scherzhaft zu sagen pflege: Ich habe es zwei Mal ernsthaft mit Juristen versucht und dann etwas Anständiges geheiratet.

---

[1] Statistisches Bundesamt, https://www.destatis.de/DE/Presse/Pressemitteilungen/2024/04/PD24_N017_13.html.

Jedoch bekomme ich ja nicht nur berufsbedingt mit, mit welchen Herausforderungen meine Kollegen und Kolleginnen in der Branche zu kämpfen haben, wenn beide berufstätig sind, sondern ich habe auch schon mehr als ein längeres Gespräch im engeren Freundeskreis geführt, bei dem mir bewusstwurde, dass die Sache mit der Vereinbarkeit in den juristischen Berufen nach wie vor leider eine der größeren Herausforderungen darstellt oder propagierte Konzepte teils nicht der gelebten Realität entsprechen. Und irgendwie hatte ich gedacht und gehofft, dass wir hier in einer der systemrelevanten Branchen im Jahr 2024 weiter sind. Aber liegt das tatsächlich nur am System? Welche Rolle spielen die Akteure im System auf beiden Seiten? Wie gelingt Vereinbarkeit?

Vereinbarkeit
Grundsätzlich bedeutet Vereinbarkeit die Fähigkeit oder überhaupt die Möglichkeit, die verschiedenen Lebensbereiche des Einzelnen in Einklang zu bringen. Das muss sich nicht immer auf den Spagat zwischen Kind und Karriere beziehen. Gerade die nachkommenden Generationen fordern auch schon lange vor der Familienplanung von ihrem Arbeitgeber dieser Tage die Möglichkeit ein, genug Raum für ihre persönlichen Interessen zu erhalten, sodass eine individuell gute Balance zwischen dem Beruf und dem Privatleben (fort)bestehen kann. Das ist insbesondere deshalb wichtig, weil gelungene Modelle Wohlbefinden und Zufriedenheit und damit auch langfristig die Leistungsfähigkeit fördern. Drastischer formuliert: Ein ausgeglichener Arbeitnehmer ist gesünder, hat weniger Stress und ist damit auch weniger Burn-Out gefährdet.

Blicken wir zunächst auf den Rechtsmarkt: Wie sieht die Realität aus? Bestehen diese Möglichkeiten für den Rechtsmarkt und für seine Akteure gleichermaßen? Und stehen Forderungen und Wünsche in Einklang mit dem, was möglich ist.

1. **Flexible Arbeitszeiten und mobiles Arbeiten**: Spätestens seit Corona ist mobiles Arbeiten auch aus dem Rechtsmarkt nicht mehr wegzudenken und wird von vielen Arbeitgebern in unterschiedlichem Maß angeboten. Selbst Gerichtsverhandlungen können schon teilweise digital durchgeführt werden, das Projekt im Rahmen der Digitalstrategie Deutschland befindet sich aktuell noch in der Testphase und betrifft auch das digitale Angebot von Justizleistungen.[2] Hatten wir anfangs noch Respekt davor, ob wir tech-

---

[2] https://digitalstrategie-deutschland.de/digitale-justiz/.

nisch ausreichend ausgestattet sind, um der Herausforderungen des rein mobilen Arbeitens zu begegnen, so haben sich die unsäglichen Lockdowns doch zumindest in den Rechtsabteilungen und Kanzleien als Bestätigung dafür erwiesen, was alles möglich ist, wenn man muss. Von richtigem Wollen konnte zu diesem Zeitpunkt leider nicht die Rede sein. Aber Remote-Arbeit wurde so zur Norm, einige Arbeitgeber bieten dies teilweise seitdem (auf Wunsch) sogar ausschließlich an.

In meinen Gesprächen mit Kunden und Kandidaten erlebe ich folgendes Feedback und eine Art zweigeteilte Kultur bei diesem Thema: Die einen wünschen sich (wieder) eine vermehrte Anwesenheit im Büro und den Austausch untereinander, einige halten ihn nach wie vor sogar für unverzichtbar – dies gilt für Arbeitgeber und Arbeitnehmer. Ich durfte seit der Rückkehr in die Normalität nach Corona einige Male Stellen besetzen, die komplett remote angeboten wurden. Für einige war dies ideal, für andere kam dies überhaupt nicht in Frage. Diejenigen Arbeitgeber, die selbstverständlich teilweise sogar komplette remote Lösungen anbieten, machen damit sehr gute Erfahrungen. Die Produktivität der Mitarbeiter leidet nicht, im Gegenteil: Viele Arbeitnehmer berichten mir, sie arbeiteten remote und bei weitestgehend flexibler Zeiteinteilung am effizientesten. „Ich bin einfach ausgeglichener, weil mir so mehr Zeit für mich und meine Familie bleibt!" habe ich in einigen Gesprächen gehört. Die Arbeitgeber umgekehrt loben, die Flexibilität sei für sie gerade deshalb sehr wertvoll, weil sie die Mitarbeiterzufriedenheit und -bindung erhöht hat. Zudem stünden ihnen mehr derjenigen Talente, die sie einstellen möchten, zur Verfügung, wenn sie ihre Suche nicht standortgebunden ausrichten. Bewährt haben sich aber bei diesen Modellen feste gemeinsame digitale Termine sowie regelmäßige Präsenzveranstaltungen, die das soziale Miteinander stärken. Auch bei diesen zu besetzenden Stellen bestanden die jeweiligen Arbeitgeber in den Suchen, die ich betreut habe, auf mindestens einem Vorstellungsgespräch vor Ort mit der Möglichkeit für die Bewerber, möglichst viele Teammitglieder kennenzulernen. Auch deren Feedback auf die Bewerber war bei der Besetzung reiner Remote Optionen stets ein entscheidender Faktor, da die Atmosphäre im Team und damit der Erfolg des Teams selbst umso schwerer zu kontrollieren ist, wenn das gesamte Team nicht an einem Ort ist und sich untereinander vielleicht noch nie gesehen hat.

Hybride Modelle kombinieren sozusagen „best of both worlds". Grundlage für jegliche Form von Remote Work ist aber die Kultur der Eigenverantwortung und des Vertrauens. Hier gilt es meines Erachtens aus Arbeitgebersicht, seine Mitarbeiter wirklich ernst zu nehmen und mit gutem Beispiel voranzugehen. Natürlich hat die Präsenzarbeit in einigen Fällen klare Vorteile, gerade wenn es um die Stärkung des Miteinanders, der Teambildung sowie um die ersten Monate in einer neuen Anstellung geht, insbesondere zum Berufseinstieg. Einen Mitarbeiter rein remote auszubilden, funktioniert meiner Meinung nach deshalb nur bedingt, weil direktes Feedback und Mentoring sowie kulturelles Lernen und Zusammenarbeit im Team hier entscheidende Erfolgsfaktoren sind, die beiden Seiten langfristig nützen.

Um die Zahlen konkret zu machen: Laut der azur-Associate Umfrage 2023 arbeiten in Kanzleien und Rechtsabteilungen 71 % teilweise im Homeoffice, und zwar im Schnitt 1,8 Tage pro Woche. Blickt man rein auf die Rechtsabteilungen so sind es sogar 2,7 Tage pro Woche.[3] Das klingt gerade deshalb erst einmal positiv, weil diese Zahlen über dem Bundesdurchschnitt liegen: Laut dem ifo Institut arbeitet der Deutsche nämlich exakt einen Tag pro Woche im Homeoffice und liegt damit im europäischen Mittelfeld, in Österreich sind es 0,8 Tage, in Frankreich und Italien sogar nur 0,6 Tage, im Vereinigten Königreich 1,5 Tage.[4] Tatsächlich habe ich aber in meiner Arbeit teilweise erfahren müssen, dass diese Zahlen nicht in allen Kanzleien und Rechtsabteilungen Realität sind und die Kollegen diese zuweilen vehement einfordern müssen, weil sie sich mit Vorgesetzten aus der Generation konfrontiert sehen, die sich Status und Respekt auch durch lange Präsenzarbeitszeiten erworben haben und denen die Bereitschaft fehlt, sich für alternative Modelle wirklich zu öffnen, wenn sie die Wahl haben. Meine Empfehlung (to whom it may concern) ist, seine Mitarbeiter ernst zu nehmen, ihnen zuzuhören und so die richtige Wahrnehmung für ihre Bedürfnisse zu schaffen und eine für alle tragbare Lösung zu finden, die sich stets auch an den Bedürfnissen der Mandanten orientiert. Selbstverständlich muss man sich als Arbeitnehmer meiner Ansicht nach langfristiges Vertrauen in die erbrachten Leistungen über einen gewissen Zeitraum erarbeiten, aber ein Grundvertrauen darin, dass ein Volljurist, übrigens auch schon als Berufseinsteiger, bei ein oder zwei Tagen im Homeoffice nicht völlig aus dem Ruder läuft und im Gegenteil eine sehr gute und verwertbare Leistung erbringen kann, sollte deshalb bestehen, weil Sie sich als Vorgesetzter für die Einstellung dieser Person entschieden haben. Insgesamt ist der Trend zu flexiblem und mobilem Arbeiten

---

[3] Lembeck, https://www.azur-online.de/beruf-karriere/juristen-bei-hybrider-arbeit-fortschrittlich/.
[4] Ifo Institut – Leibniz-Institut für Wirtschaftsforschung an der Universität München e.V., https://www.ifo.de/pressemitteilung/2023-07-18/deutsche-im-mittelfeld-mit-einem-homeoffice-tag-pro-woche#:~:text=Deutschland%20liegt%20mit%20durchschnittlich%201,0%2C7%20Tagen%20deutlich%20darunter.

positiv zu werten und wir sollten sorgsam und wertschätzend mit der Möglichkeit umgehen, dass wir in unserer Branche eben nicht tagtäglich am offenen Herzen operieren und die Bereitschaft mitbringen, uns für die möglicherweise anstehende Weiterentwicklung desselben zu öffnen.

2. **Teilzeit:** Als ich während der Anwaltsstation in der Großkanzlei arbeitete – das war im Jahr 2012 – verließ ein Kollege eines Abends gegen kurz vor 18 Uhr die Kanzlei aufgrund eines wichtigen privaten Termins. Ein anderer Kollege begegnete ihm auf den Gang und witzelte über ihn als „alte Halbtagskraft", denn jetzt ginge der Tag und die Arbeit ja erst so richtig los. Wir alle lachten. Wenn ich mir heute anschaue, was von Kollegen, die in Teilzeit arbeiten, teilweise nach wie vor tatsächlich bei beispielsweise einer 50 %-Stelle an Stunden erwartet wird, bleibt mir das Lachen im Halse stecken. Denn der Wunsch nach solchen Modellen betrifft nicht mehr nur die belächelte „Teilzeit-Mutti". Gerade die Generationen, die dieser Tage in den Arbeitsmarkt eintreten oder dies in den kommenden Jahren tun, bewerten diese Modelle für sich aus Gründen der mentalen Gesundheit und der Lebensqualität als attraktiv und bevorzugen diese teilweise sogar. Nicht umsonst wird der öffentliche Sektor als Arbeitgeber wieder attraktiver (und hat trotzdem ein Nachwuchsproblem, aber das liegt an anderen Gründen, denen wir uns noch einmal im Kapitel rund um das Thema Gehalt widmen).

Bei einer Tätigkeit in Teilzeit bestehen grundsätzlich zwei Möglichkeiten, nämlich entweder die tägliche Arbeitszeit zu reduzieren oder sie um ganze Wochentage zu verringern. Beides hat Vor- und Nachteile und hier muss jeder für sich individuell entscheiden, ob ihm der frühere Feierabend mehr nützt als ein oder zwei freie Tage und ein längeres Wochenende. Verschiedene Großkanzleien bieten individuelle Modelle an, darunter Freshfields Bruckhaus Deringer, Linklaters, Clifford Chance, Noerr, Gleiss Lutz, Taylor Wessing und White&Case.[5] Aus meiner eigenen Erfahrung kann ich aus diesen und einigen anderen Sozietäten viele positive Erfahrungen berichten – ich kenne allerdings auch viele abschreckende Beispiele aus wiederum diversen Kanzleien, in denen die Teilzeit nur auf dem Papier gelebt wird und die Kollegen nicht nur an die viel diskutierte gläserne Decke gestoßen sind, sondern ihnen auch ihr fachliches und persönliches Vorankommen erschwert oder auf ihre aufgrund familiärer Verpflichtungen nicht verhandelbaren Zeiten der Nichterreichbarkeit schlichtweg gar keine Rücksicht genommen wurde, selbst wenn die Bereitschaft bestand, zu einem späteren Zeitpunkt am Tag wieder zur Verfügung zu stehen. Ergänzt wird dies von der puren Verzweiflung von Kandidaten, die sich an mich

---

[5] Aufzählung nur exemplarisch und nicht abschließend.

wenden, weil sie schlichtweg bei einem Wunsch nach einem Arbeitgeberwechsel in Bewerbungsverfahren keinerlei Vertragsangebot erhalten, da es immer einen Konkurrenten gibt, der eben in Vollzeit zur Verfügung steht. Einige dieser Bewerber versuchen dann sogar, ihre Gründe für eine Teilzeit gänzlich zu unterschlagen und eine Vollzeit auf Biegen und Brechen irgendwie möglich zu machen, nur um überhaupt eine Chance auf eine spannende Position mit Perspektive am aktuellen Arbeitsmarkt zu haben. Und in diesen Momenten sitze ich wirklich sprachlos vor meinem Computer oder am Telefon und frage mich, warum das in unserer Branche teilweise so falsch läuft. Es ist doch allseits bekannt, dass der Fachkräftemangel nicht erst kommt, er ist da. Wir haben auch in der Rechtsbranche ein ernsthaftes Nachwuchs- und Rekrutierungsproblem und tatsächlich haben ganze 70 % der nicht flexiblen Anwälte bereits ein oder mehrmals Probleme mit ihrer mentalen Gesundheit gehabt.[6] Die gleiche Prozentzahl berichtet übrigens, dass sie in dieser Situation keine Unterstützung durch ihren Arbeitgeber erhalten habe. Und ich frage mich: Wollen wir das? Warum verschließen wir vor diesen Zahlen denn eigentlich die Augen und folgen an vielen Arbeitsplätzen in der Branche weiterhin dem Narrativ vom emsig arbeitenden und immer verfügbaren Rechtsanwalt, der superheldengleich durch jedes Mandat navigiert, ohne Rücksicht auf Verluste, weil im Zweifel der nächste erfolgshungrige Kollege schon vor der Eingangstür mit den Hufen scharrt?

Teilzeitmodelle und Job Sharing sind für mich die Antwort auf unsere Rekrutierungs- und Nachwuchsprobleme, nicht nur in der Branche. Sicherlich bieten diese auch für diejenigen, die sie in Anspruch nehmen, Nachteile – vor allem finanzieller Art. Ein berufliches Fortkommen darf darunter meiner Meinung nach aber nicht leiden, denn auch eine Führungsposition kann in Teilzeit ausgeübt werden oder auch diese Positionen können sich auf mehrere Köpfe verteilen. Dies bietet sogar für die Mitarbeiter oft einige Vorteile und vielleicht haben gerade deshalb in den vergangenen Jahren auch einige Großkanzleien die Position des Managing Partners auf mehrere Schultern verteilt. Führung lebt nämlich auch von mehreren Perspektiven und dem Wechsel derselben, sowie von Flexibilität und Kontinuität.

3. **Elternzeit für beide:** Eigentlich doch auch irgendwie selbstverständlich, gäbe es da nicht zwei kleine Aber, bei denen ich es in diesem Kapitel als Denkanstoß auch belassen möchte.

---

[6] Liquid Legal Institute, https://www.azur-online.de/beruf-karriere/wenn-alles-kopf-steht/.

Erstens: Die Möglichkeit für Eltern, das Basiselterngeld parallel zu beziehen, wird für Geburten ab dem 01. April 2024 – wie das BMFSFJ so schön formuliert – „neu gestaltet".[7] Das bedeutet, dass ein gleichzeitiger Bezug von Basiselterngeld grundsätzlich nur noch maximal für einen Monat und nur innerhalb der ersten zwölf Lebensmonate des Kindes möglich ist. Hinzu kommt die Herabsenkung der Einkommensgrenze, ab der Eltern keinen Anspruch mehr auf Elterngeld haben, für Paare und Alleinerziehende (!) für Geburten ebenfalls ab dem 01. April auf 200.000 € zu versteuerndes (!) Einkommen – und zwar im Referenzzeitraum der letzten 12 Monate (!) vor der Geburt.[8] Ausrufezeichen sind in diesem Zusammenhang sehr bewusst gesetzt. Nun mögen diese Regelungen diejenigen unter ihnen nicht besonders tangieren, die ein erfreulich hohes Gehalt für ihre überdurchschnittliche harte Arbeit in der Großkanzlei beziehen, für alle anderen ist sie einfach nur bitter und bedeutet aufgrund der leider immer noch gelebten Realität in Deutschland, dass Frauen häufig weniger verdienen als Männer, dass letztlich doch die Frau zu Hause bleibt und die Elternzeit nimmt. Dies führt zu einer Verfestigung der traditionellen Rollen und hat negative Auswirkungen auf die Rentenansprüche der Frauen, meistens auch, wie oben dargelegt, auf ihre Karriere selbst. Ausnahmen bestätigen die Regel und führen mich zu zweitens:

Sollte in ihrer Partnerschaft die Dame des Hauses die Besserverdienende sein, dann ist es für viele Juristen als Väter dennoch nicht selbstverständlich oder teilweise auch gar nicht möglich, die Elternzeit zu übernehmen. Das liegt zum einen am Selbstverständnis der Väter selbst, aber auch an vielen mangelnden Vorbildern in ihrem Arbeitsumfeld. Es braucht hier eine klare und unterstützende Führungskultur, die Vätern die Elternzeit genauso ermöglicht wie Müttern. Und im Übrigen auch Müttern, die ihre Elternzeit voll ausschöpfen, einen reibungslosen Wiedereinstieg und die gleichen Aufstiegschancen ermöglicht.

4. **Unterstützende Unternehmenskultur:** Vereinbarkeit braucht eine Plattform und diese kann und muss der Arbeitgeber durch entsprechende Benefits schaffen. Die beschriebenen flexiblen Arbeitsmodelle sind nur ein Teil davon, auch Angebote für Resilienz und Mental Health sind hierfür

---

[7] https://www.bmfsfj.de/bmfsfj/themen/familie/familienleistungen/neuregelungen-beim-elterngeld-fuer-geburten-ab-1-april-2024-228588.

[8] Bis zur Fertigstellung dieses Buchs im Juni 2024 wurde darüber hinaus die Einführung der sog. Familienstartzeit (zwei Wochen Sonderurlaub für Väter direkt nach der Geburt zur Unterstützung der Mutter im Wochenbett), die die Ampel-Koalition bereits im Jahr 2021 in den Koalitionsvertrag aufgenommen habe, nach wie vor nicht umgesetzt. In anderen europäischen Ländern wie Finnland, Spanien und Portugal gibt es diese Lösung sogar für mehr als die in Deutschland in Rede stehenden zwei Wochen.

erforderlich und die Pandemie hat die Sensibilität hierfür nochmals erhöht. Allerdings müssen die Mitarbeiter auch in unserem Markt auch die Möglichkeit haben, diese Angebote tatsächlich wahrzunehmen. Dafür dürfen diese nicht nur auf dem Papier bestehen und den Eindruck der Scheinheiligkeit erwecken, weil sie mit dem Druck der billable hours kontrastieren und diejenigen, die sie tatsächlich nutzen als nicht belastbar abgestempelt werden. Auch hier können Vorgesetzte mit gutem Beispiel vorangehen, indem sie z. B. Abstimmungstermine nicht mit den zur Verfügung stehenden Angeboten kollidieren lassen und selbst daran teilnehmen. Nehmen Sie sich zudem als Führungskraft in regelmäßigen Abständen die Zeit, mit Ihren Mitarbeitern einmal außerhalb des Büros bei einem Café oder Mittagessen den Dialog zu suchen, wie es Ihnen eigentlich geht. Vielleicht hätte der Suizid einer Londoner Großkanzlei Partnerin verhindert werden können, wenn sie das Gefühl gehabt hätte, mit ihrem Gefühl der Überforderung und von null Vereinbarkeit nicht allein zu sein.[9] Der Fall erregte im letzten Jahr große Aufmerksamkeit am Rechtsmarkt und vor allem in der Kanzleiwelt und ich möchte ihn hier auch noch einmal explizit erwähnen, da er uns auf tragische Weise lautstark daran erinnert, wie wichtig der Kulturwandel gerade in Großkanzleien ist. Wir sollten alle gemeinsam daran arbeiten, dass wir diesen Wandel herbeiführen können – zu unser aller Wohl.

5. **Effizientes Zeitmanagement:** Leider erlebe ich in meinen Coachings zuweilen verzweifelte Kollegen, die sich selbst dabei im Weg stehen, Vereinbarkeit für sich und ihr nahes Umfeld – mit oder ohne Kinder! – so zu leben, wie es ihren Vorstellungen entspricht. Wenn wir dann miteinander näher hinsehen, liegt dies häufig an einem mangelnden effizienten Zeitmanagement, das sich an irgendeinem Punkt in ihrer Karriere zu wenig den veränderten Gegebenheiten des Alltags angepasst hat. Wenn wir von unseren Vorgesetzten, von unserem Arbeitgeber und dem Markt allgemein erwarten oder gar verlangen, dass sich hier etwas ändert und wir gemeinsam eine neue Arbeitswelt schaffen, dann müssen wir auch unseren Beitrag dazu leisten, dass dies gelingt. Klingt hart? Ist es auch, zumindest im ersten Moment. Es erfordert nämlich auch ein Umdenken in den eigenen eingefahrenen Strukturen und Denkmustern, aber es hilft, es aus der folgenden Perspektive zu betrachten: Sie dürfen Ihrem Leben und Ihrem Alltag einen neuen Rahmen geben, weil sie es wollen und der Gewinn für Sie, Ihr Umfeld, Ihre Familie und Ihr Wohlbefinden dafür unglaublich wertvoll ist.

---

[9] https://www.juve.de/markt-und-management/kanzleiwelt-diskutiert-ueber-burn-out-und-ueberbelastung/.

Wer bisher nur beruflich seine Aufgaben erfolgreich priorisiert hat, darf nun lernen, dies auch im Privatleben zu tun. Zeiten im Kalender vor und nach Terminen oder längeren Aufgaben zu blockieren, hilft mir zum Beispiel ganz konkret, nicht in zeitliche Bedrängnis und damit dauerhaft in Stress zu geraten. Diese blockierten Zeiten dienen mir als Puffer für die Erledigung weiterer beruflicher Themen oder aber auch schlichtweg für mich, für Achtsamkeit oder profaner formuliert: Um einfach mal durchzuatmen und für den nächsten Termin gestärkt und voll belastbar zu sein. Später in diesem Kapitel widmen wir uns noch einmal meinen Strategien zur Bewältigung von Mental Load und einige dieser Punkte spielen auch beim effizienten Zeitmanagement eine Rolle. Denn dies kann nur gelingen, wenn wir ebenfalls lernen, erfolgreich zu delegieren und effektiv zu kommunizieren und dadurch wertvolle Zeit zu sparen. Effektives Zeitmanagement bedeutet im Übrigen aber auch, sich sehr klar darüber zu werden, was man in welchem zur Verfügung stehenden Zeitrahmen überhaupt schaffen kann und hier Grenzen zu setzen, beruflich und privat. Sie können nicht in weniger Zeit die gleiche Arbeit erledigen. Wenn Sie beruflich kürzertreten möchten, ist dies auch eine bewusste Entscheidung dafür, mit Ihrer zur Verfügung stehenden Zeit ressourcenoptimiert umzugehen und damit sind all diejenigen Ressourcen gemeint, die Sie brauchen, um ausgeglichen leben zu können. Leben, nicht nur zu arbeiten.

6. **Berufliche und private Netzwerke und Vorbilder:** Wir haben die Bedeutung von Netzwerken in diesem Buch schon mehrfach thematisiert, aber auch an dieser Stelle spielen Sie eine entscheidende Rolle und sind deshalb hier noch einmal erwähnenswert. Schaffen Sie sich Ihren Safe Space für einen Austausch zum Thema Vereinbarkeit und Ihren individuellen Herausforderungen damit. Jeder Gedankenimpuls kann helfen, den Prozess wirksam zu begleiten. Umso wichtiger ist aber meiner Ansicht nach, dass ausreichend Vorbilder existieren, die den erforderlichen Kulturwandel beflügeln. Das müssen im Übrigen nicht immer nur die gelungenen Beispiele sein. Ich betone ausdrücklich, dass auch all diejenigen Fälle, in denen Vereinbarkeit glorreich scheitert, geteilt werden sollten, weil sie den Finger in die Wunde legen und uns ermöglichen, aus Fehlern zu lernen. Aus diesem Grund habe ich auch einige in diesem Kapitel in anonymisierter Form erwähnt.

Mental Load

Kommen wir nun zum Punkt Mental Load, denn Vereinbarkeit bedeutet zwangsläufig immer auch, einer Mehrfachbelastung gerecht werden zu wollen oder müssen. Belastung ist Verantwortung und Verantwortung kann zu erhöhtem Stress und erhöhtem Mental Load führen, weil sich in unserem Kopf ständig das Gedankenkarussell dreht, wie wir denn nun beiden Lebensbereichen gleichermaßen gerecht werden können.

Der Begriff ist dieser Tage in aller Munde und es gibt zahlreiche Geschäftsmodelle, die sich ausschließlich damit beschäftigen, wie man diesen reduzieren und seine mentale Gesundheit aufrechterhalten und fördern kann. Einerseits finde ich diese Entwicklung begrüßenswert, andererseits zeigt sie auch auf bittere Art und Weise, wie nötig solche unterstützenden Angebote sind, weil es schlichtweg zu viele Arbeitnehmer, nicht nur im Rechtsmarkt gibt, die genau an diesem Punkt zerbrechen. Mental Load bezieht sich meist auf die unsichtbare Arbeit, die – leider noch viel zu oft – von Frauen geleistet wird, um sicherzustellen, dass der Haushalt und die Betreuung der Familie reibungslos funktionieren. Das umfasst die Planung, Organisation und Koordination von Aktivitäten und Aufgaben der gesamten Familie, sowie die emotionale und tatsächliche Unterstützung von Familienmitgliedern und bezieht sich explizit nicht nur auf Konstellationen mit Kindern. Auch die Pflege von Angehörigen kann in diesem Zusammenhang eine Rolle spielen.

Auch diesen Fall kann ich im Übrigen sehr gut nachempfinden, da ich zusätzlich zu meiner unternehmerischen Tätigkeit und meiner Rolle als Mutter für fast fünf Jahre noch die Verantwortung für und die Organisation der Pflege, wenn auch nicht die Pflege selbst, für einen nahen Angehörigen alleinverantwortlich übernommen habe. Ich weiß also genau, was dies für eine belastende Situation ist, nicht zuletzt, weil sie emotional sehr aufgeladen ist. Und all denjenigen von Ihnen, die das betrifft, möchte ich an dieser Stelle meinen Respekt aussprechen. Es ist ein emotionaler und tatsächlicher Kraftakt und eines der Themen, die man nicht in allen Teilen gut organisieren und sich davon auch abgrenzen kann, es die eigene Belastungsgrenze zuweilen überschreitet. Und damit ist dieser Punkt ein gutes Beispiel dafür, wo Vereinbarkeit ihre Grenze findet, zumindest für mich. Es gab mit dieser Verantwortung für meinen Angehörigen und allem, was dazugehört, einen Bereich in meinem Leben, in dem ich lernen musste, mit den Gegebenheiten umzugehen und ihnen im Zweifel oberste Priorität einzuräumen, in gesundheitlichen Notfällen noch vor der Betreuung meines Kindes zur gleichen Zeit. Wenn man das für aber für sich einmal akzeptiert hat und lernt, dafür an anderer Stelle, wo man es kann, gut auf sich und seine eigene Belastbarkeit zu schauen und damit hauszuhalten, ist auch diese Situation machbar und vielleicht phasenweise ein wenig leichter. Die Grenze ist für mich im Zweifel aber immer die eigene körperliche und geistige Gesundheit. Denn ich sehe die Verantwortung für einen pflegebedürftigen Menschen so: Dadurch, dass dieser andere Mensch (teilweise sogar ausschließlich) auf Sie angewiesen ist, ist es wichtig, dass Sie dieser Aufgabe gerade im Notfall auch gerecht werden können. Und das schafft man leider nicht mit Aufopferung, so ehrenwert diese auch sein mag. Ich sage das deshalb so deutlich, weil ich persönlich gesundheitlich zu Beginn dieser fünf Jahre zu wenig auf mich und meine Stabilität geachtet habe, sodass ich dann auch an anderer Stelle im Beruf und für meine Familie nicht in dem Maße einsatzbereit war, wie ich es mir gewünscht hätte. Aber manchmal muss man auch solche Erfahrungen machen, um sich langfristig besser aufzustellen.

Wie ist mir das gelungen und wie können Sie Ihren persönlichen Mental Load gut ausbalancieren?

1. **Klare Kommunikation:** Sollten Sie in einer nicht gleichgeschlechtlichen Partnerschaft leben, dann kennen Sie sicher das Problem, dass Sie zuweilen bis häufig das Gefühl haben, Ihr Partner und Sie reden komplett aneinander vorbei oder Ihr Gegenüber versteht etwas, dass Sie so weder gemeint noch gewollt haben. Es ist kein Geheimnis, dass Frauen und Männer tatsächlich anders kommunizieren[10] und wir für uns als Paar mussten in den letzten 12 Jahren lernen, den Kommunikationsstil des jeweils anderen zum einen besser zu lesen, zum anderen und (viel wichtiger!) aber auch wesentlich klarer in den Botschaften zu sein, die wir senden. Unabhängig von Ihrem Beziehungsmodell ist es unabdingbar, Verantwortlichkeiten und Erwartungen für die Care Arbeit offen und klar zu kommunizieren, um Missverständnisse zu vermeiden. Das fängt bei der Formulierung an, d. h. formulieren Sie exakt Ihr Bedürfnis, Ihre Gefühle, Ihre Erwartungshaltung und erwarten Sie nicht, dass man Ihnen Überforderung und Erschöpfung ansehen sollte, weil sie ja so offensichtlich ist. Bitten Sie konkret um Hilfe, indem Sie benennen, was Ihr Partner Ihnen wann abnehmen kann. Seien Sie geduldig miteinander und formulieren Sie einfühlsam und in der Ich-Form. Lernen Sie, Ihren Gefühlszustand transparent zu machen: Was belastet Sie wie und warum? Warum stresst sie eine bestimmte Aufgabe im Haushalt an manchen Tagen mehr als an anderen, wie kann man das gemeinsam angehen und lösen oder gar in der Zukunft vermeiden? Seien Sie umgekehrt genauso offen für die Bedürfnisse Ihres Partners und setzen Sie sich regelmäßig zusammen, um diese beidseitig zu teilen und zu besprechen. Bedürfnisse wandeln sich im Laufe der Zeit und nur weil etwas im letzten Jahr in Ihrer Beziehung sehr gut funktioniert hat, muss das nicht bedeuten, dass es in diesem Jahr noch

---

[10] Lesenswert in diesem Zusammenhang: https://www.lto.de/karriere/im-job/stories/detail/kommunikation-job-beruf-mann-frau-unterschiede.

genauso gut funktioniert, vor allem nicht, wenn sich die Umstände geändert haben. Das typische Beispiel des Wiedereinstiegs in den Beruf nach der Geburt eines Kindes führt häufig dann zu übermäßigem Mental Load (und leider immer noch prozentual häufiger bei den Frauen), wenn die damit verbundenen Herausforderungen nicht bereits lange im Vorfeld (und damit meine ich idealiter schon in der Phase der Familienplanung) offen, transparent und ausführlich miteinander erörtert werden.

2. **Aufgabenverteilung:** Es ist wichtig, die Care Arbeit auf mehrere Schultern zu verteilen. Männer können und sollen hierbei stärker involviert werden, als das in den meisten Familien noch der Fall ist, um eine gleichberechtigte Verteilung der Arbeit zu erreichen. Hierbei hilft zum Beispiel eine Wochenplanung, die in unserer Familie meist am Sonntagabend in Begleitung eines guten Glas Weins stattfindet. Dabei werden alle beruflichen und privaten Termine aller Familienmitglieder für die kommende Woche miteinander abgestimmt und teils auch im Kalender des Partners geteilt, sodass die Organisationsstruktur um diese Termine aufgebaut werden kann und wir immer wissen, wer für wen im Zweifel covern kann und muss. Hierbei gilt die Grundregel, dass nicht per se die Termine des einen wichtiger sind als die des anderen, sondern wir kommunizieren die jeweilige Priorität der Termine miteinander und finden so eine Lösung, die uns allen dann den Start in die neue Woche ungemein erleichtert. Flexibilität ist hierbei allerdings King, denn erstens kommt es anders und zweitens, na Sie wissen schon. Empfehlenswert ist auch eine Aufgabenliste für die ganze Familie, um Aufgaben gerecht zu verteilen. Hierzu schreiben alle Familienmitglieder eine Woche lang alles auf, was es zu organisieren, erledigen, einzukaufen etc. gibt und an was wer alles denken muss. Gehen Sie im nächsten Schritt diese Liste Punkt für Punkt durch und schauen, wer hier wem noch etwas abnehmen kann und ob es eine ungleiche Belastung bei einem Familienmitglied gibt, das entsprechend entlastet werden sollte. Manchmal ist es dem Partner gar nicht bewusst, wie belastend manche Dinge sein können, die irgendwo im Kopf „noch mitlaufen". Hier empfehle ich eine Woche lang einmal alle Aufgaben zu tauschen, denn so schafft man gegenseitiges Bewusstsein für die Belastung, die der jeweils andere zu schultern hat. Ein Tipp aus dem Coaching: Schreiben Sie einmal Ihre größten Energiefresser auf, also die Dinge, die Sie richtig nerven und die Sie nur mit schlechter Laune oder Bauchschmerzen erledigen? Genau das sind die Dinge, bei denen Sie als erstes ansetzen sollten, eine andere Lösung zu finden.

3. **Delegieren:** Diese andere Lösung besteht über die Aufgabenverteilung hinaus idealiter darin, manche Sachen einfach abzugeben. Dabei hilft mir die einfache Grundregel: Alles, was mir überhaupt keine Freude macht und bei dem

es (auch finanziell) möglich ist, dies an jemand anderen abzugeben, gebe ich auch ab. Darüber hinaus müssen Sie sich ein Netzwerk von helfenden Händen schaffen, das nicht nur Plan B und C berücksichtigt, sondern mindestens auch noch Plan D und E, gerade wenn Sie Kinder haben. Leider scheitern viele Familien deshalb an der Vereinbarkeit von Familie und Beruf und geraten in die Mental Load Falle, weil sie sich genau dieses Netzwerk im Vorfeld nicht aufgebaut haben. Es fällt häufig Frauen oft schwer, um Hilfe zu bitten und sich einzugestehen, dass sie eben nicht alles und schon gar nicht allein schaffen können. Dieses Selbsteingeständnis ist aber gesund und verschafft Ihnen durch den gewonnenen Freiraum mehr Leichtigkeit, die sie brauchen, um nicht nur für Ihre beruflichen Verpflichtungen stabil zu bleiben. Eine weitere Möglichkeit besteht übrigens darin, Kindern ab einem gewissen Alter auch ihre eigenen kleinen Aufgaben zu übertragen, da dies bei ihnen wiederum zu mehr Selbstbewusstsein und Verantwortungsbewusstsein führt, was ihnen langfristig im Leben zugutekommt. Gerade dieses Beispiel macht aber noch einmal deutlich, wie wichtig ist es ist, dass Sie auch nur solche Aufgaben – an egal wen – abgeben, bei denen Sie mit dem Ergebnis leben können, ohne dass es Sie mehr be- als entlastet. Wenn Sie ein bestimmtes Thema, eine bestimmte Aufgabe nur auf eine, eben ihre eigene, bestimmte Art und Weise erledigt wissen wollen, übernehmen Sie es lieber selbst und seinen Sie hierbei schonungslos ehrlich zu sich selbst und Ihrem eigenen Anspruch.

4. **Prioritäten setzen**: Ein wichtiger und für mich persönlich zum Beispiel der herausforderndste Punkt bei der Bewältigung meines Mental Loads. Die Perfektionistin in mir tat sich anfangs schwer damit, Dinge einfach mal sein zu lassen oder auf einen späteren Zeitpunkt zu verschieben. Während ich diese Zeilen schreibe, wird mir bewusst, dass das Leben mir gerade dieser Tage wieder genau diese Aufgabe gibt, weil ich aktuell nämlich meinen Fokus noch ein wenig mehr auf meine Familie legen möchte, zumindest, solange mein Sohn noch in der Grundschule ist. Das wird aber nur möglich sein, wenn ich diesen Punkt nicht nur in diesem Buch thematisiere, sondern ihn für mich selbst verstehe und umsetze. Deklinieren Sie für sich die Situationen durch, in denen Sie immer wieder merken, dass etwas daran Ihnen schlichtweg „zu viel" ist und finden Sie heraus, was in der Situation oder welche Situation selbst Priorität hat und was bzw. welche nicht. Was ist Ihnen wirklich wichtig, worauf können und wollen Sie nicht verzichten, was sind Pflichten, um die Sie nicht drumherum kommen und was ist Ihrem eigenen Anspruch geschuldet und dürfen Sie loslassen, Ihnen selbst zuliebe? Diese Übung erfordert ein wenig Zeit und vor allem Geduld mit sich selbst, da man diese erlernten Muster selten von heute auf morgen ablegen kann, nur weil man hierzu einen, wenn auch erhellenden, externen

Impuls erhalten hat. Aber wenn Sie die richtigen Prioritäten für sich definiert und umgesetzt haben, hat das etwas sehr Befreiendes.

5. **Selbstfürsorge:** Für mich beginnt Selbstfürsorge mit einem Umdenken und der Achtsamkeit mir selbst gegenüber. Ein Beispiel: Sport ist für mich deshalb wichtig, weil er mir Kraft und Energie für meinen Alltag gibt und ich unter Stress zu Spannungskopfschmerzen neige und zudem einen angeborenen Herzfehler habe, der in Extremsituationen zu Herzrasen über einen längeren Zeitraum führen kann. Sowohl die Kopfschmerzen als auch das Herzrasen sind bei ihrem Auftreten ein sehr verlässlicher und alarmierender Indikator, mich daran zu erinnern, dass ich meine eigenen Bedürfnisse wieder einmal erfolgreich übergangen habe, zumindest für einen zu langen Zeitraum. Daher ist zum Beispiel der Sport kein „Ich muss", sondern ein „Ich kann und ich darf" für mich geworden. Ich beobachte auch in meinem näheren Umfeld leider oft, dass gerade Mütter sich viel zu oft selbst vernachlässigen, weil sie eben aus ihrem natürlichen Antrieb heraus im Zweifel bei sich selbst und ihren eigenen Ressourcen sparen, um alles und allem gerecht zu werden. Zuweilen fällt es ihnen auch schwer, loszulassen und die Verantwortung jemand anderem zu übergeben. Selbstfürsorge ist aber ein unabdingbarer Teil des gelungenen Umgangs mit Mental Load und letztlich auch von Vereinbarkeit. Er reicht auch in den Punkt Prioritäten setzen hinein, denn es bedeutet, Ihre Priorität auch regelmäßig bei sich selbst zu setzen. Wenn Ihnen das schwerfällt, dann überlegen Sie sich genau jetzt einmal, was Ihnen guttut, wann Sie dies zuletzt getan haben und wie lange das her ist und stellen Sie sich dann eine Erinnerung in Ihrem Kalender für morgen, genau das zu tun. Die Übung mit den Energieräubern geht übrigens auch umgekehrt: Schreiben Sie Ihre größten Energiebooster auf – Sie werden sehen, das fällt Ihnen wahrscheinlich schwerer und die Liste wird wesentlich kürzer. Aber wenn Sie sich bewusst sind, was Ihnen eigentlich abseits vom Alltag und allem, was Ihr berufliches und privates Umfeld (Ihrer Meinung nach) von Ihnen verlangt, richtig guttut, dann versuchen Sie, immer wieder in genau diesem Alltag auch etwas davon umzusetzen. Wir haben nur dieses eine Leben und diesen einen Körper. Das klingt furchtbar platt, ist uns aber leider viel zu wenig bewusst. Wir müssen nicht immer nur funktionieren, jede Form der Selbstfürsorge gibt Ihnen mehr zurück als es Sie an Zeit in Ihrem (vielleicht jetzigen) Denkmuster noch kostet.

Insgesamt ist der Umgang mit Ihrem Mental Load ein individueller Prozess, der eine offene Kommunikation mit sich selbst, Ihrem Umfeld, Zusammenarbeit und Kompromissbereitschaft erfordert. Und letztlich müssen Sie sich die Frage stellen, ob die „You can have it all!"-Mentalität für Sie und Ihre persönliche Situation passt. Ich bin der Meinung: „We can have it all – but we have to define our individual all!". Denn letztlich ist der Wunsch nach dem Maximum in allen Bereichen zwar ein schöner Traum, aber hat leider doch sehr wenig mit der Realität zu tun und geht eher zu unseren Lasten als zu unseren Gunsten. Wenn wir für uns selbst aber klar definieren (können), was wir unbedingt erreichen wollen und realistisch mit den Gegebenheiten auch können, wenn wir uns gut aufgestellt, organisiert und die Care Arbeit fair verteilt haben, wenn wir wissen, worauf wir bereit sind – vielleicht auch nur für eine gewisse Zeit – zu verzichten, dann fällt uns nicht nur der berufliche Alltag leichter sondern wir schaffen uns für uns allein und/oder mit unserem nahen Umfeld und denen, die uns wichtig sind, so viele schöne Momente.

Kennen Sie noch den Begründer der klassischen Nationalökonomie Adam Smith und sein Prinzip der unsichtbaren Hand? Smith war sinngemäß der Meinung, dass wenn in der Wirtschaft alle Akteure an ihrem eigenen Wohl und Wohlstand interessiert seien und darauf hinarbeiteten, sich daraus eine teilweise oder vollständige Selbstregulierung der Wirtschaft zum Optimum hin ergäbe.[11] Ich musste irgendwie an dieses Prinzip denken, als ich mich gefragt habe, ob beim Thema Vereinbarkeit die Bedürfnisse von Juristen mit den Anforderungen des Rechtsmarkts wenn nicht heute, dann vielleicht morgen oder übermorgen in Einklang stehen können und werden. Und ich bin davon überzeugt, dass auch unser Markt sich letztlich in Richtung dieses Einklanges entwickeln muss und wird, weil die erfreulichen positiven Beispiele und bereits bestehenden Modelle exakt diejenigen Kollegen anziehen, die die Arbeitswelt von morgen und damit auch den Erfolg prägen. Die Forderungen sind laut und können nicht mehr überhört werden. Jede langfristige Absage an die Vereinbarkeit und ein Verharren in den alten Arbeitsstrukturen führt meiner Meinung nach gleichzeitig zu nachhaltigen Rekrutierungsschwierigkeiten und mithin dazu, die Bedürfnisse der Mandanten in Zukunft nicht mehr mit dem gleichen Qualitätsstandard erfüllen zu können, selbst wenn auch deren Bedürfnisse und Erwartungshaltung sich ebenso wandeln, da sie sich in ihrem beruflichen Alltag die gleichen Fragen stellen. Der Markt arbeitet für uns – das ist die gute Nachricht. Die schlechte möchte ich Ihnen allerdings aufgrund ihrer Evidenz nicht vorenthalten: Diejenigen, die die Schlacht heute kämpfen, werden nicht immer und unmittelbar morgen davon profitieren können. Jedoch wünsche ich Ihnen, dass Sie jeder für sich schon heute durch meine oder anderweitige motivierende Impulse individuell für sich ein Stück mehr Vereinbarkeit als Jurist leben können, mit allem, was für Sie dazu gehört – und nur für Sie.

Wie gelingt Ihnen Vereinbarkeit?

---

[11] https://de.wikipedia.org/wiki/Unsichtbare_Hand.

17

Abseits der ausgetrampelten Pfade: Gründerszene und politisches Engagement

Podcast-Episode mit Dr. Sophie Pollok vom 23.11.2023[1]
KG: Herzlich willkommen bei LWYRD, Dr. Sophie Pollok.

SP: Vielen Dank, ich freue mich hier zu sein.
KG: Schön, dass du da bist und auch für dich ein letztes Mal in diesem Jahr, denn es ist unsere letzte Inside-Episode der dritten Staffel, die Einstiegsfrage: Warum hast du Jura studiert?
SP: Das ist eine sehr gute Frage.
KG: Das sagen immer so viele, warum ist diese Frage so gut?
SP: Das ist so eine simple Frage, aber die stellen gar nicht so viele. Und ich glaube, sie führt zu ganz, ganz viel. Zumindest bei mir lässt sie tief blicken. Ich habe ursprünglich BWL studiert. Ich war wie viele nach dem Abitur oder vor dem Abitur, während des Abiturs, so ein bisschen auf der Suche nach dem, was ich machen möchte. Und habe geguckt, wo meine Interessen liegen und mich haben wirtschaftliche Zusammenhänge immer interessiert. Ich war jetzt kein Nerd, aber ich habe trotzdem mal an so einem Börsenspiel teilgenommen in der Schule und fand das irgendwie immer alles ganz spannend und faszinierend und habe dann gedacht, na, das ist es doch, das liegt irgendwie nah. Und dann saß ich da mit 400 Leuten an der Uni Hamburg in einer Rechnungslegungsvorlesung und habe gedacht, was mache ich hier eigent-

---

[1] Abrufbar ungekürzt unter https://open.spotify.com/episode/6iZgNsHysiV7gosV0vlmq7?si=ExxFznOUS3K-H5F5nRY2wdg.

lich? Also, das ist ja gar nichts für mich. Und dann habe ich mit meinen Eltern darüber gesprochen, das war wirklich schon ein paar Wochen, nachdem ich angefangen hatte.

Mein Papi ist immer ein guter Ratgeber und der hat gesagt, gibt es denn irgendwas an diesem Studium, was dir gefällt? Da habe ich gesagt, ja, der Privatrechtskurs, den finde ich wahnsinnig spannend, da kann ich gar nicht erwarten, dass der losgeht. Und dann hat er gesagt, na, dann setze dich doch mal in die Vorlesung von den Juristen und probiere das mal aus. Und ich habe gedacht, nee, auf gar keinen Fall, ich bin doch keine Juristin.

Ich habe das dann aber trotzdem gemacht und schnell festgestellt, als ich dann noch im ersten Semester BWL mehr in den Vorlesungen der Juristen als in meinen eigenen saß, dass ich da eine große Leidenschaft habe. Es hat wirklich ein großes Interesse geweckt, hat mir viel Spaß gemacht und dann habe ich direkt gewechselt und Jura an der Uni Hamburg studiert und habe das – trotz der Hürden, die man da hat – immer mit viel Interesse und abseits der Klausuren mit viel Freude gemacht.

KG: Du hast etwas Spannendes gesagt, nämlich: „Ich bin doch keine Juristin."

Warum? Was hast du dir in dem Moment unter der Juristin vorgestellt und was hast du davon nicht in dir gesehen oder wiedergefunden?

SP: Ich habe das sehr in die konservative, steife Ecke gepackt und mich da einfach nicht so gesehen.

Ich habe immer diese wirtschaftlichen Zusammenhänge so geliebt und dachte, ich will deshalb auch lieber in der Wirtschaft sein und Unternehmertum leben. Das interessiert mich, und nicht, dass ich nach Problemen suche und sie dann löse. Aber dann hat mich das wirklich so gepackt, was man im Studium gelernt hat, gerade in den ersten Semestern, auch dieses breit Aufgestellte, dass ich mich ganz schnell auch damit identifiziert habe und dann zur absoluten Herzblutjuristin geworden bin.

KG: Und das eine schließt das andere ja nicht aus, Juristin und Unternehmerin, um da mal vorzugreifen. Aber wir gehen erst mal chronologisch vor. Ich weiß von dir, dass du nach dem Zweiten Staatsexamen dann mehr als ein Jahr in der Großkanzlei verbracht hast, weil das eigentlich dein Traum war, nachdem du dich in Jura richtig gefunden hattest, wolltest du auch Corporate/M&A in der Großkanzlei machen. Du hast dafür in deiner Ausbildung die Weichen gestellt, im Kartellrecht promoviert und promotionsbegleitend schon im Transaktionsbereich gearbeitet. Danach bist Du bei einer der traditionsreichsten Kanzleien Europas eingestiegen mit Büros in London, Deutschland und auch in den USA. Allerdings im Bereich Venture Capital, weil das wesentlich besser zu dir passte, da dieser Bereich ja nochmal ein ganzes Stück agiler und dynamischer ist als klassisches M&A. Ich beschäftige mich ja auch beruflich mit Kanzleien und mit Rechtsabteilungen und die Kanzlei, bei der du gearbeitet hast, zeichnet sich unter anderem dadurch aus, dass sie den Fokus auch auf globale Trends der Digitalisierung legt, sich als die Kanzlei für die Welt von morgen versteht. Als ich das gelesen und dich dabei so vor Augen gehabt hatte, dachte ich, das passt eigentlich ganz gut zusammen, weil du jemand bist, der vorausschaut, der visionär agiert, der interdisziplinäre Interessen hat. Warum warst du da trotzdem nicht glücklich? Warum hat sich dieser Traum von der Großkanzlei dann doch nicht realisiert?

SP: Was du über die Kanzlei sagst, das stimmt absolut. Das ist auf jeden Fall eine Kanzlei, die nach vorne schaut und die auch immer einen Blick auf die großen Trends hat und versucht, schnell zu agieren. So konnte ich auch in den frühen Jahren schon im Venture Capital dort überhaupt anfangen. Andere Kanzleien haben das so als kleinen Bereich mitgemacht und diese Kanzlei hat es wirklich auch als Wirtschaftszweig früh erkannt und eine ganze Unit in diesem Bereich aufgestellt und aufgebaut.

KG: … die du auch mit aufbauen durftest.

SP: Genau, die ich mit aufbauen durfte. Das hat mir viel Spaß gemacht und das Berliner Büro wurde wirklich mit genau diesem Fokus aufgebaut. Das war damals sehr mutig und das hat sich aber jetzt für mich auch ausgezahlt und gelohnt. Insofern kann ich das wirklich unterstreichen, was du über die Kanzlei sagst. Es hat bei mir auch nichts mit der eigentlichen Kanzlei zu tun, sondern eher mit der Arbeit dort, der Mandatsarbeit, würde ich eher sagen, die dazu geführt hat, dass ich nicht glücklich war. Mich hat diese Welt der Großkanzleien immer fasziniert. Ich habe, wie du gesagt hast, darauf hingearbeitet. Ich wollte immer genau dort sein und im Venture Capital, also im Wagniskapital, haben wir dann ja auch Startups und Investoren beraten, was ein toller, agiler Bereich ist. Aber ich habe schnell gemerkt, dass die Mandatsarbeit für mich deshalb nicht so faszinierend war, wie ich es mir erwünscht habe, weil es dann doch immer mit dem Mandat abgeschlossen war. Ich habe einfach ein großes Interesse dafür entwickelt, was die Unternehmen eigentlich machen, für die wir arbeiten. Gerade die Startups, was steckt hinter den Ideen, das Unternehmertum, die Menschen, die gründen, die so mutig und visionär waren. Ich habe mir dann die Geschäftsmodelle mal sehr genau angeschaut und gemerkt, dass mich das mehr fesselt als die Verträge, die ich hier schreibe.

Im Endeffekt war es die inhaltliche Arbeit, die mich dazu getrieben hat, zu spüren, dass ich unglücklich bin, weil ich nach etwas anderem schaue. Natürlich, wenn man die Mandatsarbeit mag und wenn man dann anfängt, auch ein kleines Team zu führen und in gewisser Weise in einer Kanzlei auch Dinge mitbestimmen zu können, wenn sie einigermaßen durchlässig ist, dann hat man auch einen kleinen unternehmerischen Teil in dieser Arbeit. Aber der war mir einfach zu klein. Das hat mir gefehlt. Und danach habe ich gemerkt, dass ich auch an dem langfristigen Umsetzen einer Vision arbeiten möchte und nicht immer nur Short-Term an einem Mandat.

KG: Spannend. Was hat das mit dir gemacht, diese Erkenntnis und dann die Entscheidung zu treffen, etwas anderes zu machen? Das heißt, dich selbst als Juristin zu definieren, die vielleicht einen anderen Weg einschlagen möchte. Hat dich das nächtelang beschäftigt oder fiel das dann eher leicht, als diese Erkenntnis da war, als die sich so richtig gesetzt hatte?

SP: Das hat mich nächtelang beschäftigt. Ich habe es ja eingangs gesagt, ich war zur Herzblutjuristin geworden und habe mich auch voll als solche identifiziert. Ich habe meinen ganzen Weg, mein Studium, meinen Karriereweg darauf ausgelegt, das im Endeffekt zu machen, an dieser Stelle zu sitzen: In einer Großkanzlei. Und dann saß ich da und war nicht glücklich. Sich das erstmal einzugestehen, auch in einem Umfeld, das dir nicht unbedingt den Horizont bietet, wo du weißt, was mache ich jetzt eigentlich, wenn ich hier nicht glücklich bin. Ein Umfeld, das dir auch immer suggeriert: Du hast es doch jetzt geschafft! Jetzt bist du doch da, wo es nur ganz wenige hinschaffen, dann sei damit bitte auch glücklich. Das war hart, da zu der Erkenntnis zu kommen bzw. das zuzulassen und das Gedankenkarussell anzuschubsen: Was wäre eigentlich, wenn ich jetzt gehe? Das insbesondere vor dem Hintergrund, dass dieser Weg so vorgezeichnet war und ich so viel Arbeit da reingesteckt habe und ich mir einfach auch häufig die Frage gestellt habe: War das jetzt alles umsonst? Wir sind in unserer Ausbildung so lange gebunden. Du hast jahrelang darauf hingearbeitet und jetzt bist du nach verhältnismäßig kurzer Zeit schon so sicher, dass es das nicht ist. Ich habe mich auch gefragt: Was haben die ganzen Praktika eigentlich mit dir gemacht? Was hast du nicht gesehen? Was hast du übersehen? Da kamen dann zur Angst vor der Zukunft auch noch Selbstzweifel dazu, auf welchem Auge ich da eigentlich blind war. Das war ein ganz schwerer Prozess für mich, mir das erstens einzugestehen und zweitens dann diesen Mut aufzubringen zu sagen: Wenn ich unglücklich bin an dieser Stelle, dann werde ich es im Zweifel auch hier nicht mehr schaffen, glücklich zu werden, was umgekehrt heißt: Ich muss etwas ändern.

KG: Ich kann das nachvollziehen, weil ich ja damals auch die Entscheidung getroffen habe, in die Personalberatung zu gehen, ebenfalls nach kurzer Zeit, nämlich nach einem Jahr. Ich hatte ähnliche Gedanken und die wurden einem auch vom engeren Umfeld und auch von dem beruflichen Umfeld, in dem man sich bewegt, gespiegelt. Da wird man dann mit großen Augen angeguckt, genau, wie du sagst: Du hast dieses Ziel erreicht, du bist diesen langen Weg gegangen – und was machst du jetzt und warum machst du das? Und das, finde ich, macht dann auch ganz viel mit einem selbst. Man hinterfragt die Entscheidung, wenn man sie dann getroffen hat, trotzdem noch einmal. Man hofft innerlich, zumindest war es bei mir so, dass sich das realisiert, dass sich dieser Mut, dieser Sprung in etwas anderes, dass sich der auszahlt. Einfach, weil ich davon überzeugt war, dass ich da glücklicher werde. Aber ich konnte es zu dem Zeitpunkt – und ich weiß nicht, wie dir das ging – noch gar nicht so richtig absehen, was dieser andere Bereich bedeutet. Ich finde, das bringt einen umso mehr dann noch mal ins Zweifeln, gerade weil man von Jura einfach so viel gesehen, so viel erlebt hat, so viele Praktika gemacht hat und daher vermeintlich genau weiß, wie das Ziel aussieht.

Wendet man sich dann etwas zu, das man ja gar nicht so gut kennengelernt hat und trotzdem hofft, dass es das ist, wonach das Herz ruft. Man hofft auch, dass es Spaß macht und natürlich, dass man gut da drin ist. Das war auch ein wichtiger Teil für mich.

SP: Ja, dieses Selbstbewusstsein zu haben, ich kann auch etwas anderes, in dem ich meine Tätigkeiten einsetzen kann. Das meinte ich mit dem Horizont, der fehlt einem so ein bisschen im Studium, aber insbesondere bekommt man gute Einblicke durch das Referendariat. Man kann über das System streiten, wie sinnvoll das alles noch ist. Aber man kriegt doch gute Eindrücke darüber und Einblicke darin, was man machen kann als eben Jurist. Allerdings wirklich nur in diesem Bereich. Darauf ist natürlich die Ausbildung auch ausgelegt, das macht auch alles irgendwo dann seinen Sinn, aber Horizonterweiterung ist das an den Unis nicht.

KG: Wir sprechen über die Zeit roundabout 2018, 2019, das ist jetzt auch nicht ewig her. Aber ich finde, seitdem hat sich im Markt einiges getan, das bekomme ich ja hautnah mit. Das heißt, man schaut mittlerweile ganz anders auf Karrieren abseits des klassischen juristischen, ja und vielleicht auch so ein bisschen ausgetrampelten Pfades. Daher interessiert mich: Hattest du vor vier Jahren Vorbilder, die dich motiviert haben, einen anderen Weg zu gehen und wenn nicht, woran hast du dich orientiert? Wie hast du eventuell Vorbilder gefunden?

SP: Ich fand es sehr schwer, Vorbilder im juristischen Bereich zu finden. Ich habe in dem Sinne eher fast das Gegenteil erlebt, wenn ich mit Partnern, Partnerinnen von Kanzleie (nicht meiner!) gesprochen und meine Zweifel kundgetan habe. Ich habe mit neutralen Personen gesprochen und dann kamen die Reaktionen, von denen ich gerade gesprochen habe: Überlege dir das gut, du hast so einen super Job, willst du das wirklich aufgeben?

KG: War Papi in dem Moment auch ein guter Ratgeber?

SP: Nein, der war in dem Moment ein schlechter Ratgeber. Er ist zwar kein Jurist, aber war glaube ich glücklich, dass das alles so geklappt hat und fragte mich auch, warum. Als ich sagte: Ich möchte jetzt etwas mit Putzmitteln gründen!, haben natürlich alle die Hände über dem Kopf zusammengeschlagen: Oh mein Gott, jetzt dreht sie durch!

Und ich hatte in diesem Bereich auch nicht wirklich Ansprechpartner. Ultimativ habe ich mich dann umgeschaut und gedacht, wer ist eigentlich da, wo ich sein will? Ganz unabhängig davon, was die Person macht, eher als Persönlichkeit. Wer war mutig? Bei wem ist ein Plan aufgegangen? Und an diesen Personen habe ich mich dann orientiert. Ich habe einfach geschaut, wer bringt so ein bisschen den Spirit mit, den ich brauche und jetzt haben möchte. Ich habe mit Leuten aus ganz unterschiedlichen Bereichen gesprochen und mich gefragt: Wer ist eine starke Persönlichkeit? Es hat mich viel Kraft gekostet. Ich habe dann auch angefangen, Leute anzuschreiben, mit denen ich eigentlich gar keinen Kontakt hatte.

KG: Das wollte ich dich gerade fragen. Geht man dann auf die Leute zu?

SP: Genau. Und aktiv auf jemanden zugehen, ist jetzt auch nichts, was man bei uns so im Studium so lernt. Es ist doch nochmal etwas anderes, wenn man jemandem sagt: Du, ich finde dich toll und würde gern mehr über dich erfahren. Da war ich etwas zurückhaltender, habe aber dann gemerkt, gerade hier in Berlin sind das alle gewohnt. Das ist eine ganz offene Kultur und da trifft sich jeder gern mit dir zum Kaffee. So habe ich dann Stück für Stück diese mutigen Vorbilder, diese tollen Persönlichkeiten treffen können und kennengelernt. So haben sich meine ersten Ansätze vom Netzwerken sehr gut ausgezahlt. Und über den Tellerrand zu schauen war auf jeden Fall ein guter Ratgeber.

KG: Schön, dass du insgesamt mutig warst und auch so angefangen hast, dein Netzwerk aufzubauen, indem du da auch ein bisschen über deinen Schatten gesprungen bist. Denn wenn man auf so eine Anfrage nicht reagiert, finde ich das menschlich auch schwierig, weil eigentlich steht da ja jemand vor dir oder schreibt dich an, macht dir ein Kompliment und sagt: Hey, du hast etwas, das ich motivierend finde, das ich inspirierend finde und ich möchte gern mehr darüber erfahren. Das finde ich einfach ganz toll. Wenn ich solche Anfragen bekomme, dann gehe ich darauf immer ein, eben weil es mich riesig freut und ich immer noch finde, dass egal, was man macht, es immer noch zu wenig weibliche Vorbilder gibt. Und gerade wenn das dann der Fall ist und wenn das dazu beiträgt, finde ich das mega.

SP: Absolut. Du hast auch gesagt, es ist gerade mal vier Jahre her, aber in diesen vier Jahren hat sich in der Hinsicht ganz, ganz viel getan. Netzwerken hat einen ganz anderen Fokus bekommen, auch durch Plattformen wie LinkedIn natürlich, die so wichtig geworden sind fürs Netzwerken. Man ist mit Leuten vernetzt, die man persönlich noch nicht gesehen hat, aber mit denen einen etwas verbindet. Außerdem bekommst du Zugang zu Leuten, zu denen du sonst vielleicht den Kontakt nicht hättest. Ich finde auch, dass viele, gerade weibliche, also female networks, die in den letzten Jahren aufgekommen sind, da einen Kulturwandel herbeigeführt haben, sodass eine Offenheit da ist und man sich wirklich gegenseitig unterstützt. Deshalb ist es deutlich leichter geworden, auf Personen zuzugehen.

KG: Es gab aber ja noch ein weiteres Vorbild für Dich, nicht weiblich sondern männlich, aber ein prägendes. Er ist selbst Gründer, nämlich der Co-Gründer von Amorelie. Und das ist dein Mann, Sebastian Pollok, der Gründertum als Lebensweg sieht. Das sagt er auch von sich selbst. Inwiefern hat dich das motiviert und inspiriert? Und welche Gespräche führt ihr zwei Gründer am Abendbrottisch?

SP: Mein Mann hat mich auf jeden Fall inspiriert! Der ist so ein Mutiger und hat damals wirklich eine gute Karriere in San Francisco aufgegeben. Er war dort als Investor tätig in einem Venture Capital Fonds, um selbst zu gründen. Jahrelang haben er und Lea[2] sich kein Gehalt ausgezahlt. Sebastian hat hier in einem Plattenbau in Mitte gewohnt und hat aus diesem heraus gegründet, weil er einfach alles hintenangestellt hat, von seinen Ersparnissen gelebt und gesagt hat: Ich setze das alles auf eine Karte. Fifty Shades of Grey ist ein Erfolg, dann schaffen wir das mit Amorelie jetzt auch, irgendwie treffen wir da einen Nerv. Und das hat sich bei ihm und Lea voll ausgezahlt. Das ist natürlich etwas, das einen inspiriert und mutiger macht. Wir haben uns dann kennengelernt, da hat er schon Amorelie gemacht und ich habe immer wieder, natürlich im Kleinen, gesehen: Das ist irgendwie in ihm so drin, dieses unternehmerische und wagen und immer davon ausgehen, dass Dinge einfach funktionieren, immer Vertrauen zu haben. Das hat mich sehr, sehr bestärkt. Er ist mein größter Kritiker, aber gleichzeitig auch mein allergrößter Supporter. Er war auch derjenige, der zu mir gesagt hat: Wenn du nicht zufrieden bist, dann musst du etwas ändern, denn das Leben ist wirklich zu kurz dafür, dass du bei all der Zeit, die wir im Job verbringen, unglücklich bist. Er hat aber auch zu mir gesagt: Du bist doch niemand, der auf der Stelle tritt und einfach sich zufriedengibt. Und so jemanden braucht man dann manchmal einfach, der einem so den letzten Schubs gibt, der manchmal vielleicht das sagt in dem Moment, was einem innerlich fehlt. Daher hat er mich immer sehr motiviert und unterstützt.

Das tragen wir auch in unser Familienleben. Wir unterhalten uns viel darüber, das mag für manche ganz schrecklich klingen. Aber wir lieben es, weil es mittlerweile unserer beider Leidenschaft ist und weil wir voneinander lernen können. Gleichzeitig, und das habe ich übrigens auch von Sebastian ge-

---

[2] Lea-Sophie Cramer, Co-Gründerin neben Sebastian Pollok von Amorelie.

lernt und auch aus der Start-Up Szene mitgenommen, über Persönlichkeitsentwicklung, Weiterentwicklung und die Frage: Wie kann man auch an sich arbeiten? Ich habe jetzt gerade an der Ten-More-In Academy teilgenommen.[3]

KG: Same.

SP: Da lernt man ganz viel über Persönlichkeitsentwicklung, um auch einfach eine stärkere Führungspersönlichkeit zu sein. Aber da fängt man erst mal bei sich an und das ist unheimlich intensiv und geht ganz, ganz tief auch in die Kindheit. Dabei ist es einfach unheimlich schön, dass ich mit Sebastian einen Partner habe, mit dem wir auch diese Dinge immer so ganz intensiv besprechen können. Denn daraus entsteht auch immer so ein anpackender Spirit, wenn beide bereit sind, sich weiterzuentwickeln, das auch wollen und danach streben, egal auf welcher Ebene. Und dadurch auch bereit sind, Kritik einzustecken, aber eben diese auch umzuwandeln. Bei uns hat sich so ein bisschen der Spirit daraus ergeben: Wenn man unzufrieden ist, muss man es einfach selbst anpacken. Das gepaart mit dem Core-Belief meines Mannes, ich gehe erstmal davon aus, dass es funktioniert, egal was ich mache, ist das irgendwie eine sehr motivierende Kombination für mich.

KG: Toll. Ich finde mich darin ganz viel wieder, denn mein Mann hat ja auch gegründet vor zwölf Jahren, da hatte ich gerade mit dem Referendariat angefangen. Ich sagte damals ganz naiv: Können wir nicht bitte warten, bis wenigstens einer von uns einen sicheren Job hat?

Aber er war damals auch von der Idee einfach überzeugt, zusammen noch seinen beiden Co-Gründern und das ist sehr erfolgreich geworden und ist es bis heute. Als ich dann überlegt habe zu gründen, hat er gesagt: Hey, du hast mich damals so unterstützt – und ich hatte auch Zweifel, ob es klappen kann. Das heißt, wir hatten jetzt beide nicht so diese totale Unerschrockenheit, aber ich glaube, wir hatten einen gesunden Optimismus und auch eine gesunde Hybris, die braucht man auch immer. Jedenfalls sagte er: Weißt du, damals, hast du mich so unterstützt und so dran geglaubt, jetzt glaube ich an dich und wir machen das zusammen, wir schaffen das zusammen, weil ich dir den Rücken stärke. Er bringt natürlich auch viele Ideen mit ein, weil er ja aus dem Online-Marketing-Bereich kommt, was für meine Branche und auch gerade für das Podcast-Business einfach ganz spannend ist. Und wir führen ähnliche Gespräche am Abendbrottisch. Manchmal sitzen wir da ewig, gerade letzten Samstag, die zweite Flasche Wein hätte vielleicht nicht sein müssen. Aber wir waren gerade wieder in so guten und bereichernden Austausch.

---

[3] Ten-More-In ist ein Führungscoachingprogramm, gegründet von Lea-Sophie Cramer und Lia Gründhage, das speziell für Frauen in Führung konzipiert wurde und an dem Dr. Sophie Pollok und die Autorin beide teilgenommen haben, www.tenmorein.com.

Also: 2019 hast du die Kanzlei verlassen. Ihr seid nach San Francisco gegangen und du hast selbst gegründet. Du hast es eben anklingen lassen, die Sache mit den Putzmitteln. Hat das geklappt? Hat das nicht geklappt? Im Vorgespräch sagtest du, das ließ sich dann nicht so monetarisieren, wie erhofft. Gib mal ein paar Insights, bitte.

SP: Also, es hat nicht geklappt. Ich habe viel gelernt, wie man das immer so sagt, aber es ist tatsächlich so. Ganz, ganz viel gelernt, aber ich habe nichts damit verdient. Ich bin ausgestiegen aus der Großkanzlei, um Öko-Reinigungsmittel zu machen. Damals war das in den USA ein Riesending und hier schwappte das noch überhaupt nicht rüber.

KG: Heute kennt jeder Everdrop und Co.

SP: Absolut, genau. Und es war eben die Everdrop-Idee, die ich im Hintergrund aufgebaut habe, aus San Francisco heraus. Da habe ich mit den Unternehmen gesprochen und den amerikanischen Spirit mitgenommen. Das war etwas anderes. Wenn ich erzählt habe: Okay, guys, ich habe gekündigt, dann kam: Wow, congratulations!

KG: Das ist ganz anders als hier.

SP: Das ist wirklich ein Riesenunterschied zu dem, was man in Deutschland hört. Da kriegst du Mitleidsbegründungen. Oh, war was? Ist alles in Ordnung mit dir? Und da war es: Wow, Neuanfang. Herzlichen Glückwunsch. Was kommt als nächstes? Ich freue mich so für dich. Ich bin so stolz auf dich. Von Menschen, die dich nicht kennen. Das war wirklich ganz zauberhaft, das so mitzunehmen. Das hat mir auch nochmal richtig Rückenwind gegeben und dann hatte ich da diesen großen Upcoming-Trend gesehen, dass die Reinigungsmittelbranche so ein bisschen umgekrempelt wird und zum einen die Inhaltsstoffe andere werden und die Verbraucher sich bewusster werden, was sie da nutzen, aber auch auch, dass sich die tatsächliche Art und Weise der Reinigung ändert. Du hast Everdrop angesprochen. Bei mir ging es auch um Reinigungstabletten, die natürlich wesentlich weniger Plastikmüll machen. Ich habe das Ganze dann richtig aufgezogen, mit Lohnherstellern gesprochen, hatte das Produkt, hatte die Marke, habe mit den Retailern gesprochen und plötzlich merkte ich: Moment mal, ich habe das Pferd irgendwie von hinten aufgezäumt! Ich spreche mit den Retailern und die Marge ist so gering, ich müsste hier 40.000 Stück verkaufen, um überhaupt ein bisschen was daran zu verdienen, aber damit könnte ich auch noch nicht mal richtig meinen Lebensunterhalt bestreiten. Tja, und dann hieß es: Aber das ist nun mal bei den Reinigungsmitteln so, die sind super preissensitiv und das betrifft nicht nur die Verbraucher, die das kaufen sondern wir brauchen auch noch unsere Marge. Somit merkte ich erst relativ am Ende des Weges, dass es leider aus monetärer Sicht nicht so eine gute Idee ist, wenn man keine

Investoren im Rücken hat. Ich wollte das bootstrappen, also das heißt, ich wollte das eigen finanzieren, dass es sich selbst trägt, habe mich bewusst gegen einen VC-Case entschieden und externes Geld einzusammeln und dann gemerkt: Das ist etwas, wo man erstmal ganz, ganz viel Geld einpumpen muss, bis man irgendwann ansatzweise dahin kommt, leider auch VC-typisch, dass es vielleicht mal in einen grünen Bereich kommt und eher zielt es wahrscheinlich darauf ab, dass man von einer großen Marke dann gekauft wird und einen guten Exit hat. Das stand aber in meinem Businessplan so nicht drin und deswegen habe ich dann gemerkt: Das wird leider nichts! Ich muss aber sagen, ich habe wirklich viel mitgenommen aus dieser Zeit und habe mit der Idee den Nerv der Zeit getroffen. Aber das reicht nun einmal nicht, um wirtschaftlich erfolgreich zu sein.

KG: Danach hat auch die konservative Juristin in dir wieder angeklopft. Das bringt immer auch eins mit, nämlich das Thema Sicherheitsdenken. Du hast dich daher auf Projektbasis anstellen lassen, sodass erstmal wieder fest Geld reinkam und zwar bei einer ganz jungen Company, die Inhouse-Beratung in der Finanzierungsrunde brauchten. Dafür warst du die richtige Frau. Letztlich wurden daraus drei Jahre als Teil des Management-Teams mit der Begleitung dieser jungen Company bis hin zum Unicorn, also Unternehmen, die Investoren mit mindestens einer Milliarde US-Dollar bewerten. Wenn ich richtig informiert bin, waren es bei euch sogar konkret 1,2 Mrd. Dollar.

Choco heißt das Ding und ist eine Komplettlösung für Restaurants und Lieferanten, eine Plattform, die eben beide global und digital verbindet, Technologie nutzt, um die Kommunikation zwischen diesen Lebensmittelkanälen zu optimieren und auch eine transparente Lieferkette zu schaffen. Erzähl doch mal von dieser Zeit und wie du da reingeraten bist, wie du dich da in deiner Karriere rückblickend weiterentwickelt hast. Was hast du gelernt und inwiefern hat das dich geprägt?

SP: Also, ohne das so absehen zu können, war das definitiv die prägendste Zeit beruflichen Karriere insgesamt. Ich bin da so reingerutscht, wie du sagst. Als ich merkte, das wird nichts hier mit der Selbstständigkeit und dem Gründen, da ich auch keine andere durchschlagende Idee hatte. Parallel kam dann die Anfrage von dem Gründer von Choco: Wir haben hier eine 60-Millionen-Finanzierungsrunde vor der Brust und sind irgendwie noch nicht mal zwei Jahre alt. Wir haben in-house gar nicht die Strukturen, um so eine Due Diligence von einer großen US-Kanzlei zu überstehen, wir brauchen Hilfe. Ich wollte das ja eigentlich nicht mehr machen, aber für eine Company und dann nur für einen begrenzten Zeitraum, sagte ich mir, mache ich das mal. Als ich da reinkam war es irgendwie ganz süß, weil ich ja mich als Externe gesehen habe und dachte, ich helfe euch jetzt hier bei der Finanzierungsrunde.

Ich wurde aber von Minute eins an, als Mitarbeiterin Nummer 61 oder 62, behandelt.

Ich kam da an und war sofort Teil des Ganzen. Das hat mich unheimlich angezogen.

Ich habe auch gemerkt: Ich kann hier überhaupt nicht bei dem bleiben, was ich eigentlich vorhatte zu tun, sondern ich werde hier an ganz, ganz anderen Stellen noch gebraucht. Das heißt also, ich habe plötzlich angefangen, mich überall einzubringen, wo es gefragt war und teilweise auch, wo es nicht gefragt war, wo ich einfach Dinge gesehen habe, die bei so einer jungen Company noch nicht funktioniert haben. Das ging dann weit darüber hinaus nur diese Finanzierungsrunde zu begleiten und nach noch nicht mal zwei Wochen von den angesetzten acht Wochen, kam dann der CEO an und hat gesagt: Sophie, kannst du bitte bleiben? Wir brauchen dich. Wir brauchen dich for good. Ich habe überlegt und dachte, ich wollte mich ja eigentlich nicht mehr anstellen lassen, aber das ist so toll hier und die sind alle so nett und es macht mir so einen Spaß. Also bin ich geblieben. Und habe dann für diese Company, die damals eben ein bisschen über ein Jahr alt war, mit 60 Leuten, komplett meine Komfortzone verlassen und wirklich alles Mögliche gemacht. Ich wurde Teil des Management Teams und habe gesehen, was es bedeutet, wenn man so schnell, so stark wächst, wenn man so stark international eben expandiert. Wir sind von 60 auf 700 Personen angewachsen, als ich dann gegangen bin. Du hast es gesagt, wir sind zum Unicorn aufgestiegen und haben diesen Markt, der vorher absolut offline war, komplett digitalisiert, den B2B-Bestellmarkt für Lebensmittel.

Das war eine wahnsinnige Reise. Man durchläuft im Schnelldurchlauf das Unternehmertum und wie man ein Unternehmen aufbaut. Das war etwas ganz anderes. Da ist das Motto immer: Fail Fast. Also, mach deine Fehler schnell, damit wir sie dann korrigieren können und weitergehen. Aber es ging eben genau darum. Es ist alles immer Trial and Error, Fail Fast.

Es sind andere Glaubenssätze, würde ich sie mal nennen, als die man im juristischen Umfeld hat. Was ich daraus gelernt habe, ist, mutig zu agieren. Mut spielt eine große Rolle für mich. Wie du merkst, das zieht sich immer so durch, denn der hat mir einfach lange Zeit gefehlt, der wurde mir wahrscheinlich auch im Studium so ein bisschen abtrainiert und ich habe das sehr bewundert, wie man in einem Bereich, der noch nicht bespielt wurde, als Unternehmen einfach reingeht und die Regeln neu schreibt, selbst schreibt und rückblickend gesagt eher im Nachhinein aufräumt, sondern erstmal versucht, probiert, was erfolgreich ist. Das war für mich unglaublich prägend und hat mich charakterlich auch nochmal wirklich gestärkt und meine Horizonte erweitert.

KG: Man hat es sicherlich gehört, aber was meine Zuhörer nicht sehen können: Die Sophie, die strahlt hier, die Augen leuchten, wenn sie von dieser Choco-Zeit erzählt. Man merkt wirklich, du bist Gründerin aus Leidenschaft, Unternehmerin aus Leidenschaft und das finde ich mega.

Du bist in der Zeit aber auch Mama geworden. Dein Sohn ist jetzt zweieinhalb Jahre alt und was mich natürlich auch immer interessiert, wie ihr Vereinbarkeit lebt als dieses Dual-Career-Couple, das ihr seid. Was ist so dein Tipp für alle anderen Eltern in der gleichen Situation, von dem du sagst, das macht es uns möglich, beide Kind und Karriere zu leben und dabei auch noch verdammt glücklich zu sein? Also so glücklich, wie man halb schlaflos eben sein kann.

SP: Ach, diesen einen Tipp, das finde ich ganz schwer. Ich glaube, die größte Herausforderung, der man sich stellt oder der Sebastian und ich uns stellen müssen, immer wieder, als Paar, die gerne die Struktur mögen, die das auch brauchen, um überhaupt irgendwie durch den Alltag zu kommen, ist, dass mit einem Kind Dinge plötzlich nicht mehr planbar sind in vielen Situationen. Das perfekte Setup, das gibt es nicht.

Du planst etwas und dann wird es wieder über den Haufen geworfen, weil das Kind zum Beispiel krank wird. In den verschiedensten Lebensphasen ist schon echt einiges passiert unterschiedlicher Art, wie dass man plötzlich keinen Schlaf mehr kriegt oder diese Kinderkrankheiten, Kita-Start, dauernd krank, das ist alles nicht so planbar. Das ist eine Herausforderung für Paare, die es gewohnt sind, dass man Sachen strukturieren und planen kann. Da haben wir gemerkt: Das ist für uns etwas, wo wir auch wirklich lernen mussten, dass man Sachen manchmal einfach laufen lassen muss. Was man machen kann und was wir auch versuchen, ist, mit einer guten Betreuungsinfrastruktur natürlich ein gewisses Netz zu schaffen. Gute Betreuungsinfrastruktur heißt für uns: Eine Kita, mit der wir glücklich sind, bei der wir wissen, es geht ihm gut. Das ist ein großer Segen, das ist schwer heutzutage und deswegen kämpfe ich da auch an der Front, dass das noch mehr, noch stärker ermöglicht wird.

Aktuell fehlen 380.000 Kita-Plätze nach dem ersten Lebensjahr. Wir haben für das erste Lebensjahr keinen Betreuungsanspruch hier in Deutschland. Das muss man ja privat regeln und selbst danach ist es eben schwer und wir beide können nur gut arbeiten, wenn wir wissen, dass es unserem Sohn gut geht, da wo er ist. Und deswegen, glaube ich, haben wir da als Staat, als Land noch einen weiten Weg vor uns. Aber gute Betreuungsinfrastruktur heißt eben für uns auch, privat zusätzlich vorzusorgen mit Babysitterinnen in doppelt und dreifacher Ausführung. Auch das ist manchmal nicht so leicht. Man muss ja Kind und Babysitter erst mal aneinander gewöhnen. Die müssen sich gut kennen, damit das alles klappt. Da muss man viel Arbeit und Zeit reinstecken und dann fällt da auch mal jemand aus. Das ist immer auch eine emotionale Komponente, die da eine Rolle spielt. Es klingt immer so leicht: Man braucht nur dies, das und jenes und dann funktioniert es, aber so ist es nicht. Das ist auch immer alles mit dem Herzen verbunden und deswegen würde ich sagen, auch da muss man sagen, einfach mal manchmal laufen lassen. Manchmal funktioniert es halt leider nicht so und dann hat man keine perfekte Betreuungsinfrastruktur, da darf man sich dann auch nicht verrückt machen.

Dann haben wir einfach immer wieder aufs Neue jemanden gesucht. Unsere tolle Nanny ist zum Beispiel nach Argentinien zurückgegangen und der Herzschmerz war groß. Man steht immer wieder vor diesen Herausforderungen. Was für uns als Familie wichtig ist und funktioniert, ist ein ganz striktes Kalendermanagement. Unser Leben ist komplett in unseren Kalendern abgebildet und bekommt Real-Time Updates, sonst gerät das Ganze, egal wie gut man irgendwie abgedeckt ist, aus den Fugen. Bei dem Kalendermanagement, wir nennen das manchmal liebevoll Kalender Tetris, was wir dann spielen, muss man natürlich auch gucken, dass man sich abwechselt und eine Aufteilung findet. Bei uns ist es so, dass wir glücklicherweise der Meinung sind, dass Kinderbetreuung uns beide betrifft und dass wir es daher gleichermaßen aufteilen, weil für uns kein Job wichtiger ist als der andere. Wir gucken Woche für Woche in die Kalender und schauen, wer kann übernehmen, weil es ja auch nachmittags oder abends Termine gibt, die teilweise wichtig sind. Auch ein wichtiger Punkt ist die Zeit für uns jeweils individuell und als Paar, die wir uns auch in den Kalender schreiben und das immer wieder überprüfen. Denn das ist etwas, und das merke ich auch bei vielen Freunden, was meistens an letzter Stelle kommt und das sollte nicht sein. Das ist das Fundament, sonst funktioniert alles andere nicht mehr. Wir merken das auch, wenn wir aus dem letzten Loch pfeifen und gestresst sind und dann anfangen, uns irgendwie so ein bisschen anzuzicken, dann funktioniert plötzlich gar nichts mehr. Das heißt, wir brauchen diese Basis, dieses Vertrauen und diese Nähe auch zueinander, damit es partnerschaftlich klappt. Deshalb findet das aber bei uns auch immer noch den Platz und den Raum.

KG: Ich kann jeden Punkt unterschreiben. Ich habe das auch in einer Podcast-Episode in einem Wake-up-Call zusammengefasst zum Thema Vereinbarkeit.[4] Es sind 25 min und die meisten Punkte, die Sophie genannt hat, werden da auch angesprochen. Da ticken wir auch sehr ähnlich. Wichtig finde ich einfach: Die Planbarkeit an sich geht irgendwie mit einem Kind ein bisschen verloren, aber es ist wichtig, dass mindestens einer für einen be-

---

[4] Abrufbar unter https://podcasts.apple.com/de/podcast/lwyrd/id1533649147?i=1000604382814.

stimmten Zeitraum Planbarkeit hat, um dann wieder den anderen zu entlasten und man gibt es sich so ein bisschen in die Hand. Zudem kann es ganz gut funktionieren mit den Gegebenheiten, die du eben genannt hast und die man sich schaffen muss. Und ganz wichtig, ich kann es nur nochmal unterstreiche: Mädels, vergesst euch selbst da draußen nicht. Und Männer natürlich auch nicht. Das ist ganz, ganz wichtig.

SP: Wir sind strukturierter und durchorganisierter denn je. Wir haben auch Tools und, man mag uns für verrückt halten, wir haben einen Jour Fix, der nur für Orga-Themen ist, einmal pro Woche.

KG: Ja, der ist bei uns Sonntagabend.

SP: Wir haben das jetzt ausgelagert unter der Woche, damit es einfach nicht verloren geht. Und das klingt erstmal unromantisch, Aber das ermöglicht uns erst überhaupt, als Paar dann auch wieder Zeit für Romantik zu haben.

KG: Was sich gleichermaßen auch im Laufe der Zeit entwickelt hat, ist dein politisches Interesse in Bezug auf Gleichstellungsthemen, Female Leadership sowie die damit verbundene Lobbyarbeit. Du kannst gleich ein bisschen erzählen, wie es dazu kommt. Ich würde das gerne mit einer konkreten Initiative verbinden, an der du mitgearbeitet hast und das war Stay on Board. Die Initiative hast du zusammen mit Verena Pausder, Tobias de Raet, Jessica Jacobi, Florian Möslein, Daniela Hangarter und Andreas von Oppen ins Leben gerufen und diese wurde dann unterstützt von 31 Vertretern aus Wirtschaft und Politik, unter anderem von Tina Müller, Dorothee Bär, Dieter Zetsche. (…)[5] Wie ist es dazu gekommen, dass du dich in diesem Bereich engagiert hast und wie sah dann euer konkreter Vorschlag zur Gesetzesänderung aus?

SP: Zufällig bin ich dazu gekommen, wie das so häufig ist. Verena[6] und ich haben telefoniert und über Delia[7] gesprochen, die wir auch beide kennen. Verena sagte, das gibt es doch nicht.

Du bist doch Juristin, erklär mir das mal.

KG: Ja, warum war das eigentlich bis dahin keinem aufgefallen? Denn es war ja eine totale Diskrepanz zwischen gesetzlicher Regelung und Lebensrealität, auch schon 2020.

SP: Also zwei Gründe. Erstmal, wir haben uns dann unterhalten, haben gesagt, das kann doch nicht sein! Dieser typische Moment, den man dann hat und ich habe gesagt, ich habe keine Ahnung, mir ist das noch nie aufgefallen.

---

[5] Details zur Initiative, die die Autorin im Podcast zusammengefasst hat, sind abrufbar unter https://stayonboard.org.
[6] Pausder.
[7] Lachance.

Dann habe ich mich ein bisschen umgehört und gemerkt, andere haben auch keine Ahnung, dass das so ist. Verena und ich haben entschieden, da müsste man etwas machen. Das ist doch so eine starke Diskriminierung und eine Riesenhürde, wenn wir mehr Frauen auch in Vorstandspositionen und mehr Menschlichkeit auf den Vorstandsebenen haben wollen. Wir wollten das anpacken und haben das Ganze losgetreten: Wir haben dieses Team zusammengestellt aus Tobias, Jessica, Florian, Daniela und Andreas, die insbesondere wirklich da auch ganz toll inhaltliche Arbeit geleistet haben, als starke Juristen und Juristinnen. Und wir merkten, wir stoßen auf offene Ohren, weil es eigentlich niemandem bewusst war, dass das ein Problem ist, weil darüber einfach nicht gesprochen wurde auf Vorstandsebene. Vorstände und Vorständinnen haben damals einfach keine Verletzlichkeit gezeigt. Gerade eine Schwangerschaft gilt in unserer harten Berufsrealität leider heute noch als verletzlich. Aber auch bei Krankheiten oder Pflegefälle in den Familien, das könnt ihr euch nicht vorstellen, was wir dann für Zuschriften bekommen haben. Da wurde erzählt, ein Vorstand macht ein Sabbatical, obwohl eigentlich ein Kind unterwegs war. Da wurden Mandate niedergelegt, weil man Angehörige pflegen musste und dafür nicht freigestellt wurde. Das wurde aber von den Unternehmen nach außen nicht so kommuniziert und auch in Krankheitsfällen nicht, weil es immer diese Signalwirkung von oben gab, Vorständinnen dürfen keine Verletzlichkeit zeigen und das Menschliche hat einfach wirklich irgendwie gefehlt, müssen wir sagen. Als wir dann damit an die Öffentlichkeit gegangen sind, Politikerinnen und Politiker angesprochen haben, wurde das zu einem absoluten Kopf-Nicker-Thema, wie man so schön sagt. In dem Sinne war es ein sehr dankbares Thema. Wir haben vorgeschlagen, dass Vorständinnen zum einen im Fall von Schwangerschaft in den Mutterschutz gehen können, sechs Wochen davor und acht Wochen danach, ohne dass sie ihr Mandat niederlegen müssen und zum anderen Vorständinnen familienbedingte Auszeiten nehmen können, in Höhe von eben drei Monaten, ohne diesem Haftungsrisiko, von dem du gesprochen hast, ausgesetzt zu sein und eben ohne abberufen werden zu müssen. Das Problem daran war nämlich, dass sie kein Rückkehrrecht hatten.

Das heißt, wenn man einmal abberufen wurde, weil so etwas anstand, weil man familienbedingt eine Auszeit nehmen musste, dann war es auch ein probates Mittel für die Aufsichtsräte, jemanden loszuwerden, weil es eben kein Recht auf Rückkehr gab. Und damit hatte sich dann der Vorstandsposten erledigt. Da wir gerade auch im digitalen Bereich immer mehr junge Unternehmerinnen haben, die dann in eine Vorstandsposition oder auch in eine Aufsichtsratsposition kommen, denn diese betrifft das auch, war das schon wichtig, dass diese Regelungslücke geschlossen wird.

KG: Wurde sie dann auch, denn am 11. Juni 2021 wurde die aus eurer Initiative resultierende Beschlussvorlage dann nach den ausführlichen Beratungen von der Großen Koalition und von ihrer Annahme im Bundestag verabschiedet.

Was sind die Erfahrungen, die du in dem Prozess sammeln konntest und warum hat dich die Initiative motiviert, dich weiterhin gesellschaftspolitisch zu engagieren?

SP: Ich fand das ganz faszinierend, so Politik von der Seitenlinie aus zu machen.

Nicht für eine Partei, sondern für eine Sache, die mich bewegt hat, uns bewegt hat damals und zu sehen, was da eigentlich möglich ist. Ich nenne das, was ich mittlerweile mache, liebevoll Lobbyarbeit für Gleichstellung und Female Empowerment und bin wirklich fasziniert davon, wie tief man in die Politik von der Seitenlinie aus eintauchen kann. Schlüsselwort ist da auch das Netzwerk. Man muss ganz stark rausgehen, Netzwerken und gucken, dass man an die Entscheidungsträger kommt. Aber das ist unheimlich motivierend zu sehen, wenn man ein Thema auf die Agenda setzen will, dass man das tun kann, weil auch unsere Politiker nicht die Kapazitäten haben, sich um alles zu kümmern. Das klingt so blöd, aber manchmal muss man einfach auch auf Themen aufmerksam machen und laut werden und zeigen, dass diese Themen eine Lobby haben. Lobbyarbeit in dem Sinne habe ich als etwas sehr Positives verstanden durch diese Arbeit. Ich habe die politischen Prozesse anders verstanden, die Dynamiken, die da herrschen. Und das hat mich, wie du sagst, motiviert, weiterzumachen, weil ich gesehen habe, dass man auch ein Stück weit den Politikern unter die Arme greifen kann und das auch muss, weil sie auch nicht an jeder Front kämpfen können. Und so Rückenwind von außen da teilweise auch guttut und Großes bewirken kann.

KG: Führt uns zum nächsten und auch noch sehr aktuellen Thema. Und zwar möchte ich mit dir gerne auch noch einen Blick auf die Elterngeld-Debatte werfen.

Das müssten jetzt eigentlich alle mitbekommen haben, aber wir fassen es auch noch mal kurz zusammen. Elterngeld gibt es für Mütter und für Väter als Lohnersatzleistung, wenn sie nach der Geburt des Kindes zu Hause bleiben. Auszahlungsbetrag ist gedeckelt bei 1800 €, wurde nie angehoben. Der von der Ampel vorgelegte Gesetzesentwurf hat dann vorgesehen, dass diese Zahlungen nur noch an Paare gehen, die zusammen ein zu versteuerndes Jahreseinkommen von maximal 150.000 € haben. Spannend an der Geschichte ist, dass da nur die letzten zwölf Monate vor der Geburt des Kindes berücksichtigt werden.

Und diese Petition, die daraus resultierte, wurde von deiner Freundin Verena Pausder initiiert und in kürzester Zeit von über 600.000 Bürgerinnen unterschrieben. Ich glaube, ich war eine der Ersten, die doch in der Nacht, als dieser Link kam, unterschrieben hat. Warum ist dieses Vorhaben eurer und meiner Meinung nach ein massiver Rückschritt für die Gleichstellung?

Und welche alternativen Vorschläge habt ihr beide bei der Anhörung, bei der du am 9. Oktober mit Verena im Bundestag warst, gemacht?

SP: Der Vorschlag, der wohlgemerkt aus dem Familienministerium kommt, war ein wahnsinniger Rückschritt für die Gleichstellung, weil das Elterngeld einfach das erfolgreichste gleichstellungspolitische Instrument ist, das wir haben. Das zeigen die Zahlen, das belegen die Daten. Das Elterngeld hat die Selbstständigkeit von Müttern positiv beeinflusst: Die Erwerbstätigkeit von Müttern nach dem ersten Lebensjahr ist von 34 % auf 44 % angestiegen. Die Einführung des Elterngelds hat dazu geführt, dass die Anzahl der Väter, die Elternzeit beantragen, damals gab es noch das Erziehungsgeld davor, im Vergleich von 27 % zu 2019 auf 43 % gestiegen ist. Also signifikant eine größere, höhere Väterbeteiligung an der Care-Arbeit. Und durch das Elterngeld wurde der Geburtenrückgang von Akademikerinnen gestoppt. 2006 war der auf einem Tiefstand von, ich glaube, 1,24 Kindern pro Frau. Finde ich immer so absurd, dass man das so beziffert. Und jetzt ist er auf 1,46 Kinder pro Frau gestiegen. Das Elterngeld wurde 2007 eingeführt.

Diese Zahlen zeigen, dass das Elterngeld – so schlecht es gerade ausgestaltet ist, denn da ist ganz viel Luft nach oben und Reformbedarf – trotzdem, obwohl es so rudimentär ausgestaltet ist, ein wahnsinnig erfolgreiches Instrument zur Gleichstellung ist. Und du hast es gerade gesagt: Es wurde nicht inflationsbereinigt, der Maximalbetrag wurde nicht angehoben.

Also obwohl es so erfolgreich ist, wurde es nicht ausgebaut und jetzt sollte aus Spargründen muss man sagen, denn das ist eine Haushaltsdebatte, das heißt, es ging wirklich um die Verteilung des Budgets des Familienministeriums, jetzt der Rotstift angesetzt werden. Das gerade bei Familien, die sich hochgearbeitet haben, erstmalig Akademiker sind, die eine lange Ausbildung hinter sich haben. Wir sind hier in einem juristischen Podcast, wir wissen alle, was das heißt, Jura zu studieren, wie viele Jahre wir da gebunden sind und kein Geld verdienen können. Wir können uns kein Vermögen anhäufen, wenn wir allein zehn Jahre in unserer Ausbildung stecken, wahrscheinlich noch Kredite abbezahlen müssen, weil wir uns BAföG und noch Hemmer und Alpmann-Schmidt aufgeladen haben. Und dann heißt es, dass diese Paare ausgenommen werden sollen vom Elterngeld, weil sie es sich ja anders finanzieren könnten, diese Zeit. Das bedeutet in der Realität, dass die Frauen, die nun mal nach der Geburt einfach diejenigen sind, schon per Natur, muss man sagen, die ein Stück weit stärker an das Kind gebunden sind, dass die sich in die hundertprozentige finanzielle Abhängigkeit von den Männern zurückbegeben. Zumindest in den ersten Monaten. Es bedeutet auch, dass wir danach in ein Betreuungsvakuum rutschen für diese Gruppe, weil es, ich habe es vorhin erwähnt, für Kinder unter einem Jahr gar keinen Betreuungsanspruch gibt und für Kinder über einem Jahr in diesem Land über 380.000 Kita-Plätze fehlen. Deshalb haben wir gesagt, das ist einfach ein katastrophales Zeichen. Das trifft gerade die Young Professionals und die jungen Akademiker in unserem Land, die auch viel für das Land tun. Gerade die müssen mehr Kinder kriegen mit Blick auf den demografischen Wandel und den Fachkräftemangel. Wir brauchen die Kinder, um zukunftsfähig zu bleiben als Land und müssen überall inzentivieren, dass auch gerade Menschen, die viel Geld in ihre Ausbildung gesteckt haben, das Thema nicht abschreiben, sondern sagen, die Familienplanung hat für uns eine Relevanz. Wir haben verschiedene Vorschläge gemacht, wie man diese Gruppe schützen kann. Zunächst einmal wollten wir, dass der Zeitpunkt des Inkrafttretens Elterngeldstreichung. nach hinten geschoben wird.

KG: Ja, denn es sollte gelten direkt ab 01.01.2022 und hätte damit einfach auch Familien betroffen, in denen die Frau jetzt schon schwanger ist und die mit diesem Geld fest geplant haben.

SP: Genau, Paare, die schon mitten in der Schwangerschaft stecken! Da werden Kredite abbezahlt, da sind Mieten zu zahlen etc. und all das kann man nicht mal eben in zwei Monaten ändern und sagen: Dann ziehen wir jetzt in eine günstigere Wohnung oder wir kündigen unseren Kredit für unser Haus, den wir laufen haben. Das funktioniert nicht und ist deswegen sehr an der Lebensrealität vorbeigegangen. Wir haben verschiedene Vorschläge gemacht, wie man das Elterngeld schützen kann, auch für diese Gruppe, indem man den Berechnungszeitraum streckt auf 24 Monate. Das hätte die Gruppe der Betroffenen deutlich verringert, weil viele gerade erst über diese Einkommensschwelle gerutscht sind oder rutschen. Vorgeschlagen haben wir auch, die gemeinsamen Elternmonate nach dem dritten Monat zu streichen, weil, das muss man sagen, so ein Gutverdiener Privileg ist, dass dann beide Eltern zusammen nochmal schön irgendwie Urlaub auf Bali machen, wenn sie Elternzeit nehmen. Eine Option war, dass man die Partnermonate hochzieht, sodass mehr Partnermonate genommen werden und auch, dass man auf jeden Fall diese Schwelle maximal auf 200.000 dann, sag ich mal, absenkt, weil die Gruppe der Betroffenen dann schon deutlich kleiner wird.

KG: Wie hast du denn diese Anhörung persönlich empfunden? Gab es da Gehör und konstruktives Feedback von den Vertretern der Parteien? Ich hatte tatsächlich reingeschaut im Bundestags-TV und sagen wir mal so, es war jetzt nicht wahnsinnig viel los da in dieser Anhörung. Aber wie war da so die Stimmung?

SP: Also auf den Rängen war viel los, aber inhaltlich nicht, bezogen auf was von den Abgeordneten kam. Es war sehr nett, weil wir den Laden vollgemacht haben mit Unterstützern. Von den Abgeordneten kamen unterschiedliche Reaktionen. Teilweise hatten sie sich sehr mit dem Thema beschäftigt, teilweise war es dünn, was dann auch wiederum erschreckend ist, weil das, was für so viele Menschen so elementar ist, ja auch so ein bisschen dieses Aufstiegsversprechen in Deutschland betrifft. Das heißt, lohnt es sich dann überhaupt sich so gut auszubilden, wenn diese Paare in dieser sehr verletzlichen Lebensphase nicht einmal diese Unterstützung für einen kurzen Zeitraum vom Staat bekommen? Das Signal, was davon ausgeht, hat uns schon sehr hart getroffen.

KG: Ja, weil, also ganz ehrlich, es geht um Familien, um unsere Kinder, um unsere Zukunft, also um die Säulen unseres Landes. Und dass man da nicht wenigstens sagt, hey, ich höre mir diese Argumente an, ich denke die wenigstens einmal durch, weil sie einfach uns betreffen, also die Säulen unseres Landes.

SP: Ja, das war erschreckend zu sehen, dass manche sich damit gar nicht richtig beschäftigt hatten und dass die Argumente vom Familienministerium auch einfach gebetsmühlenartig wiederholt worden sind. Das ist der einfachste Weg, um diese Kürzung des Etats umzusetzen und das ist eben der größte Brocken in dem Budget des Familienministeriums. Das darf aber kein Argument sein. Da muss man einfach so tief einsteigen, auch inhaltlich, weil man so eine Verantwortung für die Menschen hat, die davon betroffen sind, dass man da auch anders drauf reagieren kann. Und das war bei den Politikern von Person zu Person sehr unterschiedlich.

Dennoch haben wir das Gefühl gehabt, dass wir am Ende wirklich einen Konsens erreicht haben, dass alle der Meinung waren, das ist der falsche Ort, an dem gestrichen, gespart werden muss. Nichtsdestotrotz: Haushaltsdebatten haben eine besondere Dynamik.

Das ist nochmal was anderes, als wenn man jetzt wie bei Stay on Board etwas außerhalb des Haushalts, was damit nichts zu tun hat, versucht umzusetzen, sondern das muss einfach in den Gesamthaushalt auch passen und es ist tatsächlich so, wenn man es an der einen Stelle nicht wegnimmt, muss man es an der anderen Stelle wegnehmen. Da wird erst mal nur innerhalb der Ministerien geguckt, denn dass man das Geld von einem anderen Ministerium kriegt, das war hart und in der kurzen Zeit fast gefühlt unmöglich, obwohl wir diesen inhaltlichen Konsens dann erreichen konnten. Das Familienministerium, das musste allein schon, um da das Gesicht zu wahren, bei ihrem Vorschlag auch in der Anhörung bleiben und diesen verteidigen, obwohl die uns ja nun auch schon in der Anhörung signalisiert haben, dass sie nicht glücklich über ihre Sparmaßnahmen sind.

KG: Jetzt haben wir alle mit Spannung diese Bereinigungssitzung zum Haushaltsentwurf 2024 erwartet, sie fand am vergangenen Donnerstag statt und dabei ist eine wichtige Änderung beim Elterngeld verkündet worden, denn diese Kappung fällt wesentlich weniger radikal aus. Sie kommt später, nämlich zum 01. April 2024. Bis dahin ändert sich gar nichts. Dann fällt die Grenze auch sukzessive, also in zwei Etappen. Zum einen erst mal auf das zu versteuerte Jahreseinkommen von 200.000 € und dann nochmal ein Jahr später, ab April 2025, auf eine Einkommensgrenze von 175.000 €. Wie zufrieden bist du mit dem Ergebnis und wie interpretierst du das auch im Kontext der demokratischen Möglichkeiten, die genutzt wurden, um das Thema überhaupt anzugehen?

SP: Wir sind mit dem Ergebnis, mit Blick auf die kurze Zeit, die wir hatten, und den wirklichen finanziellen Druck, den da die Ministerien haben, zufrieden. Was uns besonders glücklich macht, ist, dass wir die Familien schützen konnten, die eben zum Zeitpunkt der Verkündung der Maßnahme bereits schwanger waren. Dass dieser Vertrauensschutz, den der Staat herstellen muss, jetzt gesichert ist, ist unheimlich wichtig in diesen Zeiten, in dem auch, das muss man sagen, generell das Vertrauen in die Politik und auch die Demokratie schwindet. Der Vorschlag hat für uns Schwächen. Wir hätten uns mehr gewünscht. Man muss aber auch realistisch sein. Politik bedeutet immer, zu einem Kompromiss zu kommen und in der Kürze der Zeit ist das ganz zufriedenstellend. Eine grundlegende Reform des Elterngeldes steht unserer Meinung nach noch aus. Aber das war jetzt auch mit der Petition nicht das Mandat, welches wir hatten, sondern wir wollten erst mal diese Einkommensgrenze schützen.

Was mich an der ganzen Sache einfach wahnsinnig motiviert und begeistert ist, die Möglichkeit der politischen Teilhabe über eine Petition. Denn man hat einfach gesehen: Wenn viele Menschen sich hinter ein Thema stellen und das gemeinsam in die Politik tragen, wird es gehört. Es hat gezeigt, dass es sich lohnt und dass jeder da auch etwas tun kann, und sei es eben durch das Unterzeichnen der Petition. Durch Teilen in den sozialen Medien, durch Diskussionen im Freundes- und Bekanntenkreis, kann man etwas für eine Sache tun und Veränderungen bewirken. Der Ball liegt auch bei jedem Einzelnen und jeder Einzelne hat die Möglichkeit, sich für etwas stark zu machen. Das ist in diesen Zeiten, in denen wir auch antidemokratische Tendenzen haben, vorgelebt leider durch Parteien, die im Bundestag vertreten sind, auch unheimlich wichtig zu zeigen, dass Argumente gewinnen und Themen gewinnen, die Menschen bewegen und nicht Populismus.

KG: Diesen Punkt finde ich auch an der Stelle ganz wichtig und das ist dann eben auch ein Teil unserer Demokratie. Wir haben diese Möglichkeiten und wir sind meiner Meinung nach verpflichtet, die zu nutzen. Es kann sich jeder aussuchen, für welche Sache er sich gerne engagieren möchte. Ich glaube, es wird jeder irgendwas finden, bei dem er sagt, das ist mein Thema, damit kann ich mich identifizieren. Umso schöner natürlich, wenn sich auch Leute für ein Thema engagieren, weil sie es wichtig finden, dass sie vielleicht gar nicht persönlich betrifft, aber bei einer persönlichen Betroffenheit ist natürlich die Engagement-Rate nochmal höher. Wogegen wir aber auf jeden Fall immun sein müssen in so einer Situation und wogegen man auch angehen sollte, ist dieser Whataboutism, der sich entwickelt hat. Denn wenn man sich in einer Sache engagiert, bekommt man dann dieser Tage auch die Art von Gegenwind, der besagt: Warum engagiert ihr euch ich nicht auch hierfür und dafür, es gibt noch diese und jene Themen, die wichtiger sind ec. Was wir in der Elterngelddebatte gesehen haben, ist gelebte Demokratie und ich sage es noch einmal: Jeder ist herzlich eingeladen, wenn nicht sogar aufgerufen, sich für seine Themen selbst zu engagieren und wir müssen dankbar sein, dass wir diese Möglichkeiten in diesem Land haben, denn sie sind wichtig.

SP: 100 %.

KG: Jetzt gucken wir zum Abschluss aber noch ein bisschen nach vorne und zwar auf deinen nächsten beruflichen Schritt: Du bist Venture-Partnerin bei AUXO geworden, einem Female Catalyst Fund. Bitte erklär doch, was ein Female Catalyst Fund ist, was du machst und vor allem was macht ihr anders? Was ist deine Rolle dort? Wie bist du da schon wieder gelandet?

SP: Als Venture-Capital Fund investiert AUXO in Startups, in frühphasige Startups, die noch am Anfang ihres Lebenszyklus stehen. Und Female Catalyst Fund heißt, dass das der erste Fonds ist in Europa, der nur in von Frauen gegründete beziehungsweise mitgegründete Unternehmen investiert. Das bedeutet, dass wir nur in diverse Teams investieren, weil die Zahlen natürlich auch zum einen zeigen, dass diverse Teams erfolgreicher sind. Auf der anderen Seite sehen wir uns da auf einer Mission. Wir haben auch als Geldgeberinnen, also die, die in den Fonds investieren, überwiegend Frauen. Das heißt, wir haben da ein ganz, ganz starkes weibliches Netzwerk und die Venture-Capital-Welt, allgemein die Finanzwelt, aber auch die Venture-Capital-Welt ist sehr männlich geprägt. Und somit gibt es auch häufig einen sehr männlichen Blick auf die Investments. Das wollen wir ändern und wir wollen insbesondere auch, dass die Frauen in der Venture Capital Welt gesehen werden, sichtbarer werden, eine Stimme bekommen und wir möchten auch ihre Rolle stärken. Uns ist zum Beispiel wichtig, dass die weiblichen Mitgründerinnen mindestens 20 % oder Gründerinnen mindestens noch 20 % am Unternehmen halten. Wir legen auch großen Wert auf die Themen mentale Gesundheit und Female Leadership. Wir supporten die Unternehmen dann über den Lebenszyklus hinweg noch auf ganz anderen Ebenen. Und das ist unheimlich schön. Ich arbeite in einem Team, das natürlich auch größtenteils aus Frauen besteht und dann dieses starke Netzwerk im Rücken aus Frauen besteht – und Männern, die auch tolle Supporter sind. Ohne die geht es auch nicht, das ist ganz wichtig. Es bringt einen besonderen Spin auch in diese Venture Capital Welt. Der besondere Blick heißt aber nicht, dass es Frauenthemen sind, in die wir investieren, sodass es nur um Femtech, Female Health Products oder so etwas geht. Es geht nur um die Gründerinnen. So entsteht da wirklich eine tolle Dynamik und meine Rolle ist es, als Venture-Partnerin, dass ich mir die Unternehmen anschaue, in die wir investieren, mit ihren Ideen, die sie haben, das Team, den Markt evaluiere und dann eben gemeinsam mit dem Team bespreche, ob das ein potenzielles Investment für den Fonds ist. Dann, wenn es so sein sollte, machen wir dann auch eine Due Diligence und dann natürlich das tatsächliche Investment, was ich dann auch begleite, auch aus meiner juristischen Sicht.

KG: Hier hast Du ja viel Erfahrung.

SP: Genau, zum einen ist es die Erfahrung, die ich da einbringen kann und gleichzeitig unterstütze ich auch die Portfoliounternehmen, d. h. das sind die Unternehmen, in die Auxo bereits investiert hat, wenn sie Fragen z. B. zum operativen Geschäft oder juristische Fragen haben, sodass ich das auch inhaltlich begleite.

KG: Ich wünsche dir dabei ganz viel Erfolg. (…)[8]

---

[8] Im Folgenden ging es noch um Sophie's Engagement beim FC Victoria Berlin und die Autorin stellte die Abschlussfrage, die immer der vorherige Gast der vorangegangenen Podcast-Episode vorgibt.

18

Der deutsche Rechtsanwalt vor und nach Corona

Podcast-Episode mit Matthew Devey und Moritz Coché vom 21.06.2023[1]
KG: Herzlich willkommen zu LWYRD, der Podcast zum deutschen Rechtsmarkt. Ich bin Katharina Gangnus und ich freue mich, dass Sie dabei sind zu Episode 51. Wir haben ja nicht nur ein neues Cover, sondern wir starten ab jetzt in Episode 51 mit kurzen Intros von mir vorab. Heute mit Matthew Devey und Moritz Coché. Matthew Devey ist Partner bei Linklaters und leitet hier seit 2017 die arbeitsrechtliche Praxis. Moritz ist sein Associate und zum 1. Mai von Oppenhoff zu Linklaters gewechselt.[2] Matthew und Moritz haben vor kurzem einen Artikel zum Thema 4-Tage-Woche auf LinkedIn veröffentlicht. Und das war für mich Anlass genug, auf die beiden einmal zuzugehen. Denn ich hatte ja bereits in der Episode mit Dr. Sabine Schröter gesagt, dass ich mir das Thema gerne nochmal vertiefter anschauen möchte. Wir haben über das Thema Netzwerken gesprochen, Matthew hat ein bisschen über seinen Werdegang berichtet, über die Unterschiede im britischen und im deutschen Arbeitsmarkt. Er hat vor allen Dingen auch gesagt, welche Werte ihm persönlich in der Arbeit mit Mandanten wichtig sind und auch, worauf er bei Bewerbern bei der Einstellung achtet. Ja, und dann haben wir den Bogen geschlagen zum Thema Vier-Tage-Woche und Remote-Work. Wir haben uns die Diskussion natürlich zum einen aus rechtlicher Sicht angesehen. Wir haben aber auch ein bisschen drauf geschaut, woher denn eigentlich

---

[1] Abrufbar ungekürzt https://open.spotify.com/episode/5Ib3VP7Hu17cgJcLIetXMj?si=WAQLgmmwT_Wd0azVQNLetw.
[2] Mittlerweile hat Moritz Coché die Sozietät wieder verlassen und eine neue Herausforderung angenommen.

dieses Bedürfnis danach kommt, jetzt Arbeit, Arbeitsumfeld, Arbeitszeit und Arbeitsbedingungen neu zu definieren. Ja, zu welchem Ergebnis wir gekommen sind, das hören Sie jetzt gleich. Ich wünsche Ihnen ganz viel Spaß mit der heutigen Episode.

KG: Herzlich willkommen bei LWYRD, Matthew Devey und Moritz Coché.
MD: Ja, guten Tag.
MC: Hallo zusammen. Wir freuen uns sehr, hier zu sein.
KG: Ich freue mich auch, dass ihr beide da seid. Wir schauen uns ja heute einige Themen miteinander an, aber vorab möchte ich gleich nochmal das Thema Netzwerken aufgreifen, denn diese Episode ist ja aus meinem Vortrag bei Linklaters zum Thema Networking und Personal Branding entstanden. Ich war im April zu eurer YoungLinks-Veranstaltung eingeladen und dort habe ich Moritz kennengelernt. Moritz ist zum 1. Mai von Oppenhoff zu Linklaters gewechselt und hat dann also schon vor seinem ersten Arbeitstag sein Linklaters-Netzwerk erweitert. Und Moritz, deswegen fangen wir mal mit dir an. Was hast du aus der Veranstaltung für dich mitgenommen und was ist dein persönlicher Tipp zum Thema Netzwerkaufbau, gerade in den ersten Berufsjahren?
MC: Ja, gerne. Also erstmal war das natürlich mit der Young-Links-Veranstaltung vorm offiziellen Start eine sehr gute Gelegenheit, von Beginn an Kollegen aus anderen Standorten und Praxisgruppen kennenzulernen, erste Kontakte zu knüpfen und auf der Veranstaltung auch direkt mit Externen ins Gespräch zu kommen. Das hat mir sehr geholfen, weil wir bei Linklaters ja sehr praxisübergreifend unterwegs sind. Was mir das Event verdeutlicht hat, ist: Jeder kann sein Netzwerk auf seine Weise entwickeln und Authentizität ist dabei ganz wichtig. Das war mein größtes Takeaway. Mein persönlicher Tipp in den ersten Berufsjahren ist vor allem Geduld zu haben, denn Networking ist gerade am Anfang nicht immer unmittelbar quantifizierbar oder messbar. Der Mehrwert zeigt sich dann erst nach einer langen Zeit. Und ich würde immer sagen, versteht eure Praxisgruppe, eure Kanzlei als erstes kleines Netzwerk, knüpft da Kontakte und nehmt das als Basis, um dann rauszugehen und das Netzwerk zu erweitern.
KG: Ja, drei ganz wichtige Punkte. Die Authentizität, die habe ich ja auch sehr betont. Zum anderen der Punkt Mikronetzwerke, sich darin auch erstmal ein bisschen auszuprobieren. Und zum dritten dann auch das Thema „Netzwerken ist ein Marathon, kein Sprint", den man quasi parallel zu seiner Karriere und gerade für seine Karriere läuft.
Matthew, aus Partnerperspektive, du bist ja nicht nur ein, ich darf das hoffentlich sagen, alter Hase im juristischen Geschäft, sondern auch das

Thema Networking ist für dich ja nicht neu. Du lebst als Brite seit 20 Jahren in Deutschland, hast seit 2018 auch die deutsche Staatsbürgerschaft. Wie betreibt ein Partner Netzwerkpflege? Wie viel Zeit sollte man wöchentlich investieren und wie nutzt du diese Zeit konkret?

MD: Also erstmal, erschreckt es mich ein bisschen, als alter Hase bezeichnet zu werden.

KG: Ich meine das sehr liebevoll.

MD: Es gibt so viele verschiedene Partner und jeder wird seine oder ihre eigene Art haben. Für mich gibt es eine Zeit vor Covid und es gibt eine Zeit nach Covid. Das muss man ganz klar sagen. Also vor Covid war ich persönlich wahnsinnig viel unterwegs. Mir macht es extrem viel Spaß und das ist, glaube ich, ein offenes Geheimnis. Die meisten Mandate, die ich persönlich habe, sind nicht in Deutschland, sehr viele sind in Großbritannien, USA und sonst wo auf der Welt. Ich bin fast jede Woche irgendwo hingefahren oder hingeflogen. Dann kam Covid. Und diese virtuelle Welt, die kannte ich zugegebenermaßen gar nicht, über Zoom und Teams kommunizieren zu können. Jetzt erlebe ich die Resonanz, dass man sich doch persönlich wieder trifft, was ich persönlich sehr begrüße. Wir haben natürlich auch ESG im Fokus, das heißt der Druck, aus Nachhaltigkeitsgründen weniger zu reisen, ist auch da, aber Anwälte sind einfach in einem People's Business und ich finde, man nimmt unwahrscheinlich viel Kraft aus persönlichen Gesprächen mit. Das macht Spaß.

Wie viel Zeit ist das? Ich würde sagen, als Partner bei Linklaters ist das ziemlich viel Zeit. Ich nehme mir jede Woche vor, entweder alte Kontakte wieder aufzufrischen, sozusagen mich nach ihnen zu erkundigen. Teilweise besuche ich neue Kontakte vor Ort, um sie kennenzulernen. Das macht deshalb Spaß, weil ich bei den meisten Leuten auch wirklich wissen möchte, wie es ihnen geht.

KG: Ich danke dir und dir auch, Moritz. Bei LWYRD bleiben aber auch nach über 50 Folgen zwei Dinge gleich: Die Einstiegsfrage und die Abschlussfrage. Also meine Einstiegsfrage an euch beide: Warum habt ihr Jura studiert? Moritz, du darfst gerne anfangen.

MC: Also ich bin da mal offen: Ich habe jetzt nicht dieses Bild von mir in der Schulzeit als 17-Jähriger gehabt, dass ich irgendwann mal Jurastudent sein würde. Da habe ich ehrlich gesagt gar nicht dran gedacht. Bei mir war es eher immer so, dass ich einen Beruf oder auch ein Studium ergreifen wollte, das dynamisch ist, das irgendwo auch kompetitiv ist. Ich glaube, bei mir kommt diese Begeisterung für Wettbewerb daher, dass ich Sportler bin und immer viel Mannschaftssport gemacht habe. Der andere Punkt ist, ich habe mich schon sehr früh viel mit wirtschaftlichen und politischen Themen beschäftigt und mich da auch aus eigenem Antrieb im Detail eingelesen, darüber diskutiert. So bin ich dann zu Jura gekommen. Und das Letzte ist, ich habe eine ganz große Begeisterung und viel Freude an sprachlicher Präzision und Prägnanz. Bei Jura kann man Sprache immer weiter ausfeilen und als Werkzeug nutzen. Ich kann sagen, ich würde mich heute tatsächlich nochmal dafür entscheiden.

KG: Die Sprache ist sozusagen unsere stärkste Waffe, das ist so, ja. Matthew, und du? Warum hast du Jura studiert?

MD: Leider überhaupt nicht so exotisch wie Moritz' Antwort. Ich bin ja in England aufgewachsen und hatte das Glück, dass ich eine extrem gute Schule besucht habe. Meine Eltern haben beide nicht studiert. Und in England ist es eben so, dass du schon mit 17 Jahren entscheiden musst, was du studieren willst. Und im Nachhinein denke ich: Wie kannst du wirklich mit 17 als Junge wissen, was du sozusagen für den Rest deines Lebens machen willst? Ich glaube, das ist schwer. Meine Eltern hatten kaum Einfluss auf mich, weil die auch, wie gesagt, selbst nicht studiert haben. Die wollten eigentlich nur, dass es mir gut geht, dass ich glücklich bin. Nur diese Schule war extrem stark und damals hieß es, wenn du gut in Science oder Mathe bist, machst du Engineering. Wenn du gut in Sprachen bist und in den anderen Fächern, dann kannst du was anderes machen. Und bei mir war die Wahl dann nur zwischen Psychologie und Jura. Dann habe ich ein richtig cooles Programm gefunden an der Universität Kent. Da waren nur vier Plätze, und das war English and German Law. Das heißt, ich konnte sofort beide Systeme an der Uni kennenlernen. Deutsch war auch dabei, Zeit in Deutschland war auch dabei, ein Professor aus Deutschland ist extra schon nach England gekommen. Klang alles super cool, habe ich gerne gemacht. Alle meine Freunde in der Schule haben gedacht, ich habe sie ja nicht mehr alle, weil Deutsch war schon sehr ungewöhnlich als Wahl. Aber ich würde mal sagen, ja, viele Jahre später war das wahrscheinlich doch keine schlechte Entscheidung (*lacht*).

KG: Wir bleiben jetzt bei dir und deinem Werdegang. Du bist gebürtiger Brite, sprichst sehr gut Deutsch, natürlich sprichst du Englisch, du sprichst aber auch Schwedisch und bist als britischer, deutscher und europäischer Rechtsanwalt zugelassen. Du hast dein Studium an der University of Kent in Canterbury angesprochen und dass du dich dort auch schon mit deutschem Recht beschäftigt hast. Danach hast du im Jahr 1999 deinen LL.M. an der Universität Marburg gemacht. Seit 2001 bist du bei Linklaters, seit 2011 hier Partner und leitest die deutsche Arbeitsrechtspraxis seit 2017. Was hat dich konkret nach Deutschland verschlagen? War es dieses duale Studium und inwiefern unterscheidet sich der deutsche Arbeitsmarkt, ganz konkret natürlich der juristische Markt, aus deiner Sicht vom britischen?

MD: Ich finde es ganz toll, wie du das alles so erzählst. So denke ich nicht über mich nach. Ich habe dieses Doppelstudium gemacht und bin dann in Deutschland gelandet und ich fühlte mich auf Anhieb total wohl in dem Land. Alles lag mir. Die Leute fand ich weltoffen. Ich finde, die Opportunitäten, die man auf dem Arbeitsmarkt hatte, das hatte nichts mit Vitamin B zu tun, sondern einfach mit Leistung. Ich habe schon damals die Vorgängerkanzlei von Linklaters in der Studienzeit kennengelernt. Ich hatte einfach das Gefühl, in Deutschland komme ich gut voran. Die Lebensqualität fand ich damals sehr hoch im Vergleich zu Großbritannien. Mein Plan, wenn man das so nennen darf, war: Ich fange in Deutschland an, sammle Erfahrungen und lerne die Sprache richtig gut. Ich weiß noch nicht, ob ich das immer noch behaupten kann, dass ich das geschafft habe, aber halbwegs (*lacht*). Der Plan war dann nach ein, zwei Jahren, dann gehe ich vielleicht in die USA, denn das war immer mein Lebenstraum. Wie du siehst, ich bin aber immer noch in Deutschland. Den deutschen Arbeitsmarkt fand ich damals viel fairer, denn in England war alles auf London konzentriert, wenn du international arbeiten wolltest oder auf dem höchsten Level. Dann wurde erwartet, dass man nach London geht. Ich hatte nicht das Gefühl, ohne Beziehungen oder ein bisschen Geld als Unterstützung, dass ich das klappen könnte, obwohl meine Noten sehr gut waren an der Uni. In Deutschland hatte ich gleich zwei Jobangebote. Also habe ich mich für den deutschen Weg entschieden. Deutschland ist ein Industrieland, Großbritannien hat das längst aufgegeben. Ich finde, der englische Arbeitsmarkt ist aber dafür viel flexibler. Ich kenne viele Leute, die X studiert haben, aber praktizieren jetzt Y. Es ist sehr, sehr flüssig. London ist schon eine Weltstadt. Du hast Leute wirklich aus aller Welt. Das beeinflusst, glaube ich, den Arbeitsmarkt extrem.

KG: Ja, das stimmt. Wie gesagt hast Du im November 2018 die deutsche Staatsbürgerschaft erworben. Das war gut zweieinhalb Jahre, nachdem sich die Briten in einem Referendum für den Brexit entschieden hatten, der dann ja am 31.01.2020 vollzogen wurde. Hat der Brexit bei dieser Entscheidung für dich persönlich eine Rolle gespielt? Wenn ja, inwiefern?

MD: Ich muss leider sagen, das hat eine Rolle gespielt. Man sagt in Großbritannien: Brexit-proof. Ich bin Brexit-proof. Ich muss aber auch zugeben, ich habe mich schon viel früher damit beschäftigt. Ich bin seit jetzt 23 Jahren in Deutschland und mein Herz ist nach wie vor Britisch. Aus dem kommt man nicht mehr raus. Nur mein Kopf ist mit Sicherheit mehr Deutsch als Britisch. Ich habe viele deutsche Freunde, kenne sehr viele Leute, fühle mich wohl. Ich identifiziere mich komplett mit dem Land. Nach einigen Jahren ist das dann komisch, denn du darfst nicht mal wählen gehen, wenn du offiziell kein Deutscher bist. Ich habe mich also schon früher damit beschäftigt und dann kam der Brexit und ich glaube, das war so der letzte Push, um zu sagen: Dann mache ich das jetzt doch. Aber meinen britischen Pass habe ich nach wie vor.

KG: Was hat sich denn hier in Deutschland aus deiner Sicht konkret in den letzten fünf Jahren verändert? Welche Themen bewegen Juristen dieser Tage besonders mit Blick auf ihre tagtägliche Arbeit, vor allem in der Großkanzlei?

MD: Ich habe ausgerechnet gestern meiner Sekretärin zum fünfjährigen Jubiläum bei uns gratuliert, mit Blumenstrauß, und wir haben uns gefragt, was alles passiert ist in den letzten fünf Jahren. Pandemie, der fürchterliche Krieg in der Ukraine, die ganze Weltwirtschaft ist mit Sicherheit anders, das Klimathema ist unwahrscheinlich wichtig geworden. Ich finde, die Welt hat sich dramatisch verändert in den letzten fünf Jahren, auch in Deutschland. Wir sollen vielleicht jetzt nicht viel über Politik sprechen aber ich glaube, die Regierung momentan ist etwas überfordert. Es ist viel, sagen wir mal, was auf einen einprasselt in diesem Land. Was heißt das für uns Anwälte bei Linklaters? Ich habe Glück, dass ich bei Linklaters bin, denn wir schauen immer über den Berg hinaus. Wir versuchen immer mitzudenken, was unsere Mandantschaft gerade beschäftigt und was sie künftig beschäftigen wird. Wir machen uns regelmäßig Gedanken über neue Produkte, Beratungsbedarf und so weiter. Bei der täglichen Arbeit, ist die Virtual World ein Thema geworden. Die Zeiten von fünf Tagen in der Woche bis abends in Großkanzlei zu sitzen, die sind vorbei. Es ist alles deutlich flexibler, aber ich glaube auch ein Stück weit unpersönlicher geworden.

KG: Das ist sehr schade. Wir sprechen gleich nochmal über das Thema Persönlichkeit, persönliches Arbeiten und auch Werte. Was mich aber interessiert, ist, wie du Bewerber auswählst. Moritz hört jetzt mal bitte weg, Moritz war ja auch Bewerber. (*lacht*). Also Matthew, was ist dir bei der Auswahl zukünftiger Kolleginnen wichtig? Worauf achtest du besonders und was ist vielleicht weniger wichtig?

MD: Ich denke, ich bin da schon ein bisschen untypisch. Ich kann nicht für alle Partner sprechen bei Linklaters, aber die Papierform muss hauptsächlich stimmen. Das heißt, zwei gesunde Examina. Ich persönlich erwarte nicht zweimal neun Punkte, ich schaue mir gerne das Gesamtpaket an. Ich lerne sehr gerne Leute kennen und immer mal wieder werde ich überrascht. Man trifft Bewerber, bei denen man vielleicht nicht unbedingt das Gefühl hat, das könnte was werden und dann wird man umgehauen. Bei mir steht die Person wahnsinnig im Mittelpunkt, weil ich finde, gerade bei Linklaters, das, was man jahrelang an der Uni gelernt hat, vieles nicht unbedingt relevant ist für das, was wir bei Linklaters machen. Das heißt, ich schaue mir gerne an, wie ist man aufgewachsen, war man im Ausland, wie ist man mit Enttäuschungen oder Niederlagen umgegangen, was macht man außerhalb des Studiums. Das meine ich mit Gesamtpaket. Und vielleicht ist das ganz unprofessionell, aber oft treffe ich eine Entscheidung aus dem Bauch heraus. Der beste Weg dazu ist das Referendariat, da haben nämlich beide Parteien die Gelegenheit, sich gegenseitig kennenzulernen. Im Idealfall fängt man danach dann als Anwältin oder Anwalt bei uns an.

KG: Spannend, dass du das sagst, denn ich finde auch, dass es heutzutage in der Großkanzlei so viel mehr erfordert als nur eine gute juristische Ausbildung. Ich finde es sehr schön, dass du darauf Wert legst, denn ich glaube, das trägt dann auch langfristig in der Zusammenarbeit und natürlich auch für die Mandanten entsprechend Früchte.

MD: Ich sage dir, was mir aufgefallen ist, Katharina. Es gibt Überflieger. Es gibt Leute, die haben zweimal elf Punkte an der Uni, in der Schule ein 1,0 Abi. Immer top, top, top. Nur im realen Leben geht es so, sagen wir mal, für 99,9 % der Leute nicht weiter. Igendwann mal kommt ein Problem, ob das persönlich oder beruflich ist, bei dem man erst mal merkt, ich muss mich überwinden oder es ist schiefgelaufen oder ich bin enttäuscht. Auf Englisch spricht man immer von Resilienz. Also wie gehe ich damit um, wenn irgendwas nicht gut läuft? Ich kann nur für mich sprechen: Ich habe so viele Fehler gemacht. Ich habe so viel falsch gemacht in den letzten 20 Jahren. Ich meine nicht unbedingt technisch gesehen, aber im Nachhinein würde man dieses oder jenes anders machen. Du lernst doch draus. Ich habe das schon oft beobachtet. Manche Leute, die immer erfolgreich und top, top, top waren, ja, die tun sich dann schwer, Kritik zu hören oder festzustellen, dass irgendwas vielleicht nicht so stark war. Deshalb achte ich auf Leute, die vielleicht sagen können: Ja, in der Phase meines Lebens ist das und jenes nicht so gut gelaufen, aber daraus habe ich gelernt.

KG: Aus diesem Lerneffekt dann auch etwas für zukünftige Herausforderungen mitzunehmen und diese Stärkung der inneren Resilienz, die du ansprichst, ist deswegen auch ein ganz wichtiger Punkt, zum Beispiel im Business Coaching, gerade wenn es dann in Managementpositionen geht.

Du stehst bei Linklaters für das internationale Geschäft, das hast du uns schon berichtet. Das hat seinen Ursprung oft in der arbeitsrechtlichen Flankierung von Transaktionen, aber es führt auch regelmäßig dazu, dass das Team international aufgestellte Mandanten wie Körber, Scheffler oder Viessmann, (wir dürfen die alle nennen, denn die Deals sind bekannt), im Nachgang laufend und zu strukturellen Themen berät. Welche Werte sollte ein internationaler Großkanzlei-Anwalt in 2023 aus deiner Sicht verkörpern? Wie lebst du diese Werte bzw. deine Werte im Alltag mit deinen Mandanten?

MD: Ich habe es dir schon gesagt, du hast super Fragen! Ja, es gibt natürlich die übliche Floskel, wie man als Anwalt sein sollte. Die muss ich natürlich untermauern. Fakt ist, „meine" Mandanten, die wollen, dass du erreichbar bist. Die wollen, dass du nahbar bist, dass die dich treffen können, dass sie sich mit uns austauschen können. Leider ist es so, alles muss gefühlt immer schnell sein. Ich glaube, was Lieferzeiten für unsere Beratung angeht, alles über eine Woche hinaus, das kenne ich nicht mehr. Das ist oft sehr schnell. Und die Mandanten wollen Lösungen haben, die wollen ja nicht hören, welche Probleme sie haben und welche nicht, die sie vielleicht aber bekommen können. Nein, die wollen einfach wissen: Wie kriege ich JETZT das Problem gelöst?

Du sprichst von Werten, was ich toll finde. Ich bin sehr stolz, dass ich Linklaters Partner bin, weil Linklaters ist tatsächlich eine Kanzlei, in der es nicht reicht zu sagen, wir wollen nur Umsatz machen oder wir wollen nur Mandanten beraten, sondern wir wollen auch Teil der Gemeinschaft sein. Wir wollen Pro Bono Arbeit machen. Wir wollen auch für gewisse Werte stehen. Uns ist das ESG-Thema zum Beispiel sehr bewusst. Wir wollen unsere Leute nicht nur zu besseren Anwälten machen, sondern wir wollen sie auch insgesamt weiterentwickeln. Der Ansatz, den wir mit unserer Mandantschaft verfolgen, ist immer auch Stück Humidity und Decency. Ich glaube nicht, dass alle Kanzleien das unbedingt im Vordergrund haben. Ich kann, glaube ich, für alle Partner sprechen, dass das unsere Werte bei Linklaters sind. Und es ist mir sehr wichtig, dass wir uns immer auch daranhalten.

KG: Und ich glaube, es ist auch für Bewerber sehr wichtig, sich im Vorfeld, wenn sie sich für den Eintritt in eine Kanzlei entscheiden, genau anzugucken, wofür steht eine Kanzlei und mit was kann ich mich besonders identifizieren. Das erfordert aber auch, dass die Bewerber sich im Vorfeld sehr klar darüber sind, was ihre eigenen Werte sind und wo dann die Matchpoints sind und wo es vielleicht Unterschiede gibt.

Wir schauen jetzt nochmal auf deine langjährige Erfahrung im Private Equity Sektor mit Blick auf die Beratung von US-Mandanten bei deren arbeitsrechtlichen Angelegenheiten in Europa, denn das Thema fand ich persönlich auch sehr spannend. In den USA ist es so, dass viele Unternehmen bereits mit Blick auf den späteren Verkauf überhaupt gegründet werden. Das liegt vor allem daran, dass hier eine weniger starke emotionale Verknüpfung mit dem Unternehmen vorhanden ist. Und das ist anders als in Europa und auch ganz konkret anders als in Deutschland. Konsequenterweise sind dann auch US-Unternehmen empfänglicher dafür, PE-Beteiligung zu akzeptieren. Ich habe dazu jetzt noch zwei Fragen an dich. Erstens, glaubst du, das ändert sich aktuell, wenn man zum Beispiel konkret auf den prominenten Viessmann-Deal schaut?

MD: Also erstmals, die USA sind natürlich ein sehr großes Land und ich tue mir schwer, einfach so zu verallgemeinern. Kalifornien und New York sind vielleicht wiederum anders als Texas. Ich weiß aber natürlich, was du meinst. Ich kann nur für mich, für meine Erfahrungen sprechen. Natürlich, als Anwalt ist es fantastisch, wenn du eine Mandantin hast, die schlichtweg gar keine Ahnung hat. Es kommt zum Beispiel vor, dass ein Investor aus Texas denkt, was ist Kündigungsschutz in Deutschland? Was ist ein Betriebsrat? Ich muss aber sagen, weißt du, vor vielen Jahren, da war die Rede immer von Heuschrecken und Investments, das war irgendwie alles mit einem negativen Touch, finde ich, gesegnet. Die Private Equity Häuser, mit denen ich zusammenarbeite, oder überhaupt die Mandanten, die sind sehr, sehr sophisticated. Sie haben ein unglaublich gutes Gespür dafür, was in Europa funktionieren könnte und was nicht. Nur die wenigsten inzwischen denken: Wir sind die USA, so machen wir das hier und so müssen wir das eben auch in Europa machen. Ich habe das schon mal festgestellt in den letzten, sagen wir mal, zehn Jahren, dass immer mehr amerikanische Unternehmen einfach mit diesen europäischen Kulturen nicht unbedingt befreundet werden, aber sich daran gewöhnt haben.

KG: Es ist spannend, dass du das sagst, weil dahin geht auch meine zweite Frage. Denn ich habe ein Interview gelesen mit Max Viessmann in der Wirtschaftswoche und in dem sagt er, dass Carrier und insbesondere der CEO David Gitlin aufgrund der Erfahrung mit internationaler Integration die Vorteile der deutschen Kultur zu schätzen wissen. Das heißt, sie wissen, was sie tun. Gleichwohl machen sich aber die Arbeitnehmer bei Viessmann sicherlich teilweise auch Sorgen. Also wie viel Verständnis haben US-Investoren aus deiner Sicht tatsächlich für die deutsche Arbeitskultur? Das heißt, wie erlebst du solche Gespräche aus nächster Nähe?

MD: Ja, ich glaube, was ich gerade ein bisschen angedeutet habe, also gerade die Amerikaner, die bereits in Europa investiert haben, ob das in Frankreich, Österreich oder sonst wo ist, die haben natürlich sehr kluge Köpfe, ob das im HR ist oder im Bereich Legal. Die wissen ganz genau, dass sie die deutsche Kultur und die Arbeitsweise besser kennenlernen müssen. Ich erlebe tatsächlich Fortschritte, wie ich meine. Die haben inzwischen ein extrem gutes Gespür, finde ich, dafür, was in Deutschland funktionieren wird. Nicht nur rechtlich, sondern auch kulturell. Das stelle ich fest.

KG: Ich danke dir erstmal, Matthew. Moritz hat jetzt die ganze Zeit geschwiegen. Jetzt kommt dein Einsatz, wir kommen zu dir. Ich würde mit dir nämlich gerne zwei Themen, die nicht nur den Anwaltsmarkt dieser Tage beschäftigen, in den Fokus nehmen. Du hast kürzlich mit Matthew zusammen einen Artikel zum Thema Vier-Tage-Woche in Deutschland veröffentlicht.

Vielleicht magst du mal kurz die Kernaussagen dieses Artikels für uns zusammenfassen, auch mit Blick auf die rechtlichen Rahmenbedingungen.

MC: Ja, klar, gerne. Aber ich habe natürlich auch gebannt zugehört, bis ich jetzt wieder ran darf. Ich möchte das Ganze gerne in zwei Komplexe trennen, auch wenn es verzahnt ist. Der eine Komplex, den bildet gerade sicherlich die gesellschaftspolitische Debatte rund um die vier Tage Woche Arbeitszeit und Flexibilisierung und der andere Komplex sind dann konsequenterweise die rechtlichen Rahmenbedingungen.

In dem Beitrag, den Matthew und ich geschrieben haben, haben wir uns erst mal gefragt, wie sieht es denn in den europäischen Nachbarländern aus? Da kommen wir ja später auch noch möglicherweise zu, wo der Blick dann nach Belgien geht, wo Beschäftigte jetzt gesetzlich die Möglichkeit haben zu schauen, selbst zu entscheiden, absolviere ich meine Arbeitszeit unverändert an vier oder an fünf Tagen? Neben dieser Dynamik aus anderen Ländern haben wir festgestellt, auch in Deutschland – und das ist jetzt keine große Überraschung – bewegt natürlich viele Unternehmen und auch Beschäftigte das Thema. Wir haben da auf eine Umfrage der Hans-Böckler-Stiftung angespielt in unserem Beitrag, die zumindest unterstreicht, dass bei Beschäftigten der Wunsch nach einer Viertagewoche oder einer Veränderung von Arbeitszeitmodellen sehr, sehr groß ist. Und wenn man so will, ist das der Sachverhalt, die Prämisse, von der wir ausgegangen sind.

Dann haben wir uns gefragt: Wie sind denn die rechtlichen Rahmenbedingungen aktuell? Braucht es überhaupt eine gesetzliche Änderung oder, wenn es von beiden Seiten gewünscht ist, kann man nicht längst Arbeitszeit flexibilisieren? Wir haben das dann kursorisch dargestellt und sind erstmal von der individualrechtlichen Ebene losgegangen. Natürlich steht es dem Unternehmen und für den einzelnen Beschäftigten frei, arbeitsvertragliche Regelungen vorzunehmen oder diese zu modifizieren. Das heißt, ich passe die Hauptleistungspflichten an, das sind Arbeitszeit und Leistung und die Vergütung. Wenn ich die dauerhaft oder zeitweise hin zu einer Viertagewoche anpasse, geht das. Und dann, das ist mir auch wichtig, denn man vergisst es oft, wir haben ja in Deutschland das Teilzeit- und Befristungsgesetz. Wir haben auch jetzt schon Modelle wie Brückenteilzeit, das heißt eine Möglichkeit für Beschäftigte vorübergehend für einen vorhinein fest bestimmten Zeitraum, um ihre Arbeitszeit zu reduzieren und dann wieder zu der regulären Arbeitszeit zurückzukehren. Also lange Rede, kurzer Sinn. Es gibt da individualrechtliche Möglichkeiten. Das Ganze muss man sich aber immer auch kollektivrechtlich anschauen, gerade in Unternehmen mit Betriebsratsstrukturen. Wenn ich jetzt als Unternehmer eine Viertagewoche auf breiter Ebene einführen möchte, dann bin ich da auch in der mitbestimmungsrechtlichen Beteiligung von Betriebsräten. Beispielsweise, wenn es darum geht, wie verteile ich denn die Arbeitszeit auf die einzelnen Wochentage? Darüber hinaus muss man auch sagen, kollektivrechtlich könnte ich entsprechende Arbeitszeitmodelle auch im Tarifvertrag im normativen Teil regeln. Das heißt, wenn Arbeitsvertragsparteien beide tarifgebunden sind, heißt der Arbeitnehmer ist Mitglied in der Gewerkschaft, der Arbeitgeber im Arbeitgeberverband, würde das dann auch umgekehrt für die Personen und Unternehmen gelten, die dann in diesen Bereich reinfallen. Oder ich nehme Bezug auf einen Tarifvertrag durch eine arbeitsvertragliche Bezugnahmeklausel. Heißt, so als kursorischer Überblick, es gibt schon Möglichkeiten, in Deutschland auch Arbeitszeit zu flexibilisieren, auch ohne den Ruf nach dem Gesetzgeber, den wir ja jetzt immer wieder verlauten. Das alles haben wir uns angeschaut und dann gedacht, naja, das ist interessant, das posten wir jetzt einfach mal.

KG: Ja, und die Frau Gangnus hat es gesehen und ich hatte ja schon in einer der früheren Episoden gesagt, ich muss dieses Thema mal in den Fokus nehmen und dann habe ich euch beide gleich verhaftet. So, wir fangen mal vorne an. Die Diskussion ähnelt ja ein bisschen der zum Thema Remote Work, das wir gerade durch die Corona-Krise für uns neu definieren und auch nutzen mussten. Man darf hier nämlich nicht so von Können sprechen, denn eine Anwesenheit im Büro war ja über längere Zeiträume gar nicht möglich. Und es ist meiner Meinung nach auch der große Unterschied zu der Debatte rund um die Viertagewoche. Also wie nötig ist diese Vier-Tage-Woche deiner Meinung nach und welche Vor- und Nachteile siehst du für den juristischen Markt, konkret auch mit Blick auf internationale Großkanzleien?

MD: Für Kanzleien finde ich es wichtig, aber ich muss sagen, nicht wirklich nötig. Wir haben ja so viele andere Möglichkeiten, auf eine Viertagewoche zu kommen. Jeder hat natürlich grundsätzlich den Anspruch, Teilzeit zu arbeiten. Das gibt es auch bei uns bei Linklaters. Wir haben sehr, sehr viele Anwälte, die Teilzeit arbeiten. Das heißt, die Viertagewoche kannst du auch so implementieren. Du hast einfach einen Teilzeitjob. Du arbeitest beispielsweise Montag bis Donnerstag, Freitag hast du frei. Was extrem wichtig ist aber, dass alle Mitarbeiter bei Linklaters nicht nur das Gefühl sondern die Möglichkeit haben, flexibel zu arbeiten. Ich habe das, glaube ich, vorhin erzählt. Die Fünf-Tage-Woche, wo alle im Office sind, diese Tage werden meiner Meinung nach nie wieder kommen. Wir haben eine sehr große Belegschaft. Das heißt, es muss doch möglich sein, in größeren Teams, Leuten die Möglichkeit zu geben, Teilzeit zu arbeiten. Sprich, ich persönlich, sehe zumindest für unser Haus, keine Notwendigkeit, über eine Viertagewoche zu sprechen. Ich glaube aber, wenn ich das so sagen darf, wir denken viel zu stark über Arbeitszeit nach. Das Leben ist doch lang und jeder von uns hat verschiedene Phasen im Leben. Manche kriegen Kinder, manche nicht, manche werden krank, manche haben, sagen wir mal, Motivationsprobleme, manche haben private Probleme. Es kann gut passen, dass phasenweise jemand sagt, ich habe ausgerechnet nächstes Jahr vor sehr, sehr viel zu arbeiten. Das ist mir sehr wichtig. Ich will Vollgas geben. Dafür vielleicht ein Jahr später, sagt die gleiche Person: Ich muss Teilzeit arbeiten, ich brauche das. Ich glaube, wir haben diese Möglichkeit, weil wir so groß sind. Ich kann aber auch absolut verstehen, dass in anderen Sektoren und Branchen erstmal die Viertagewoche ihren Charme hat. Das sehe ich schon. Ich sehe in kleinen Einheiten, dass es nicht so einfach ist, einfach jedem Teilzeitwunsch nachzugeben.

KG: Das finde ich spannend. Moritz hat ja eben auch schon den Blick nach Belgien angesprochen. Man muss ja unterscheiden zwischen einerseits einer Reduktion der Arbeitszeit und andererseits zwischen einer auch diskutierten Verteilung der gleichen Arbeitszeit auf weniger Tage. Meine These, die ich ja schon in einer meiner letzten Episoden aufgestellt habe, ist, wenn man sich das für bestimmte Bereiche und Branchen anguckt, dass eine solche Reduktion auch Produktivitätseinbußen bedeutet. Also ein Arzt kann an fünf Tagen mehr Patienten behandeln als an vier Tagen, ein Paketbote kann an fünf Tagen mehr Pakete austragen als an vier Tagen. Wie siehst du das? Wie seht ihr das? Taugt dieses Modell für die juristische Arbeit am und mit dem Mandanten oder wo seht ihr Grenzen?

MD: Bei Linklaters würde für unsere Mandanten das Vier-Tage Arbeitszeitmodell funktionieren. Weil wir eben in der Lage sind, auch auf dem fünften Tag, sagen wir mal, die Mandanten zu beraten. Das ist das Wichtigste, weil, das ist auch Teil der Wahrheit, nicht jeder Mandant wird auch nur vier Tage in der Woche arbeiten. Die werden auch am Tag Nummer fünf oder manchmal am Tag sechs oder sieben große Probleme oder Herausforderungen haben. Also ist das eine Herausforderung für uns als Kanzlei? Ja, weil das musst du schaffen und du musst auch dafür sorgen, dass der Anwalt, der dann Freitag arbeitet nicht das Gefühl hat, ich springe jeden Freitag ein und mein Freitagabend ist es deshalb auch immer versaut. Das ist ein Management-Thema. Für andere Kanzleien kann ich es nicht wirklich beurteilen. Ich kann mir aber durchaus vorstellen, dass es in kleinen Einheiten nicht so einfach ist. Wobei ich auch sagen muss, Katharina, ich habe auch das Gefühl, spätestens seit Covid, arbeiten viele unserer Mandanten und Kontakte auch Teilzeit. Das heißt, wenn die nicht da sind, brauchen sie auch keinen unmittelbaren Ansprechpartner.

KG: Ja, da hat sich auch sehr viel verändert in Bezug auf die Flexibilität. Das gilt für beide Seiten. Im Rahmen der Diskussion geht es nämlich gerade auch um Anwälte, die nach Billable Hours abrechnen. Und es dreht sich um die Frage, ob man so nicht auch mehr Selbstwirksamkeit und damit in der Konsequenz auch eine höhere Zufriedenheit bei weniger Stunden durch effektiveres Arbeiten schaffen könnte. Dann müsste man sich aber gegebenenfalls von dem Modell der Billables verabschieden. Also auch hier habe ich noch die Nachfrage, ist das praktikabel? Wenn ja, in welchen Bereichen?

MD: Wieder eine super Frage! Ich muss betonen, das ist meine persönliche Meinung. Wir haben viele Partner bei Linklaters, die das mit Sicherheit mit mir diskutieren würden. Aber die Billable Hour an sich, da kannst du vielleicht schon die Meinung vertreten, dass die phasenweise überholt ist. Ich glaube, Mandanten wollen Value haben. Value heißt, du hast mein Problem gelöst, du hast mir Geld gespart, du hast mein Risiko minimiert, du hast mir geholfen. Wir rechnen einfach in der Regel nach Zeit ab. Das ist so. Dann kommt ein Preis raus und der Mandant zahlt den Preis. Natürlich kommt es mal vor, dass der Mandant sagt, das ist zu teuer. Es kommt eher selten vor, dass sie sagen, es sei zu billig. Nur diese Billable Hour ist eben, sagen wir mal, für fast alle Kanzleien, glaube ich, der Treiber. Aber ich spreche immer von Value. Ich kann auch viele Beispiele geben, bei denen ich selbst vielleicht nur vier, fünf Stunden investiert habe. Ich habe ein Problem gelöst für den Mandanten und damit so viel Value geliefert in diesen vier, fünf Stunden, dass ich viel, viel mehr abrechnen könnte als eben diese vier, fünf Stunden. Es gibt andere Beispiele, wo vielleicht man sagt, das war nicht effizient, das war schleppend. Der Mandant selbst hat nicht alle nötigen Informationen geliefert und daher müssen wir unseren Beratungsplan wieder ändern. Und dann hat man vier, fünf Stunden auf der Uhr, die man im Nachhinein nicht hätte haben sollen und man könnte meine, der Value sei niedriger. Also lange Rede, kurzer Sinn: Anwälte sind ja nicht dafür bekannt, sich schnell zu verändern. Das heißt, ich kann mir nie vorstellen, dass die Billable Hour abgeschafft wird. Ich glaube aber schon, dass es künftig viele andere Modelle geben wird.

KG: Schauen wir nochmal ein bisschen weiter und da ist Value ein ganz gutes Stichwort. Denn ein Aspekt, der mich in diesem Zusammenhang sehr beschäftigt, ist, dass ich mich frage, wo die Diskussion eigentlich genau jetzt herkommt. Ganz konkret: Woher kommt jetzt nach Covid das Bedürfnis, die Arbeit, das Arbeitsumfeld, die Arbeitszeit, die Arbeitsbedingungen neu zu definieren, zugunsten mehr Selbstbestimmung und damit vermeintlich ja dann auch mehr Freizeit und Freiheit. Moritz hatte die Studie von der Hans-Böckler-Stiftung angesprochen. Ich habe da reingeschaut und fand interessant, dass mit 97 % der am häufigsten genannter Grund für den Wunsch nach der Vier-Tage-Woche mehr Zeit für sich selbst war. Und zwar genau für sich selbst. Das heißt, es kam noch vor und damit unabhängig von der Zeit für die Familie, für Hobbys, für Sport und fürs Ehrenamt. Das war Platz zwei. Auf

Platz drei folgte dann die Verringerung der Arbeitsbelastung mit 75 % und auf Platz vier mit 31 % gesundheitliche Gründe. So, wenn man das mal weiterdenkt, klingt es für mich zumindest sehr danach, dass die Befragten ihre Wünsche und Bedürfnisse derzeit einfach nicht ausreichend mit ihrer Arbeit in Einklang bringen können. Und das bedeutet für mich weitergedacht, ich hoffe, ihr könnt die Gedanken alle mitgehen, dass die Arbeit an sich sie nicht glücklich macht. Wie seht ihr das?

MD: Du hast dir natürlich sehr viele Gedanken gemacht. Weißt Du, was ich denke, wenn ich das höre? Ich denke an Work-Life-Balance, an dieses alte Lied. Ich finde nämlich, es gibt einen Denkfehler bei dem Konstrukt. Ich finde, das besagt ein bisschen, Work ist schlecht und Balance ist gut. Das heißt, ich arbeite, weil ich arbeiten muss. Ich brauche Geld. Es macht mir vielleicht nicht unbedingt Spaß, aber ich habe Verpflichtungen, ich gehe da jeden Tag hin. Und dann brauche ich meine Balance. Meine Balance heißt, wie du schon ausgeführt hast: Ja, ich will zum Yoga, ich will Klarinette spielen oder ich möchte meine Kinder sehen und so weiter und so fort. Ich glaube, was ein bisschen vielleicht verloren geht inzwischen, ist: Wie kriegst du es als Unternehmen hin, dass die Leute gerne zur Arbeit gehen? Und ich spreche da auch aus eigener Erfahrung. Ich bin über 20 Jahre bei Linklaters. Das ist nicht immer lustig. Das ist manchmal harte Arbeit. Ich glaube, wenn du irgendwas gut machen willst, und wenn du erfolgreich sein möchtest, dann weiß ich nicht, wie du von Work-Life-Balance wirklich sprechen kannst in dem Moment, weil du musst ein Opfer bringen. Ich glaube nicht, dass Manuel Neuer (der beste Torwart der Geschichte, meiner Meinung nach) genau der gewesen wäre, ohne viel Training und ohne auch extrem viel aufzuopfern. Das ist so. Und ich glaube natürlich, Well Being, Mental Well Being ist unwahrscheinlich wichtig, gerade in unserer Branche. Was ich damit sagen will, ist, wenn du irgendwas gerne machst, dann bist du erfüllt und natürlich brauchst du dafür Balance. Wir brauchen alle Balance. Wir können uns nicht zu Tode arbeiten, das macht gar keinen Sinn. Wir müssen auch gegenseitig aufeinander achten, dass wir nicht überfordert werden, dass wir nicht nur arbeiten und dass wir gesund bleiben. Ich versuche zumindest bei uns in der Kanzlei, Leute zu animieren, dass sie gerne bei Linklaters arbeiten. Und dazu ist die Balance wichtig. Nur finde ich, geht die Diskussion teilweise fälschlicherweise davon aus, dass Arbeit schlecht ist und Balance und der Rest gut.

KG: Unterschreibe ich zu 100 %. Ich finde, Erfolg hat auch immer ein bisschen etwas damit zu tun, über seine eigenen Grenzen hinauszugehen und fleißig zu sein. Und manchmal ist das wirklich hart. Was ich aber umso schöner finde, ist, dass man dadurch lernt, wie viel Spaß Erfolg machen kann und wie sehr einen das auch erfüllen kann. Moritz, deine Gedanken dazu?

MC: Ja, ich teile deine Gedanken absolut, ich kann das nachvollziehen. Ich glaube, die Covid-Pandemie war ein bisschen ein Treiber, weil die Leute teilweise ja während des Lockdowns gar nicht arbeiten konnten oder unter ganz anderen Bedingungen. Das hat dieses Thema Work-Life-Balance, wie Matthews eben nannte, nochmal beschleunigt, weil viele einfach reflektiert und sich die Frage gestellt haben: Erfüllt mich meine Tätigkeit? Es scheint so, zumindest aus meiner Sicht, in vielen Fällen nämlich nicht so zu sein. Dann gehen die Leute aber möglicherweise nicht hin und sagen: Okay, dann suche ich mir einen spannenderen Job oder ich verbinde meine privaten Interessen, Leidenschaften mit meinem Job, sondern ich suche eben getrennt von der Arbeit, isoliert davon, die Selbstverwirklichung im Privaten. Aus meiner Sicht führt es dann dazu, dass, wie gesagt, möglicherweise, wie du es auch angerissen hast, eine große Unzufriedenheit herrscht und der Wunsch besteht nach einem Raum neben der Arbeit. Ich denke, idealerweise sollte man es verzahnen und da auch immer, Matthew hat es auch gesagt, danach gehen, was einen begeistert, mit Menschen zusammenarbeiten, die einen begeistern. Die Flexibilität schaffen wir. Das haben wir auch ohne die Vier-Tage-Woche. Es gibt so viele Modelle. Ob das jetzt der Arbeitsort ist oder die Arbeitszeit, da gibt es schon viele Möglichkeiten. Das Wichtigste ist, für seine Leidenschaft einzustehen und auch dafür, ja auch mal was aufzuopfern, wie Matthew sagt, wenn es einem Spaß macht. Ich sehe die Thematik also auch differenziert.

KG: Interessant! Obwohl ihr an zwei ganz unterschiedlichen Punkten in eurer Karriere steht, seht ihr das sehr ähnlich.

Ein letzter Punkt und damit schauen wir jetzt nochmal auf das große gesellschaftliche Ganze, ich habe hier mal den 360-Grad-Blick versucht. Meine Frage ist, ob wir vielleicht auch mit Blick auf unsere Eltern- und Großelterngenerationen feststellen oder feststellen mussten, dass sich viel Arbeit jetzt und heute nicht immer unbedingt in viel Wohlstand und Freiraum später niederschlägt. Meint ihr, das könnte vielleicht auch eine Rolle in der Diskussion spielen, einfach die Möglichkeit zu haben, das Jetzt, auch die Arbeit im Jetzt, anders zu leben und anders zu gestalten?

MD: Ich glaube schon, ja. Eines der Privilegien, die ich hier habe, ist: Ich darf mich mit sehr vielen jungen Menschen austauschen. Ich suche aktiv den Dialog, denn die haben logischerweise einen anderen Blickwinkel auf die Welt als ich. Und ich glaube tatsächlich, da herrscht teilweise, Resignation ist vielleicht der falsche Begriff, aber ein bisschen das Gefühl: Wenn du jetzt 21, 22, 23 Jahre alt bist, dann haben wir große Klimathemen, die wir ausbaden müssen, genau wie unsere Kinder dann auch. Wer weiß, wie der Staat aufgestellt ist in ein paar Jahren. Lohnt es sich überhaupt, so viel Geld zu verdienen? Was ich aus meiner Sicht sagen kann ist, und das beschäftigt mich immer mehr: Ich schaue Deutschland an und es macht mir im internationalen Vergleich Sorge. Egal, ob du in Frankfurt, Köln oder sonst wo rumläufst, ich glaube, du siehst überall, Leute werden gesucht, Mitarbeiter werden gesucht, ob das Flughafen ist oder Cafés oder sonst was. Das in einer Zeit, wo wir praktisch ein Jahr lang Lockdown hatten. Dann frage ich mich, warum das sein kann. Am anderen Ende des Spektrums brauchst du Investments, du brauchst Unternehmen, du brauchst Startups. Da frage ich mich, ob wir die Rahmenbedingungen hier haben. Ist es so attraktiv inzwischen in Deutschland im Vergleich zu anderen Ländern, dass es sich überhaupt lohnt? Kriegst du die Unterstützung? Das beschäftigt mich persönlich. Das heißt, wenn du diese zwei Blickwinkel betrachtest, bin ich nicht überrascht, dass einige sich momentan die Frage stellen, ob harte Arbeit sich lohnt oder nicht.

KG: Gut, ich danke euch beiden. Das war es eigentlich schon und ich hoffe, es hat auch nicht weh getan. Ich fand es toll mit euch und fand vor allen Dingen auch die internationale Perspektive, die Matthew eingebracht hat, sehr spannend. Ich fand es schön, Moritz, dass du dabei warst und dass ihr im Endeffekt, obwohl ihr, wie ich es eben gesagt habe, an zwei unterschiedlichen Punkten in eurer Karriere steht, viel Konsens habt. Diesen Konsens können wir zu der Diskussion beitragen. Vielleicht nehmen wir heute für uns alle mit, dass die Diskussion sich am Ende des Tages nicht darum drehen sollte, wie und wie viel wir arbeiten, sondern was wir arbeiten und worin wir auch tatsächlich unsere Erfüllung, unsere Befriedigung, unsere Balance und damit auch unseren Erfolg finden.

MD: Ja, vielen Dank für die Einladung. Ich habe es dir schon mal gesagt. Ich finde es sehr beeindruckend, was für einen Podcast du dir aufgestellt hast. Ich glaube, davon profitieren sehr viele, gerade junge Leute, die Orientierung suchen. Und vielen herzlichen Dank für die Einladung.

MC: Ja, ganz, ganz lieben Dank. Also ich finde, du hattest es gerade so perfekt auf den Punkt gebracht als Abschluss-Statement Katharina. Da wollte ich gar nichts zufügen. (…).[3]

---

[3] Es folgten wie immer noch Abschlussfrage des vorherigen Gastes und die Verabschiedung, beides ist aus Platzgründen hier diesmal nicht mit abgedruckt.

19

Zeit ist Geld – Was Dienstleistung heute bedeutet und warum das Modell der billable hours jetzt auf dem Prüfstand steht

„Bundesrechtsanwaltsordnung (BRAO)
§ 43 Allgemeine Berufspflicht
Der Rechtsanwalt hat seinen Beruf gewissenhaft auszuüben. Er hat sich innerhalb und außerhalb des Berufes der Achtung und des Vertrauens, welche die Stellung des Rechtsanwalts erfordert, würdig zu erweisen".[1]

In meinem Podcast Gespräch mit Dr. Philipp Hardung haben wir auch darüber gesprochen, was seine Dienstleistungspflicht als Anwalt für ihn bedeutet und ich habe in der Folge darüber nachgedacht, wie weit das Thema Dienstleistung, Erreichbarkeit und Commitment eigentlich reichen sollte und reichen darf. Eng verbunden damit ist für mich die Frage nach New Work, den Arbeitszeiten und der Vergütung, über die ich mich mit Matthew Devey ausgetauscht habe und die im Markt dieser Tage viel Beachtung findet. Daher möchte ich im Folgenden hierauf noch einmal näher eingehen.

Orientieren wir uns an der Auslegung von § 43 BRAO kann man diesen so verstehen, dass die gewissenhafte Ausübung und das würdige Verhalten eigenständige gesetzliche Anwaltspflichten sind – und wo eine Pflicht ist, ist Raum für Ahndung bei Pflichtverstößen. Grundlage hierfür ist der Dienstleistungsbegriff nach § 675 BGB, dessen Erfüllung mithin die anwaltliche Pflicht ist. Soweit die berufsrechtliche Grundlage, ich frage mich aber, was Mandanten dieser Tage eigentlich von ihrem Anwalt erwarten und ob sich diese Erwar-

---

[1] Bundesrepublik Deutschland, vertreten durch den Bundesminister der Justiz, „Gesetze im Internet", Bundesrechtsanwaltsordnung (BRAO), § 43 Allgemeine Berufspflicht, https://www.gesetze-im-internet.de/brao/__43.html, abgerufen am 25.05.2024.

tungshaltung und das damit korrelierende Commitment nicht auch zuletzt durch neue Technologien und Prozesse verändert hat.

Mandanten erwarten von ihrem Anwalt Wissen und Erfahrung, vor allem aber wollen sie Lösungen, das hat auch Matthew Devey noch einmal verdeutlicht. Und an dieser Leistungspflicht sollte sich auch das Verständnis von Dienstleistung orientieren, daran hat sich meiner Meinung nach auch durch die Möglichkeiten von Digitalisierung und New Work nichts geändert. Was sich aber verändert hat – und das ist eine positive Entwicklung – dass die meisten Kollegen besser auf sich, ihre eigene Belastbarkeit und damit auch auf ihre Leistungsfähigkeit schauen. In der Konsequenz wollen oder können einige davon weniger arbeiten und so werden auch die Rufe nach einer Vier-Tage-Woche auch für Anwälte lauter. Meiner Ansicht nach ließe sich das Problem dahingehend lösen, dass man die Last auf noch mehr Schultern verteilen müsste, um den Ansprüchen der Mandanten gerecht werden zu können. Immer wissend, dass einige von diesen ebenso für sich ihre Einstellung zur Arbeit, Arbeitszeiten und Erreichbarkeit verändert haben, wobei man diesen Gedanken nicht isoliert betrachten, sondern immer im Kontext der Dienstleistungspflicht sehen muss. Der Mandant bezahlt den Anwalt für die Lösung seines Problems und kann dafür zu Recht ein bestimmtes Commitment erwarten, auch in zeitlicher Hinsicht. Was wäre aber so falsch daran, sich in den (Groß)Kanzleien nun sukzessive zu einer echten Fünf-Tage-Woche mit freien Wochenenden hinzuarbeiten, in dem man die Strukturen entsprechend umstellt?[2] Voraussetzung hierfür wäre, dass dieser Kulturwandel, wie im Übrigen jeder Kulturwandel, in der Führungsetage beginnt und von dort aus nach unten hin durch alle Ebenen gelebt wird. Das erfordert ein Umdenken, ein „leading by example" und echtes Verständnis für die Bedürfnisse der Mitarbeiter. Es erfordert eine entsprechende Kommunikation mit der Mandantschaft, die sehr klar darin sein muss, was der Mandant für sein Geld wann bekommt. Hierbei ist ein wenig Flexibilität auf beiden Seiten gefragt und das echte Commitment des Anwalts, im Notfall für seinen Mandanten immer da zu sein. Dazu muss klar definiert werden, was ein solcher Notfall ist und was gerade nicht, damit man nicht wieder da landet, wo man begonnen hat und Mehrarbeit zur Regel wird, weil es ja immer irgendwo brennt. Letztlich ist für die Kanzleien (für Rechtsabteilungen gilt gleiches) der Gedanke der Profitabilität entscheidend. Dieser kann in meinen Augen auch ein Hebel zur Abschaffung der billable hour sein, da die Profitabilität nachweislich bei sinkender mentaler Gesundheit der Mitarbeiter ebenfalls sinkt. Wenn also die Kanzleien

---

[2] Bartels, https://www.juve.de/markt-und-management/eine-fuenftagewoche-in-kanzleien-waere-ein-guter-anfang/.

ihre Mitarbeiter langfristig primär anhand der billable hours bewerten, laufen wir weiterhin dem Narrativ der älteren Generationen nach, die sich ihren Status und den Respekt im Innen und Außen durch ihre langen Arbeitszeiten erworben haben,[3] und bezahlen dafür schlimmstenfalls den Preis kranker Mitarbeiter und bestenfalls den weniger Bewerbungen von qualifizierten jungen Kollegen, sodass in der Folge die Mandate gar nicht mehr in der Quantität und Qualität bedient werden können.

Leider habe ich das Gefühl, dass diese Erkenntnis noch nicht so recht durch den Markt gedrungen ist, obwohl die Thematik landauf, landab auf jeder Legal Conference und in vielen Fachbeiträgen online und offline diskutiert wird. Mithin sind meine Erkenntnisse sicher keine Neuigkeiten, jedoch gehören Sie gerade deshalb in dieses Buch, in dem ich Ihnen diejenigen meiner Meinung nach vulnerablen Punkte in unserem Markt dieser Tage aufzeigen und Gedankenanstöße liefern möchte.

Wie setzen wir diesen Kulturwandel um, was braucht es dafür?

Zunächst einmal brauchen wir die entsprechende Technologie, um allen Mitarbeitern, ganz gleich, wo sie arbeiten, diese Flexibilität zu ermöglichen. Noch einmal für's Protokoll: Der Ruf nach Flexibilität kommt nicht nur von Mitarbeitern mit Kindern! Nun werden einige von Ihnen sagen, dass das Problem nicht in der mangelnden Erreichbarkeit, sondern in der ständigen Erreichbarkeit liegt, Technologie sei Dank. Das ist sicherlich in Teilen auch richtig. Ich spreche von der Möglichkeit, flexibel dann und da zu arbeiten, wo Sie es möchten, wenn Sie es brauchen. Leider sind wir in Sachen Digitalisierung in diesem Land bekanntermaßen eine lahme Ente und es braucht dringend einen umfassenden Netzausbau in allen Regionen sowie die Implementierung derjenigen technischen Tools, die Ihnen Ihren Arbeitsalltag noch mehr erleichtern. Ich habe im Übrigen keine Sorge, dass KI uns Anwälten in irgendeiner Form gefährlich werden könnte, da wir Sie langfristig nur für die Optimierung derjenigen Prozesse nutzen sollten, die automatisierte Aufgaben mit repetitivem Charakter betreffen und für die eine Anwaltsstunde mit 300 € sicherlich deutlich zu teuer angesetzt ist. Digitalisierung und KI bedeuten mithin nicht die Abschaffung von qualifizierten Juristen, sie bedeutet vielmehr, dass sinnfreie und repetitive Aufgaben zukünftig von KI übernommen werden können und die Anforderungen an hoch bezahlte Anwälte meiner Meinung nach eher steigen, wenn man auf die inhaltliche und fachliche Komponente blickt.

Zweitens ist es erforderlich, die Arbeitslast auf mehr Schultern zu verteilen, durch Modelle wie Job Sharing, Teilzeit oder gänzliche Reduzierung der

---

[3] https://www.law-school.de/news-artikel/flexibles-arbeiten-in-big-law-realitaet-oder-mythos.

Arbeitszeit um ganze Tage für Einzelne, wenn es gebraucht wird. Diese Kollegen sollten genau wie diejenigen, die Vollzeit arbeiten, an ihrer qualitativen Leistung gemessen werden, wenn es um die Entscheidung für oder gegen eine Beförderung geht. Wie misst man diese Qualität? Hierzu erfordert es eine ganzheitliche Betrachtung anhand vieler Kriterien, aus denen ich drei herausgreifen möchte:

1. **Fachliche Kompetenz und Rechtskenntnis**: Die Bewertung derselben orientiert sich am Ergebnis, d. h. wie erfolgreich ist der Anwalt bei der Lösung von Fällen und der Erzielung positiver Ergebnisse für seine Mandanten? Wie gut kennt er die relevanten rechtlichen Grundlagen und wie effektiv kann er diese in der Praxis anwenden? An dieser Stelle ist sicherlich die Effizienz und Produktivität auch eine sinnvolle Messgröße, denn in weniger komplexen Fällen spricht eine lange Bearbeitungszeit dann für sich. Oder gegen Sie. Anders ausgedrückt: In welchem Verhältnis stehen abrechenbare und nicht abrechenbare Stunden? Ein weiterer Faktor in diesem Zusammenhang sind Ihre Arbeitsqualität, Genauigkeit und Sorgfalt. A lawyer's eye for detail!
2. **Mandantenbeziehung und Mandantenzufriedenheit**: Mit eines der entscheidendsten Kriterien bei der Entscheidung, ob Sie ein guter Anwalt mit entsprechenden Aufstiegschancen sind. Wie gut gelingt es Ihnen, Mandatsakquise zu betreiben, Ihr Netzwerk effektiv zu nutzen, die Mandantschaft zufrieden zu stellen und diese Beziehungen langfristig zu erhalten und hieraus weitere zu generieren? Wie hoch ist Ihre Weiterempfehlungsquote?
3. **Teamfähigkeit und Feedback der Kollegen**: Ich bin davon überzeugt, dass ein erfolgreicher Anwalt mit klaren Aufstiegschancen kein Einzelkämpfer ist. Es ist derjenige, der effektiv mit seinem Team zusammenarbeitet, dieses wertschätzt, fördert, fordert und unterstützt und klar Verantwortung übernimmt. Das kann man durch entsprechende Feedbackgespräche oder gerne auch anonyme Fragebögen messen.

Bei der Verteilung der Last auf mehrere Schultern ist natürlich die logische Konsequenz, dass es auch entsprechend mehr Schultern braucht. Anhand der Problematik des Fachkräftemangels auch in der Juristerei und der Tatsache, dass viele Absolventen letztlich gar nicht juristisch arbeiten[4] (diese Problema-

---

[4] Nach einer statistischen Erhebung der Agentur für Arbeit übt jeder Dritte keine juristische Tätigkeit aus, https://statistik.arbeitsagentur.de/DE/Statischer-Content/Statistiken/Themen-im-Fokus/Berufe/AkademikerInnen/Berufsgruppen/Generische-Publikationen/2-5-Rechtswissenschaften.pdf?__blob=publicationFile&v=3#:~:text=Jahres%2D%20durchschnittlich%20waren%205.100%20Juristinnen,Prozent%20weiterhin%20sehr%20ge%2D%20ring.

tik haben wir im Gespräch mit Wendelin Neubert bereits vertieft), kommt die Frage auf, wie man diese zusätzlichen Talente für sich gewinnen möchte. Ich bin der Meinung: Durch genau diesen Kulturwandel! Denn wir haben auch deshalb ein Nachwuchsproblem, weil die Rahmenbedingungen in unserem Markt für genau diesen Nachwuchs nicht mehr stimmen. Wenn wir sie aber nachhaltig und nachweisbar verändern, gewinnen wir den Nachwuchs auch (wieder). Ein Zirkelschluss zugunsten unseres Marktes, nicht zu seinen Lasten!

Dafür braucht es auch an dieser Stelle wieder die nötigen Vorbilder, durch alle Ebenen, durch alle Bereiche unseres Marktes und unabhängig von Geschlecht und Familienplanung. Das gilt auch für alle Angebote rund um diesen Kulturwandel und deren Nutzung. Das Beispiel der Mental Health Angebote haben wir bereits zuvor angeführt, der Gedanke bleibt aber bei allen internen Angeboten gleich, egal ob Coaching, Kickertisch oder Teilzeit: Alles, was angeboten wird, muss allen zur Nutzung wertungsfrei offenstehen und nicht die Mitarbeiter in zwei Gruppen spalten. Darüber entsteht nämlich erneut der Eindruck der hart Arbeitenden und derjenigen, die es sich am Arbeitsplatz „nett machen". Dabei sollte man auch immer bedenken, dass Angebote wie z. B. ein internes Fitnessstudio zwar auf den ersten Blick gut gemeint sind, gleichzeitig aber auch immer unterbewusst suggerieren, dass der Mitarbeiter das Büro ja gar nicht verlassen brauche, um einen Freizeitausgleich zu haben. Arbeiten Sie besser mit Corporate Benefits in Form von kostenloser oder Nutzung zum reduzierten Preis außerhalb der Büroräumlichkeiten.

Womit wir zu einem weiteren, sehr wichtigen Punkt kommen: Warum brauchen wir überhaupt Balance zu Work? Weil es ein menschliches Grundbedürfnis ist. Gedanklich sollten wir aber davon wegkommen, diese beiden Dinge kategorisch in „gut und schlecht" einzuteilen. Das kann gelingen, indem wir den Wert von Arbeit erhöhen. Das gelingt letztlich meiner Ansicht nach nur durch Wertschätzung. Gehalt ist und bleibt ein wichtiger Punkt, aber es ist, auch statistisch belegt, nur einer der wichtigen und nicht der wichtigste Treiber. Selbstverständlich ist eine angemessene Vergütung auch eine Form der Wertschätzung. Mir geht es aber um folgendes: Wie gelingt es uns, dass mehr Kollegen wieder gern zur Arbeit gehen? Na, Sie ahnen es: Wir landen wieder beim gelegten Kulturwandel. Werte vorzuleben, den Mitarbeitern die Chance zu geben, ihre eigene Werte einbringen zu können und idealiter decken sich die eigenen Werte mit den Werten des Arbeitgebers. Das mag Ihnen auf den ersten Blick ein wenig zu pathetisch klingen, vielleicht weil es in Ihrem Arbeitsumfeld so fremd ist. Wenn uns aber dieses Umdenken langfristig nicht gelingt, schaffen wir es auch nicht, dass Juristen und gerade der Nachwuchs Leistung (wieder) als etwas positives sehen und Leistung bringen wollen, die für die Profitabilität im Markt nötig ist. Größere Einheiten haben hierbei den Vorteil, dass sie die Arbeit leichter jetzt schon auf mehrere Schultern verteilen können, kleinere Einheiten dafür den, Veränderungen schneller umsetzen zu können. An beiden Enden müssen wir ansetzen.

Noch ein Wort in diesem Zusammenhang zu den astronomischen Gehältern, die am Markt teilweise schon für Berufseinsteiger bezahlt werden: Ist das die Reaktion auf das schlichte Gesetz von Angebot und Nachfrage oder schon pure Verzweiflung aufgrund der anhaltenden Nachwuchsproblematik? Ganz gleich, was von beidem es ist, wir brauchen hierfür dringend einen anderen Hebel. Sonst laufen wir auch im Rechtsmarkt in die gleiche Falle, die vor ungefähr 15 Jahren im Investment Banking zugeschnappt ist. Packen wir es an!

Wie viel Wertschätzung erfahren Sie in Ihrer täglichen Arbeit und inwiefern zahlt das positiv auf Ihre Lebensqualität ein?

20

Empowering the new reality – Was Karriere 2024 im deutschen Rechtsmarkt bedeutet

Miteinander haben wir einen tieferen Blick auf den deutschen Rechtsmarkt geworfen und ich habe Ihnen punktuell zu einer Bandbreite an Themen, die aus meiner Sicht unseren Markt bewegen, meine Impulse gegeben. Nun gilt es, die eingangs aufgeworfene Frage zu beantworten, wie ich denn aus meiner Perspektive als selbst Rechtsanwältin, aber primär als juristische Personalberaterin und Coach den Markt aktuell wahrnehme. Oder anders ausgedrückt: Was bedeutet Karriere dieser Tage für Juristen?

Mit Sicherheit haben wir im Rechtsmarkt aktuell mit nicht nur einer Herausforderung zu kämpfen. Das liegt allerdings nicht am technologischen Fortschritt oder dem Einsatz von KI sowie dem demografischen Wandel und damit verbundenen Fachkräftemangel allein, und vor allem bestehen diese Herausforderungen nicht im Rechtsmarkt exklusiv. Was können wir hierbei in Bezug auf die Problemstellung von anderen Branchen lernen? Und inwiefern kommt es wesentlich mehr auf die Persönlichkeit und auf uns selbst als auf die Marktbedingungen an? Meiner Meinung nach haben wir tatsächlich im Markt und nicht nur in unserem spezifischen Markt, sondern in Deutschland allgemein ein Wertethema, das nach einem Kulturwandel verlangt. Dazu müssen wir uns unserer Werte allerdings erst einmal bewusst werden.

Für mich bedeutet das im ersten Schritt, das Thema Leistung aus mehreren Perspektiven zu betrachten und für uns Juristen neu zu definieren. Leistung darf nichts negativ Konnotiertes sein, schon gar nicht darf es dazu führen, dass diejenigen, die eine hohe Leistungsbereitschaft mitbringen, daran und an die damit verknüpften Erwartungen gerade in Großkanzleien zerbrechen. Leistung muss wieder attraktiv sein, auch für die jüngeren Generationen.

Dazu müssen aber die Vorstellungen und Erwartungen gerade dieser Generationen auch zu dem passen, was wirtschaftlich realistisch, d. h. immer noch profitabel ist – für beide Seiten. Leistung muss sich aus allen Perspektiven lohnen. Um die Leistung von uns Juristen positiv und erstrebenswert zu gestalten und gleichzeitig ihre mentale Gesundheit zu schützen, müssen insbesondere Kanzleien eine unterstützende, wertschätzende und flexible Arbeitsumgebung schaffen. Dies beinhaltet sowohl strukturelle Änderungen als auch eine kulturelle Transformation hin zu mehr Menschlichkeit und Kooperation. Durch die in diesem Buch aufgezeigten Maßnahmen könnte für uns Arbeit dann nicht nur als leistungsorientiert, sondern auch (wieder) als erfüllend und mithin sogar gesundheitsfördernd erlebt werden. Wir kommen damit wieder zu dem Punkt, den ich in meiner Episode mit Matthew Devey diskutiert habe: Belegt der Wunsch nach mehr Freizeit, mehr „Balance zu Work", denn nicht eher, dass wir hier viel zu sehr schwarz-weiß denken, gerade weil wir unseren Purpose in etwas suchen, das wir in der Arbeit nicht finden?

Purpose ist auch für die jüngeren Generationen nämlich nicht der einzige Treiber, auch wenn dies gerne so dargestellt wird. Die Wertschätzung ist der entscheidende Faktor und die Währung, die sogar mehr wiegt als astronomische Gehälter, die zudem auch nur denjenigen gezahlt werden, die ohnehin keine Zeit haben, das hart erarbeitete Geld auszugeben. Zur Klarstellung: Wir dürfen unsere Wirtschaftskraft in diesem Land dennoch nicht hergeben, indem wir uns zu sehr von der Definition von Leistung derjenigen treiben lassen, die gerade wenig bis gar keine Leistung erbringen und dafür im Gegenzug unrealistische Erwartungen haben und diese mit entsprechenden Forderungen an die Arbeitgeberseite verknüpfen. Für mich gilt nach wie vor das Prinzip des Erfolgs. Aber der Weg dahin ist ein anderer und erfordert viel mehr als rein juristisches Handwerkszeug, Präsenz und Erreichbarkeit. Erfolgreich sind diejenigen, die ihre Leistung in einem Umfeld erbringen, das ihre Werte und ihr Verständnis von Leistung spiegelt. Genau dann können sich diese beiden Komponenten meiner Meinung nach nämlich gegenseitig hebeln.

Dass dieser Kulturwandel, den wir brauchen, von oben nach unten gelebt und verstanden werden muss, haben wir miteinander erarbeitet. Genau aus diesem Grund habe ich im Übrigen in diesem Buch dem Thema „Female Leadership" kein eigenes Kapitel gewidmet. Denn vor der Frage, ob wir zu wenig Frauen in Führungspositionen (auch im Rechtsmarkt) haben, steht für mich die Feststellung, dass wir schlichtweg zu wenig gute Führungskräfte haben, völlig unabhängig vom Geschlecht oder dessen Definition. Führung bedeutet für mich: Erfolgreich ist, wer Verantwortung übernimmt und das Potenzial seiner Mitarbeiter erkennt und fördert, sodass diese die Möglichkeit haben, ihr eigenes Potenzial voll auszuschöpfen und es gleichzeitig dem Arbeitgeber und dem Mandanten nützt. Dr. Philipp Hardung und Dr. Nikolai Vokuhl haben gute und anschauliche Beispiele ihres Führungsstils gegeben und ich durfte in meiner Karriere ebenfalls sehr positive Erfahrungen in diesem Kontext machen.

Wir müssen miteinander die Basis schaffen für Vereinbarkeit, gerade gesellschaftspolitisch und in Bezug auf die hierfür nötigen Rahmenbedingungen. Zudem sollte jeder Jurist sich bewusst werden, was er bereit ist, für seinen Job zu leisten und warum, und was wann nicht. Das bedeutet grundlegende Verbindlichkeit und Verlässlichkeit und ist in der Konsequenz die Basis für das nötige Vertrauen, das hier an manchen Punkten im Markt beide Seiten verloren zu haben scheinen.

Wir brauchen den so oft besungenen Blick über den Tellerrand – mein Podcast und die echten Geschichten, die positiven Beispiele meiner Gäste zeigen an vielen Punkten, wie hilfreich das sein kann, nicht nur für die eigene Weiterentwicklung. Auch in Sachen Business Case ist das ein entscheidender Faktor für Sie und Ihre Karriere. Unser Verständnis für und der Umgang mit Technologie hat nach wie vor Verbesserungspotenzial, aber ich sehe die Entwicklungen im Markt hier wesentlich positiver als in Bezug auf die Vereinbarkeit. Ihr Business Development hängt heutzutage wesentlich mehr von Ihrer Sichtbarkeit und Ihrer Personal Brand ab, als das einigen von Ihnen lieb sein mag. Ich kann Ihnen aber eine letzte und hoffentlich motivierende Erkenntnis in diesem Zusammenhang mitgeben: Engagement Rate schlägt Follower. Bedeutet: Wie belastbar ist Ihr Netzwerk für Ihre Zwecke in Relation zu denjenigen, die Sie kennen bzw. mit denen Sie vernetzt sind? Wie viel Unterstützung, Feedback und Austausch können Sie hieraus für sich ziehen? Darauf kommt es an!

Die Frage, was Karriere bedeutet, können letztlich nur Sie für sich selbst beantworten, denn es ist Ihre Karriere und vor allem Ihr Leben. Was können Sie besser als andere? Wofür stehen Sie? Was wollen Sie und warum? Und was gerade nicht? Wie definieren Sie für sich Leistung? Was bedeutet Erfolg für Sie persönlich? Auf Basis Ihrer Erkenntnisse – und das ist im Übrigen ein Prozess – suchen und schaffen Sie sich das Umfeld, in dem sich das bestmöglich deckt. Denken Sie hierbei bei all den Impulsen, die ich Ihnen gegeben habe, wieder an mein „Sushi-Band". Und wenn Sie dieses Umfeld für sich gefunden oder gar selbst geschaffen haben, dann übernehmen Sie auch die Verantwortung sich selbst und Ihrem Arbeitgeber gegenüber, gemeinsam den Kulturwandel zu erarbeiten, den es braucht.

Es gilt nämlich, die in diesem Buch dargelegten Herausforderungen anzupacken, mit denen wir uns individuell, aber auch objektiv im Markt konfrontiert sehen. Denn:

„Was alle angeht, können nur alle lösen." (Friedrich Dürrenmatt)[1]

---

[1] Dürrenmatt, „21 Punkte zu den Physikern", Werkausgabe, Bd.7, 1998, S. 92.

Literatur

Bartels, L. (2024). *Wenn Kanzleien nur reden, statt zu handeln, entsteht New-Work-Bullshit.* JUVE Verlag für juristische Information GmbH. https://www.juve.de/markt-und-management/eine-fuenftagewoche-in-kanzleien-waere-ein-guter-anfang/. Zugegriffen am 23.06.2024.

Bender, R., & Votsmeier, V. (2022). *Durch nichts zu bremsen: Wirtschaftskanzleien sind im Dauerhoch.* https://www.handelsblatt.com/unternehmen/dienstleister/kanzleimarkt-durch-nichts-zu-bremsen-wirtschaftskanzleien-sind-im-dauerhoch/28436264.html. Zugegriffen am 23.06.2024.

Bundesrechtsanwaltskammer. (2022). *Durchschnittsalter Anwaltschaft.* https://www.brak.de/presse/zahlen-und-statistiken/statistiken/durchschnittsalter-anwaltschaft/. Zugegriffen am 23.06.2024.

Bundesrechtsanwaltskammer. (2024). *Anzahl der Rechtsanwältinnen nach Rechtsanwaltskammern.* https://www.brak.de/presse/zahlen-und-statistiken/statistiken/anteil-rainnen/. Zugegriffen am 23.06.2024.

Bündnis zur Reform der juristischen Ausbildung e.V. (2024). *Das Problem: Vielfältig. Kaum Veränderung und selten gemeinsame Diskurse.* https://iurreform.de/das-problem/. Zugegriffen am 23.06.2024.

Deutscher Anwaltverein. (2024). *Juristische Ausbildung: Die iur.reform-Studie: Ergebnisse vorgestellt.* https://anwaltsblatt.anwaltverein.de/de/themen/kanzlei-praxis/iur-reform-studie-ergebnisse. Zugegriffen am 23.06.2024.

Dixon, M., et al. (2023). What today's rainmakers do differently. *Harvard Business Review.* https://hbr.org/2023/11/what-todays-rainmakers-do-differently. Zugegriffen am 23.06.2024.

Literatur

Dr. Bock Coaching Akademie. (2024). *Ausbildung zum Business Coach (DBCA)*. https://www.dr-bock-coaching-akademie.de/download/business-coach-ausbildung-berlin.pdf. Zugegriffen am 23.06.2024.

Dürrenmatt, F. (1962). *21 Punkte zu den Physikern* (Werkausgabe, Bd. 7, S. 92). Diogenes Verlag.

Horx, M. (2015). *Jugend-Studie: Selbstbewusster, technikaffiner, verwöhnter*. https://www.faz.net/aktuell/wirtschaft/menschen-wirtschaft/studie-ueber-die-jugend-der-generationen-y-und-z-13606504.html. Zugegriffen am 23.06.2024.

https://de.wikipedia.org/wiki/Einstufige_Juristenausbildung_(Deutschland). Zugegriffen am 23.06.2024.

https://wirtschaftslexikon.gabler.de/definition/transaktionsanalyse-ta-47809. Zugegriffen am 23.06.2024.

https://www.bundestag.de/services/karriere/ihr_einstieg/gepruefte-rechtskandidaten-955506. Zugegriffen am 23.06.2024.

https://www.thedeeplife.com/podcasts/episodes/ep-297-the-deep-life-hardware/. Zugegriffen am 23.06.2024.

Ifo Institut – Leibniz-Institut für Wirtschaftsforschung an der Universität München e.V. (2024). *Deutsche im Mittelfeld mit einem Homeoffice Tag pro Woche*. https://www.ifo.de/pressemitteilung/2023-07-18/deutsche-im-mittelfeld-mit-einem-homeoffice-tag-pro-woche#:~:text=Deutschland%20liegt%20mit%20durchschnittlich%201,0%2C7%20Tagen%20deutlich%20darunter. Zugegriffen am 23.06.2024.

JUVE Verlag für juristische Information GmbH. (2020/2021). *Handbuch Wirtschaftskanzleien* (S. 333).

Kilian, M. (2015). Urban Legend-Check IV: Anwälte – zu alt beim Einstieg? *AnwBl, 11*, 847–848.

Lembeck, M. (2024). *Juristen bei hybrider Arbeit fortschrittlich*. JUVE Verlag für juristische Information GmbH, azur, JUVE Karriere – Deine Karriere im Recht. https://www.azur-online.de/beruf-karriere/juristen-bei-hybrider-arbeit-fortschrittlich/. Zugegriffen am 23.06.2024.

Maloney, A. (2023). *More millennial lawyers now say they want to make partner*. ALM Global, LLC., law.com. https://www.law.com/americanlawyer/2023/04/20/more-millennial-lawyers-now-say-they-want-to-make-partner/. Zugegriffen am 23.06.2024.

Martin, R. (2023). The difference between a plan and a strategy. *HBR on Strategy Podcast*. https://hbr.org/podcast/2023/05/the-difference-between-a-plan-and-a-strategy. Zugegriffen am 23.06.2024.

McCrindle Research Pty Ltd. (2024). *Generation Alpha: Understanding Generation Alpha*. https://mccrindle.com.au/article/topic/generation-alpha/generation-alpha-defined/. Zugegriffen am 23.06.2024.

Neubert, C.-W. (2022). Horizonte und Erfolgsbedingungen juristischer Bildung im Zeitalter der Digitalisierung. *ZDRW, 4*, 292–315.

Newport, C. (2024). *The Deep Life Hardware, Deep Questions with Cal Newport.* https://www.thedeeplife.com/podcasts/episodes/ep-297-the-deep-life-hardware/. Zugegriffen am 23.06.2024.

Seneca (1-65 n. Chr.), L. A. *Aphorismus zum Thema Glück.* https://www.aphorismen.de/zitat/3297. Zugegriffen am 23.06.2024.

Statistisches Bundesamt. (2024). *Teilzeitquote erneut leicht gestiegen auf 31% im Jahr 2023.* https://www.destatis.de/DE/Presse/Pressemitteilungen/2024/04/PD24_N017_13.html. Zugegriffen am 23.06.2024.

Tödtmann, C. (2023). *Konzerne? Nix wie weg!.* WirtschaftsWoche. https://www.wiwo.de/erfolg/management/personalberater-ranking-konzerne-nix-wie-weg/29543234.html. Zugegriffen am 23.06.2024.

Ziercke, E. (2018). *Spin-Offs: Ein wohlgehüteter Schatz?* https://www.beck-stellenmarkt.de/ratgeber/karriere/der-juristische-arbeitsmarkt/spin-offs-ein-wohlgehueteter-schatz. Zugegriffen am 23.06.2024.

GPSR Compliance

The European Union's (EU) General Product Safety Regulation (GPSR) is a set of rules that requires consumer products to be safe and our obligations to ensure this.

If you have any concerns about our products, you can contact us on

ProductSafety@springernature.com

In case Publisher is established outside the EU, the EU authorized representative is:

Springer Nature Customer Service Center GmbH
Europaplatz 3
69115 Heidelberg, Germany

www.ingramcontent.com/pod-product-compliance
Lightning Source LLC
LaVergne TN
LVHW020328260326
834688LV00037B/914